REINVENTANDO OS SERVIÇOS FINANCEIROS

Preencha a **ficha de cadastro** no final deste livro
e receba gratuitamente informações
sobre os lançamentos e as promoções da Elsevier.

Consulte também nosso catálogo
completo, últimos lançamentos
e serviços exclusivos no site
www.elsevier.com.br

Roger Peverelli   Reggy de Feniks
Karina Milaré

REINVENTANDO OS SERVIÇOS FINANCEIROS

O QUE OS *CONSUMIDORES* ESPERAM DOS BANCOS E DAS SEGURADORAS PARA O FUTURO

As 100 melhores práticas mundiais e contribuições de mais de 50 executivos e especialistas

Edição brasileira do *best-seller* internacional

LSEVIER

CAMPUS

Do original: *Reinventing Financial Services*
Tradução autorizada do idioma inglês da edição publicada por Pearson Education Benelux
Copyright © 2010, by Roger Peverelli and Reggy de Feniks

© 2012, Elsevier Editora Ltda.

Todos os direitos reservados e protegidos pela Lei nº 9.610, de 19/02/1998.

Nenhuma parte deste livro, sem autorização prévia por escrito da editora, poderá ser reproduzida ou transmitida sejam quais forem os meios empregados: eletrônicos, mecânicos, fotográficos, gravação ou quaisquer outros.

Copidesque: Soeli Ferraresi
Revisão: Jayme Teotônio Borges Luiz e Cynthia Gaudard
Editoração Eletrônica: Estúdio Castellani

Elsevier Editora Ltda.
Conhecimento sem Fronteiras
Rua Sete de Setembro, 111 – 16º andar
20050-006 – Centro – Rio de Janeiro – RJ – Brasil

Rua Quintana, 753 – 8º andar
04569-011 – Brooklin – São Paulo – SP – Brasil

Serviço de Atendimento ao Cliente
0800-0265340
sac@elsevier.com.br

ISBN 978-85-352-5208-8ç
Edição original: ISBN: 978-90-430-2041-1

Nota: Muito zelo e técnica foram empregados na edição desta obra. No entanto, podem ocorrer erros de digitação, impressão ou dúvida conceitual. Em qualquer das hipóteses, solicitamos a comunicação ao nosso Serviço de Atendimento ao Cliente, para que possamos esclarecer ou encaminhar a questão.

Nem a editora nem o autor assumem qualquer responsabilidade por eventuais danos ou perdas a pessoas ou bens, originados do uso desta publicação.

CIP-Brasil. Catalogação-na-fonte
Sindicato Nacional dos Editores de Livros, RJ

P611r	Peverelli, Roger Reinventando os serviços financeiros : o que os consumidores esperam dos bancos e das seguradoras para o futuro / Roger Peverelli & Reggy de Feniks ; tradutor Patrick Carvalho de Barros Degenhardt. – Rio de Janeiro : Elsevier, 2012. Tradução de: Reinventing financial service ISBN 978-85-352-5208-8 1. Indústria de serviços financeiros. 2. Instituições financeiras. 3. Bancos – Administração. 4. Companhia de seguros – Admnistração. I. Feniks, Reggy de II. Título.
12-0105.	CDD: 332.1 CDU: 336.7

Agradecimentos

Reinventando os serviços financeiros não poderia ter sido escrito sem o auxílio de muitos de nossos colegas e parceiros de negócios.

Gostaríamos de agradecer aos executivos e especialistas do setor que se empenharam em discutir o futuro dos serviços financeiros conosco e/ou compartilharam sua visão neste livro. Em particular gostaríamos de agradecer a Alfonso Zapata (ING Group), Alfredo Flores (Deutsche Bank), Andrei Litvinov (Life Financial Group Russia), Andrés Albo Márquez (Banamex Citigroup), Andrew Clayton (Allianz), Andy Muncer (ING Group), Anne-Mette Højland (Scandinavian DesignLab), Bárbara Calderón Sanz (BBVA), Beate van Dongen Crombags (VODW), Beatriz Lara (BBVA), Bernard Arps (Leiden University), Bernhard Gottwald (Swiss Re Europe), Berry Marttin (Rabobank), Brynjolfur Helgason (anteriormente no Landsbanki), Carlos Casanovas (La Caixa), David Villaseca (BBVA), Dosoung Choi (Bank of Korea), Doug Brown (ANZ), Egbert Deekeling (Deekeling Arndt Advisors), Egbert Jan van Bel (autor de *Event Driven Marketing*), Egbert van Acht (Philips), Enric Casi (MANGO), Enrique Goñi (Caja Navarra), Fábio Barbosa (Grupo Santander, Brasil), Felix Tenniglo (Inshared), Ferran Adrià (El Bulli), Francesc Prior Sanz (IESE Business School), Frank Pedersen (Jyske Bank, Dinamarca), Gaston Bottazzini (Grupo Falabella), Greg Davies (Barclays), Guido Lanzoni (UniCredit Group), Guillaume Van der Stighelen (DuvalGuillaume), Herberth Samsom (Inshared), Horst-Richard Jekel (Frankfurt School of Finance and Management), Ignacio Villoch Bayod (BBVA), Irina Chichmeli (Life Financial Group Russia), Jaap Winter (Duisenberg School of Finance), Jacki Johnson (Insurance Australia Group), Jaime Kirkpatrick (AEGON), Jan Hommen (ING Group), Jan Lodewijk Roebroek (BNP Paribas), Jan Willem Dreteler (SNS Reaal), Jaspar Roos (ABN AMRO), Javier Santomá (IESE

Business School), Jean Claude Larreche (INSEAD), Jeffrey Pfeffer (Stanford University), Joseph Pine (autor de *Autenticidade*), Johnson Marques de Sousa (Mapfre), Jonathan Marshall (Lloyds Banking Group), Jord van den Berg (ASR Nederland), Jos Nederpel (VODW), José Manuel Campa (IESE Business School), Juan Plaza Ventura (Caja Navarra), Juanjo Pérez-Cuesta (autor de *Rompe Frenos*), Kalo Bagijn (Brand New Day), Lard Friese (ING Group), Lisa Cochrane (Allstate), Louisa Scadden (Admiral Group UK), Luis Badrinas (Zurich Financial Services), Mads Helleberg Dorff Christiansen (Danske Bank Group), Marcel van Brenk (VODW), Mark Cliffe (ING Group), Martin Aalders (Grupo Santander), Matías Vallebella (TNS Argentina), Maton Sonnemans (VODW), Mats Carduner (Google), Michael Jordaan (First National Bank South Africa), Michael Useem (Wharton Business School), Michel Vrolijk (Ohpen), Mikael Andersson (Expedia), Mike Keller (Farmers Life), Naama Gat (United Mizrahi Tefahot Bank Israel), Naoya Takezawa (Nanzan University Nagoya), Natalie Cowen (First Direct HSBC), Nicolas Parasie (Thomson Reuters), Nirmalya Kumar (London Business School), Oscar Puig (Caixa Catalunya), Patricia Leiva (ING Group), Patrick Ruijs (VODW), Peter Blom (Triodos Bank), Peter Rebrin (Zurich Financial Services), Rainer Zimmermann (Deekeling Arndt Think Tank), Ray Davis (Umpqua Bank), Richard Hill (Standard Chartered Bank), Rob Spuijbroek (AEGON), Robert Wiest (Swiss Re China), Rodrigo Vieira da Cunha (LiveAd), Rolf van Woerkom (Zwitserleven), Ronald Pont (anteriormente com Fortis Insurances), Roz Calder (TNS NeedScope), Scott Osman (Landor Associates New York), Sipko Schat (Rabobank), Sorin-Mihai Popa (BRD Groupe Société Générale), Stephen Covey (autor de *A velocidade da confiança*), Tilman Hengevoss (Zurich Financial Services), TR Ramachandran (Aviva India), Trish Dorsey (TNS), Valerie Belhassen (BNP Paribas), Vicente Tardío (Allianz Seguros), Walter Capellmann (Capellmann Consulting), Wander Meijer (TNS Latin America), Wietze Reehoorn (ABN AMRO), William Salasar (Febraban), Willy Linssen (Heartware Korea) e Xavier Bernal (BBVA).

Gostaríamos também de agradecer à TNS Global Finance (Bertina Bus) e Trendwatching.com (Reinier Evers), que nos permitiram usar muitos de seus relatórios e materiais de pesquisa, e aos nossos parceiros de negócios na VODW e 9senses, por ter-nos permitido dedicar tempo para realizarmos a pesquisa e escrever este livro.

Realmente muitas pessoas nos ajudaram nos bastidores: Aline Cristina Tomé (Grupo Abril), Amanda Brown (HSBC), Andreas Cezane (Deutsche Bank), Angelique Slach (Rabobank), Arend Jan Velsink (Brand New Day), Barbara van Bakel (Quinten Business Development Bologna), Cris Donze (MarketResponse), Edwin van Raalte (Rabobank), Ernst-Jan Boers (SNS

Reaal), Frédéric Fléjou (AXA), Gabriela Rocha O'Kelard (Banamex Citigroup), Giorgianna Cuneo, Gérard van Kalmthout, Ian van der Schenk, Jan Willem Gelderblom (ABN AMRO), Lennert de Rijk (Internet Advantage), Pascal Jorritsma, Peter de Boer, Philippe Baechler (Zurich Financial Services), Raleigh Floyd (Allstate), Rob Okhuijsen, Sascha Luechinger (Zurich Financial Services), Teresa Sádaba (Caja Navarra), Thomas Steiner (Triodos Bank), Traian Traicu (BRD Groupe Société Générale), Victoria Yasinetskaya, Virginia Magapatona (First National Bank South Africa), Wouter van Aggelen (ING Group) e Yoko Yoshimoto Tyrefors. Obrigado a todos.

Cientes de nossos esforços em desenvolver este livro, nossos colegas na VODW proporcionaram uma ajuda inestimável chamando atenção frequentemente a melhores práticas relevantes ou materiais de pesquisa importantes ao tema, revisando partes do livro e/ou provendo conselhos importantes em certos assuntos, em particular Carlotte Mos, Charlotte Buys, Danielle Schouten, Deborah Wietzes, Dries Laurs, Elrik Paap, Eric Klaassen, Eveline de Winne, Friedrich Pétré, Herman Wiegerinck, Hiek van der Scheer, Hiske Altena, Ilona Hoogland, Ingeborg Biesterbos, Irene van den Brink, Isolde Schram, Kirsten Spahr, Lianne Bogaard, Lilian Alibux, Margot van Beusekom, Marinde van Leeuwen-Fontein, Marit Metz, Maurice Rohde, Nienke Gruppelaar, Pascalle Teuwsen, Sabrina Post, Steije Renes, Stephanie Smit, Thomas van Ardenne, Valborg Korthals Altes, Willemijn Schneyder e Wouter In 't Velt.

Uma nota de agradecimento a Marcella Heilijgers, Marion Leguit, Marise Goedhart e Saskia Ooms por sua ajuda na realização deste livro.

Gostaríamos de agradecer a Marianne Kruyskamp e a Mark Ubbink, da Pearson Education, por seu apoio e paciência, e Emma Robson, da Media Wise Amsterdam, por realizar a revisão final e edição tão meticulosas.

Gostaríamos de estender nosso agradecimento especial a Bertina Bus (TNS Global Finance) e Willy Linssen (Heartware Korea) por sua significativa contribuição para *Reinventando os serviços financeiros*, abrangendo desde discussões conceituais até inputs práticos. Agradecemos, em especial, Luciana Stein, da Trendroom, pelo esforço de apresentar este livro ao mercado brasileiro, Fabrício Fudissaku, da TNS, e a Patrick Carvalho de Barros Degenhardt, da Kiron Integrated Marketing, por sua colaboração, além de Caroline Marchal Rothmuller e Andrea Rodrigues, da Campus/Elsevier, por sua paciência e comprometimento. Somos extremamente gratos a todos.

E por último, mas não menos importante, queremos agradecer a Ymke e Mariska pelo apoio ilimitado.

Os autores

Roger Peverelli é sócio da consultoria em estratégia VODW, sediada na Holanda. Ele é especializado em estratégias focadas no consumidor e gestão da mudança centrada no cliente. Ao longo de sua carreira de 25 anos, Roger implementou com sucesso projetos para instituições financeiras em todo o mundo, em mercados B2C e B2B, em seguros em geral e de vida, em bancos de varejo e administradoras de patrimônio e em segmentos bancários corporativos e de pequenas e médias empresas. Roger já trabalhou em praticamente todos os países da Europa, nas Américas e na Ásia.

Peverelli tem numerosos artigos e entrevistas publicados, sobretudo sobre estratégia em serviços financeiros e inovação. Ele é regularmente convidado a compartilhar sua visão em conferências e escolas de negócios e a participar de reuniões de conselhos administrativos.

Você pode entrar em contato com ele em rpeverelli@vodw.com.

Reggy de Feniks é sócio-fundador da consultoria em estratégia 9senses, baseada em Barcelona, Espanha. Possui mais de 20 anos de experiência profissional internacional, como consultor-gerente da VODW e em outras companhias, em especial nos segmentos bancário e de seguros, com particular expertise em parcerias estratégicas, desenvolvimento de novas proposições, estratégias de entrada no mercado e construção de organizações centradas no cliente.

Reggy desenvolveu projetos bem-sucedidos em multinacionais em mais de 40 países. Ele é palestrante frequente em conferências internacionais e lecionou ou ministrou workshops em escolas de administração na Holanda e Espanha. Também publicou diversos artigos relacionados com serviços financeiros, marketing global e inovação.

Você pode entrar em contato com ele em rdefeniks@9senses.com

Karina Milaré, graduada em Ciências Sociais e pós-graduada em Antropologia Organizacional, é diretora da área financeira da TNS e membro do Conselho da TNS Brasil. Ela acumula mais de 14 anos de experiência em pesquisa de mercado, sendo responsável por liderar importantes divisões da TNS Brasil: consumo, varejo e financeiro. Com vasta experiência em diversos tipos de estudos, como avaliação de conceitos, desenvolvimento de marcas e produtos, *tracking* de marcas, *brand health* e gestão de portfólio, Karina é especialista em gerar valiosos insights locais a estudos globais, assegurando sua relevância e viabilidade em mercados locais. Também é reconhecida como uma das maiores experts em pesquisa de mercado no Brasil, principalmente na área de Brand & Communication, sendo frequentemente convidada para realizar palestras nos principais eventos sobre o tema.

Você pode entrar em contato com ela em karina.milare@tnsglobal.com

Prefácio à edição brasileira

Um novo tempo para o sistema financeiro
O que os consumidores querem dos bancos? Como será esta relação nos próximos anos? Com essas perguntas em mente, Roger Peverelli, Reggy de Feniks e Karina Milaré escreveram este livro, *Reinventando os serviços financeiros*, um excelente trabalho que apresenta duas faces. A primeira aborda as dúvidas e a crise de confiança originadas após a crise financeira mundial de 2008. A outra é um trabalho mais complexo e bem-vindo: o de olhar para o futuro e projetar as expectativas dos consumidores em relação aos bancos e agentes do sistema financeiro.

É especialmente relevante termos uma edição em português de um livro que aborda em profundidade as transformações no sistema financeiro (e de forma amigável, vale lembrar, já que este assunto em geral costuma ser árido). Isso porque é mais um sinal positivo de que o Brasil está assumindo um papel importante no cenário econômico global.

Eu, como muitos brasileiros, sempre ouvi que o Brasil era o país do futuro. Posso dizer que o país conquistou importantes avanços nos últimos 20 anos: estabilidade política e econômica, com o controle da inflação; importantes avanços sociais com a inclusão de quase 39 milhões de pessoas à classe média de 2005 a 2010, segundo o *O Observador Brasil 2011*, editado pela Cetelem BGN; e ainda estamos passando por um momento de bônus demográfico.

Tudo isso representa um importante cenário para o sistema financeiro brasileiro, que também passou por ondas de desenvolvimento. Num primeiro momento, ao levar a mais pessoas o acesso aos serviços financeiros (a bancarização também é uma questão de cidadania) e ao financiar o crédito ao consumo. Agora, dando mais oportunidades de crédito para as pequenas e médias empresas. São avanços que sinalizam novos desafios e trazem oportunidades para os bancos, que terão de entrar em nova fase e encontrar soluções e mecanismos para garantir os financiamentos de longo prazo para os projetos de infraestrutura de que o país necessita para suportar o crescimento.

Os bancos cumprem seu papel na sociedade quando exercem suas funções mais básicas: viabilizam pagamentos e recebimentos; protegem e rentabilizam a poupança e financiam o consumo e o investimento. Portanto, é possível perceber que os bancos estão e precisam continuar exercendo seu papel mais importante de agente de desenvolvimento econômico. Vale ressaltar que, durante a crise financeira de 2008, no Brasil, eles fizeram parte da solução e não do problema, como ocorreu em alguns países. E isso tem a ver com a construção de confiança, o assunto do Capítulo 1.

Para estar em sintonia com as mudanças cada vez mais rápidas da sociedade, o mundo e o Brasil pedem um novo jeito de fazer negócios. Agravado pela crise dos derivativos, o abalo na confiança nas corporações ocorrido nas últimas duas décadas, desde escândalos até a falência da Enron, trouxe à tona a busca por outros valores além da confiança. Ética, liderança e valores se tornaram temas emergentes e entraram para o discurso dos líderes empresariais. As instituições financeiras também são cobradas por isso, e o único jeito de fortalecer a confiança é pela transparência, que faltou na especulação que deu origem ao crash de 2008. Não por acaso, transparência é o tema do Capítulo 2, junto com simplicidade.

Bancos, empresas, governos, instituições e países estão cada vez mais interdependentes. Acontecimentos globais cada vez mais têm consequências regionais e vice-versa. Uma frase do consultor em sustentabilidade, John Elkington, sintetiza bem a situação: "Como ficou demonstrado pela crise de crédito, o mundo hoje está interligado demais para que alguém possa lidar sozinho com seus problemas." O avanço das redes sociais, blogs e novas formas de comunicação tiveram grande impacto no modo de as pessoas se relacionarem com as empresas, instituições e governos. O consumidor, cada dia mais consciente, exige mais transparência e simplicidade; como Peverelli e Feniks disseram, "transparência é necessária, e simplicidade é a melhor forma de atingi-la".

Para não deixar dúvidas em relação à contemporaneidade da publicação, nos Capítulos 3 e 4, os autores trazem dois grandes desafios não só para os bancos como para as empresas de qualquer setor: os jovens e as redes sociais, um intrinsecamente ligado ao outro. Com mais informações e critérios mais rígidos, os jovens querem saber o significado por trás de cada produto ou serviço. Para atender às demandas da nova geração, será preciso trabalhar com transparência e simplicidade (olhe elas aí de novo), além de investir em educação financeira, é claro. Transparência não é importante apenas no relacionamento com os clientes, mas também nas relações entre todos os públicos que se relacionam com o mercado financeiro. Hoje, com o avanço das redes sociais e da tecnologia, não existem mais *On* e *Off*; estamos *On* o tempo todo. Quando falamos em redes sociais, é preciso entender que já não temos o domínio sobre a informação como antes e a comunicação deixou de ser unidirecional. Ainda que determinada empresa não esteja oficialmente nas redes, os usuários comentam, elogiam e criticam amplamente.

No fim do livro, Peverelli, de Feniks e Milaré tratam do consumidor que, hoje em dia, prefere fazer negócios com as empresas que estabelecem compromisso com a sociedade. E aqui uso minha experiência pessoal para contar como comecei a falar de sustentabilidade no centro do negócio. A ideia era incorporar ao dia a dia práticas muito maiores do que iniciativas ambientais. Há mais de 10 anos, chegamos à conclusão de que dinheiro não era tudo igual, e que o banco era, sim, corresponsável pela maneira como o dinheiro que disponibilizava seria investido. Dessas crenças, nasceram iniciativas como análise de risco socioambiental, fundos de investimento socioambientais responsáveis, política de diversidade, respeito aos fornecedores e microcrédito, entre outras. Estamos falando também sobre a transparência e o relacionamento que você deve ter com todos os públicos: clientes, funcionários, acionistas e sociedade em geral.

Enfim, são questões que ficaram muito mais evidentes a partir da crise de 2008 e que trouxeram grandes transformações da sociedade e impacto na indústria financeira. Em momentos como esse, reflexão e inovação são os melhores caminhos para olhar para o futuro. Este livro de Roger Peverelli, Reggy de Feniks e Karina Milaré é um guia para navegar neste novo cenário. Agradeço a oportunidade de ter participado deste projeto e espero que você aprecie a leitura tanto quanto eu.

Fábio C. Barbosa
Ex-presidente da Febraban

Prefácio

Pesquisas com o consumidor não deixam dúvidas: muitas pessoas são céticas sobre os provedores de serviços financeiros. Isso é ainda mais evidente no clima atual. Revigorar nosso setor pressupõe um grande desafio, e é de vital importância que repensemos o negócio financeiro. Por consequência, o lançamento de *Reinventando os serviços financeiros* não poderia ocorrer em momento mais apropriado. A tradicional função das instituições financeiras – atrair depósitos de clientes e investi-los na economia por meio de empréstimos para consumidores e negócios – está retornando à linha de frente no dia a dia dos negócios. Portanto, a relevância de conquistar a confiança do consumidor não pode ser subestimada, pois representa nada menos que a própria licença de operação da instituição financeira. Em minha visão, as instituições financeiras só estarão habilitadas a atrair os depósitos de que necessitam para efetivamente preencher seu importante papel na sociedade se obtiverem a confiança dos clientes.

Em *Reinventando os serviços financeiros*, Roger Peverelli, Reggy de Feniks e Karina Milaré oferecem novos e poderosos insights sobre a relevância da centralidade no cliente para instituições financeiras, usando exemplos reais obtidos de 50 executivos de importantes instituições financeiras e acadêmicos de escolas de negócios de alta reputação. Logo, considero um grande privilégio ter a oportunidade de compartilhar com vocês algumas opiniões sobre o futuro do setor financeiro e, em particular, sobre a importância de posicionar o cliente no centro dos negócios.

Como será o futuro das finanças? Não precisamos de uma bola de cristal para reconhecer que o setor financeiro está no estágio inicial de um significativo processo de transformação. Estamos diante da demanda crescente por maior simplicidade e transparência, ainda mais salientada pela crescente abundância de informações sobre produtos e serviços financeiros, em especial na internet. Além disso, dado o debate público sobre as deficiências do sistema financeiro, supervisões cautelares e a regulamentação tendem a ficar mais rigorosas. Sem esquecer que a concorrência nos mercados financeiros continua forte, o que sugere que eficiência e liderança de custos se tornarão ainda mais imperativas.

Essas tendências de longo prazo trazem implicações de grande alcance para os modelos de negócios das instituições financeiras, sobretudo no contexto da mudança rápida do ambiente financeiro nos últimos anos. A substancial redução dos valores dos ativos ocorrida em 2008 e 2009 não apenas reforçou a demanda do consumidor pela acumulação de recursos, mas aumentou ainda mais seu reconhecimento quanto à necessidade de proteção financeira, particularmente em sociedades que estão envelhecendo. Por consequência, estamos vivenciando um renascimento de bancos de depósitos tradicionais, com menor apetite pelo risco e uma demanda crescente por fundos mútuos e esquemas de pensão.

Reinventando os serviços financeiros corretamente chama a atenção para o fato de que os esforços do setor em repensar e remodelar os negócios para retornar ao básico somente terão impacto de longa duração caso também consigamos realizar o movimento seguinte. Apenas retornar ao básico não é suficiente; o setor precisa mover-se para a frente. Primeiro, e acima de tudo, isso significa que devemos continuamente nos questionar: O que os clientes esperam de nós? No ING, formulamos a resposta da seguinte forma: os clientes esperam que estejamos disponíveis quando necessitarem de nós, ainda mais que no passado, para prové-los com uma clara visão de sua situação financeira, para responder suas perguntas de maneira rápida e eficiente, para sermos abertos e transparentes sobre nossos produtos e serviços e para providenciar-lhes assessoria objetiva e profissional. Nossos produtos e serviços financeiros devem ser fornecidos da maneira que eles desejam: com serviço exemplar e máxima conveniência. Nossos clientes não esperam apenas que ofereçamos preços atrativos, mas também que asseguremos o fornecimento dos produtos e serviços corretos, para os consumidores corretos e com retorno financeiro correto.

Claramente, o setor financeiro – e o ING não é exceção – tem uma longa caminhada pela frente para transformar em realidade o conceito de centralidade no consumidor. Mas como alguém que prefere olhar as coisas pela perspectiva do copo meio cheio, o que mais me motivou durante a leitura de *Reinventando os serviços financeiros* foi perceber que muitos executivos neste setor de fato têm o sentido de urgência e estão comprometidos em levar a cabo as mudanças de que necessitamos. Gostaria de agradecer a Roger Peverelli, Reggy de Feniks e Karina Milaré por produzir e nos presentear com este livro tão bem escrito e de fácil entendimento. E, por fim, desejo a todos muito prazer na leitura e inspiração! Estou confiante de que vocês a encontrarão nestas páginas.

Jan Hommen, CEO, ING Group

Contribuições e entrevistas

Introdução
- Naoya Takezawa (Nanzan University Nagoya): Revisitando a bolha japonesa de preços de ativos nos anos 1980   *16*
- Dosoung Choi (Bank of Korea): Cinco mudanças essenciais para restabelecer a confiança   *17*
- William Salasar (Febraban – Federação Brasileira de Bancos): A longa estrada da dívida   *19*

O relacionamento do consumidor com as instituições financeiras mudou
- Mark Cliffe (ING Group): Economia 2.0: agora é pessoal   *48*
- Stephen Covey (autor de *A velocidade da confiança*): Dividendos da alta confiança   *49*
- Egbert Deekeling (*Deekeling Arndt Advisors*): Obrigações colaterais da confiança   *51*
- Lisa Cochrane (*Allstate*): De volta ao básico (o básico é bom)   *53*
- Jean Claude Larreche (INSEAD): Além do medo e ambição: criando novo impulso   *56*

Consumidores demandam transparência e simplicidade
- Peter Blom (Triodos Bank): Simplificando os modelos de negócios bancários   *92*
- Herberth Samsom e Felix Tenniglo (InShared): Os benefícios são para todos   *93*
- Egbert van Acht (Philips): A simplicidade deve correr nas veias   *94*
- Beatriz Lara (BBVA): i-ATM: o estilo de inovação da Apple   *96*

Consumidores tornam-se cada vez mais autogeridos
- Greg Davies (Barclays): Insights sobre o consumidor por meio das finanças comportamentais   *127*
- Walter Capellmann (Capellmann Consulting): O futuro da distribuição   *128*
- Carlos Casanovas (La Caixa): Construir o "banco do futuro" começa com serviços bancários para os jovens   *130*
- Mads Helleberg Dorff Christiansen (Danske Bank Group): A alfabetização financeira começa em Moneyville   *131*

Consumidores confiam na sabedoria coletiva
- Joseph Pine (autor de *Autenticidade*): Criando experiências virtuais   *165*
- Mikael Andersson (Expedia): Como a internet e a sabedoria coletiva estão transformando um setor   *166*
- Andrew Clayton (Allianz), Andrei Litvinov e Irina Chichmeli (Life Financial Group): Gerando foco no cliente através de insights em prol dos clientes   *168*
- Natalie Cowen (First Direct HSBC): First Direct na linha de frente das redes sociais   *170*

Consumidores estão reavaliando seus valores
- Michael Useem (Wharton Center for Leadership and Change): Um novo modelo para a liderança corporativa   *196*
- Ferran Adrià (El Bulli): Inove e eduque   *198*
- Javier Santomá e Francesc Prior Sanz (IESE Business School): Bancos pelo celular para quem não tem banco   *200*

Consumidores preferem se sentir próximos
- Berry Marttin (Grupo Rabobank): Raízes cooperativas: um modelo de negócios contemporâneo   *234*
- Nirmalya Kumar (London Business School): Instituições financeiras indianas: amplas oportunidades no mercado interno   *236*
- Tilman Hengevoss (Zurich Financial Services): Momentos da verdade com o cliente   *237*
- Alfredo Flores (Deutsche Bank): Novos padrões de experiência em bancos de varejo   *238*
- Gaston Bottazzini (Grupo Falabella): O varejo cada vez mais próximo   *240*

Reinventando os serviços financeiros
- Richard Hill (Standard Chartered First Bank): Liderando o banco para engajar o consumidor   *267*
- Willy Linssen (Grupo Heartware): Liderar é se importar com pessoas e resultado   *269*

Sumário

Agradecimentos v

Os autores ix

Prefácio à edição brasileira xi

Prefácio xv

Contribuições e entrevistas xvii

Introdução *4*

1 O relacionamento do consumidor com as instituições financeiras mudou *24*

2 Consumidores demandam transparência e simplicidade *60*

3 Consumidores tornam-se cada vez mais autogeridos *100*

4 Consumidores confiam na sabedoria coletiva *136*

5 Consumidores estão reavaliando seus valores *174*

6 Consumidores preferem se sentir próximos *204*

7 Reinventando os serviços financeiros *244*

Índice *274*

REINVENTANDO OS SERVIÇOS FINANCEIROS

Introdução

A crise financeira: um breve resumo
Em 15 de setembro de 2008, quando o banco de investimentos norte-americano Lehman Brothers declarou concordata, apenas algumas pessoas perceberam ali que o mundo estava à beira de um abismo. Durante os meses que se seguiram, ficou claro que o colapso do Lehman não apenas marcava uma dramática mudança no setor financeiro, mas o início da maior recessão na história pós-Segunda Guerra Mundial.

Anos antes, a venda da primeira hipoteca subprime, com aparência de investimento respeitável, deu origem a um efeito dominó sem precedentes, exatamente como uma bomba-relógio, que resulta em caos ao explodir. Instituições financeiras deixaram de confiar umas nas outras: ninguém sabia qual era a posição dos demais com relação a esses produtos. Mercados monetários paralisaram. Mercados de crédito congelaram; o pânico atingiu até mesmo as grandes corporações, o que fez disparar a recessão econômica que perdura desde 2008, além da atual crise da dívida de países europeus, em particular na Grécia, Irlanda, Portugal, Itália e Espanha. Por conta da crise da dívida, líderes europeus lutam para implantar medidas a fim de restabelecer a confiança tanto nos bancos da Comunidade Europeia quanto no euro, entre outras maneiras, como o aumento da exigência do capital principal para bancos e o cancelamento das dívidas soberanas.

Ninguém está ileso
Ainda que os efeitos da crise não tenham sido acentuados no Brasil, nenhum país, empresa ou indivíduo deixou de ser afetado de alguma forma pela crise

---

Foto das páginas anteriores: Hverarönd, Islândia. Cortesia de Ymke Sie.

financeira. O FMI (Fundo Monetário Internacional) estima que o custo total da crise tenha sido em torno de €8 trilhões ou cerca de €2 mil por pessoa. O desemprego cresceu mundialmente, afetando em particular aos jovens. Trabalhadores mais velhos, com a intenção de se aposentar em breve, viram o valor de seus benefícios encolher drasticamente. A crise gerou forte queda na lucratividade e capital corporativos e déficit governamentais mais altos. No mundo inteiro, as pessoas continuam a sofrer as consequências no dia a dia. Com isso, consumidores estão cortando mesmo o básico e fazendo sacrifícios, como trocar produtos por similares mais baratos e gastar de forma mais prudente.

Os mais ricos também são afetados. De acordo com o World Wealth Report da Capgemini e Merrill Lynch de 2009, o número de milionários no mundo caiu 15% em um ano. Seus ativos totais encolheram quase 20%. Na China, o número de domicílios abastados nas 10 principais cidades diminuiu de 1,1 milhão em 2008 para 970 mil em 2009, revela a TNS China Affluent Survey de 2009. Contudo, um estudo de Julius Baer em 2011 estimou que o número de HNWI (High Net Worth Individuals – Indivíduos de Alto Potencial de Investimento) voltará a crescer a um percentual de 8,1% por ano, em especial na Ásia. China e Índia juntas responderão por 40% do total do crescimento de HNWIs. O estudo aponta que nos 10 principais mercados asiáticos o número de HNWIs em 2015 mais que dobrará, chegando a 2,82 milhões – sendo 1,4 milhões somente na China – e sua riqueza total mais que triplicará, atingindo US$15,81 trilhões. No futuro, a necessidade de focar a atração de depósitos será o ponto-chave em discussão nas principais instituições financeiras, tornando os mais ricos um público-alvo ainda mais importante.

De acordo com o World Wealth Report da Capgemini e Merrill Lynch de 2011, a população de HNWIs e o crescimento de seus bens atingiu níveis mais estáveis em 2010, com um total de 10,9 milhões de pessoas e sua riqueza totalizando US$42,7 trilhões. No Brasil o número de HNWIs cresceu 6%, atingindo 155.400 pessoas que possuem mais de US$1 milhão em ativos.

> Hoje, na Espanha, os bancos são de longe os maiores proprietários imobiliários, já que reassumiram muitos imóveis de construtoras e de proprietários privados. Eles têm investido pesadamente em portais imobiliários na internet, criando suas próprias empresas e promovendo feirões imobiliários. Em seu inventário, figuram muitos imóveis prontos para venda, mas também muitos ainda precisam ser terminados. Os bancos estão assumindo uma série de novos papéis que levam a novas decisões de investimento. Mas eles também têm vantagens: diferentemente de imobiliárias tradicionais, os bancos espanhóis têm controle sobre a venda dos ativos e podem facilitar os negócios ao oferecer condições atrativas para o financiamento enquanto for possível, pois já são cerca de um milhão de casas à venda.

Mudança no poder econômico
A velocidade na qual o vírus da contenção de crédito se espalhou em 2008 mostrou como os mercados financeiros estão verdadeiramente interligados no mundo inteiro. Os países, entretanto, reagiram voltando-se para dentro e tornando-se mais protecionistas e nacionalistas. A economia é global, a política é local. Em troca de seu apoio, os governos pressionaram as instituições financeiras para que prestassem mais atenção a seus mercados domésticos – a base de pagadores de impostos que está custeando o suporte. Bancos norte-americanos e europeus repatriaram fundos dos mercados emergentes na América Latina, Ásia, Europa Central e Leste Europeu. Uma consequência inesperada foi o influxo de investidores provindos de países menos afetados como China e Brasil. O resultado foi uma mudança significativa no poder econômico. Ainda que todas as economias tenham sofrido, as do Ocidente realmente encolheram. As economias da China, Índia e Brasil, entretanto, continuaram a crescer, embora a uma taxa menor. Nenhuma instituição financeira pediu concordata nesses países.

Quando em 2010 conversamos com um importante executivo de uma das maiores seguradoras chinesas, ele relatou que, devido à contração, sua empresa cortou a meta de crescimento para "somente" 30% do crescimento em comparação ao ano anterior. No Brasil, o momento também é muito positivo. Somente entre janeiro e abril de 2011, o mercado de seguros cresceu 14%. Esse crescimento está diretamente relacionado com a expansão do PIB e da oferta de crédito no país.

Com mais dinheiro disponível, os mercados emergentes estão perfeitamente posicionados para liderar inovações, por exemplo, no campo da sustentabilidade. Como resultado da contração do crédito, o deslocamento do poder econômico para países como China, Índia e Brasil será acelerado. Estamos agora nos movendo em direção a um mundo multipolar no qual os Estados Unidos têm de compartilhar seu domínio com a União Europeia e a China. O HSBC já mudou o escritório do CEO do grupo de Londres para Hong Kong.

Enquanto isso, no Brasil...
Em 2008, o mundo atravessava um colapso financeiro sem precedentes desde a crise de 1929. O cenário negativo rapidamente se alastrou pelo mundo. Enquanto isso, contrariando as previsões mais alarmistas, a economia brasileira foi pouco afetada.

Uma conjunção de fatores atenuou os efeitos da crise no país. O superávit primário elevado, as reservas cambiais e o superávit comercial deram mais segurança à nossa economia. Da mesma forma, a taxa de emprego crescente, o crescimento econômico na ordem de 5% e um sólido mercado doméstico contribuíram significativamente em favor de nossa estabilidade econômica.

Passado o período de recessão, o Brasil ficou conhecido como o último país a entrar e o primeiro a sair da crise. Se a posição de protagonista do país no cenário mundial ainda era vista com desconfiança por muitos brasileiros antes da crise, após esse período de turbulência, a solidez de nossa economia tornou-se cada vez mais evidente. Ao atravessar a crise financeira livre de sequelas, o país se encheu de confiança e construiu uma plataforma de crescimento para os anos seguintes.

Mas, ao contrário do que se poderia supor, o Brasil não saiu ileso da crise. Se em um contexto macroeconômico nossa economia não foi severamente afetada, na outra ponta, os consumidores foram contaminados pelas más notícias vindas de fora e, efetivamente, mudaram de comportamento. A despeito dos pedidos do então presidente, Luiz Inácio Lula da Silva, o brasileiro se tornou mais cauteloso nas compras; porém outra mudança, menos perceptível mas irreversível em seu comportamento, chama a atenção: a queda na confiança dos consumidores em relação às instituições financeiras.

É interessante notar como, mesmo distantes do epicentro da crise, os brasileiros reagiram de forma semelhante aos consumidores no resto do mundo. Não por acaso, as tendências globais de comportamento do consumidor financeiro que surgiram ou se intensificaram no pós-crise também foram identificadas em nosso mercado.

Isso não significa que o que ocorre lá fora necessariamente se aplica aqui, as particularidades do nosso mercado, bem como nosso momento econômico, tornam necessária uma análise mais criteriosa dos desdobramentos dessas tendências no Brasil. Ainda assim, é importante lembrarmos que o consumidor brasileiro não está alheio ao que ocorre no mundo. Estudos que realizamos sobre o comportamento do consumidor indicam que cada vez mais os meios digitais estão sendo usados como fontes de informação, influenciando todas as etapas do processo de decisão de compra de produtos e serviços financeiros.

Outro fenômeno interessante é que, com um volume de informações cada vez maior circulando na internet, os consumidores desenvolveram um mecanismo de autodefesa, tornando-se mais céticos em relação a esses conteúdos. Dessa forma, a opinião de outros consumidores passa a ter maior importância e, consequentemente, a experiência de compra passa a ser fundamental para a reputação corporativa.

Esse exemplo mostra que, em um setor marcado por constantes transformações, monitorar tendências não é o bastante. As instituições financeiras devem dar um passo além e agir prontamente. A capacidade de ouvir os consumidores e agir de acordo já foi um diferencial competitivo, hoje é uma questão de sobrevivência.

O setor financeiro também está nisso

Não faz muito tempo que banqueiros eram considerados agentes de riqueza e prosperidade. Agora eles são os bodes expiatórios em uma das maiores depressões já vistas. Embora nem todas as companhias de serviços financeiros estivessem diretamente implicadas nas causas da contenção de crédito, os eventos mancharam a imagem do setor como um todo.

Qualquer pessoa que trabalhe com serviços financeiros hoje em dia já espera ser obrigado a se defender em tensas discussões, ainda que esteja entre amigos. Alegar que sua empresa não é culpada não vai isentá-lo. No final das contas, qualquer ação do Banco A irá impactar a imagem de todo o setor, do Banco B ao Z, quer seja uma baixa contábil inesperada, um acordo de bonificações difícil de explicar ou uma campanha publicitária descuidada. Mesmo as instituições financeiras que não estavam diretamente envolvidas nas causas da crise devem exercer extrema cautela. A opinião pública não faz distinção – todos os bancos são culpados.

Algumas empresas, para piorar, ainda diminuem o ritmo da recuperação do setor como um todo ao culpar continuamente a concorrência, em uma tentativa de criar uma imagem mais límpida para elas próprias.

Intervenções governamentais para recuperar a confiança

A força da contenção de crédito pegou todos de surpresa. Os governos responderam seguindo uma estratégia dupla: resgataram instituições financeiras consideradas chave para o sistema, tentando manter a economia à tona, e criaram uma série de medidas para prevenir que crises semelhantes aconteçam novamente.

Durante as operações de resgate, um alto número de bancos e companhias de seguro em todo o mundo foram nacionalizados ou receberam injeções de capital. De acordo com a Bloomberg Markets, até a metade de 2009, somente o governo americano já tinha comprometido US$13,2 trilhões em iniciativas de salvamento, como o programa de alívio de recursos TARP e o resgate das grandes instituições financeiras Freddie Mac, Fannie Mae e AIG. O Bank of England "investiu" pesadamente em maus ativos. A Alemanha lançou um "mau banco" para absorver ativos tóxicos de vários Landesbanken, os bancos regionais.

> Uma pesquisa da McKinsey em 2011, sobre as 13 instituições que mais financiam no mundo, mostrou que o retorno médio sobre o patrimônio líquido pode cair de 20% em 2010 para cerca de 7% devido à maior regulação do mercado, como a Basel III, a menos que seja tomado medidas contrárias. O Bank of International Settlements anunciou em junho de 2011 que espera que a média do retorno sobre o patrimônio líquido gire na casa de 11% a 12% a longo prazo.

Com relação à elaboração de novos meios para resguardar suas economias, governos do mundo inteiro ainda debatem as possíveis soluções.

Regulamentações estão sendo revistas em todos os níveis, desde o G20 e União Europeia ao nível nacional. As demandas por adequação de capital e níveis de liquidez aumentaram, uma importante medida, já que manter grandes reguladores de capital é algo a que os banqueiros normalmente se opõem, esse recurso tende a amealhar parte de seus lucros.

Adicionalmente, as regras para fundos de hedging e agências de classificação de crédito tornaram-se mais rígidas, e regras de contabilidade mudaram. Os princípios-mestres para os salários mais altos serão revisados. Maior proteção ao consumidor também faz parte das mudanças regulatórias. Em setembro de 2011, a comissão Vickers recomendou reformas abrangentes para o sistema bancário britânico, dentre as quais a proteção às operações de bancos de varejo e sua separação das operações mais arriscadas dos bancos de investimentos. O objetivo é poupar as contas dos clientes do risco inerente às atividades de investimento.

Ainda é controversa a afirmação de que a chave para a solução seja a existência de "mais regras". Jaap Winter, professor de Governança Corporativa na Duisenberg School of Finance, é um dos muitos que duvidam disso. Ele argumenta que regras proporcionam uma sensação de segurança e controle, necessidades básicas do ser humano, mas resolvem principalmente problemas antigos, e não os novos. Além disso, a causa da crise não está no sistema, mas nas pessoas que o operam, e elas não se restringem somente às regras. Da mesma forma, mais e mais regras tendem a reduzir nosso senso de responsabilidade por nossa própria conduta, substituindo-a pela responsabilidade de seguir regras. Em outras palavras, quanto maior a quantidade de regras menor será o questionamento.

O psicólogo americano Barry Schwartz afirma: "as habilidades morais são talhadas por cada vez mais regras, nosso poder moral é destruído por cada vez mais incentivos". A segunda parte dessa frase é especialmente interessante: "incentivos financeiros", argumenta Schwartz, "inibem a motivação inerente em se fazer o bem".

Winter considera que a solução é manter-se íntegro e ter responsabilidade pessoal: não como aspectos de compliance jurídica, mas como uma substância da cultura e do DNA tanto da empresa como pessoal.

Além da questão sobre regulamentações adicionais, as discussões tendem a se concentrar em três áreas.

1. Tornar o sistema menos complexo, reduzindo as chances de reações em cadeia ao eliminar a interdependência entre instituições financeiras, de forma que, mesmo se uma companhia quebrar, o sistema inteiro não entre em colapso.

2. Criar padrões relativos à escala, escopo e foco de atuação: se uma instituição financeira é grande demais para quebrar, é também grande demais para existir. Portanto, divida-a em partes e não permita que cresçam demasiadamente. A separação entre bancos tradicionais e bancos de investimento, como foi feito pelos Estados Unidos com o Glass-Steagall Act durante a grande depressão na década de 1930, é mais uma opção a ser considerada com a intenção de distinguir os elementos de tomada de risco – a função "cassino" – e a utilidade pública de um banco.

> Existe uma pressão da Comissão Europeia para desmantelar grandes instituições financeiras de tal forma que "haja um campo competitivo igualitário". Alguns argumentam, por outro lado, que medidas para restringir a dimensão das instituições financeiras são despropositadas, pois, acreditam, tamanho é confundido com risco. O ponto aqui não é "grande demais", mas "complexo demais" e "arriscado demais". Tamanho é algo positivo: economias de escala, eficiências, o alcance das inovações e o compartilhamento de melhores práticas proporcionam enormes benefícios – caso sejam de fato utilizados dessa forma.

3. Estabelecer limites para a inovação financeira, como proposto por, entre outros, George Soros. Soros comparou o mercado de troca de empréstimos inadimplentes à compra de um seguro de vida e, em seguida, permitir que alguém atire na pessoa segurada.

Esses debates estão acontecendo atualmente entre profissionais da área de finanças, políticos e especialistas, e devem levar ainda algum tempo.

Intervenções governamentais serão de longo prazo

O fato de algumas instituições financeiras estarem agora nacionalizadas ou parcialmente lastreadas pelo Estado carrega importantes consequências. Se, antes da crise, alguém falasse a um banqueiro ou seguradora que uma instituição financeira seria forçada a se dividir em duas pela Comissão Europeia, certamente seria alvo de chacota. Instituições financeiras ainda precisam se acostumar ao envolvimento governamental. Elas nunca poderiam imaginar que seriam coagidas a reorganizações dessa magnitude.

Há um sentimento generalizado de que o ambiente competitivo do setor financeiro mudou para sempre. No entanto, ainda vemos alguns bancos e seguradoras tentando fortemente quitar a dívida com o Estado para livrar-se das algemas do controle estatal. Ao fazer isso, alguns visam a necessidade de recrutar e reter talentos, outros desejam apenas voltar o mais rápido aos negócios habituais. Talvez os banqueiros e seguradoras envolvidos não estejam totalmente cientes de quão radical foi a mudança nesse ambiente. Os governos manterão olhos atentos por pelo menos mais 10 anos, assim como os consumidores.

Instituições financeiras estão retomando o mesmo comportamento agressivo exercido por elas antes da crise. Os altíssimos salários estão ensaiando retorno, e parece que a memória coletiva está ficando cada vez mais curta.

> *Cálculos questionáveis...*
>
> Outra "grande ideia" após a implosão do mercado hipotecário: compre uma apólice de seguro de vida que vale US$1 milhão por apenas US$400 mil de uma pessoa idosa ou doente que necessita do dinheiro imediatamente, por qualquer motivo que seja; agrupe e securitize centenas ou milhares delas em títulos, e depois venda-os para fundos de pensão que receberão o valor total quando o segurado falecer. Quanto antes o titular falecer, maior o retorno. Mas se as pessoas viverem por mais tempo que o esperado, os investidores podem de fato perder dinheiro. De qualquer modo, os bancos de investimento lucrariam ao receber as taxas por criar, revender e posteriormente negociar os papéis. Soa familiar? Parece que os bons e velhos tempos estão de volta. Esse é um imenso mercado, com um volume de cerca de US$26 trilhões em seguros de vida somente nos Estados Unidos. Espere e verá isso acontecer mais vezes.

A despeito de uma sucessão de reformas, o setor bancário permanece afundado em problemas. Por outro lado, muitos no setor financeiro alegam que não há mais razão para mudanças. Eles preveem que logo os negócios voltarão ao normal, e os consumidores percebem isso. Quase 70% dos respondentes do Edelman Trust Barometer de 2010, uma pesquisa global de confiança de consumidores, dizem temer que corporações financeiras retornem aos velhos hábitos.

Em uma conferência para executivos de serviços financeiros no começo de 2010, perguntamos aos 150 participantes se eles pensavam que o mercado mudaria ou voltaria às condições pré-crise. Quase metade afirmou que voltaria aos "negócios como o habitual" o que é bastante triste, pois se os últimos anos nada ensinaram aos profissionais da área, por certo foi demonstrada a crescente crise na relação entre o setor financeiro e o consumidor. Não podemos deixar que se feche a janela de oportunidade para a transformação do setor financeiro.

✶

Nos últimos dois anos, temos conversado de forma contínua sobre o futuro dos serviços financeiros com executivos de bancos e companhias seguradoras, em centros financeiros na Europa, Ásia e Américas. A maioria das pessoas com as quais conversamos está convencida de que o setor financeiro mudou, dramática e irreversivelmente. O que vem agora? Duas mudanças de paradigma despontam em quase todos os relatórios ou publicações sobre o futuro das finanças: "de volta ao básico" e "coloque os clientes em primeiro lugar".

Muitas das conversas que tivemos revelam que, hoje, o "cliente" é raramente tópico nas discussões da alta administração corporativa. Nas salas de reuniões do conselho, o foco está no capital, nos custos e nas contingências, mas nunca nos consumidores – como se sentem, do que necessitam e o que desejam.

O que dissemos a esses executivos seniores, sobre tendências do consumidor e como as atitudes dos clientes mudaram com a crise, foi bem recebido e descrito como renovador. Muitos dos bancos e seguradoras tinham, compreensivelmente, apenas uma estratégia: sobreviver. Discussões sobre foco no cliente, seu significado, como poderia ser implementado e como isso se relaciona com o modelo de negócio da companhia foram, sem exceção, animadas e inspiradoras. A intenção em colocar o cliente em primeiro lugar é geral e sincera.

Foi, certamente, imbuídos desse espírito que decidimos escrever este livro: como um elemento catalisador para a mudança positiva.

Reinventando os serviços financeiros está relacionado com clientes e consumidores

Este livro não é sobre a crise financeira. O objetivo primeiro de *Reinventando os serviços financeiros* é trazer à tona o "foco no cliente". É por isso que este livro coloca o consumidor no palco principal. E este não é necessariamente o cliente atual, mas o cliente dos próximos cinco anos, pois, nas palavras do famoso campeão canadense de hóquei no gelo, Wayne Gretzky, "você precisa patinar para onde o disco está indo, e não para onde ele já esteve".

Reinventando os serviços financeiros tem o objetivo de inspirar e informar todos aqueles que trabalham no setor financeiro ou aqueles que têm interesse em serviços financeiros para consumidores. O livro procura focar, em particular, os mercados consumidores nos setores bancários e de seguros e tendências globais de consumo em todos os mercados, incluindo a representação dessas tendências no mercado brasileiro.

Em seis dos capítulos deste livro, iremos delinear as mais importantes tendências do consumidor a serem observadas pelas instituições financeiras. Essas são as tendências que prepararão o terreno para o futuro das finanças, os imperativos na gestão das companhias financeiras de maior sucesso no futuro. Como as necessidades dos consumidores evoluirão nos próximos cinco anos? O que move os consumidores? E como devemos responder a isso?

> Não estamos dizendo que existem apenas seis tendências do consumidor para os próximos cinco anos, em média. Meramente selecionamos as mais importantes, as mais perenes. Mas permaneça alerta a outras. E não se esqueça de que geralmente uma tendência não se aplica a todos os consumidores. Sempre haverá clientes que se desenvolvem e se comportam de formas diferentes.

Traçaremos um retrato do relacionamento entre consumidores e companhias financeiras, quanto foi alterado em somente um ano e como continuará a se transformar nos próximos.

Explicaremos cada uma das tendências e suas implicações para o setor de serviços financeiros. Compartilharemos nossa visão sobre como as tendências evoluirão e quais serão os reais significados além dos mais evidentes. Em particular, explicaremos as consequências, esclareceremos as expectativas dos consumidores e colocaremos em termos concretos qual o real significado resultante dessas tendências para um banco ou seguradora.

A centralidade no cliente impacta toda a organização: no modelo de negócios (como podemos fazer dinheiro com um modelo centrado no cliente?), na oferta de produtos e serviços, na experiência do cliente com a empresa e na organização e cultura necessárias para colocar o conceito em prática na companhia.

Basicamente, procuramos relacionar as seis principais tendências do consumidor com a maneira como um banco ou seguradora deve mudar para obter a nota máxima. Você pode encarar isso como uma lista de compras que o ajuda a adquirir os ingredientes corretos para você se preparar para uma nova realidade; neste caso, financeira.

Desperte novas ideias

O segundo objetivo de *Reinventando os serviços financeiros* é despertar novas ideias. Todas as tendências do consumidor que apresentamos neste livro já estão em andamento de uma forma ou de outra. Em um número considerável de empresas, profissionais já atenderam ao chamado. As melhores práticas em centralidade no cliente demonstram o que é possível no momento imediato e o que está por vir. Incluímos mais de 100 delas neste livro.

O Financial Stability Board, conselho internacional criado para fomentar a estabilidade financeira, identificou 30 grupos financeiros sistemicamente importantes com o intuito de prevenir que riscos sistêmicos se espalhem pelo mundo em uma eventual crise financeira futura. *Reinventando os serviços financeiros* inclui contribuições de 17 dos 30 mais importantes grupos financeiros globais, além de um grande número de players renomados do setor financeiro.

Estamos honrados com o fato de que cerca de 50 executivos de instituições financeiras de ponta e especialistas no setor das mais importantes escolas de negócios do mundo aceitaram compartilhar suas ideias, preocupações e dúvidas. Também estamos muito satisfeitos com a participação de especialistas de fora do setor financeiro, que contribuíram com seus insights em áreas específicas. Por exemplo, executivos do Expedia e Google sobre como alavancar a sabedoria coletiva, o chef internacional Ferran Adrià sobre como combinar inovação e educação, e a Philips Electronics sobre sua experiência em construir negócios sobre a base da "simplicidade".

Para ganhar aprofundados insights sobre temas e desenvolvimentos específicos, também elaboramos vários recursos adicionais, os quais exploramos extensivamente no site www.reinventingfinancialservices.com.

Por fim, a visão que apresentamos reflete nossas próprias opiniões. Provocativas e ousadas, e por vezes críticas em relação às opiniões de pessoas e entidades entrevistadas, nosso objetivo é criar um retrato de como uma empresa de serviços financeiros deve ser. Convidamos vocês a concordar com alguns dos pontos que defendemos e esperamos que discordem veementemente de outros. Sobretudo, esperamos que as discussões estimuladas por nosso livro possam auxiliar o setor a alçar novos voos, resultando em vantagens para as instituições financeiras e clientes.

Com isso convidamos vocês, leitores de *Reinventando os serviços financeiros*, a nos contatar pelos e-mails rpeverelli@vodw.com, rdefeniks@9senses.com e karina.milare@tnsglobal.com e dividir suas opiniões conosco. Também os incentivamos a desafiar nossas próprias ideias e discutir as tendências e seus impactos no futuro dos serviços financeiros.

Estamos confiantes de que tais discussões irão, em última instância, gerar um mundo melhor para os consumidores.

✳

"A mente que se dilata para uma nova ideia nunca retorna à dimensão original". O escritor e físico norte-americano Oliver Wendell Holmes fez essa afirmação há cerca de 100 anos, e ela expressa exatamente o que queremos atingir com *Reinventando serviços financeiros*.

O propósito maior deste livro não está relacionado com tendências interessantes de se conhecer ou meramente inspiradoras, mas com a inovação, sua aplicação e execução. O último capítulo do livro propõe pontos concretos de ação para a mudança. Vamos ser claros aqui: se algo deve ser priorizado na agenda, é a mudança. A mudança a partir da perspectiva do cliente.

Todo mundo fala sobre a importância do consumidor. Em *Reinventando os serviços financeiros*, a retórica passa a ser tangível, prática e eminentemente aplicável.

Roger Peverelli, Reggy de Feniks e Karina Milaré

Com a intenção de tornar este livro o mais interativo possível, incluímos alguns QR-Codes. Se você tiver um smartphone, esses QR-Codes o levarão a vídeos do YouTube que poderão inspirá-lo ainda mais.

Para usá-lo, baixe o scanner de QR-Codes da app store para o seu smartphone, escaneie a imagem e acesse o link para ver o vídeo.

"Green", Peter de Boer, cortesia do artista.

REVISITANDO A BOLHA JAPONESA DE PREÇOS DE ATIVOS NOS ANOS 1980

Sob a luz da crise de crédito, o Japão é muitas vezes mencionado como exemplo graças às crises financeiras que já sofreu. Discutimos as crises passadas pelo Japão com Naoya Takezawa, da Graduate School of Business Administration, Nanzan University em Nagoya.

Qual a experiência do Japão com as crises anteriores?
Considera-se que a denominada "bolha econômica" ocorrida no final da década de 1980 foi causada sobretudo por empréstimos garantidos por imóveis, cujos preços estavam subindo não só a taxas surpreendentes, mas em níveis sem precedentes. O fator acionador da bolha provinha do fluxo monetário gerado por um ciclo de preços de ativos inflacionados e pela colateralização desses ativos. O resultado dessa crise financeira originou a expressão "a década perdida do Japão".

Até que o governo, no final do século XX, liderasse reformas financeiras liberalizantes para o sistema financeiro japonês, havia pouca coisa a ser feita para aliviar a agonia da economia. O subsequente resultado é irônico; a grande quantia que ganhava mobilidade em um quase estagnado sistema financeiro criou uma nova geração de títulos e valores mobiliários que mobilizaria capitais de forma inovadora, mas também perigosa. A inovação financeira é sempre acompanhada de novos desafios, como administrar, distribuir e circular a nova classe de ativos.

O desafio do Japão chegou à virada do século com a bolha da internet, seguida da crise do crédito, a qual terminou na forma da crise dos subprimes.

Por que isso aconteceu novamente? Por que o Japão não aprendeu com o passado?
Possivelmente, as instituições financeiras japonesas estavam cientes dos perigos de um mercado financeiro sobreaquecido, mas é provável que não estivessem equipadas o suficiente para administrar a complexa família de produtos financeiros e o fluxo de capitais direcionado ao mercado interno pelo consumo de massa no exterior. Antes de considerar se o Japão poderia ter aprendido algo com o passado, é importante entender o que *poderia* ter sido aprendido. Os produtos que se tornaram populares durante as bolhas da internet e do crédito tinham origem em ativos efêmeros, como tecnologia e crédito. Para tornar a situação ainda mais complexa, o mercado financeiro estava se globalizando rapidamente e se integrando ao mercado de capitais mundial. O caos resultou no fracasso da gestão convencional de avaliação do risco de novos ativos, que desafiam os procedimentos padronizados de gestão do risco.

Por que esses produtos não foram monitorados com mais cuidado?
Este não é o ponto. O ponto importante a se compreender é que as bolhas financeiras em um sistema de mercado de capitais são inevitáveis e que não é uma questão de "se", mas "quando" esse consumo anormal termina. Isso força os gerenciadores de risco a enfrentar não apenas a questão "se" devem aprovar uma transação, mas também, simultaneamente, "durante quanto tempo" devem continuar aprovando esse tipo de transação.

Quais são as principais lições para o mundo financeiro em sua opinião?
Provavelmente precisamos entender que na raiz das bolhas financeiras está a inovação e o crescimento. Assim, não se trata de evitar uma bolha, mas de encontrar uma maneira de administrá-la da forma correta.

A necessidade de entender no que você está investindo passou a ser mais importante que os rendimentos desses investimentos. A tradicional relação risco-retorno precisa ser periodicamente revista para assegurar que você se sinta confortável com os novos e elusivos produtos financeiros que estão surgindo o tempo todo com o crescimento da economia globalizada.

Esquivar-se da inovação no mundo financeiro é uma solução, mas encontrar uma maneira de abraçá-la é melhor e bem mais empolgante.

CINCO MUDANÇAS ESSENCIAIS PARA RESTABELECER A CONFIANÇA

Como todos os bancos centrais dos países-membros da OCDE,* o principal objetivo do Bank of Korea é manter a estabilidade econômica. O economista Dosoung Choi, membro do Conselho de Políticas Monetárias do Bank of Korea, compartilha sua visão sobre o problema de confiança fundamental no qual o setor bancário deve atuar.

O dinheiro faz o mundo girar e é exatamente isso que bancos centrais como o Bank of Korea precisam resguardar. Portanto, boa parte de seu papel tem sido o de regular o setor de serviços financeiros com respeito (1) à proteção ao consumidor (contra entidades poderosas), e (2) a riscos implícitos (como as quebras de bancos); além de manter a estabilidade dos preços de forma a impedir que o poder de compra do dinheiro seja erodido.

Quais são as mudanças essenciais que os bancos devem passar a integrar a seu comportamento e/ou processos de maneira a garantir sua confiabilidade?

O que as instituições financeiras faziam – antes da crise – que afetava a confiança	*O que as instituições financeiras precisam demonstrar para reconquistar a confiança*
Desonestidade e obscuridade	*Honestidade e transparência*
O banco forneceu apenas parte das informações, sem contar toda a história. O resultado foi a venda de produtos subprime, como os empréstimos conhecidos como NINJA. Enquanto o mercado subir, o consumidor estará bem, mas, assim que houver uma queda, ele estará arruinado. Consumidores não estavam cientes do risco.	Instituições devem contar ao consumidor toda a história: os benefícios e os perfis de risco inerentes. A indústria farmacêutica tem feito isso ao apontar aos pacientes os efeitos colaterais dos produtos.

---

* *Nota do Tradutor:* A OCDE (Organização para Cooperação e Desenvolvimento Econômico) visa promover políticas internacionais para a melhoria do bem-estar econômico e social; hoje são 34 os países-membros.

O que as instituições financeiras faziam – antes da crise – que afetava a confiança	O que as instituições financeiras precisam demonstrar para reconquistar a confiança
Falta de direção causada pela ênfase desmedida em velocidade Banqueiros tradicionais e instituições financeiras mais inovadoras – como os fundos de derivativos e hedge – geralmente são muito inteligentes, mas trabalham a uma velocidade absurda. Velocidade passou a ser mais importante que direção. Como resultado, a manada de prestadores de serviços financeiros se tornou incontrolável e perdeu o senso de direção, o que traz prejuízos não só aos consumidores, mas também aos próprios banqueiros.	*Direção primeiro, velocidade depois* As instituições precisam demonstrar claro senso de direção, bem compreendido por toda a organização e pelos consumidores. O direcionamento bem comunicado por agentes como corretores de títulos mobiliários e de investimentos proporciona confiança para todos.
Foco no stakeholder Instituições financeiras têm vendido os produtos em estoque, como hipotecas, sem realmente compreender as reais necessidades do consumidor. Muitas indústrias já caíram nessa armadilha de foco nos stakeholders devido à excessiva confiança em especialistas técnicos que não consideram as reais necessidades das pessoas. *Por exemplo:* por melhores que sejam os celulares da Motorola tecnicamente, eles obviamente falharam em atender às necessidades do consumidor que o iPhone da Apple conseguiu.	*Foco no cliente* Instituições devem avaliar melhor as reais necessidades do consumidor, entregando soluções que as atendam. É como o médico ao prescrever o remédio correto para o paciente ou ao indicar um especialista mais apropriado. Valor deve ser criado para os consumidores, não apenas para os acionistas. Logo, as instituições financeiras precisam focar em um escopo maior de stakeholders.
Gestão do risco estava voltada ao produto (visão interna) Consumidores de risco que compram produtos de risco só pode resultar em um negócio de alto risco! A maior parte do gerenciamento do risco em instituições financeiras está focada em balanços e acionistas (riscos relacionados a avaliação de crédito, aspectos legais e políticos etc.). Foi despendida muita energia em gerir produtos de risco e não nos consumidores.	*Gestão do risco deve ser voltada ao consumidor (visão externa)* Quando consumidores de baixo risco compram produtos de baixo risco, o gerenciamento do risco passa a ser facilitado. Uma vez que as instituições financeiras criem produtos seguros, poderão escolher trabalhar com consumidores dignos de crédito.
Simplesmente faça! Produtos financeiros não foram bem compreendidos por todos. Até as empresas de classificação de títulos, como a Moody's, não sabiam como classificar e/ou aplicar notas a produtos como CDOs e títulos mobiliários compostos, por exemplo.	*Eduque colaboradores e consumidores* Instituições financeiras devem educar os consumidores, informando os prós e contras de produtos e condições claras e simples, evitando longos documentos cheios de jargões e letras miúdas.

A LONGA ESTRADA DA DÍVIDA

William Salasar, Diretor de Comunicação da Febraban (Federação Brasileira de Bancos)

As crises financeiras acontecem porque governos adotam políticas de crescimento ou investimento que deixam suas economias perigosamente expostas à perda da confiança dos credores, sejam eles bancos ou investidores detentores de títulos, sustentam os pesquisadores Barry Eichengreen, da Berkeley University of California, e Richard Portes, da London School of Economics. Os credores podem ser domésticos ou internacionais, tanto faz, seu comportamento é o mesmo: fogem ao menor sinal de turbulência. Essa é uma história que o Brasil cansou de repetir desde sua independência, no início do século XIX, até a virada para o século XXI.

Mas a economia brasileira passou bastante bem pela crise financeira internacional de 2007 e 2008. Como? Por quê? Um dos principais motivos é que os chamados fundamentos macroeconômicos, regulatórios e institucionais mudaram radicalmente como consequência do histórico de crises vivido pelo Brasil – que já nasceu endividado. Em agosto de 1824, praticamente dois anos depois do Grito do Ipiranga, o nascente Império do Brasil fez sua primeira dívida externa: um empréstimo de £1 milhão, com juros de 5% ao ano. Lançado na Bolsa de Valores Estrangeiros de Londres, foi organizado por Baylett, Farquhar & Co., Alexander & Co. e Wilson, Shaw & Co., agentes de câmbio da City,* que dividiram uma comissão de 4% com os emissários do governo brasileiro.

Daí em diante foram quase dois séculos de crises de balanço de pagamentos e/ou cambiais permeadas de acordos, rompimentos, moratórias e renegociações com os credores internacionais, que marcaram a história econômica brasileira de forma indelével, impondo restrições ao crescimento econômico pelas súbitas paradas dos fluxos de moeda forte. As crises da dívida pontuaram a história econômica brasileira principalmente durante a Primeira República (o Brasil foi uma monarquia de 1882 até 1889). O país chegou a fazer três acordos de consolidação da dívida com os britânicos, até o início dos anos 1930, quando começou a industrialização do país, que ganhou impulso com a substituição de importações. O desenvolvimento promovido pela substituição de importações possibilitou à economia brasileira crescer à média de 7% ao ano entre os anos 1950 e 1980. Esses 30 anos marcaram o melhor período de crescimento de toda a história brasileira, mas a dinâmica da substituição de importações, imaginada como cura para o endividamento externo, paradoxalmente engendrou um endividamento cada vez maior. Até seu colapso, na crise da dívida dos anos 1980. A partir daí, a economia brasileira entrou em prolongada crise, marcada pela hiperinflação e altíssima volatilidade na taxa de crescimento. Para se ter uma ideia do que foi esse período, conhecido como "a década perdida" (mas que durou década e meia), o Brasil teve cinco presidentes da República; 16 ministros das Finanças, 18 presidentes de Banco Central. E sob eles, cinco moedas oficiais, cinco congelamentos de preços e salários, oito programas de estabilização econômica, 15 políticas salariais, 54 alterações em sistemas de controles de preços, 21 propostas de renegociação da dívida externa, 11 índices oficiais de inflação, 18 determinações presidenciais de cortes drásticos nos gastos públicos e 18 políticas cambiais e duas desvalorizações da moeda de 30% e de 20%, em 1979 e 1983, e outra de 8,5% em 1987. E fez uma moratória unilateral da dívida externa.

---

* *Nota do Tradutor:* Região que abriga o centro financeiro de Londres.

Os preços começaram a escalar o Everest da hiperinflação em 1979, quando o índice registrou alta de 110%. Dez anos depois, em 1989, apesar de cinco congelamentos e moedas diferentes, chegou perto de 2.000% ao ano. Diminuiu para 1.476%, quando o então presidente confiscou todo o dinheiro dos brasileiros depositado nos bancos. A inflação só começou a rumar para padrões civilizados depois de passar dos 2.700% em 1993, quando, em 1994, foi feito o Plano Real.

A convivência com a hiperinflação, a volatilidade e as intervenções draconianas dos governos na economia impôs aos brasileiros em geral, em particular ao sistema financeiro, uma cultura perversa de indexação que permeou todos os preços da economia e, até hoje, sobrevive em contratos de empresas provedoras de serviços básicos (utilidades), nos impostos e, principalmente, na cabeça de todos os brasileiros.

Por outro lado, evitou que a economia brasileira fosse dolarizada, como aconteceu com a maioria das economias latino-americanas, e preservou o sistema bancário-financeiro, que desenvolveu produtos que mitigavam a incerteza. A extrema volatilidade e a subsequente incerteza do período hiperinflacionário desenvolveram, na economia em geral, mas sobretudo no sistema financeiro, habilidades que hoje são características do cenário internacional.

Mas o Brasil ainda teve de passar pelo cenário de turbulências de sucessivas crises internacionais que começaram, no final de 1994, com a desvalorização do peso mexicano. A "crise tequila", como ficou conhecida, impulsionou a fuga de capitais de países emergentes, principalmente da América Latina, que foram duramente atingidos em 1995. A crise asiática de 1997, a crise russa e a falência do LTCM, em 1998, acabaram levando à mudança no regime cambial, que passou de um crawlingpeg à livre flutuação. A sucessão de crises também ensejou um programa de disciplina fiscal, que compreendia um programa de metas de superávit primário nas contas do governo, e uma Lei de Responsabilidade Fiscal, que submetia todas as esferas e instâncias do estado, desde a União Federal às prefeituras municipais. Essa lei teve como modelos a norma de gestão pública editadas pelo FMI (Fundo Monetário Internacional), o Fiscal Responsibility Act da Nova Zelândia, o Tratado de Maastricht da Comunidade Econômica Europeia e o Budget Enforcement Act dos Estados Unidos. Para completar a livre flutuação do câmbio, foi adotado o regime de inflation target. Esse tripé de política econômica vem se mantendo com sucesso desde 1999.

Talvez o sintoma mais expressivo da bem-sucedida história da economia brasileira desde a virada deste século – e que contrasta dramaticamente com as crises observadas nos séculos anteriores – seja o processo de redução da voracidade do governo sobre a renda dos brasileiros. A disciplina fiscal permitiu gerar, por 13 anos consecutivos, superávits primários nas contas do governo de 3% a 4% do PIB (Produto Interno Bruto) por ano. Somado ao crescimento econômico rápido e sustentado, a participação da dívida pública líquida no PIN caiu 21 pontos percentuais desde 2002, chegando em 2011 a 39,4% do PIB. Essa queda da dívida pública abriu espaço para uma expansão segura do crédito bancário a pessoas e empresas, que cresceu também 21 pontos percentuais do PIB no mesmo período, de 26% em 2002, para 47%. E como as pessoas e as empresas usam seus recursos com mais eficiência que os governos, esses 21 pontos de PIB que trocaram de mãos contribuíram para que a taxa média de crescimento da economia passasse de 1,9% na década de 1990 para 3,7% na década de 2000. No bojo disso, houve um aumento da taxa de investimento de 2 pontos percentuais, para 18,5% do PIB.

É claro que o ambiente econômico mundial desse período teve um papel determinante no sucesso econômico do Brasil na década passada. A complementaridade entre as economias brasileira e chinesa, com o Brasil provendo as commodities agrícolas e minerais, permitiu ao país aproveitar a fase de crescimento mundial até o último trimestre de 2008, assim como suportar a crise internacional, agravada a partir de então. Além do estímulo à atividade econômica derivada do crescimento das exportações, tal cenário possibilitou ao Brasil não só pagar a dívida com o FMI antecipadamente, como acumular reservas cambiais que fazem o país hoje ser credor do mundo.

Mas não resta dúvida de que o crescimento sustentado, de baixa volatilidade, não é subordinado ao equilíbrio das contas externas, ao fim da restrição externa. Há várias outras condições a serem satisfeitas para garanti-lo, sobretudo as reformas que não avançaram (tributária, trabalhista, previdenciária), a melhoria da educação e um ambiente institucional mais "amigável" em relação à iniciativa privada.

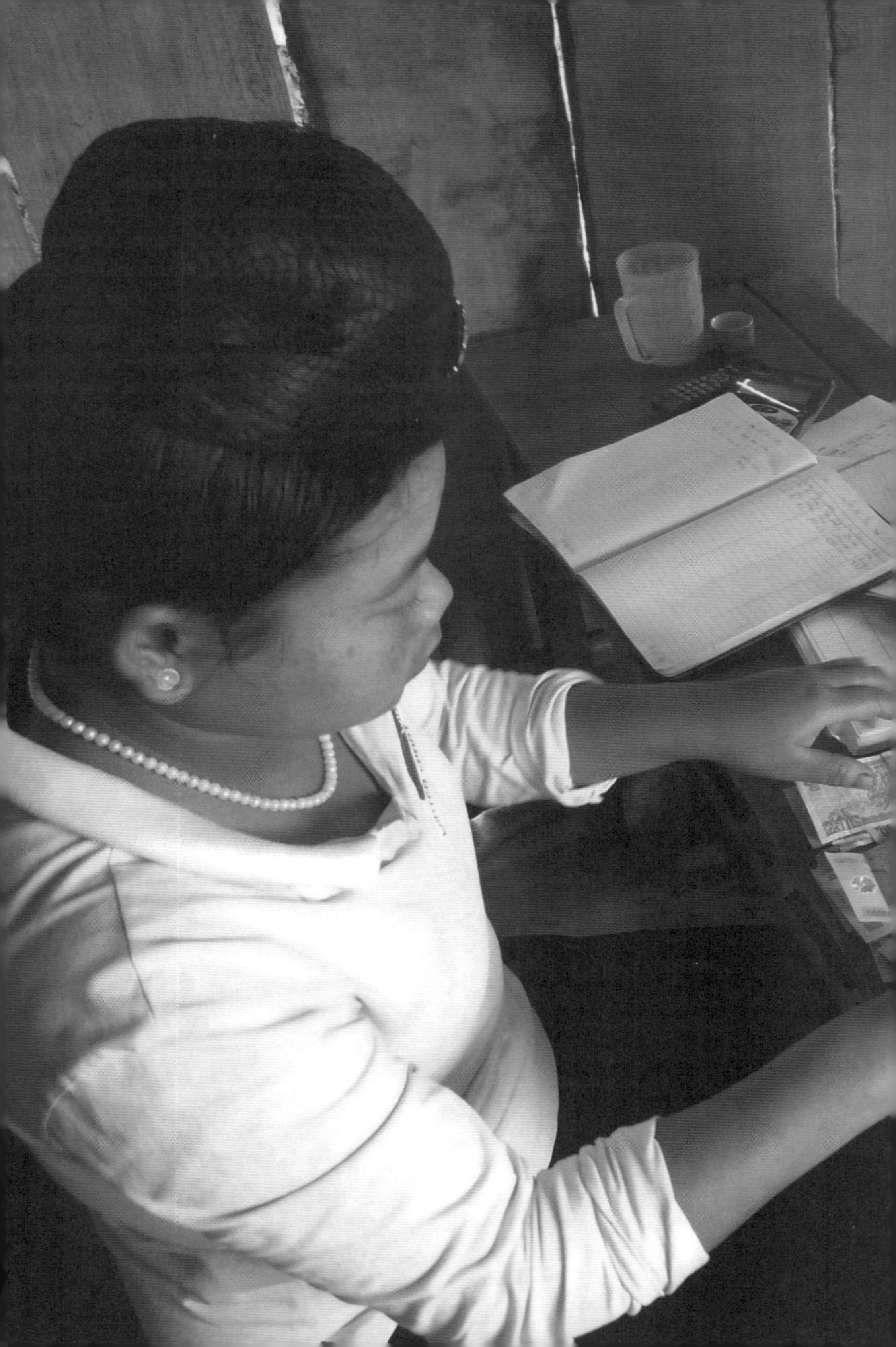

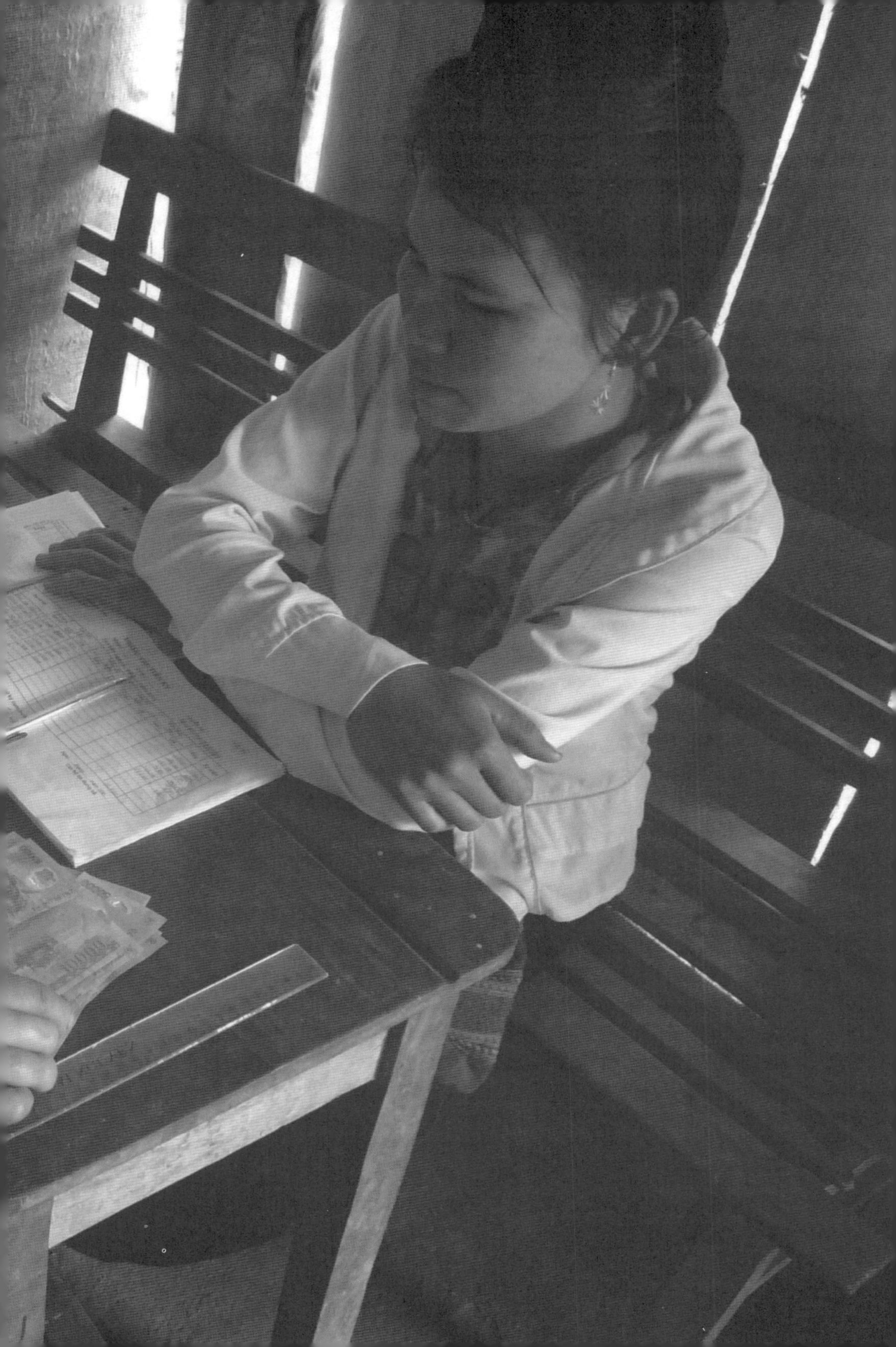

Capítulo 1

O relacionamento do consumidor com as instituições financeiras mudou

Reinventando os serviços financeiros trata sobre consumidores e sobre o futuro, não sobre a crise. Mas para acertar o tom no futuro, as instituições financeiras precisam compreender o efeito que os últimos três anos tiveram no consumidor – como mudaram seus sentimentos, percepções e atitudes em relação ao setor financeiro. As instituições inevitavelmente terão de lidar com essas mudanças. Assim, é premente e inevitável olhar para trás, para esse capítulo na História, ao menos para podermos vislumbrar mais claramente o futuro e a resposta que propomos em relação às tendências do consumidor.

*

Confiança é vital para o setor
Quando discutimos com profissionais do setor financeiro sobre a importância da confiança, praticamente todos concordam que é algo vital para o setor e, independentemente do dano causado, ela deve ser restabelecida com a máxima prioridade.

Confiança não é supérflua, algo de que você só precisa ocasionalmente. Sem exceção, toda transação comercial inclui um elemento de confiança. A sociedade moderna não pode funcionar se não houver confiança entre indivíduos e instituições-chave.

Foto das páginas anteriores por Jacquelien Bunt. Cortesia Microcredit for Mothers Foundation. A Senhora Bien é responsável pelo controle de crédito em um projeto da fundação em sua comunidade, na província de Dien Bien, noroeste do Vietnã. Todos os meses, ela coleta as prestações e pagamentos de juros dos clientes, auxiliada por 19 assessores regionais.

> Há inúmeras definições para confiança.
>
> Preferimos a usada por Pablo Cardona e Wei He, da IESE Business School, na Espanha: a confiança pode ser entendida como o relacionamento que abrange a permissão de se tornar vulnerável à ação de outra pessoa, com base em expectativas positivas sobre as intenções e comportamento do outro.
>
> Tais expectativas são resultantes da experiência direta ou indireta com a outra pessoa, interações passadas ou observações pessoais sobre como a pessoa se comporta com os demais.
>
> A confiança aumenta à medida que novas e positivas experiências, interações e observações são realizadas.

Confiança é o que permite que as pessoas façam negócios. Como fazer negócios é a fonte de riqueza mais importante, confiança é a chave para a prosperidade. Graças a Adam Smith, o conceito de divisão do trabalho nos ajudou a acelerar a criação de riqueza. Mas esse conceito somente funciona uma vez que os produtores, ao longo da cadeia de valor, tenham confiança mútua, de forma que cada um entregue exatamente o que foi combinado.

De acordo com Steve Knack, economista sênior do Banco Mundial, especializado nos aspectos econômicos da confiança, a diferença entre nações ricas e pobres é determinada pela confiança, mais que a existência de recursos naturais. Confiança é verdadeiramente o óleo da engrenagem de qualquer economia.

Confiança gera valor e reduz custos ao entrar em novos mercados, aumenta a retenção de funcionários e melhora o relacionamento com stakeholders.

> De acordo com o Edelman Trust Barometer de 2012, comparando os 10 países com maior PIB, a confiança nos negócios encontra-se maior nos países formadores do chamado BRIC, com exceção da Rússia, onde ainda predomina elementos causadores de falta de confiança nos negócios e governo. A confiança nas companhias cujas sedes estão em países do BRIC está crescendo, incluindo empresas russas.
>
> O setor financeiro é aquele com menor nível de confiança em todo o mundo. Em 2012, o destaque foram as quedas de confiança no Japão e na Coreia do Sul (19 e 8 pontos, respectivamente). Por outro lado, houve o aumento da confiança dos consumidores nos Estados Unidos e na Índia (11 e 3 pontos, respectivamente).

A quem os clientes recorrem por expertise financeira?

De acordo com o Edelman Trust Barometer de 2012, pelo segundo ano consecutivo, o setor de serviços financeiros é o setor no qual os consumidores menos confiam no mundo, seguido pelos bancos. No setor bancário, o nível de confiança foi maior no Japão e na Coreia. No entanto, os consumidores do Reino Unido, Alemanha e França são os mais desconfiados, reflexo da crise do euro.

A falta de confiança é refletida imediatamente na maneira pela qual o consumidor age. No mundo todo, cerca de 60% dos consumidores realizaram alguma ação durante a crise de contenção de crédito, segundo a TNS Global Finance Survey em 2009. Consumidores diversificaram suas aplicações entre vários bancos, sacaram todo seu dinheiro, compraram produtos "à prova de crise", venderam produtos financeiros que não pareciam seguros ou trocaram de instituição suas contas-correntes, de poupança ou investimentos. De acordo com o World Wealth Report da Capgemini e Merrill Lynch de 2009, pouco mais de 25% dos milionários em todo o mundo trocaram parte de seus ativos de administradora devido à falta de transparência ou gestão de risco insuficiente. Um número substancial chegou mesmo a pôr fim no relacionamento com a administradora.

Enquanto as instituições financeiras perdem a credibilidade, as pessoas cada vez mais passam a dar importância à voz de outros consumidores. A pesquisa Digital Life, da TNS, realizada em 2011, revelou que 45% dos brasileiros confiam em informações divulgadas pelos amigos na internet sobre produtos financeiros, sendo que 32% acreditam também nas informações postadas por desconhecidos.

Quando se trata de gerenciamento financeiro, o consumidor está cada vez mais assumindo a direção e tomando a iniciativa. Isso nos leva a considerar se, aos olhos do consumidor, os especialistas financeiros ainda são a mais lógica fonte primária de expertise financeira. Esse movimento nos sugere uma mudança significativa no comportamento do consumidor, mudança essa que as instituições financeiras precisam aprender a gerenciar.

De acordo com o World Wealth Report da Capgemini e Merrill Lynch de 2011, a geração mais jovem de HNWIs (High Net Worth Individuals – Indivíduos de Alto Potencial de Investimento) demanda mais de seus conselheiros financeiros em termos de transparência, eficiência e conveniência. Depois da crise financeira, essa geração de clientes especiais não está certa se recorrer a consultores financeiros realmente é de seu interesse.

> A revista britânica *Marketing Week* realizou uma pesquisa perguntando a consumidores se eles considerariam comprar produtos financeiros de certas marcas, como um cartão de crédito, ou abrir uma conta-corrente ou poupança.
>
> Entre as opções estavam Tesco Finance, Sainsbury's Bank, O_2 Money e Marks & Spencer Money. Nomes altamente conhecidos no Reino Unido, que dificilmente seriam atingidos pela crise, você poderia pensar. Alguns especialistas acreditam que essas marcas ganharão mercado nos próximos anos, já que players tradicionais estão vulneráveis. A resposta foi interessante: incríveis 65% dos respondentes afirmaram "nenhuma dessas marcas".

Restaurando a confiança: De um enfoque reativo para proativo
O comportamento financeiro do consumidor em transformação criou modificações substanciais em ativos e causou significativa queda em receitas. Uma gama de diferentes medidas e ações foram tomadas por companhias para recuperar a confiança dos clientes o quanto antes, além de gerenciar seu relacionamento de forma mais eficaz. A maior parte destas medidas iniciais foi aparentemente reativa e de curto prazo; para nós, elas não representaram o resultado de um real entendimento dos efeitos dos eventos sobre as atitudes e emoções dos consumidores. Veja alguns exemplos.

Uma série de instituições financeiras quase imediatamente lançaram campanhas publicitárias de reposicionamento que enfatizavam novos valores de marca desejados pelos consumidores – sob risco de comunicarem uma promessa que poderia não ser cumprida de fato ou que iria de encontro a percepções essenciais do consumidor sobre a empresa.

Outras realizaram um trabalho de rebranding de suas atividades. A gigante americana resgatada pelo governo GMAC lançou uma nova identidade para seu banco online: Ally Bank, "construído sobre as fundações do GMAC", o que gerou muita discussão nas redes sociais.

Em seguida vimos CEOs pedindo a suas diretorias que devolvessem suas bonificações, sucedidos por diversos banqueiros desculpando-se publicamente pelas falhas de seus bancos. Desculpar-se não é fácil, devido ao risco das expressões de arrependimento resultarem em ações administrativas judiciais. Lord Stevenson, do HBOS, fez um pronunciamento cuidadoso em que dizia "se arrepender de como transcorreram os eventos", o que, na percepção dos consumidores, não pareceu um genuíno pedido de desculpas.

Em uma indústria construída sobre fundações de confiança, é de suma importância que se aja de modo a recuperar a confiança. A recuperação mais perene da confiança requer maior conhecimento sobre como os consumidores se sentem e se comportam em função da crise financeira.

A relação entre instituição financeira e consumidor tornou-se mais complexa
Para encontrarmos as medidas mais apropriadas para o restabelecimento da confiança, precisamos tentar enxergar sob o ponto de vista do consumidor. Quando isso acontece, a única conclusão a que chegamos é que a confiança entre as instituições de serviços financeiros e seus clientes desapareceu.

Antes da crise, a relação entre cliente e instituição era direta. Funções com baixo envolvimento, como pagamentos, eram percebidas quase como de natureza "utilitária". Em algumas categorias de produto que requerem alto envolvimento, por outro lado, o banco era visto como conselheiro credenciado.

Qualquer que seja o nível de envolvimento, o relacionamento era claro: a instituição financeira oferecia serviços, e o cliente os adquiria dentro de sua expectativa. A confiança de que ambas as partes cumpriria o acordado não era colocada à prova.

Em menos de um ano, uma simples relação cliente-fornecedor se rompeu repentinamente, trazendo fortes sentimentos; consumidores sentiam ansiedade, medo e indignação como cidadãos; como clientes, viam sua própria segurança financeira sendo minada e, como pagadores de impostos, eram forçados a contribuir com planos de resgate governamentais. Tal mudança de relacionamento não tem precedentes, mesmo em outros setores. Sua magnitude implica que a restauração da confiança será uma difícil missão. Algumas das consequências são de curto prazo; outras poderão ser permanentes.

Vamos examinar mais detalhadamente cada um dos três papéis exercidos pelas pessoas: cidadão, cliente e pagador de impostos.

✽

O primeiro papel é o de consumidores como cidadãos, não necessariamente clientes de uma instituição financeira em particular.

Consumidores são cidadãos que sentem o impacto financeiro no dia a dia

Os consumidores imaginavam que as instituições financeiras estavam lá apenas tomando conta de seus pagamentos, poupanças, seguros e financiamentos. Muitos não as relacionavam com a economia como um todo nem percebiam o vínculo que essas instituições tinham com a empregabilidade da empresa em que trabalhavam ou com seus planos de aproveitar uma aposentadoria tranquila. Portanto, tiveram uma súbita e desagradável surpresa.

A percepção do consumidor sobre as causas da crise de contenção de crédito

"Comportamento antiético: a venda de hipotecas que podem causar sérios problemas aos consumidores é imoral. Sobretudo, criar todo um setor financeiro nas sombras, formado por produtos alavancados tão complexos e sem transparência que os riscos sequer podiam ser estimados."

"Este escuso mercado financeiro foi determinado principalmente pela ganância: sistemas de remuneração e incentivo com bônus multimilionários para membros de conselhos administrativos e corretores focados em ganhos imediatos."

"Profissionais que não entendem seus próprios produtos e não têm coragem de admitir. Tal era sua complexidade que nem o governo conseguia supervisioná-los."

"Vez por outra, aparecem notícias de novos esqueletos no armário de banqueiros, o que reforça o sentimento de caos, improbidade administrativa e falta de controle do setor financeiro."

> "A situação aparentemente tornou-se tão ruim que bancos e seguradoras não têm confiança nem entre si mesmos – então por que eu deveria confiar neles?"
>
> "Todo o sistema financeiro teve de ser resgatado pelo governo por meio de enormes injeções de capital e nacionalizações à nossa custa, os pagadores de impostos. E, no fim das contas, nós consumidores somos duplamente atingidos: estamos pagando pelo resgate, e esses mesmos bancos não estão mais emprestando ao mercado. Portanto, empresas bem geridas estão indo à falência e empregos estão desaparecendo. Até meu emprego está correndo perigo."
>
> "Para terem certeza de que percebemos sua arrogância e egoísmo, esses mesmos bancos gastaram nosso dinheiro em bônus e salários multimilionários. Por vezes, esses bônus são múltiplos da remuneração de trabalhadores comuns cujo trabalho tem valor social. Eles não se importam com o que nós, clientes e financiadores, possamos pensar deles. Banqueiros só olham para si mesmos e não pensam nos clientes."

Essa linha de raciocínio, que em parte emergiu da própria crise, demonstra como os consumidores começaram a ver as grandes corporações em geral, e as grandes empresas financeiras em particular, na última década.

A globalização e as grandes corporações não são percebidas positivamente por todos. Tamanho é facilmente associado a indiferença e arrogância. Mesmo antes da crise, havia espaço para melhorias na imagem das companhias de serviços financeiros como categoria. Comentários como "até parece que os clientes é que estão à disposição do banco ou da seguradora, não o contrário" são extremamente recorrentes em pesquisas com o consumidor, mesmo antes da crise de contenção de crédito.

O setor precisa começar a administrar as percepções do consumidor

Quando tratamos das causas da crise, muitos do setor podem não concordar com essas percepções do consumidor e colocam a culpa em outros players, como agências de classificação de risco, acusando-as de não fazer seu trabalho apropriadamente ou buscando outra razão. Listamos algumas das causas frequentemente mencionadas por líderes e especialistas do setor (veja o quadro a seguir). Quando lemos essa listagem sob a ótica do consumidor comum, fica claro que todas essas causas são excessivamente teóricas e complicadas de entender. Consumidores certamente preferem ficar com sua própria linha de raciocínio, mais clara. Políticos ainda a reforçam, já que frases de efeito mais simples e diretas ecoam melhor nos ouvidos do público que longas explicações cheias de nuances, por mais subjetivas e infundadas que possam parecer. Qualquer que seja a verdade, se é que existe uma, o setor precisa passar a administrar com mais eficiência as percepções do consumidor.

> *Algumas das causas da crise de crédito de acordo com o setor*
>
> - Ganância dos consumidores. Consumidores não agiram corretamente ao usar suas casas como se fossem caixas automáticos (William Dudley, CEO do Federal Reserve New York). Dívidas do consumidor, sobretudo na faixa de renda mais baixa, podem ser transmitidas rápida e forçosamente para o sistema financeiro (Vernon L. Smith, ganhador do Prêmio Nobel).
> - Teorias de "eficiência dos mercados" – baseadas na confiança de que os mercados sempre determinarão os valores corretos de um ativo e, portanto, são capazes de autocorreção – revelaram-se inapropriadas, já que, em certo ponto, sequer havia mercado. Portanto, foram os economistas que causaram a crise; eles não a perceberam chegar e não têm ideia sobre como reagir a ela.
> - O Fed cometeu um erro ao não salvar o Lehman Brothers. O banco tinha um gigantesco balanço e muitos derivativos contabilizados. O risco líquido era relativamente pequeno devido às contraposições com outras instituições. Mas ao deixar o Lehman pedir concordata, todas as instituições tiveram de reverter posições, o que causou uma reação em cadeia e subsequente caos. Se o banco tivesse sido salvo só seria necessário lidar com o risco líquido, a diferença entre posições de compra e venda (Robert Merton, ganhador do Prêmio Nobel).
> - A criação e recriação de produtos financeiros com base nos empréstimos hipotecários levaram ao rompimento da relação entre financiador e proprietário do imóvel. O comprador do título não tinha noção do que fazer se o emprestador falhasse em pagar os juros ou deixasse de pagar as prestações.
> - Os anos da política de juros baixos de Alan Greenspan incentivaram o endividamento de famílias e corporações norte-americanas. Além disso, ele foi terrível em questões regulatórias, e o "agora sabemos" é uma fórmula para o desastre (James Galbraith, University of Texas).
> - Regras contábeis baseadas em valor justo facilitaram o crescimento, mas também aceleraram a quebra.

Consumidores se sentem pessimistas e inseguros sobre seu futuro financeiro

Uma das consequências da crise financeira foi a necessidade de baixar o valor de planos previdenciários para refletir as perdas em investimentos à medida que os ativos se erodiam. Pessoas próximas da aposentadoria se viram, de uma hora para outra, na perspectiva de receberem benefícios muito menores do que esperavam, e com a possibilidade amedrontadora de não possuir recursos suficientes para viver.

Outros estão se conformando com o fato de que terão de trabalhar por mais tempo do que o previsto em um mercado de trabalho em contração, no qual trabalhadores têm sido continuamente dispensados. Essa é uma época de preocupação para muitas pessoas. A maioria nunca vivenciou tanta insegurança financeira na vida. O que acontecerá com tudo que poupei até hoje? Será suficiente? Quais são minhas opções? A incerteza acerca dessas questões é nova para os consumidores, e ainda há muitas perguntas aguardando respostas e soluções.

*

O segundo papel do consumidor é o do cliente de uma instituição financeira em particular.

Instituições financeiras deveriam ter sido mais responsivas à crise
Durante a crise, consumidores esperavam que seus prestadores de serviços financeiros fornecessem informações adequadas sobre como reagiriam. No entanto, poucas instituições apresentaram uma postura proativa, contatando seus clientes para discutir situações pessoais e propor soluções.

É justo dizer que as instituições financeiras falharam nesse ponto e, por consequência, a confiança foi violada. Os sites institucionais das empresas do setor pareciam ignorar que uma crise estava em andamento, e os comerciais de televisão anunciavam "confiabilidade" em meio a boletins de notícias que sugeriam que as instituições financeiras estavam longe de serem confiáveis. No mínimo, a expectativa dos clientes era a de receber uma simples carta do provedor de serviços financeiros que esclarecesse a situação. O uso de metáforas, como "fomos atingidos por uma grande tempestade" e "estamos expostos a ativos tóxicos" dava a entender que as instituições financeiras não tinham nada a ver com a situação – enquanto todos suspeitavam que elas sabiam mais.

Em resumo, poucas empresas informaram de maneira proativa, suficiente e/ou apropriada suas ações e sua visão sobre a crise. Como resultado, deram margem para a interpretação de que bancos e seguradoras não se importavam realmente com seus clientes.

Confiança sempre foi uma premissa
Até o momento da crise financeira, instituições financeiras nunca tiveram de provar aos clientes que eram dignas de confiança. A confiança sempre foi dada como certa. Vários banqueiros e seguradoras nos disseram que desejavam reagir, mas que levava de 6 a 14 semanas para que uma carta atravessasse todos os processos internos, e cada carta tornava-se obsoleta pelos eventos que se sucediam antes de receberem aprovação final. Outros disseram que suas agências de relações públicas os aconselharam a ficar longe das manchetes e a não tomar qualquer ação até que o pior passasse; ou que seus conselhos jurídicos os alertaram sobre o potencial custo de serem diretos. Potenciais ações jurídicas aparentemente apresentavam risco maior que a perda de confiança.

A falta de ação, ou a ação incompleta, afetou a confiança ainda de maneira mais negativa, além do dano causado pela crise de crédito em si mesma. Tal nível de falta de comunicação certamente está fora de compasso com o que os consumidores esperam nos próximos anos.

> Luis Badrinas, CEO da Zurich Life da Espanha e membro do Comitê Executivo Global da Zurich Life, afirma que sua companhia aproximou-se proativamente dos clientes que tinham apólices de investimento e os aconselhou a convertê-las em depósitos. Ainda que os clientes tenham perdido dinheiro, reconheceram a postura proativa da Zurich. A empresa ainda aproveitou a oportunidade para fornecer assessoria financeira a eles. "A alta taxa de desemprego representa grande preocupação, e o governo espanhol estabeleceu nova política para que pessoas sem emprego mantivessem o dinheiro investido nos planos de pensão a partir de julho de 2009. Consideramos ser nossa responsabilidade informar gratuitamente aos clientes essas medidas, sem explorá-las comercialmente", menciona ele.

Paixão por finanças, mas e os consumidores?

Da mesma maneira que engenheiros mecânicos têm paixão em lidar com motores, a maior parte dos banqueiros e seguradoras tem paixão em lidar com dinheiro, o que é bastante razoável. Trabalhar em um banco ou uma companhia de seguros é logicamente domínio de pessoas interessadas e formadas primordialmente em Economia e Finanças, e não em relacionamento com consumidores. Em grande número de bancos, as áreas de atacado e de investimentos são consideradas superiores à de varejo, devido aos serviços mais complexos e individualizados oferecidos e às dimensões das transações envolvidas.

Portanto, há uma grande diferença no vocabulário utilizado por prestadores de serviços financeiros e por consumidores. Profissionais de finanças falam em adequação de capital, compensação e apetite para o risco. Consumidores falam em esperança, ganância e medo. A lacuna torna-se intransponível quando clientes são tratados como "centros de lucros" sem qualquer consideração por sua condição humana.

> *Um conserto parcial...*
>
> Todas as comissões designadas para revisão e redesenho do setor financeiro consistiram quase inteiramente de pessoas do setor e/ou políticos. Dentre as quais, listamos: o De Larosière Group, da Comissão Europeia, o Turner Review, no Reino Unido, The Group of Thirty, capitaneado pelo ex-presidente do Fed, Paul Volcker, a Comissão Maas, na Holanda, iniciada pela Dutch Association of Banks (Associação Holandesa de Bancos), e The Future of Finance, iniciativa do *The Wall Street Journal*. Ao ler os relatórios e recomendações, conclui-se que o setor está focado demasiadamente em si próprio, com limitada atenção à perspectiva do consumidor. Há muito sobre governança, gestão de risco, estrutura e regulação – assuntos de suma importância, sem dúvida –, mas escapa a todos a direta relevância e impacto aos consumidores.
> - Vinte e nove páginas de recomendações do The Group of Thirty não incluem sequer uma vez as palavras "consumidor" ou "cliente".
> - Uma contagem de palavras no relatório da "Comissão de alto nível de supervisão financeira da União Europeia", encabeçada por De Larosière, indica que o termo "cliente" aparece somente 10 vezes em 70 páginas.

- Das 73 medidas propostas no relatório criado pela Comissão Maas, somente uma concerne aos consumidores: a redução do nível do seguro sobre depósitos no varejo.
- Nas 32 ações requisitadas pelo Turner Review, há duas medidas similares, relativas ao seguro sobre depósitos bancários: melhor proteção e informação.

A confiança do consumidor no setor financeiro é influenciada pela estabilidade financeira

Junto com a agência de pesquisas MarketResponse, investigamos o nível de confiança dos consumidores holandeses nas instituições financeiras em 2009, usando o VODW Consumer Trust Navigator. Esse modelo identifica 13 vetores para a confiança em uma companhia prestadora de serviços financeiros. Adicionalmente, buscamos pesquisas disponíveis no mundo sobre o tema.

Não obstante existirem diferenças na importância de vetores individuais para a confiança entre as instituições financeiras, encontramos alta similaridade e denominadores comuns nos resultados:

- Observando cada vetor para confiança, "estabilidade financeira" é, de longe, o mais importante, representando 20% da confiança do consumidor em uma instituição financeira.
- Os diversos fatores que se relacionam com a "provisão diária de serviços básicos", juntos, determinam 40% da confiança. Essa provisão diária de serviços precisa ser transparente e simples. Os clientes precisam entender os produtos com facilidade; a empresa precisa estar acessível, e os processos devem ser claros e rápidos. Outros elementos importantes: pensar de maneira proativa em relação aos consumidores, cumprir o prometido e não causar quaisquer surpresas.

Conclusões similares podem ser obtidas a partir de uma pesquisa global do Barclays Wealth e da Economist Intelligence Unit com 2.100 indivíduos de alta renda, com ativos passíveis de investimento na ordem de £500 mil a mais de £30 milhões em 2009. A erosão da confiança levou um volume cada vez maior de investidores de alta renda a alterar a forma como selecionam um gerenciador de fundos. Durante época de alta, eles focariam o desempenho passado; hoje, colocam em jogo uma gama de fatores. A estabilidade financeira da instituição e a qualidade e transparência das informações ao investidor são agora mais importantes, enquanto o desempenho passado e taxas estão se tornando menos relevantes.

O Índice de Confiança, desenvolvido na University of Nottingham pelo Financial Services Research Forum (Fórum de Pesquisas de Serviços Financeiros), distingue dois níveis de confiança. A de baixo nível indica se uma organização pode ser confiável em relação a fazer o que afirma, e a de alto nível está relacionada com a preocupação da companhia em relação aos interesses dos clientes.

> As conclusões do Índice de Confiança indicam que, em geral, as instituições financeiras recebem dos clientes as melhores notas em relação à habilidade e expertise em seu campo – ou seja, na área de confiança de "baixo nível". Mas têm muito mais dificuldade em se apresentar aos clientes em termos de confiança de alto nível, particularmente no que diz respeito a valores compartilhados.

A estabilidade necessita ser constantemente reforçada

Por anos, as companhias financeiras foram praticamente imortais. Um banco ou seguradora que fechava as portas era raridade histórica. Isso mudou, e o fato de que instituições financeiras não são mais imortais agora faz parte da memória coletiva do público em geral. Estabilidade financeira permanecerá um importante fator decisório de compra para clientes nos próximos anos. Companhias financeiras devem gerenciar a percepção de estabilidade financeira. Consumidores estão cada vez mais bem informados; eles têm condições e propensão a questionar informações, fontes e motivações. As redes sociais representam novas oportunidades e ameaças. Temos visto como pequenas centelhas de informação ou rumores sobre instabilidade financeira podem incitar verdadeiras fogueiras na forma de fuga de depósitos.

A importância do desempenho no ponto de contato

O que também temos visto é que os pontos-chave para a confiança do consumidor são semelhantes entre as empresas do setor financeiro: desempenho no ponto de contato, qualidade dos funcionários em contato com clientes, facilidade em realizar transações cotidianas – esses são os elementos mais importantes na construção e no reforço da confiança. A confiança não pode ser restaurada apenas ao mencioná-la em propagandas; ela é reconquistada ao exceder as expectativas na provisão diária de serviços e ao reforçar a estabilidade financeira.

Consumidores colocam grande ênfase na provisão diária de serviços porque sua confiança foi severamente arranhada, o que significa que as instituições prestadoras de serviços financeiros precisam começar a reconstruí-la, quase tijolo por tijolo. Consumidores avaliam continuamente a habilidade das instituições financeiras em atingir suas necessidades básicas. Eles prestam cada vez mais atenção a cada instância de contato e serviço, como se fosse um novo teste para verificar se suas expectativas e necessidades são atendidas, e se o banco mantém suas promessas.

Clientes são particularmente cautelosos quando o serviço envolve relacionamentos pessoais. Essa conclusão é consistente com uma pesquisa similar realizada pela TNS nos Estados Unidos: 62% dos clientes concordam que o banqueiro passou a ser tão importante quanto o banco.

O ceticismo dos consumidores está mais forte que antes da crise. Se as expectativas não são atingidas, eles estão mais inclinados a reagir mais fortemente que antes. É o que as centrais de atendimento de instituições financeiras vêm sentindo todos os dias, além de essa informação figurar nas pesquisas de satisfação dos clientes. O CEO de um banco de varejo nos contou que, desde a crise de crédito, quase metade das cartas de reclamação incluía um parágrafo no qual o cliente afirmava que uma cópia da carta fora enviada a um famoso programa de televisão sobre direitos do consumidor.

Confiança não é algo que surge automaticamente, mas é o resultado de muitas interações. Somente após uma série de experiências positivas, a confiança começará a ser reconstruída, e o cliente lentamente voltará a se se sentir envolvido. O ritmo em que a confiança é restaurada é, portanto, função da qualidade e frequência das interações com os clientes.

$$\text{Ritmo de recuperação da confiança} = \text{Qualidade das interações} \times \text{Frequência das interações}$$

Ilustração: Confiança é resultado das interações

*

O terceiro papel dos consumidores que gostaríamos de destacar é o de pagadores de impostos.

Consumidores estão cientes de que conquistaram o direito de se manifestar

A crise de contenção de crédito e a subsequente crise econômica causaram, e ainda têm causado, enorme impacto na vida das pessoas; as mesmas que, como pagadoras de impostos, colaboraram para manter o setor financeiro respirando. Os consumidores, consequentemente, exigem serem ouvidos.

As companhias prestadoras de serviços financeiros não devem esperar que ceda o ímpeto de envolvimento do consumidor nos próximos anos. O impacto dos acontecimentos é tão forte que acreditamos que as instituições financeiras devem estar preparadas para ser o centro das atenções por, pelo menos, mais uma década. Todos os stakeholders demandarão maior transparência e responsabilidade. Instituições financeiras precisam se acostumar com o fato de que cada um de seus movimentos será colocado no microscópio e julgado por todos: governo, público em geral, organizações de defesa do consumidor, mídia especializada e redes sociais.

Consumidores realizarão verdadeiro escrutínio das ações das instituições financeiras para verificar se elas se mantêm de acordo com os valores que julgam mais importantes. Para os profissionais do setor prosperarem, o dano causado pelo setor financeiro deverá ser reparado, sob pena de causar revolta entre o público.

> *Pontos de vista conflitantes*
> - Como tentativa de defender a cultura da bonificação, temos ouvido argumentos do tipo "as pessoas que fazem o negócio também devem receber o dinheiro", o que explica por que esses banqueiros agem como se fossem os donos dos depósitos dos clientes.
> - No entanto, hoje em dia, o consumidor detém fortes sentimentos em relação à matéria-prima com as quais as instituições financeiras trabalham: é o seu dinheiro, o das pessoas anônimas nas ruas, o de sua poupança, o de sua aposentadoria.

*

Orgulho, ânimo e confiança não são impactados somente fora do setor
O mercado se transformou não apenas em termos de percepções e expectativas do consumidor e em suas regras do jogo: quase todas as instituições financeiras também sofreram profundas mudanças internas. Como resultado, os funcionários não estão tão relaxados e otimistas quanto antes da tempestade. Orgulho, ânimo e confiança interna também foram afetados. A deterioração da imagem do setor naturalmente afetou as pessoas na vida particular. Funcionários de bancos ou seguradoras sentiam-se hostilizados quando mencionavam o local de trabalho. Sua integridade era questionada, mesmo que a vasta maioria não tivesse qualquer influência nas decisões que colocaram o mundo em dificuldades.

Muitas pessoas do setor viram as empresas nas quais trabalhavam sofrer uma experiência de quase-morte, além da alta incerteza com relação aos próprios empregos. Corte de custos, enxugamento da estrutura e redução da força de trabalho estiveram, ou ainda estão, na agenda de praticamente todas as instituições. As pessoas não esperam a recuperação total do setor tão cedo.

Todos os elementos da confiança interna estão sob pressão
Galford e Seibold Drapeau identificam três elementos de confiança nas organizações. Em primeiro lugar, a confiança dos funcionários em relação à estratégia da organização e nas pessoas que decidem o futuro da empresa. Em seguida, a confiança dos funcionários em seus gerentes – a confiança de que serão tratados de forma justa e de que os gerentes não colocarão interesses pessoais em primeiro plano. Por último, a confiança na correção e na consistência dos processos da companhia e no fato de que ela cumprirá as promessas feitas aos clientes.

Adicionaríamos um quarto elemento: a confiança dos funcionários nos colegas – de que eles tenham o mesmo interesse em ver o trabalho realizado, e que possam trabalhar em conjunto harmoniosamente.

Os eventos de 2008 e 2009 interromperam os quatro tipos de confiança interna.

Passando à confiança no futuro, poucos líderes de instituições financeiras têm apresentado visão e estratégias claras e convincentes sobre como estarão as empresas daqui a, digamos, cinco ou dez anos em resposta à crise e às alterações dos mercados. Os esforços das diretorias têm se concentrado no aumento do capital e nos cortes de custos, ações vitais para a sobrevivência no curto prazo, mas que servem apenas parcialmente para reforçar a confiança dos funcionários nos líderes.

Os esforços atuais de reestruturação – por mais necessários que sejam – não deixam de aumentar a pressão na confiança dos funcionários em relação aos gerentes e colegas. Todo mundo reconhece que o primeiro reflexo é proteger os interesses pessoais.

A crise de crédito reacendeu muitas discussões antigas sobre quão justos são alguns produtos e serviços oferecidos pelas instituições financeiras; de taxas de juros e comissões à transparência e ações para o interesse do cliente. Com a crise ainda viva na memória, essas discussões passaram a ter maior significado; os funcionários se perguntam se ainda estão confortáveis com a velha forma de trabalhar.

Restaurar a confiança interna é a chave para reconquistá-la externamente

Um baixo grau de confiança na organização leva a interesses escusos, à busca por garantir a sobrevivência pessoal, bem como ao conflito de objetivos, atritos e jogos de poder; gera alto stress e baixa satisfação, empobrece as ações colaborativas e leva à maior rotatividade de talentos.

A eficácia e o desempenho da organização decrescem significativamente, o que em geral levará a serviços de baixa qualidade e à baixa satisfação dos clientes.

Nunca antes no setor financeiro o comprometimento dos funcionários foi tão importante. Como podemos restaurar a confiança dos clientes se ela estiver ausente dentro da própria organização?

A importância do comprometimento dos funcionários

- De acordo com estudo realizado pela Gallup, no Reino Unido, as companhias com alto nível de comprometimento dos funcionários apresentaram fidelidade dos clientes em média 12% maior, produtividade 18% maior e lucratividade 12% maior. Empresas com comprometimento interno menor demonstram entre 30% e 50% a mais de rotatividade de funcionários.
- O Standard Chartered Bank descobriu que agências com nível significativamente mais alto de comprometimento dos funcionários atingiram crescimento 16% maior na margem de lucro.

Instituições financeiras estão sofrendo crises de identidade e de relacionamento

O relacionamento dos consumidores com os prestadores de serviços financeiros mudou: a crise financeira lhes rendeu também crises de identidade e de relacionamento. A de identidade porque o pilar do setor, a confiança, foi danificado; a de relacionamento porque a relação com o consumidor está sob pressão em cada um dos papéis que o consumidor desempenha.

Propomos nove medidas para restabelecer um relacionamento frutífero:

1. Uma proposição a todos os stakeholders

As causas e a natureza das crises de identidade e de relacionamento impossibilitam consertos rápidos.

Consideramos que demandará considerável esforço para encontrar uma solução duradoura à crise de identidade, bem como à crise de relacionamento, tanto interna como externamente.

Em nossa visão, a principal causa para ambas as crises foi o fato de uma proposição ambiciosa e abrangente não ter sido feita a todos os stakeholders – clientes, funcionários, acionistas e sociedade – durante as últimas décadas. A promessa aos acionistas por criar valor não tinha conexão direta com as feitas aos demais stakeholders, quaisquer que tenham sido. Em uma série de situações, os diretores de instituições financeiras chegaram mesmo a agir contrariamente aos interesses dos outros stakeholders, por exemplo, maximizando lucros à custa dos clientes, bem além do moralmente aceitável, ou assumindo riscos que poderiam prejudicar a sociedade como um todo.

Para restaurar a identidade e o relacionamento com clientes é necessário dispensar a visão de que o único objetivo da administração é aumentar o valor ao acionista. Incluir clientes, funcionários e a sociedade civil na lista de stakeholders chave é essencial para construir credibilidade.

O salto fundamental para as instituições financeiras será o de criar uma proposição persuasiva para todos os stakeholders. Ela deve ser tão relevante e atrativa para consumidores que aumentará a base de clientes; deve possibilitar a criação de caixa em curto e longo prazos, para que os acionistas certos sejam atraídos; deve motivar e inspirar funcionários, refletindo seus valores; e deve contribuir para o desenvolvimento econômico e social, de forma a se encontrar em uníssono com as necessidades da sociedade.

Se, por um lado, proposições equilibradas para os diferentes stakeholders já são um avanço, por outro, uma proposição que atenda e se alinhe a todos os stakeholders, além de criar valor a todos, deve ser a real ambição.

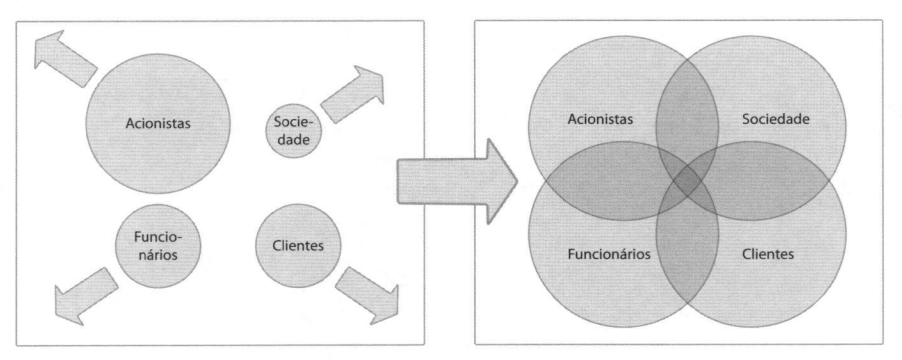

Ilustração: Rumo a uma proposição para todos os stakeholders.

Quando discutimos esse modelo com um membro do conselho de um banco controlado pelo Estado, ele notou que "seria ótimo se o governo também o entendesse. Se, por um lado, seria imaginável que o governo se preocupasse com todos os stakeholders, na realidade, em relação às instituições que receberam suporte, por outro, ele se comporta meramente como acionista; lucro e valor precisam ser maximizados para que as ações possam ser vendidas com o máximo retorno mais tarde."

> Robert Wiest, diretor-superintendente da Swiss Re na China: "Temos examinado formas inovadoras de implementar a estratégia de foco em nosso negócio principal (*core business*) na China. Por exemplo, entramos em acordo com a Prefeitura de Pequim em julho de 2009 para oferecermos cobertura de resseguro para riscos de calamidades ao esquema de seguros agrícolas financiados pelo governo. Embora trabalhássemos somente com seguradoras na China, nesse acordo estamos trabalhando diretamente com o governo para melhor atendermos às suas necessidades, bem como às das companhias seguradoras no esquema de seguros agrícolas.
>
> Apoiado pela China Insurance Regulatory Comission (Comissão Chinesa de Regulação de Seguros), esse revolucionário acordo fundamentou a promoção da estrutura de política de resseguros agrícolas no país. Essa iniciativa inovadora com o governo também facilita o desenvolvimento sustentável dos seguros agrícolas, o que ajuda a estimular a produtividade no campo na China, em meio a crescentes preocupações quanto à segurança dos alimentos.
>
> Nesse sentido, o foco no negócio principal se traduziu em reforçar o que sempre fizemos: providenciar transferência de risco a nossos clientes, mas de forma inovadora e sustentável."

2. Restaure a confiança interna

É fundamental construir organizações baseadas verdadeiramente em confiança: confiança na liderança e habilidade da administração, na justiça com os processos relativos a clientes, e entre colaboradores.

Uma empresa só consegue recuperar a confiança dos clientes se os funcionários estiverem realmente dedicados e comprometidos com isso. Eles, por

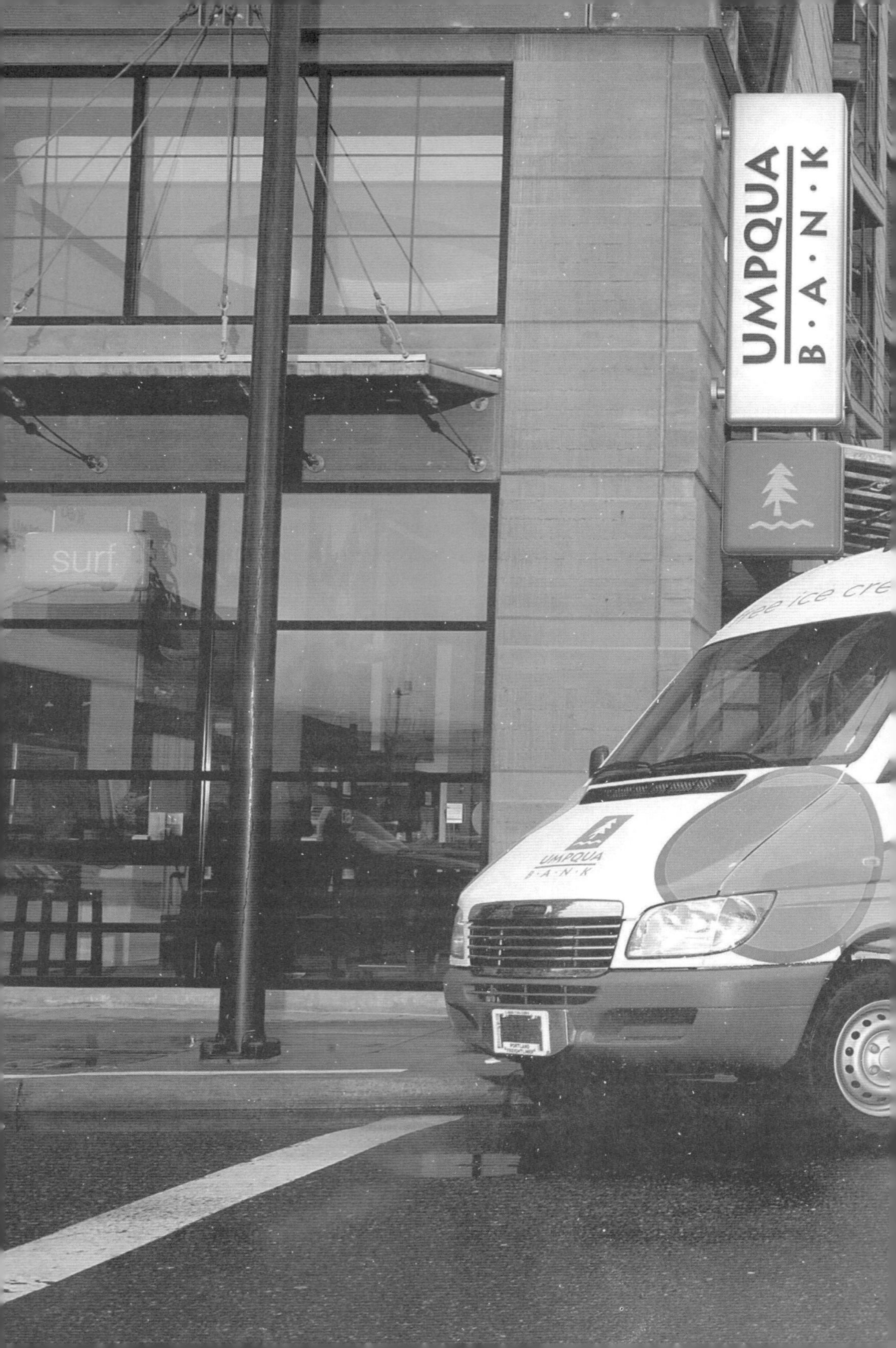
UMPQUA
B·A·N·K
surf
UMPQUA
B·A·N·K

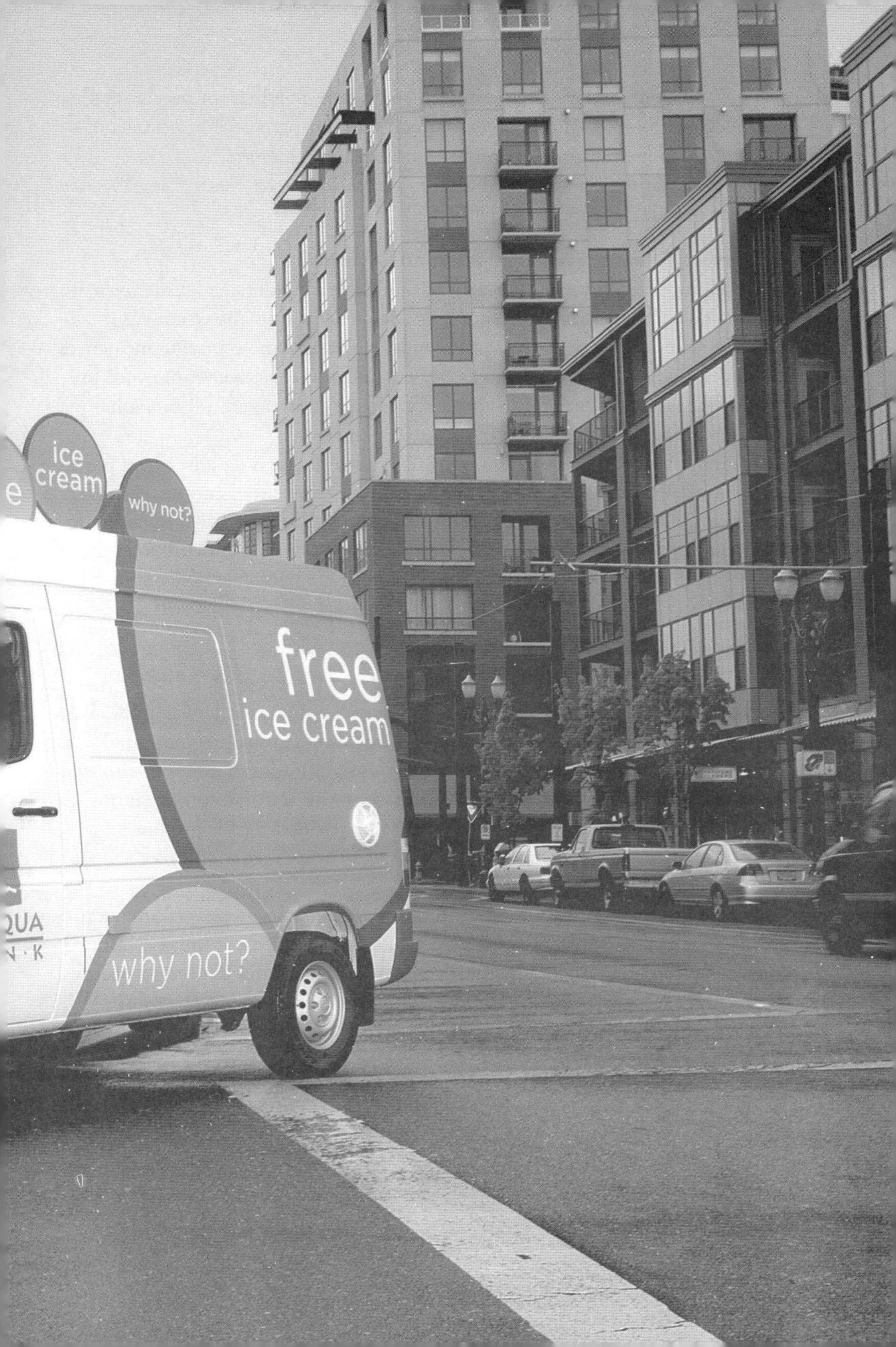
ice cream
why not?
free
ice cream
why not?

sua vez, só podem abraçar essa missão se de fato acreditarem na companhia na qual trabalham. Uma empresa só pode ser transparente e honesta com os clientes se também for transparente e honesta internamente.

Como o setor permanecerá bastante ocupado com a reestruturação, esse será um grande desafio, sem dúvida nenhuma.

3. Tome a liderança e se antecipe aos eventos

Clientes esperam liderança. Funcionários esperam liderança. Liderança no sentido de compartilhar o que você aprendeu nos últimos anos e com as medidas que tomou. Isso significa compreender o pessimismo e insegurança entre os consumidores sobre suas perspectivas financeiras e explicar como você pretende ajudá-los. Reconstruir a confiança requer enfoque em relacionamentos de longo prazo, não apenas na transação seguinte.

É vital investir tempo em compartilhar sua visão além da crise e seu ponto de vista sobre como o mercado evoluirá, como as expectativas dos stakeholders mudaram, e como sua empresa as antecipará nos próximos anos. Resumindo, são necessárias visão e estratégias claras, que possam ser bem compreendidas pelo consumidor e que inspirarão funcionários e demais stakeholders.

4. Supere-se nos momentos da verdade

Durante os próximos anos, clientes, indivíduos e empresas sentirão ainda os efeitos da crise de crédito e vivenciarão diversos momentos da verdade.

Esses são os principais momentos para que a confiança seja restaurada. Um grande número de consumidores tem preocupações reais sobre aposentadoria. Dê o apoio necessário para que clientes consigam administrar sua situação financeira, assegurando seus planos de aposentadoria. Ajude proprietários de imóveis a manter suas casas. Antecipe suas necessidades com produtos e serviços, não apenas com vistas à sua própria instituição, mas produtos e serviços que atendam às preocupações do cliente.

Na perspectiva do consumidor, o mercado e sua situação pessoal mudaram. Produtos e serviços devem mudar de maneira equivalente. Agora é hora de engajar-se verdadeiramente com cada cliente e deixar uma impressão positiva duradoura e, com isso, talvez, surgirão embaixadores da marca.

> Quando usamos a expressão "momento da verdade" ao longo deste livro, não nos referimos a contatos mais ou menos rotineiros, mas às questões realmente críticas, a problemas e situações que os clientes enfrentam. Por exemplo, quando eles mal podem arcar com os pagamentos mensais de um financiamento, quando sofrem um acidente de trânsito, quando há um incêndio em sua casa, quando ficam desempregados, quando percebem que a aposentadoria não é suficiente, ou quando sua empresa se vê em sérios problemas de fluxo de caixa.

Foto das páginas anteriores: Cortesia Umpqua Bank.

5. Fomente excelência em serviços além da excelência operacional

Clientes avaliam a capacidade de seu provedor de serviços financeiros de satisfazer suas necessidades básicas. Essa é a hora de as instituições financeiras se mostrarem capazes. Fornecer o básico, mas o valor agregado também. Entregar o prometido. Nossa pesquisa mostrou claramente que a prestação de serviços no dia a dia é o ponto de alavancagem chave para a recuperação da confiança. Isso requer gerenciamento proativo do relacionamento: investir mais tempo em conversar com clientes, agir em seu benefício e criar soluções para suas situações financeiras. É nessas interações que uma instituição de serviços financeiros pode demonstrar estar realmente comprometida em pensar em soluções. É isso que queremos dizer com excelência em serviços.

> Excelência operacional e excelência em serviços podem caminhar muito bem juntas. Vicente Tardío, CEO da Allianz para Espanha, Portugal e América do Sul, explica: "Acreditamos firmemente que uma companhia pode estar focada no cliente e ser eficiente ao mesmo tempo. Uma companhia ineficiente não consegue focar no cliente. A ineficiência traduz-se em excesso de burocracia, o que nunca está no interesse do cliente. A centralidade no cliente, em nossa visão, é uma atitude, e uma atitude deve ser gratuita por definição."

Assim, o desafio não é só realizar excelência operacional e reduções de custo, mas melhorar a experiência do cliente. É a partir da perspectiva do cliente que as prioridades devem ser estabelecidas quanto aos esforços em excelência operacional. Processos e pontos de contato imediatamente relacionados com a experiência do consumidor devem ser minuciosamente examinados para que seja garantido um nível de serviço excepcional, consistente e de valor agregado.

O desempenho dos funcionários em contato direto com clientes nos pontos de contato é essencial para a obtenção de informações necessárias para antecipar quaisquer sinais de desagrado ou falta de confiança dos clientes. Assim, esses funcionários e agentes do serviço de atendimento podem combater tais sinais logo no início. Intermediários e parceiros de negócios preenchem função similar, portanto delegue poder para que eles façam o mesmo.

O Marketing para os segmentos de alta renda será importante fonte de crescimento para a maioria das instituições financeiras nos próximos anos como geração potencial importante de depósitos. Hoje vemos as instituições financeiras reavaliando as ofertas para o segmento em busca de redução de custos em serviços como parte de programas de redução do custo organizacional. Vemos também em muitos bancos que clientes ricos, que perderam dinheiro o suficiente para não mais satisfazer o critério de serem considerados "abastados", têm sido rebaixados. É desnecessário dizer que a forma atual de redução de custos poderá exercer um impacto negativo sobre o crescimento futuro.

> Um dos principais fatores de sucesso do Umpqua Bank é sua abordagem especial em serviços ao cliente. O CEO, Ray Davis, decidiu que não queria tratar os clientes da mesma maneira que outros bancos: "eu queria impressioná-los", afirma. "Então, em 2003, procurei inspiração no Ritz-Carlton, uma rede de hotéis sofisticados, conhecida por sua atenção meticulosa aos detalhes. Para alcançar esse nível, criamos um centro de treinamento de lideranças onde realizamos aulas e reuniões regionais para ensinar a cada um de nossos funcionários os segredos da excelência em serviços ao cliente. O objetivo é dar aos clientes uma experiência memorável cada vez que entrarem em uma loja do Umpqua Bank. O Ritz-Carlton não pode nos ensinar como sermos melhores banqueiros, mas podem nos ensinar como tratar melhor as pessoas e como lidar com elas em situações difíceis."

6. Intensifique a comunicação direta com o consumidor

A maior demanda por informação faz da efetividade das comunicações um fator crítico para o sucesso das instituições. Grande parte das comunicações visa a comunidade financeira, analistas e investidores. O desafio para as instituições financeiras é, assim, aplicar uma ênfase muito maior em se conectar com o público geral, reforçando a estabilidade financeira, falando sobre sua situação econômica, sua gestão e estratégias. Será um novo desafio explicar tudo isso ao consumidor médio, usando linguagem leiga compreensível e amigável para os consumidores. Parece que banqueiros e seguradoras terão de aprender um novo idioma.

Além disso, as instituições financeiras devem, por hora, ser humildes e ter senso de realidade. Agora a atenção deve estar em demonstrar antes de falar. Explore sua marca de forma apropriada – todas as comunicações devem estar em sintonia com o que o consumidor sente. Mostre seu lado humano, genuíno e honesto, e aja a partir do interesse genuíno nos problemas e preocupações dos clientes. O consumidor precisa estar seguro de que é valorizado pelo banco ou pela companhia de seguros. Portanto, não confie somente em mídia de massa tradicional. Inclua meios de comunicação que se dirijam diretamente ao público, como redes sociais, podcasts e sites. Mas lembre-se também de sair do escritório e conhecer os clientes, disponibilize-se a responder seus questionamentos e use instrumentos de comunicação direta para atingir com precisão sua atual base de clientes.

7. Cultive o interesse genuíno no consumidor

Uma vez que o sentimento comum seja o de relacionamento restabelecido, e com a confiança de volta ao nível desejado, o perigo é o de as instituições financeiras ficarem tentadas a cortar despesas em serviços e no gerenciamento do relacionamento.

A confiança é frágil e precisa ser continuamente reforçada com novas experiências, interações e observações positivas. A única forma de estabelecer isso é garantir que a busca pela confiança venha de dentro e se baseie no real interesse nas preocupações e problemas dos clientes. Como eles se sentem? Que tipo de relacionamento esperam? Como o seu desempenho foi percebido por eles? O que estavam esperando e o que valorizam? É aqui que nasce uma companhia realmente focada no cliente: enxergando-os como pessoas de carne e osso e demonstrando interesse e cuidado genuínos por eles.

8. Defina, mensure e viva a confiança

Se a confiança for levada a sério, deverá ser parte do ciclo de gestão e controle. Em todas as discussões que tivemos com provedores de serviços financeiros, verificamos que esse é raramente o caso. Apenas alguns mensuram a confiança de forma contínua, estruturada e passível de ação.

Viver a confiança começa pela sua definição. Quais vetores da confiança são importantes para nossos clientes, agora e no futuro?

Uma vez que saibamos a resposta, precisamos comparar como estamos frente à concorrência. Como os clientes avaliam nosso desempenho em cada um desses vetores? Quais são as bases que utilizam para avaliar nossa performance? Elas podem proporcionar insights para alertar a organização a focar nos pontos de alavancagem principais, melhorando, com isso, a avaliação de confiança de maneira efetiva e eficaz.

Em nossa opinião, "viver a confiança" verdadeiramente vai além. Cada um na organização deve estar ciente de quão importante é a confiança para a companhia, como a empresa define confiança e como ela está relacionada com seu trabalho cotidiano. Viver a confiança implica fazer comportamentos confiáveis correrem pelas veias e artérias da organização, usando a confiança como princípio-guia da forma como a empresa age, o que inclui o estabelecimento de sistemas para promovê-la e mensurá-la, por exemplo, acrescentando indicadores de confiança em sistemas de avaliação.

9. Abrace um papel essencial na sociedade – e posicione-se para a liderança futura

Em algum momento, os clientes de companhias de serviços financeiros voltarão a se sentir confortáveis com os serviços básicos e suporte diário. A partir de então, a estabilidade e a provisão de serviços básicos serão meros qualificadores, commodities que os consumidores esperam de qualquer provedor de serviços financeiros. Esse é o momento em que o lado empático, emocional, do relacionamento e da ética se torna ainda mais importante para os consumidores. Com o tempo, empatia e ética evoluirão para os pilares da diferenciação.

Os eventos dos últimos anos demonstraram claramente como as ações das instituições financeiras impactam a vida das pessoas. Sem dúvida, o dinheiro é a força vital da economia e da sociedade; o setor de serviços financeiros forma, assim, seu sistema cardiovascular.

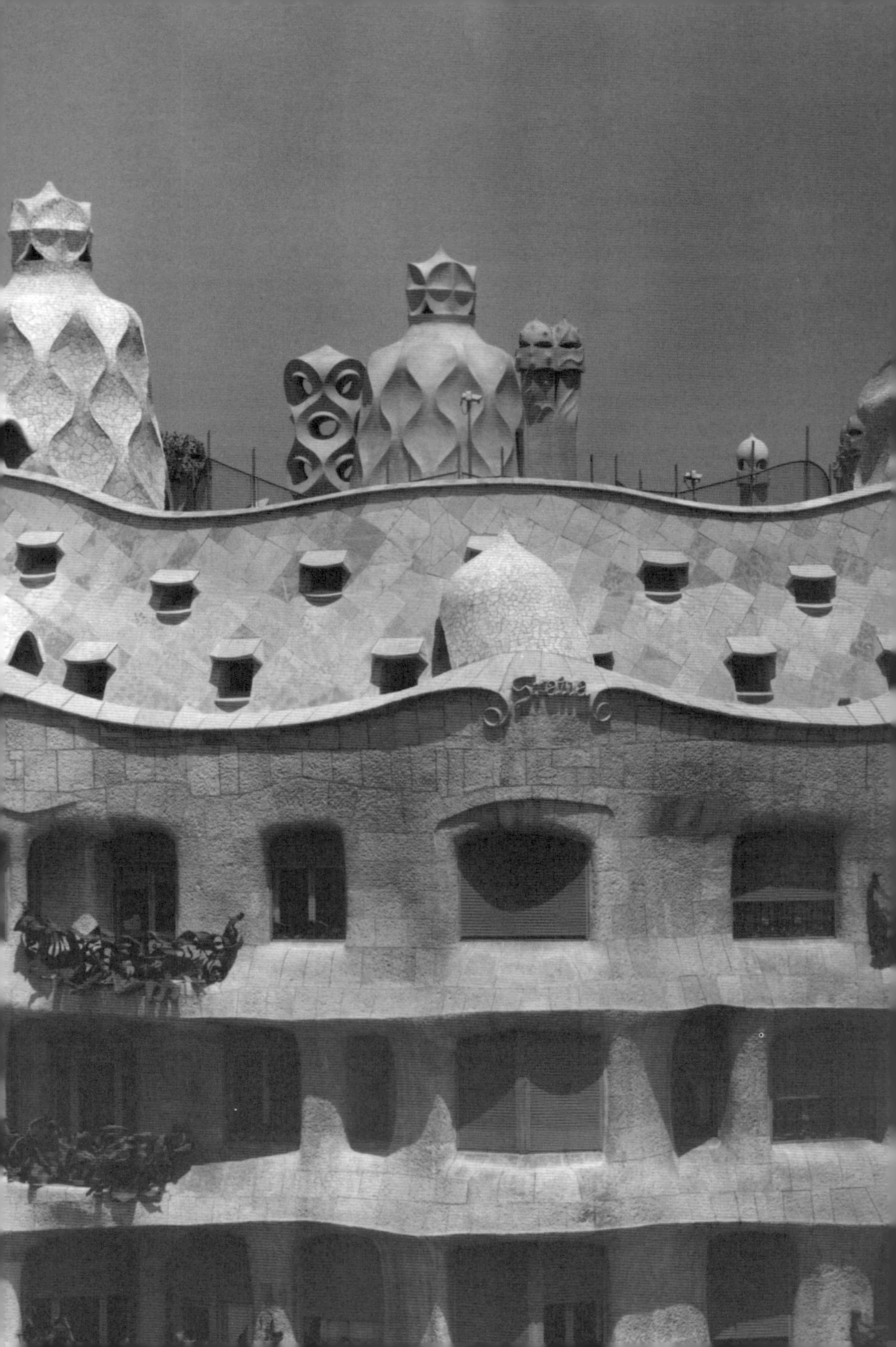

As instituições financeiras são centrais em alguns dos mais urgentes desafios à sociedade: a adequação e segurança previdenciária, a disponibilidade de crédito, a expansão ou contração da economia. Grandes investimentos serão necessários em energia renovável e, tendo em vista o envelhecimento da população, em gestão da saúde. Tudo isso resultará em um casamento mais próximo entre o setor financeiro e a sociedade. Só podemos esperar que os governos participem de forma ainda mais ativa no alinhamento dos interesses públicos e privados – sendo os resgates financeiros pagos ou não. Essa será a realidade dos negócios na próxima década. Compactuando com essa perspectiva, é muito mais sábio abraçar o fundamental papel das instituições financeiras na sociedade e trabalhar ainda mais proativamente com os governos para circunscrever tais desafios.

As companhias de serviços financeiros que já estão encarando esse desafio estarão bem posicionadas para a liderança de mercado no futuro – se não for em termos de participação de mercado (market share), então em termos de liderança de opinião. Ao estabelecer o exemplo, elas liderarão ao invés de seguir. E isso contribuirá para a confiança duradoura e relacionamentos prósperos.

Foto da página anterior: Cortesia Catalunya Caixa. "La Pedrera da Catalunya Caixa", em Barcelona, sede das atividades sociais do banco.

ECONOMIA 2.0: AGORA É PESSOAL

Por Mark Cliffe, Economista-Chefe do ING Group

Economistas têm a chance de se redimir e restaurar a confiança em instituições financeiras. A crise financeira está despertando o interesse popular em economia e finanças. As pessoas estão sofrendo em termos de perda de riqueza, de empregos e até de suas casas. Elas querem saber o porquê e o que devem fazer. Não obstante a saturação da cobertura da crise pela mídia, economistas em bancos e outras instituições financeiras falharam amplamente em atender a preocupação do público, o que não poderia ser surpreendente, já que não são pagos para isso. É tempo de uma nova abordagem.

A necessidade de uma abordagem econômica e financeira mais amigável para o consumidor não é meramente uma resposta defensiva à crise financeira. Existe uma oportunidade de negócio positiva em ajudar os consumidores a entenderem o impacto em seu cotidiano. As pessoas serão atraídas por marcas que lhes demonstrem como decisões do dia a dia podem afetar seu bem-estar econômico. Livros como *Freakonomics: o lado oculto e inesperado de tudo que nos afeta* (Campus/Elsevier, 2005), *The Armchair Economist* (Simon & Schuster, 2012) e *O naturalista da economia* (Best Business, 2009) permitiram que insights da microeconomia e economia comportamental tivessem apelo a uma audiência bem mais vasta.

Ao mesmo tempo, as pessoas estão recorrendo à internet na busca por informações e assessoria sobre finanças. Além da procura por opinião especializada objetiva, elas estão recorrendo umas às outras por meio de sites de redes sociais. Instituições financeiras precisam reconhecer o fato de que consumidores confiam muito menos nelas que em seus pares, o que não surpreende. Mesmo à medida que a crise financeira vai arrefecendo, o ressentimento popular em relação ao setor deve permanecer.

Felizmente, as instituições financeiras possuem recursos para emergir suas marcas desse desafio emocional. Melhorias contínuas em funcionalidades na internet, em celulares e multimídia significam que a tecnologia é cada vez mais uma oportunidade, não uma restrição. Instituições financeiras em geral, e bancos em particular, possuem grandes bases de dados com informações relevantes de consumidores individuais. Bancos possuem dados sobre a vida offline das pessoas que o Google poderia somente sonhar ter. Claro que a privacidade deve ser respeitada, mas a combinação de sites com alta segurança, participação voluntária e comparativos de grupos de pessoas anônimas deve ainda proporcionar escopo para uma utilização de dados de clientes mais rica e atrativa.

A despeito da importância da tecnologia e dos bancos de dados, é, no entanto, na inteligente e sedutora comunicação de sua expertise que as instituições financeiras podem realmente fazer a diferença. É aqui que a economia, dentro e fora de suas organizações, pode ter papel crucial. Ajudar as pessoas a tomar melhores decisões financeiras deve ser central.

No entanto, a maioria dos economistas trabalhando no setor de serviços financeiros está focada em clientes corporativos, providenciando análises macroeconômicas e de mercados financeiros como auxílio à tomada de decisão. Esse tem sido, e continuará sendo, um importante papel. Por outro lado, com o aumento da importância dos clientes no varejo como fonte de crescimento e financiamento, os economistas terão de redirecionar sua atuação.

Ao atender os interesses econômicos e individuais do público geral, economistas terão de:
1. Cobrir uma diversidade muito maior de tópicos. É verdade que o foco tradicional em previsões macroeconômicas com ênfase em clientes corporativos também é de interesse para investidores no varejo. Mas para a maior parte das pessoas, o estado do mercado imobiliário local é um assunto muito mais importante, tanto em termos de impacto em suas finanças como no custo de vida. Além disso, eles enfrentam uma ampla gama de decisões econômicas no dia a dia, desde pequenas decisões, como almoçar em casa ou fora, até as maiores, como qual faculdade cursar. O ING já começou a explorar esses assuntos econômicos mais pessoais com seu serviço *eZonomics* no site institucional, www.ing.com.
2. Mudar seu estilo de comunicação. Já que as pessoas possuem baixo ou nenhum conhecimento de economia e seus jargões, economistas profissionais veem-se desafiados a se comunicar de forma simples, concisa e clara. Além disso, já que há muita competição por atenção, eles precisam se comunicar da forma mais divertida e atrativa para os consumidores. A internet e a ascensão das redes sociais apresentam novas e interessantes possibilidades de interação com milhões de consumidores. Por exemplo, pesquisas online proporcionam uma forma simples e rápida de os consumidores compararem suas opiniões com as de outras pessoas. O ING já vem realizando pesquisas em seu site para o mercado holandês, www.ing.nl, e tem atraído 60 mil participantes diariamente.

Com isso, os economistas poderão potencialmente colaborar de forma decisiva na reestruturação do marketing das instituições financeiras. Com os consumidores cada vez mais cientes em relação a "produtos empurrados", é bem mais aceitável que respondam a conteúdos que vão ao encontro de suas necessidades. Se receberem algo útil em retorno, os consumidores estarão mais suscetíveis a revelar mais sobre si mesmos. Isso ajudaria não apenas os clientes a tomarem melhores decisões financeiras, mas permitiria que instituições financeiras alavancassem a confiança e elaborassem produtos lucrativos. É hora de a economia se tornar pessoal.

DIVIDENDOS DA ALTA CONFIANÇA

Stephen M. R. Covey é autor do best-seller de negócios A velocidade da confiança *(Campus/Elsevier, 2007). Pedimos a ele que compartilhasse suas opiniões sobre como os líderes do setor financeiro precisam reconstruir a confiança do consumidor.*

Como a confiança impacta o desempenho de instituições e empresas irrestritamente?

Existe uma equação muito simples que ilustra a economia da confiança. Quando a confiança cai, a velocidade também diminui (tudo demora mais para acontecer), enquanto o custo se eleva (as coisas custam mais). Isso equivale a um imposto. Esse imposto de baixa confiança se manifesta na forma de redundâncias, burocracia, politicagem, falta de comprometimento, rotatividade de funcionários, perda de clientes e até fraude.

O imposto da baixa confiança é bastante evidente em várias áreas da sociedade atual. Por exemplo, com a intensificação das atividades terroristas, passageiros aéreos perdem muito mais tempo hoje em dia que na década passada ao ter de se submeter a extensivos procedimentos de segurança. Isso é necessário porque tempo e recursos adicionais são demandados para garantir um nível aceitável de confiança.

Felizmente, na economia da confiança, o inverso é igualmente verdadeiro: quando a confiança aumenta, a velocidade também aumenta e os custos diminuem. Isso é um dividendo. Os dividendos da alta confiança incluem maior valor ao acionista, crescimento acelerado, aumento na inovação, aumento na colaboração, parcerias mais fortes, melhor execução e fidelidade do cliente ampliada – só para citar alguns exemplos. Alta confiança é como a maré alta, que eleva os barcos à medida que se torna um multiplicador de desempenho por toda a organização e além dela.

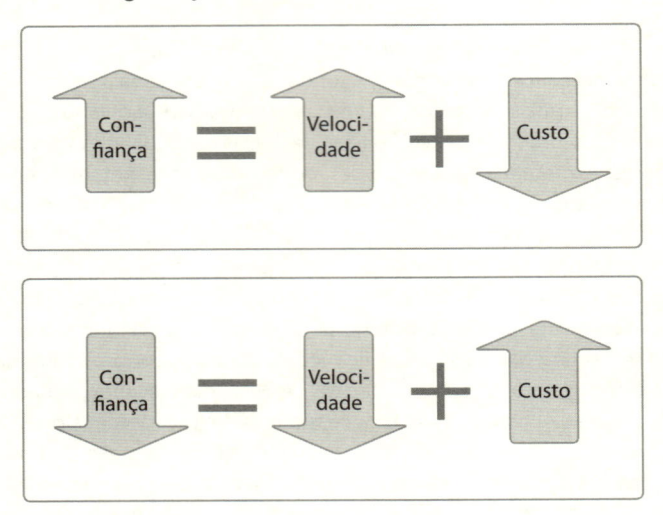

Ilustração: O impacto da confiança na velocidade e nos custos

Como as instituições financeiras podem restaurar a confiança?
Consumidores não confiam no que não podem ver. Consequentemente, as instituições financeiras precisam considerar o seguinte: primeiro, *declare* claramente sua intenção em construir um relacionamento de confiança com o consumidor. Em segundo lugar, *sinalize* o comportamento intencionado, ou seja, diga ao consumidor o que você fará e por quê. Comunique-se honestamente e esclareça expectativas aos consumidores de forma que eles saibam o que esperar. Terceiro, *entregue* – faça o que disse que faria (*walk the talk*). Entregar o prometido é o que constrói credibilidade e confiança. Quando os consumidores sabem de início o que esperam, e você entrega o esperado, constrói confiança mais rapidamente.

Em A *velocidade da confiança*, você apresenta 13 comportamentos que levam à confiança. A qual deles as empresas financeiras devem dar maior atenção?
No setor financeiro, a maioria dos clientes percebeu a falta de confiança, em primeiro lugar, como falha de caráter. Portanto, focar comportamentos baseados em caráter é vital; comportamentos como clareza na comunicação, criar transparência e corrigir o que está errado. Ao mesmo tempo, o setor também deveria enfocar comportamentos com base em competências de forma abrangente, como esclarecer expectativas e praticar a responsabilidade. O comportamento mais importante de todos é manter-se comprometido.

Esse processo de mudança comportamental deveria idealmente começar pelo topo e ser praticado por toda a organização, bem como externamente, com clientes e outros stakeholders. Executivos precisam moldar comportamentos de forma consistente com seus valores declarados.

Como as instituições financeiras podem restaurar a confiança interna, mudar a organização e restaurar a confiança do consumidor simultaneamente?
Executivos poderão ter de rever o balanço da importância que dão às pessoas (stakeholders) *versus* a importância ao lucro (acionistas). Isso não significa priorizar um ou outro público, mas ambos. O famoso caso da Johnson & Johnson e a crise de contaminação do Tylenol em 1982 ainda são grandes exemplos. A contaminação por cianureto foi causada por uma falha operacional (competência). A Johnson & Johnson recorreu a seu credo (missão) e colocou as pessoas em primeiro lugar, e o lucro em segundo plano. Eles ordenaram um recall maciço, acima e além do requerido, que lhes custou uma soma enorme de dinheiro. Naquele ano, a performance da companhia foi afetada; no entanto, em um ano, a Johnson & Johnson conseguiu reverter sua participação de mercado e os lucros começaram a retornar. Essa reversão da confiança perdida tornou-se parte de um legado de alta confiança da empresa desde então.

Existem numerosos incidentes similares em que as companhias foram lentas em agir e corrigir o problema; demoraram a colocar as pessoas à frente dos lucros. Elas pagaram um alto preço e demoraram muito mais para se recuperar, se é que conseguiram fazê-lo.

Ainda que a alta confiança não necessariamente salve uma estratégia deficiente, a baixa confiança quase sempre arruinará uma boa estratégia.

OBRIGAÇÕES COLATERAIS DA CONFIANÇA

Egbert Deekeling, sócio-fundador da consultoria de comunicação líder alemã Deekeling Arndt Advisors, discerne três esferas de atividade para bancos e instituições financeiras restaurarem a confiança.

1. Administração de expectativas
A crise financeira não foi uma súbita tempestade, mas a consequência lógica de expectativas irreais. Enquanto entre 1980 e 2007 o produto mundial bruto cresceu 240%, os mercados acionários cresceram a uma taxa incrível de 2.173%. Isso significa um fator de 10 entre substância e expectativa. As pessoas poderiam esperar que os bancos as precavessem quanto à ingênua acepção de um aumento de riqueza automático e desproporcionado. O oposto aconteceu: os próprios bancos aumentaram os padrões de expectativa sobre o que seriam retornos justos, assim seduzindo seus cientes em vez de alertá-los.

Em 2008 e 2009, a distância entre fantasia e realidade tornou-se clara para mais pessoas. Mundialmente, na televisão, em milhares de vídeos no YouTube, e sobretudo por muitos comediantes, foi explicado como empréstimos tóxicos se tornaram produtos AAA, ou seja, produtos premium.

Muitos bancos parecem acreditar que a memória das pessoas é curta e que a ganância por mais e mais dinheiro logo é revertida, o que gera receita para novas decepções dos clientes.

A confiança ocorre somente quando expectativas calculadas e realidade se fundem após um longo período. Administrar expectativas e senso de proporcionalidade, em vez de estender metas, é o conceito.

2. Proteção ao cliente

Os especialistas financeiros Paul Krugman, Nouriel Roubini e Robert Shiller concordam: eles demandam maior transparência para que se restaure a confiança no sistema financeiro, em especial quanto a estimativas de valor de produtos. Mas a transparência, infelizmente, decresce a lucratividade, e os bancos não estarão dispostos a atender essa demanda.

Os especialistas financeiros também demandam agências de classificação independentes e até autorregulamentação voluntária para consultores financeiros. Essa também é uma demanda delicada, pois o sistema depende de novos lançamentos de produtos e de reagrupamentos de investimentos. Agências de classificação independentes estariam somente no caminho. Um juramento hipocrático de integridade e transparência em consultoria parece ser bastante improvável, pois significaria que bancos e empresas de serviços financeiros, cujos discursos estão totalmente direcionados a realizar a venda, deveriam empenhar a palavra em tomar medidas que resultariam na perda de suas próprias metas de vendas.

Então, o que resta aos bancos?

A solução parece não residir em sistemas de monitoramento de bancos e clientes, pois são muito genéricos nesse mundo financeiro complexo, com produtos igualmente complexos. Várias instituições financeiras instalaram e testaram painéis de assessoria ao cliente, mas suas atividades ainda não podem ser avaliadas.

Com isso, a chave para a proteção ao consumidor está na linguagem. Basta examinar qualquer amostra de nomes de produtos comuns: investimentos de retorno absoluto, garantia de pagamento avançado, títulos baseados em ativos, veículo de investimento alternativo sofisticado. Esta nomenclatura é tão bem aparada, maquiada e inflada quanto as belas fotos de modelos em bancos de imagens.

Os bancos devem voltar a usar linguagem compreensível e direta, já que não vai haver algo como um produto financeiro simples nesse mundo complexo. E já que produtos são inevitavelmente complexos, seria negligência não os simplificar. Uma linguagem clara e apropriada pode facilmente reduzir a complexidade. Esse é o método mais rápido e barato que os bancos podem usar para restaurar a confiança.

3. Valores e atitudes dos clientes

O importante negócio da popularização do mercado de capitais começou com o fomento e cultivo de uma classe abastada (a chamada *money-class*) pelo Merrill Lynch, como o colunista do *New York Times*, Joseph Nocera, argumentou em 1994.

No entanto, desde 2003, sociólogos e pesquisadores de mercado detectaram um forte e crescente segmento de cidadãos que valorizam atitudes, denominados *value-class*; pessoas que acreditam que valor é pelo menos tão importante quanto dinheiro. Esse segmento investe como consumidores estratégicos, ecologicamente corretos ou em conformidade com o *Sharia*, por exemplo. Eles investem diretamente, contornando as instituições financeiras, e confiam em processos colaborativos em plataformas *peer-to-peer*.

É profunda a cisão cultural entre a sociedade tecnocrática, maximizadora de resultados e altamente individualista dos anos 1980 e 1990 e a nova geração, participativa, digital, de cultura colaborativa e social que nasceu depois de 1980.

O setor financeiro subestimou a pressão cultural que a *value-class* e aqueles que já nasceram no mundo digital exercem, não apenas em produtos e serviços, mas especialmente nos processos dessas instituições.

O tempo necessário para obter e absorver informações mudou dramaticamente; o padrão é a multitarefa. A expectativa em estar atualizado e agir em tempo real é alta. Conteúdos gerados pelo usuário são uma indicação do pluralismo e da proteção social da informação e opinião, cujo principal meio é a internet, tanto para interatividade como para transações.

Atualmente, em nível sociocultural, os bancos não estão conectados aos princípios primordiais da geração jovem, criando assim problemas de confiabilidade. Os bancos precisam se envolver na cultura e nos processos dessa geração para evitar que ela crie sua própria maneira de realizar atividades bancárias na internet.

Como Bill Gates prenunciou: a atividade bancária é essencial, os bancos, não.

DE VOLTA AO BÁSICO (O BÁSICO É BOM)

A contenção de crédito e a crise econômica implementaram novos desafios aos departamentos de marketing e comunicação de bancos e companhias de seguros. Tendo em vista o questionamento da confiabilidade e da moralidade das instituições financeiras, qual seria o tom de voz correto? A gigante norte-americana de seguros Allstate abordou esse desafio com a campanha Back to basics, *relacionada com a sobrevivência à recessão. Sem qualquer sombra de dúvida, a melhor prática publicitária em serviços financeiros em 2009.*

Perguntamos a Lisa Cochrane, Vice-Presidente de Marketing da Allstate, sobre os insights por trás desta grande campanha.

Muitas organizações financeiras ainda estão lutando para encontrar a estratégia de narrativa mais apropriada. Quais foram os insights-chave do consumidor para a campanha *Back to basics*?
No verão de 2008, veiculamos um comercial chamado *Grocery store*, com [o ator Dennis] Haysbert comentando "se isso não é uma recessão, com certeza parece!". Ela funcionou perfeitamente até fins de novembro, quando o Federal Reserve anunciou que a recessão era então oficial. Naquele ponto, era necessário que mudássemos a mensagem – mas como? Com instituições como a AIG em colapso, o público observava o setor de seguros com desconfiança. Descobrimos que tempos de dificuldades econômicas são intensivamente pessoais. As pessoas estavam assustadas, de uma forma que não as víamos havia anos.

Decidimos então fazer uma abordagem mais direta, do tipo conversa "olhos nos olhos após o jantar", porque esses são tempos difíceis, e precisamos entender como as pessoas se sentem. Fomentamos confiança e segurança ao contar às pessoas que começamos durante a Grande Depressão e sobrevivemos a 12 recessões. Sabemos como navegar por mares caudalosos e o ajudaremos a superar esta crise; você está em boas mãos, como sempre esteve.

Nossa associação com "boas mãos" é particularmente apropriada em épocas durante as quais os consumidores buscam o restabelecimento da confiança. *De volta ao básico* é uma mistura de empatia e pragmatismo. Você não precisa se sentir sozinho em tempos difíceis.

Reconhecer a época de dificuldades é o exemplo perfeito de mensagem com transparência. Não era um risco aludir à década de 1930?
Pode ter sido arriscado fazer referência à Grande Depressão, mas, por outro lado, era verdade. Considero que nunca é um risco falar a verdade de forma confortadora. Por que não enfrentar os tempos difíceis que se aproximam?

Claro que não há como romancear nada em relação à Grande Depressão. No entanto, os anos 1930 ressoam nos consumidores graças aos valores associados a eles: simplicidade, frugalidade, honestidade. Mas também inventividade: os americanos, de uma forma ou de outra, conseguiram superar a Depressão.

O comercial da Allstate, *Back to basics*, criado por Leo Burnett, traz o ator Dennis Haysbert, que interpretou David Palmer, o primeiro presidente afro-americano dos Estados Unidos no seriado *24 Horas*.

Haysbert caminha entre uma montagem de fotos dramáticas da Grande Depressão e outras mais felizes, de famílias e amigos ao longo de décadas, compartilhando momentos do cotidiano.

O texto brilha em sua simplicidade:

1931... não era exatamente um grande ano para começar um negócio.
Mas foi quando a Allstate abriu as portas.
E ao longo das 12 recessões desde então, eles notaram que, quando o medo cede, algo engraçado acontece.
As pessoas começam a aproveitar as pequenas coisas da vida.
Uma refeição caseira.
O tempo com quem amamos.
Apreciamos o que temos.
Aquilo que podemos contar.

Haysbert para e guia o expectador, olhando bem em nossos olhos, usando com perfeição a pausa para atingir o efeito. Seu tom de voz é ideal para momentos como esse, de recuperação da confiança. E termina:

Agora, é de volta ao básico.
E o básico é bom.
Proteja-os.
Coloque-os em... boas mãos.

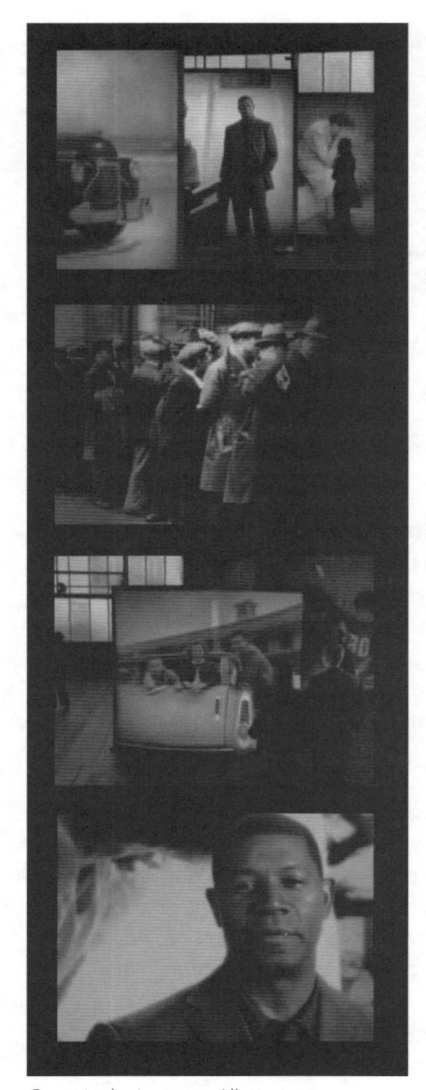

Cortesia das imagens: Allstate.

O importante para a campanha *Back to basics* era não ser depressiva. Queríamos que fosse otimista, que dissesse "juntos, podemos sair dessa".

Ao enfatizar o tipo de ativos que nunca perdem importância – passar momentos de qualidade em família –, atingimos o ponto mais edificante sobre a Depressão: as coisas não vão bem, mas estamos todos no mesmo barco.

Agora que já superamos o primeiro choque, é hora de nos prepararmos para o futuro.

Nossa percepção é que *Back to basics* comunica uma atitude, tanto de consumidores quanto de instituições financeiras, e não apenas uma mensagem comercial...

De volta ao básico é mais que uma ideia para um comercial. A dinâmica da categoria versa sempre sobre "preço, mudança e investimento". Consumidores estão buscando simplificar suas finanças, mas eles investirão no que for importante. Sempre fomos bastante acessíveis, mas não se trata de ser barato. Dizemos que "você recebe pelo que paga".

Queríamos falar sobre valor e adequação orçamentária e sobre como permanecer no azul. A parte da capacitação nesta equação é entregue pelos agentes da Allstate, que trabalham com cada cliente, e pelo site, que oferece uma gama de dicas sobre como poupar dinheiro, por exemplo, encontrando formas de economizar com o carro ou maneiras de baixar o custo das contas de luz ou de água, além de links para sites com descontos.

Qual foi a resposta dos consumidores?
Dias após o início da veiculação do comercial, começamos a receber ligações e e-mails agradecendo a empresa pelo anúncio. Um expectador escreveu: "Seu novo anúncio permitiu que tivéssemos uma visão do todo e criou um momento de bem-estar mesmo em uma época amedrontadora e difícil para todos nós."

Nunca tínhamos recebido tais respostas a partir de um comercial de televisão. Sensacionais e-mails de professores, enfermeiras e famílias de todos os Estados Unidos que diziam que o anúncio aquecera seus corações. Parece que acertamos em cheio.

Allstate
http://m.youtube.com/watch?gl=US&hl=en&client=mv-google& v=6HNKqffU3Cc

ALÉM DO MEDO E AMBIÇÃO: CRIANDO NOVO IMPULSO

Por Jean Claude Larreche, Professor da cadeira Alfred H. Heineken de Marketing no INSEAD.

Se considerarmos o bem social que bancos e seguradoras realizam – e seria difícil imaginar como a sociedade do século XXI poderia funcionar sem eles –, por que são universalmente abominados pelos clientes?

Dizer "universalmente abominados" pode parecer um pouco forte, mas mesmo antes da crise é difícil pensar em muitas marcas de serviços financeiros adoradas pelos clientes da forma como são Apple, Ferrari ou Virgin Atlantic.

Por que as pessoas não amam os bancos tanto quanto seus iPods?

A razão é que as ofertas do setor são, na melhor das hipóteses, sem inspiração e, na pior, inspiram desconfiança ou outras emoções negativas. Uma seguradora com a qual trabalhamos realizou uma pesquisa com seus funcionários para saber quantos aproveitavam as vantagens para o público interno, como descontos nas taxas de serviço da instituição. Eles ficaram atônitos ao saber que 60% dos próprios funcionários compravam seguros de seus competidores porque era muito "difícil" negociar com sua própria empresa. Se era assim que os colaboradores se sentiam, o que diriam os clientes?

Por anos, as companhias financeiras gastaram enormes somas em marketing para se posicionar como amigáveis, atenciosas, prestativas, fomentadoras ou atentas ao que o consumidor diz – e por anos, os clientes têm desdenhado com escárnio. Todos sabem que a percepção dos clientes em relação a serviços financeiros é estarrecedora. Ainda que somente uma fração dos recursos gastos tivesse sido direcionada ao entendimento e atendimento dos interesses mais profundos dos clientes, o relacionamento entre o público e o setor financeiro seria muito mais positivo. E se, em vez de esporadicamente embarcar em melhorias cosméticas da experiência do cliente, as empresas prestadoras de serviços financeiros focassem sistematicamente em melhorar a sua oferta global ao consumidor, elas poderiam possuir marcas tão populares como a Apple.

A catastrófica derrocada no setor de serviços financeiros apresenta uma oportunidade única para transformar os negócios e genuinamente criar organizações centradas no cliente. Em *O efeito momento* (Bookman, 2009), demonstro como reconstruir sistematicamente a confiança do cliente e entregar crescimento sustentável eficiente e orientado ao consumidor, em um processo que consiste de oito passos. Três elementos-chave desse processo são: insights do cliente, que levam a ofertas poderosas que, por sua vez, levam ao engajamento do cliente. O maior motor para o impulso do crescimento é o engajamento do consumidor – um relacionamento ativo, contínuo e comprometido entre clientes e empresa. Considere o First Direct, o banco sem agências do Reino Unido, no qual 70% de seus clientes gostam tanto de realizar negócios que o recomendam para os amigos; 70%! Com isso, um terço dos novos clientes chegou como resultado de recomendações pessoais; em outras palavras, a custo zero de aquisição para o First Direct. Essa é a real energia para o crescimento eficiente.

First Direct não é apenas um banco, é uma oferta poderosa – cada aspecto de sua entrega de valor ecoa com as aspirações, necessidades e autopercepção de seus clientes. Ofertas poderosas não podem nascer por meio do desenvolvimento tradicional de produtos; tampouco podem ser criadas a partir de melhorias incrementais a ofertas existentes ou estratégias *me-too*. Elas se baseiam em insights relativos às emoções que governam o mundo do cliente. Tais insights somente são revelados mediante profunda exploração e descoberta.

Banqueiros e investidores descobriram há muito que emoções são ferramentas poderosas, como afirmou Warren Buffett: "Tenha medo quando os outros forem gananciosos e seja ganancioso quando os outros tiverem medo". Para que o setor de serviços financeiros transforme-se de fato, ele deverá compreender uma gama de emoções humanas bem mais ampla que apenas medo e ganância.

As ações de clientes baseadas em emoções são bem mais poderosas do que as baseadas em pensamento racional. O sucesso do First Direct não estava em taxas de juros competitivas, mas no respeito e reconhecimento de como os clientes se sentiam ao fazer negócios com o banco. Os funcionários de nossa seguradora cliente não estavam rejeitando os produtos do empregador porque eram muito caros, mas devido à frustração que sabiam que iriam sentir caso tivessem comprado um produto. É somente através da obtenção de insights como esses que qualquer empresa pode iniciar o processo de criação de ofertas poderosas e desfrutar o crescimento eficiente que elas proporcionam.

DREAM PACK 드림팩

① DREAMPACK 주택마련 SET
0.5%

② DREAMPACK 자산관리 SET
자산관리를 위한 안정적 포트폴리오
0.5%

③ DREAMPACK 목돈마련 SET
목돈마련 목돈을 모으는 방법
0.5%

④ DREAMPACK 월급통장 SET
0.5%

⑤ DREAMPACK 간편대출 SET
비상자금이 필요한 고객님을 위해
0.5%

⑥ DREAMPACK 베이직 SET
0.5%

Standard Chartered

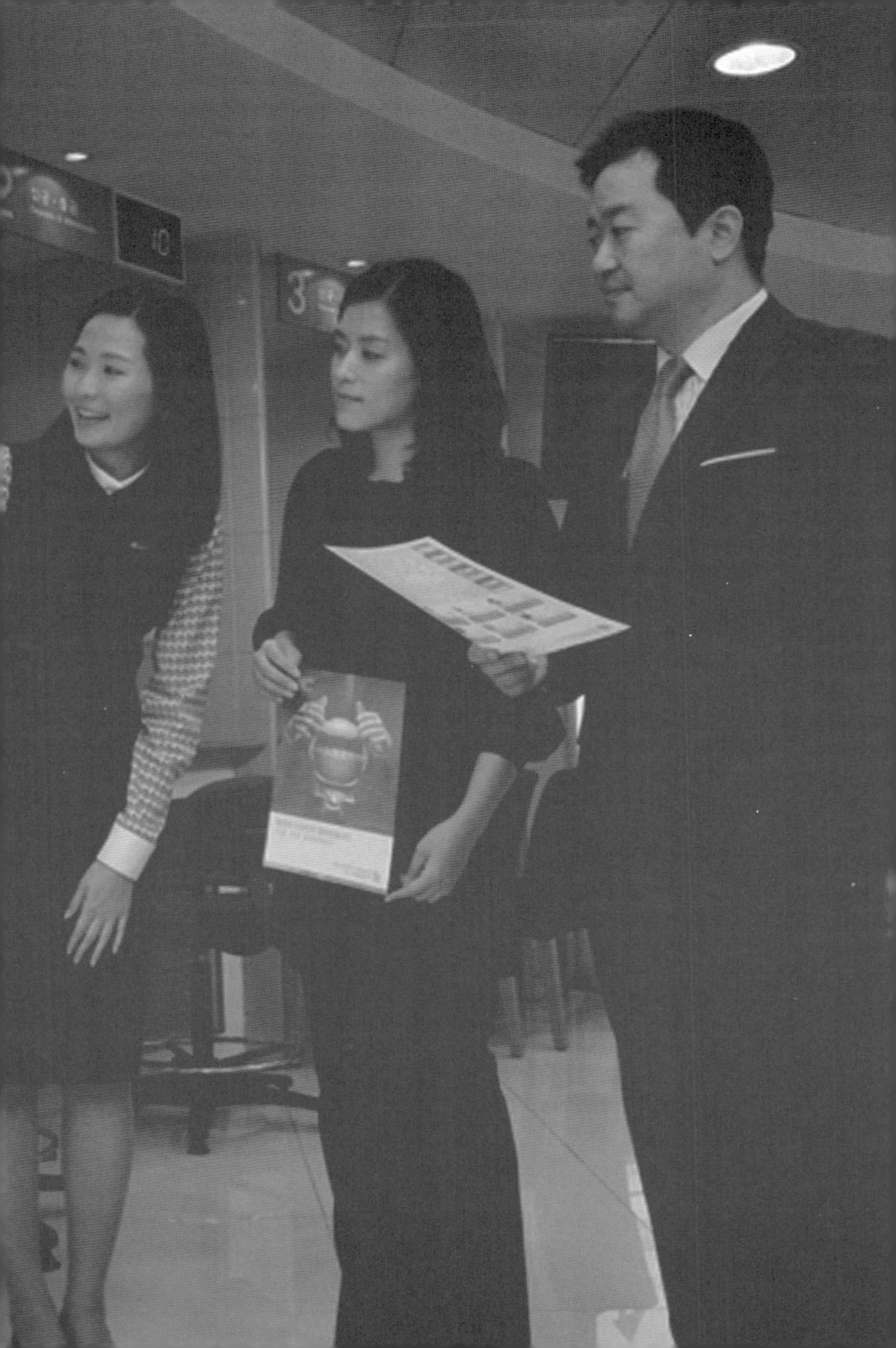

CAPÍTULO 2

Consumidores demandam transparência e simplicidade

Você já viu o trabalho de Gordon Ramsay no programa "Kitchen Nightmares"? Ramsay é um famoso cozinheiro, proprietário de vários restaurantes de renome pelo mundo e de uma coleção de estrelas do guia Michelin. No programa, ele auxilia donos de restaurantes não tão bem-sucedidos. Após alguns episódios, você reconhece a receita do apresentador. De início, ele reduz o número de pratos, de 60 para no máximo 15. Além disso, ele cozinha todos os pratos com alimentos frescos, ingredientes honestos cuja origem é conhecida e, de preferência, das redondezas. "Kitchen Nightmares" é um grande sucesso, retransmitido para dezenas de países. Uma importante razão para seu sucesso pode ser a resposta de Ramsay para duas tendências-chave para o consumidor: sua demanda por transparência e simplicidade.

O que queremos dizer por transparência?
Transparência é uma das palavras mais usadas atualmente. Ela foi a 10ª mais popular na língua inglesa em 2009, conforme pesquisa anual do Global Language Monitor.

O desejo por transparência é uma tendência mundial do consumidor em todos os segmentos. Segundo o Edelman Trust Barometer de 2011, "transparência e práticas honestas" são o fator individual mais importante na reputação corporativa. Os consumidores querem cada vez mais conhecer melhor as companhias com as quais fazem negócios e os produtos e serviços que adquirem. O interesse abrange desde estrutura societária, remuneração dos principais executivos e políticas corporativas até condições de trabalho, processos de produção e matéria-prima. Os consumidores também demandam transparência total com relação a preços e

---

Foto das páginas anteriores: Dream Pack. Cortesia Standard Chartered First Korea Bank.

características do produto – "pelo quê exatamente estou pagando?" –, com o objetivo final de encontrar a oferta melhor, mais barata e mais ética.

Os consumidores estão bem servidos por um número crescente de iniciativas que proporcionam uma visão dos diversos fornecedores no mercado, informações corporativas, padrões de qualidade e preços, inclusive compartilhando experiências com outros consumidores.

> Fatburgr.com reúne dados nutricionais a respeito de aproximadamente 25 restaurantes de fast-food, como McDonald's e Subway: calorias, gordura, carboidratos e fibras, para cada item do cardápio. Você também pode consultar Fatburgr.com por iPhone. Bastante conveniente quando estiver em frente ao balcão.

A tendência por mais transparência alinha-se com a transferência do poder dos produtores para os consumidores. A transparência permite aos consumidores pesquisar, comparar e revisar suas práticas para uma posição mais forte, baseada em conhecimento empírico.

Muitas companhias estão obviamente a par dessa tendência e já reagiram. Por exemplo, alguns anos atrás, grandes empresas de alimentos, como Unilever e Nestlé, decidiram explicitar a companhia por trás das marcas. A marca Unilever é agora visível em todos os produtos, enquanto, no passado, o nome da submarca era bem mais proeminente. Como as cadeias de fornecimento na indústria alimentícia ficaram mais longas, complexas e internacionais, a transparência sobre o produto é ainda mais importante. As soluções vão das mais simples, como indicar o país de origem e listar os ingredientes, às mais sofisticadas, como especificar quais ingredientes não estão presentes no produto e como ele pode reagir a certas alergias ou intolerâncias. Em resumo, a transparência tem efeito significativo quanto à escolha do produto, preço, oportunidades de diferenciação e fidelização à marca.

O que nos chama a atenção é que, quando conversamos com executivos de empresas de serviços financeiros, muitas vezes percebemos que precisamos estar na mesma página. Executivos financeiros costumam pensar sobre transparência em termos do balanço da empresa. Estão todas as obrigações no balanço contábil ou algum item está ausente? Naturalmente, essa é uma perspectiva diferente da que o consumidor possui.

Para os consumidores, "transparente" significa "facilmente distinguível", "prontamente entendido" e "sem truques". Transparência denota franqueza e clareza por meio da informação. A transparência deveria permitir aos consumidores avaliar a companhia em todas as áreas que consideram relevantes. Informações sobre a filosofia da companhia, o que ela faz com os depósitos dos clientes e como age para restaurar ou manter a confiança, informações sobre a estabilidade financeira da empresa.

As companhias precisam compreender quais informações são essenciais para os consumidores e torná-las acessíveis, visíveis e compreensíveis.

O que entendemos por simplicidade?

O insight-chave do consumidor que impulsiona a tendência de simplicidade é a sobrecarga de informações e escolhas; em um mundo cada vez mais complexo, os consumidores estão constantemente sobrecarregados.

Por um lado, trata-se de consumidores que procuram maneiras de reduzir o esforço e poupar seu precioso tempo. Eles preferem produtos e serviços fáceis e rápidos de entender. Quando têm de decidir o que comprar, mesmo a mais simples das decisões, procuram informações e transparência para que a probabilidade de acerto seja alta. Querem decidir logo. Para eles, a variável principal é o tempo. Quando compram, por exemplo, um novo home theater, querem colocá-lo para funcionar imediatamente, sem ter de ler volumosos manuais. Quando estão selecionando um serviço, querem ter a certeza de que, se tiverem uma pergunta ou problema, haverá uma central de atendimento facilmente acessível que tirará suas dúvidas sem causar aborrecimentos.

Por outro lado, os consumidores estão chegando à conclusão que menos é mais. Eles consideram o excesso de escolhas desnecessário. A crise de crédito ensejou esse grupo a prosperar e crescer em seu novo estilo de vida de parcimônia financeira. Vemos que pessoas que optam por tal austeridade preferem produtos simples. Muitos desses consumidores devem ter descoberto que produtos mais simples e mais baratos não são, de fato, tão ruins e, em muitos casos, tornam a vida mais conveniente. Certamente levarão consigo esta lição depois que a crise passar.

> *Real Simple*
>
> O fato de os consumidores demandarem simplicidade também é demonstrado pelo enorme sucesso da revista *Real Simple*, cujo lema é "a vida mais fácil todos os dias". Nove anos após seu lançamento, com 8,6 milhões de leitores todos os meses, *Real Simple* é a revista de mais rápido crescimento nos Estados Unidos, a joia do portfólio da Time Warner, publicada dos Estados Unidos ao Japão.
>
> A revista e, claro, o site, estão repletos de dicas e informações para tornar a vida mais fácil. Possuem listas e ferramentas para facilitar escolhas e dicas para aumentar a produtividade.

Muitas empresas de sucesso aproveitam a tendência pela simplicidade. A Easyjet, companhia aérea de baixo custo, inclui a promessa de simplicidade no próprio nome. A Unilever reduziu 75% o número de marcas. Simplicidade é um fator-chave para várias companhias de tecnologia, como a Apple, o ícone de simplicidade, TomTom, Google e Philips, com seu slogan "sense and simplicity" ("consciência e simplicidade"). A Microsoft também prega a simplicidade com o posicionamento "Seu PC, simplificado. Projetamos o Windows 7 para simplificar suas tarefas diárias." Em serviços financeiros, a ING Direct é o ícone da simplicidade, com facilidade no âmago de seu modelo de negócio. Em todo o mundo, vemos cada vez mais provedores de serviços financeiros frisando "simplicidade" em suas marcas e assinaturas institucionais. O Bank of America, por exemplo, começou a se promover como "simples, claro e direto" no fim de 2009.

Concentrar-se em simplicidade é uma escolha inteligente. De acordo com uma pesquisa com consumidores realizada pela VODW e MarketResponse, 8 em cada 10 pessoas consideram a simplicidade importante para um produto financeiro durante os processos de orientação e de compra, na utilização efetiva do produto ou serviço e no atendimento pós-venda.

> **CheBanca! Que banco!**
>
> Em maio de 2008, o banco italiano de investimentos Mediobanca lançou um novo banco de varejo: CheBanca! – que significa "que banco!", em italiano. CheBanca! explora as imperfeições do mercado italiano, conhecido por seus complexos e custosos produtos. O banco oferece produtos simples, seguros e de baixo custo, projetados para satisfazer necessidades concretas do consumidor moderno. O modelo de negócio é somente ofertar, eficientemente, o que os clientes necessitam, com padrões elevados de serviço e profissionalismo.
>
> Em seu primeiro ano de existência, CheBanca! conseguiu depósitos na ordem de 5,3 bilhões e abertura de 170 mil contas-correntes. Esses são sinais claros da aceitação do mercado, recompensando-o por sua transparência, eficiência e modelo de negócio único. Os resultados são ainda mais positivos tendo em vista as condições adversas do mercado.

O Banco Sofisa é um tradicional banco brasileiro inaugurado em 1961. O banco é especializado no crédito para pequenas e médias empresas e também no atendimento de grandes investidores pessoa física.

Em junho de 2011, o banco lançou o Sofisa Direto, um banco online exclusivo para pessoas físicas, criado com base nos conceitos de simplicidade e transparência. A proposta do banco é eliminar a cobrança de tarifas, diminuir a burocracia e manter a comunicação simples e objetiva, sem tecnicismos.

Isso se reflete em seu site, que é de fácil navegação e com informações didáticas, e no portifólio de produtos do banco, que é restrito e compara as opções de investimento oferecidas com a poupança para facilitar o entendimento.

Simplicidade em todos os segmentos
Vemos o desejo por maior transparência e simplicidade em todos os segmentos, não apenas no varejo ou em segmentos intermediários, mas entre clientes

de bancos *private*. Investidores de bancos *private* estão desenvolvendo maior preferência pelas mais básicas classes de ativos: imóveis, depósitos à vista, títulos governamentais e ações cotadas localmente, conforme indicado em pesquisa do Barclays Wealth. Produtos inovadores e complexos não são "quentes" no momento.

A crise tornou plenamente claro que os clientes – e até os gerentes de conta – são, muitas vezes, incapazes de lidar com a enorme complexidade de ofertas. Para a maioria dos clientes, soluções simples, bem estruturadas, são as melhores. Reconhecemos isso claramente. As pessoas não querem mais investir em produtos que não compreendem.

Em uma categoria tão variada como a de investimentos, vemos um aumento de fundos indexados, fundos básicos e trackers ou fundos de investimento de capital variável – investimentos que buscam perseguir o desempenho de um índice, commodity ou outra categoria de ativo –, atrativos devido a seu baixo custo relativo e fácil acesso a mercados normalmente inacessíveis. Sobretudo nos Estados Unidos, os trackers detêm alta abrangência tanto no mercado institucional quanto pessoal. Na Europa, sua popularidade está crescendo rapidamente, embora não deixe muito felizes os bancos e as corretoras de investimento, devido às suas baixas margens.

Segundo o World Wealth Report da Capgemini e Merrill Lynch de 2011, a transparência de demonstrativos e taxas é uma das seis principais prioridades dos clientes HNWIs; 93% afirmam que a transparência é uma questão importante para eles.

> Jan Lodewijk Roebroek, CEO do BNP Paribas Investment Partners, na Holanda, confirma: "Consumidores com clara demanda por transparência e produtos mais simples representam uma das mais fortes tendências pós-crise, e o setor já está em processo de acompanhamento dessa tendência. É oportuno mencionar duas categorias específicas como exemplos. A primeira é a crescente demanda por fundos indexados e *trackers*. Essa tendência já estava a caminho, e a crise atuou como catalisadora para reforçá-la. Deve-se notar, porém, que, embora esses produtos sejam geralmente percebidos como altamente transparentes, os riscos envolvidos devem ser considerados e devem sempre se encaixar no perfil de risco dos clientes – transparência não é sinônimo de ausência de risco. O segundo exemplo se aplica a várias formas de produtos estruturados. A simplicidade esperada dos vários produtos, sob várias circunstâncias, é em geral bastante elevada, mas não caminha passo a passo com sua transparência."

Transparência é uma necessidade – e a simplicidade é a melhor forma de obtê-la

Como se relacionam transparência e simplicidade? À primeira vista, essas duas tendências podem de fato parecer antagônicas. É verdade que transparência dá a impressão de "quanto mais informações, melhor", e isso vai contra o que entendemos por simplicidade. Acreditamos que a transparência é um pré-requisito para qualquer empresa em qualquer setor e, portanto, para os provedores de serviços financeiros do futuro. A simplicidade é a maneira pela qual a transparência pode ser obtida pelo consumidor. Se uma empresa implementou com sucesso a simplicidade, é muito mais fácil para ela atingir também a transparência.

> Um estudo da IBM na Europa, Estados Unidos e quatro países da América Latina, entre 2007 e 2008, mostra que clientes de seguradoras demandam transparência. Embora importante, preço não é o fator mais significativo de valor agregado para esses consumidores. Na Europa e na América Latina, a transparência é mais importante. Também receberam maiores avaliações fatores de simplicidade, como procedimentos de pagamento rápidos e descomplicados e documentação clara. Nos Estados Unidos, o preço parece funcionar como fator de pureza – algo que minimiza o risco de insatisfação do cliente, mais que um motivador para a venda.

Por que essas tendências se aceleraram nos serviços financeiros?
Claramente, as iniciativas para estimular a transparência nos serviços financeiros começaram antes da crise. Em 2006, a iniciativa TCF (Treat Customers Fairly ou TCH – Trate o Consumidor com Honestidade), da Financial Services Authority do Reino Unido, foi lançada para assegurar que "os consumidores sejam providos de informações claras e que sejam mantidos informados da melhor maneira, antes, durante e após o momento da compra".

A demanda por transparência e simplicidade cresceu, sobretudo no mercado financeiro, ainda mais fortemente devido à percepção do consumidor de que boa parte da crise de crédito se originou da complexidade e da falta de transparência. Os consumidores consideram esses elementos a base para o alto risco e para a falta de controle. Produtos hipotecários, por exemplo, originalmente simples transação entre o devedor e o credor, tornaram-se um negócio sem transparência que envolve centenas de bancos internacionalmente.

> Segundo pesquisa de 2009 com proprietários de imóveis e investidores norte-americanos conduzida pela Siegel+Gale, 75% dos respondentes afirmaram que a complexidade e falta de entendimento tiveram papel significativo na crise financeira. E 63% das pessoas consideram que "bancos, financiadoras de hipotecas e Wall Street tornam as coisas complicadas intencionalmente, de forma a esconder riscos e deixar as pessoas no escuro". Não é surpresa que, de acordo com o mesmo estudo, 79% dos norte-americanos pedem ao Presidente Obama que priorize clareza, transparência e simplicidade.

Como mencionado no Capítulo 1, uma pesquisa da VODW revelou que 40% da confiança do consumidor está relacionada com os serviços do dia a dia, vivenciados pelo cliente. Essa experiência deve ser simples e fácil: produtos compreensíveis, organização acessível, processos claros e rápidos, cumprimento do prometido, sem surpresas desagradáveis no final.

Esperamos portanto que a tendência por transparência e simplicidade dure por muitos anos no setor de serviços financeiros. Consumidores, organizações de proteção ao consumidor, governos e mídia continuarão a monitorar e avaliar com cuidado como as instituições financeiras se adaptam a essas tendências.

> Um estudo de 2009 da European Comission for Consumer Affairs (Comissão Europeia de Assuntos do Consumidor) referente a 224 bancos europeus confirma o que os consumidores vivenciam todos os dias:
> - A estrutura de precificação das contas-correntes em geral é pouco clara, o que torna praticamente impossível que o consumidor saiba o quanto está pagando e possa comparar diferentes ofertas.
> - Profissionais experientes tiveram grande dificuldade em compreender as informações sobre as taxas nos sites dos bancos e em determinar os custos reais. Em 69% dos casos, tiveram de solicitar explicações adicionais aos bancos.
> - Contratos de crédito em alguns bancos britânicos levaram até 55 minutos para serem lidos apropriadamente.
> - Consumidores em países com estruturas de preço pouco claras, como Áustria, França, Itália e Espanha, pagam mais pelas contas bancárias.

Como dissemos, muitos bancos e companhias seguradoras estão tentando, de alguma forma e em certo grau, adotar os princípios de transparência e simplicidade. Contudo, quando discutimos a implementação desses conceitos com banqueiros e seguradoras, frequentemente ouvimos (as mesmas) nove razões para não as implementar:

1. "Privacidade e segredo competitivo"
A transparência não é um comportamento natural para muitas companhias. Consequentemente, geram-se objeções, desde questões de privacidade à hesitação em divulgar informações que poderiam beneficiar concorrentes.

2. "Desmistificação"
A consistente implementação – do ponto de vista do cliente – da transparência e simplicidade naturalmente conduzirá à desmistificação da complexidade que permeia os produtos financeiros. Isso é delicado porque muitas pessoas do setor baseiam suas funções ou até mesmo sua razão de existir precisamente na complexidade, quer sejam intermediários, consultores de investimento ou pessoas em bancos e seguradoras que desenvolvem produtos e serviços. Entretanto, não nos preocuparíamos demasiadamente com a desmistificação. Se você não desmistificar seus produtos financeiros, os concorrentes e clientes o farão – embasados no senso comum.

3. "Tudo se torna semelhante"
Há muitas queixas que tudo parecerá semelhante quando for transparente e simples. Não concordamos. Consumidores acreditam que preço será mais

importante quando o produto ou serviço for uma commodity. Se for assim, devemos usar a imaginação para novas ideias e conceitos que atendam às reais necessidades dos consumidores. Pense no mercado de águas. O que é mais transparente e simples? Todavia, marcas como Evian, Spa, Hildon, Perrier, Acqua Panna e San Pellegrino têm seu diferencial muito bem definido. Se uma pessoa de marketing financeiro disser que isso não é possível é devido à falta de ideias e de insights profundos sobre o consumidor. Quando produtos se tornam transparentes e simples, as ideias predominam.

4. "Por que deveríamos tornar nossas margens transparentes?"
"Quando compra um carro, você não sabe a margem do revendedor ou do fabricante. E ninguém se importa com isso."

Em princípio, é verdade. Infelizmente, o próprio setor financeiro causou excessivo interesse em suas margens ao exagerá-las em algumas categorias e ao pagar altas provisões e bônus excessivos – sem providenciar em troca o mesmo nível de rendimento ao cliente. De fato, as instituições financeiras causaram esse problema a si mesmas, e agora o consumidor, por definição, estão desconfiados e desejam verificar se a margem está proporcional ao preço, ao esforço e ao produto.

5. "O cliente não passará a ter maior compreensão mesmo se fôssemos totalmente transparentes"
Ao discutir transparência e simplicidade, facilmente acabamos chegando à semântica. A perspectiva de simplicidade do consumidor ou usuário tem de ser diferente da perspectiva técnica ou da companhia.

Um motorista não precisa entender toda a complexidade técnica do motor, mas precisa ser hábil para dirigir bem o carro, observar os instrumentos no painel e usar pedais, câmbio e volante. Isso também vale para os produtos financeiros. Os consumidores não necessitam conhecer todos os aspectos técnicos, mas ao menos conseguir entender os riscos e perfil de retorno de certo produto financeiro. Infelizmente, ainda vemos muita complexidade técnica na experiência do consumidor – mesmo quando as companhias se esforçam ao máximo para serem transparentes.

Transparência em investimentos private

Ohpen é um novo gerenciador de fundos cuja estratégia central é a transparência e que cobra dos clientes apenas 1% do valor dos ativos que gerencia; esse novo entrante não cobra qualquer custo de transação ou os que em geral estão escondidos. Consequentemente, o Ohpen é até 80% mais barato que os concorrentes, que resulta em melhor retorno sobre o investimento dos clientes, aproximadamente 30% ao longo de 10 anos.

> Uma plataforma totalmente automatizada de gerenciamento de ativos (baseada nas teorias de Markowitz e Sharpe) é a chave para a entrega da promessa da Ohpen. Os clientes criam seus próprios planos de investimento online (prazo requerido, depósito e meta financeira) usando o *Ohpen Planner*, que resulta em um portfólio otimizado. Um software de gerenciamento de ativos com base em metas monitora continuamente o portfólio do cliente e verifica a possibilidade de realização da meta financeira. De acordo com as circunstâncias, o *Ohpen Planner* sugere ao cliente adaptar a alocação do mix de ativos. A plataforma também oferece total transparência em relação ao portfólio e ao que há de mais avançado em relatórios online.

6. "Transparência total é impossível: há atributos demais na maioria dos produtos"

A tecnologia moderna permite que as empresas sejam transparentes e simples nas características e na oferta de uma gama de produtos. Se, como empresa, você não se sente à vontade em fazer isso, a sabedoria coletiva fará por você. As opiniões de outras pessoas também são uma forma de transparência. Não estamos nos referindo aos atributos técnicos. Além disso, a tendência irmã da transparência, a simplicidade, tornará os produtos mais fáceis, com menos atributos.

7. "Consumidores são excessivamente preguiçosos para gastar muito tempo e esforço em pesquisas"

Isso é certamente verdade para muitos consumidores. Mas para outros não é. Veja o crescente interesse nos sites de comparação e a importância da internet no processo de orientação. Da mesma forma, esse argumento ignora o fato de que pesquisar está cada vez mais fácil e demanda menos tempo. As companhias que usam esse argumento aparentemente não desejam atingir consumidores autogeridos ou os "maximizadores", que estão buscando as melhores alternativas. Além disso, parece que o crescente número de consumidores parcimoniosos graças à crise de crédito também é um grupo que essas companhias escolheram ignorar.

8. "Transparência e simplicidade não fazem sentido nos negócios"

"Transparência e simplicidade trazem mais receitas e/ou lucros? A transparência leva à perda de margem."

Quando os produtos se tornam mais transparentes, as margens diminuem. Isso é certo. As companhias de serviços financeiros não podem mais contar com margens de 25% a 30%. Esses dias se foram. Conversamos com muitas pessoas do setor que acreditam que margens entre 8% e 15% são aceitáveis para os consumidores.

Uma série de companhias, como Philips e ING, já demonstraram a relação positiva entre objetivos de negócios e simplicidade.

9. "Tecnologia online cria menos transparência"

Alguns argumentam que a tecnologia online não melhora a transparência nos preços, mas, pelo contrário, permite que as companhias se tornem menos transparentes ao oferecer a cada consumidor seu próprio preço, aumentando, assim, as margens. Verdade, isso poderia acontecer. Todavia, essas práticas de negócios seriam facilmente descobertas pelos consumidores, como a Amazon vivenciou quando implantou a diferenciação de preços cobrados pelo mesmo produto, com base na disponibilidade de cada indivíduo em pagar determinado preço. A reação dos consumidores foi tão forte que a Amazon teve de abandonar a prática.

- Um gestor francês de ativos possui 400 diferentes fundos de investimento no portfólio. Esse número elevado de possibilidades faz sua oferta perder totalmente a transparência. Para investidores *private* (embora não seja o mercado primário para esse gestor), o valor de um número tão grande de fundos é questionável. Como você pode gerenciar essa quantidade de fundos?
- Um diretor alemão de uma companhia de seguros de vida nos contou que, para seu horror, descobriu que a empresa estava oferecendo ativamente cerca de 150 produtos. Em escala internacional, esse número se multiplicaria por 10. Imagine o que isso significa para o pessoal de vendas e intermediários: o conhecimento e treinamento requeridos, os materiais necessários de marketing, o tempo despendido em identificar as diferenças etc. Os 150 produtos são acompanhados por aproximadamente 20 diferentes questionários, gerando alto custo operacional e de TI. Cada produto tem seu próprio gerente, e para cada 10 gerentes de produto, há um gerente de grupo de produtos – cada um ganha comissão gerindo seu próprio produto. Esse segurador alemão agora reduziu os produtos para 25 tipos e estabeleceu normas rígidas para prevenir sua futura proliferação. Transparência e simplicidade aumentam a confiança do consumidor e resultam em enorme redução nos custos operacionais.

Assuntos complexos

Recentemente assessoramos uma seguradora que queria implementar um conceito internacional online. Representantes dos escritórios dos países foram convidados a manifestar suas necessidades e desejos. O representante francês insistiu em manter a visão geral dos produtos oculta para os clientes. Quando perguntamos por quê, ele nos respondeu que era comum a apólice da amante ser paga pelo homem envolvido; naturalmente, a esposa não deveria ver a apólice.

✶

A demanda por transparência e simplicidade prepara o terreno e cria uma nova realidade com a qual as instituições financeiras terão de trabalhar no futuro. Prevemos os seguintes desenvolvimentos.

A tecnologia fomenta maior transparência e simplicidade

Considere todos os agregadores e sites de comparação de seguros e bancos que estão se tornando continuamente mais sofisticados. Esses sites auxiliam o consumidor a reduzir a tensão no processo decisório, apresentando as variadas alternativas de maneira mais lógica e inteligível, permitindo se concentrar nos cinco melhores do ranking.

Análises cada vez mais acompanham a comparação de preços, o que simplifica o processo decisório. O mybillaudit.com da Valida, por exemplo, analisa a conta de celular do consumidor e recomenda com base no uso real qual operadora e/ou plano seria mais econômico. A tecnologia reduz a complexidade.

Além disso, o que o consumidor vivencia em um setor econômico automaticamente torna-se padrão em outro ramo. Nisso, a Valida é referência, como é a Amazon, que oferece milhões de produtos, mas usa a sabedoria coletiva – as compras de outros consumidores – para sugerir ofertas suplementares. "Outros compradores da música X também compraram a música Y.", o que o Trendwatching.com chama de twinsumers*: consumidores cujo estilo de vida e gostos se assemelham aos seus e, consequentemente, são de fato relevantes para o que você pode desejar ou necessitar. A Amazon apresenta não apenas recomendações surpreendentemente apropriadas, mas também torna fácil a compra do produto, com poucos cliques. Limitando o número de escolhas em cada momento de decisão, os consumidores percebem que o processo decisório está mais simples, apesar do esmagador número de produtos disponível atualmente. A experiência de personalização online da Amazon tornou-se padrão no reconhecimento das necessidades do consumidor e na elaboração de ofertas personalizadas.

Outro desenvolvimento tecnológico é o uso generalizado de celulares, especialmente os smartphones. A rápida adoção do iPhone, com mais de meio milhão de aplicativos, o sucesso do sistema competitor Android e funcionalidades populares como GPS estão tornando a vida mais fácil e transparente. Com a internet móvel, os consumidores podem agora fazer comparações de preços onde e quando quiserem.

- O ShopSavvy possibilita aos consumidores escanear o código de barras usando a câmera do celular. O aplicativo então procura pelo melhor preço em mais de 26 mil lojas online, oferece a possibilidade de compra e ainda localiza o lojista mais próximo usando o Google Maps. A simpatia do consumidor por esse tipo de conveniência é corroborada pelo fato de que 8 milhões de pessoas usam o ShopSavvy para encontrar o melhor negócio online.

---

* *Nota do Tradutor:* Corruptela para "consumidores gêmeos".

- Layar é um aplicativo de realidade aumentada que fornece informações diretamente na tela sobre os objetos apontados pela câmera de seu celular. O Layar começou com aplicações simples, como localizar o caixa automático mais próximo. Visualizamos, em estágio futuro, consumidores apontando os celulares para uma série de casas, localizando preços e especificações das opções à venda, incluindo financiamento imobiliário personalizado por um banco, ofertas de apólices de seguro e comentários de consumidores sobre os produtos. O consumidor pode assim obter informações relevantes para facilitar o dia a dia, a qualquer tempo e em qualquer lugar.

Layar

http://m.youtube.com/watch?gl=US&hl=en&client=mv-google&v=b64_16K2e08

Além de agregação, comparação e oportunidades em tempo real que a tecnologia oferece para aumentar a transparência e a simplicidade, podemos esperar várias outras funções em um futuro próximo. Alertas serão certamente uma delas. A empresa TomTom, em seu navegador mais recente, por exemplo, incorpora em tempo real comentários do TripAdvisor e mostra os postos de gasolina mais baratos em sua rota. Não é preciso muita imaginação para antecipar o que os sistemas de alertas poderão fazer para os serviços financeiros.

O que todos esses aplicativos compartilham é, antes de tudo, a centralidade no cliente e foco no conhecimento, em vez do foco e conhecimento do produto. Esses progressos não visam à tecnologia propriamente dita, mas ao cliente. As vencedoras serão as tecnologias que geram transparência e simplicidade, tornando-as relevantes para os consumidores.

A busca pela simplicidade revoluciona os pagamentos móveis

Grande quantidade de novas iniciativas e experiências estão tornando os pagamentos móveis mais acessíveis, com empresas não tradicionais, como Starbucks e PayPal, e operadoras de telefonia entrando na arena. Novas possibilidades tecnológicas, como *mobile wallets* e pagamentos móveis, ganham terreno. Os precursores estão no Reino Unido e nos mercados asiáticos, especialmente no Japão. De acordo com a Pew Research, cerca de 20% das pessoas da Geração Y já compraram pelo celular.

A Juniper Research prevê que o valor total dos pagamentos móveis para bens digitais e físicos, transferências de dinheiro e transações remotas chegará a US$670 bilhões até 2015, quase triplicando os US$240 bilhões em 2011. Espera-se que o Extremo Oriente e a China se tornem a maior região para pagamentos móveis, respondendo por quase 30% do total até 2015. O crescimento também será grande na Índia, com mais de 400 milhões de usuários até 2015.

Pagamentos móveis estão rapidamente entrando para o cotidiano, impulsionados por novas tecnologias, como NFC (Near Field Communication), cada vez mais comuns em smartphones. O Google espera que, em 2014, 50% dos telefones celulares usem a tecnologia NFC, e a Juniper Research estima que transações mundiais utilizando NFC atinjam cerca de US$50 bilhões em 2014.

Os novos players não são prejudicados por modelos de negócios e sistemas de TI legados, o que lhes permite implementar rapidamente novas tecnologias com custo eficiente. Ao mesmo tempo, muitos players tradicionais entram no mercado por meio de parcerias. O que a maioria das novas proposições de pagamento móvel tem em comum é o foco na simplicidade.

PayPal implementou recentemente seu aplicativo Bump que permite aos usuários realizar transferências entre seus membros ao sincronizar os smartphones, tornando ainda mais fácil o acesso às contas PayPal baseadas em nuvem. A internet tem sido foco vital para a PayPal, já que acredita que qualquer aparelho pode ser uma plataforma transacional em potencial, desde que tenha conexão com a internet – seja celular, televisão, outdoor ou mesmo geladeira. Em 2011, a PayPal levou seu credo "a qualquer hora e em qualquer lugar" além da internet, com a aquisição da Zong por sua empresa afiliada, eBay, o que permite aos consumidores pagar compras por conta telefônica, pagamentos offline e plataformas remotas em estabelecimentos ligados a ofertas e descontos diretos, automaticamente creditados às contas dos usuários PayPal.

PayPal
http://m.youtube.com/watch?gl=US&hl=en&client=mv-google&v=suCe4-SWsHo

- Jack Dorsey, cofundador do Twitter e atual cofundador do Square, tem por objetivo tornar o pagamento de um café tão fácil quanto comprar uma música no iTunes. Em 2011, o Square lançou o leitor de cartões Square, que pode ser usado em iPhones, iPads e smartphones Android, substituindo assim os terminais de ponto de venda.

Square
http://m.youtube.com/watch?gl=US&hl=en&client=mv-google&v=gAuqnWT0ctk

- ClearXchange, uma cooperação entre Bank of America, Chase e Wells Fargo, permite pagamentos de pessoa a pessoa, utilizando o número do celular ou o e-mail.
- Em 2011, Google, Citigroup, Mastercard e outros, lançaram seu *mobile wallet*, que pode armazenar vários cartões de débito, crédito e de fidelidade. O Google Wallet leva a tecnologia NFC além do simples pagamento, ao criar e aproveitar momentos de contato com os clientes através do fornecimento, por exemplo, de anúncios móveis e cupons Google Offers, com ofertas interessantes relacionadas com seu comportamento e contexto diário, que podem ser acessados com um simples toque em um botão. A conexão a um sistema de gestão de finanças

pessoais oferece conveniência adicional, por exemplo, permitindo verificar se há dinheiro suficiente na conta ou que varejistas ofereçam planos de pagamento.

Google Wallet

http://m.youtube.com/watch?gl=US&hl=en&client=mv-google&v=DsaJMhcLm_A

- Isis é outro sistema *mobile wallet* a ser lançado em meados de 2012, desenvolvido por uma *joint-venture* entre AT&T, T-Mobile e Verizon Wireless, no qual os emitentes podem conectá-lo a seus sistemas de CRM. Entre os parceiros estão Barclaycard e Discover. Sua visão é tornar o mundo "clicável". A proposição inclui também ofertas e cupons.

Isis

http://m.youtube.com/watch?gl=US&hl=en&client=mv-google&v=7EIyAolD2JE

- Em junho de 2011 a Visa adquiriu a sulafricana Fundamo, ganhando acesso a pagamentos móveis em mercados emergentes.
- Um estudo de 2011 da Juniper Research estima que, até 2015, 500 milhões de pessoas em todo o mundo usem os celulares para pagamento de bilhetes e tíquetes, como passagens de metrô e ônibus. Isso é mais de cinco vezes o número referente a 2010, ano em que a maioria das transações estava concentrada no Japão e em vários países europeus. O Navigo, em 2012, começará a experimentação de um serviço em Paris que visa facilitar a vida dos usuários de metrô e ônibus da cidade, disponibilizando os tíquetes de passagem em smartphones.
- Muitas dessas iniciativas ainda estão em fase de testes. Certamente, nem todas sobreviverão e outras ainda continuarão a evoluir. As vencedoras serão as que não só superarem os desafios regulatórios e de segurança que em geral acompanham a implementação de novas tecnologias, mas que também conseguirem obter a aceitação dos comerciantes e, sobretudo, ao agregar valor, realmente tornam a vida mais fácil e mais conveniente para o consumidor.

Transparência e simplicidade nada mais são que meios para um fim

Você não quer, em última análise, uma furadeira, mas um buraco na parede para colocar um gancho e pendurar um quadro. Transparência e simplicidade não são mais do que "furadeiras"; confiança, compreensão e conveniência são "o buraco na parede" e um duradouro relacionamento mutuamente benéfico é a "pintura".

Consequentemente, as instituições de serviços financeiros precisam primeiro compreender exatamente o que transparência e simplicidade significam para clientes atuais e futuros, e do que eles especificamente necessitam, sobretudo nos momentos que mais importam. Definir transparência e simplicidade do ponto de vista do consumidor é essencial.

A simplicidade possui seis dimensões para o consumidor

Pesquisa da VODW e MarketResponse, em uma gama de setores incluindo seguradoras, revelou seis dimensões da simplicidade:

- Abrangência: a medida pelo qual todas as informações sobre produtos, serviços ou procedimentos são apresentadas de maneira clara para o público. Como exemplos, manuais e explicações claras, formulários e demonstrativos em linguagem compreensível e o uso inteligente de recursos visuais explicativos.
- Acessibilidade: a medida pela qual a organização e informações sobre produtos, serviços ou procedimentos podem ser facilmente encontrados, onde e quando for conveniente para o consumidor. Como exemplos, a acessibilidade 24 horas por dia e 7 dias por semana e o botão "atendimento online" em sites ou lojas de varejo.
- Visão geral: a medida pela qual as informações sobre produtos, serviços ou procedimentos estão convenientemente dispostos. O foco principal está em facilitar o processo de escolha e comparação, apresentando as informações organizadas de maneira conveniente. Como exemplos, a qualidade da assessoria prestada por pessoal experiente e um claro portfólio de produtos.
- Tempo: a medida pelo qual os processos dos clientes são alinhados, resultando em menor prazo de entrega, menor tempo de espera e serviços que economizam tempo. Como exemplos, a possibilidade de contratar o seguro junto com a compra de um carro e um número limitado de passos para fazer uma solicitação de apólice.
- Esforço: a medida pela qual a organização reduz o esforço e as tarefas que o consumidor precisa fazer. Relaciona-se com as tarefas que, um dia, os consumidores já tiveram de realizar eles mesmos e que agora são feitas, por exemplo, por um assistente pessoal, serviço de entrega ou ferramenta automatizada. Como exemplo, o suporte durante um evento crítico, como organizar a volta da escola dos filhos depois de o cliente ter tido problemas com o carro.
- Flexibilidade: a medida pela qual o produto ou serviço pode ser modificado de acordo com os desejos ou necessidades do consumidor, antes ou após a compra. Como exemplos, a possibilidade de optar por seguro complementar ou alterar o valor ou uma das cláusulas da franquia, e a opção de cancelar a apólice a qualquer tempo.

A pesquisa da VODW e MarketResponse, realizada em várias categorias de produtos, mostra que a associação com simplicidade e necessidades específicas difere conforme o produto, a fase do ciclo de compra e o segmento do consumidor. O estudo mostrou que "Abrangência" é o fator mais importante para os serviços financeiros em todos os segmentos de consumidores, que procuram formas compreensíveis de fazer negócios quando adquirem e utilizam produtos financeiros. As seguradoras podem atingir uma diferenciação real para os consumidores ao se concentrar em economizar tempo e esforços, de forma abrangente. A "Acessibilidade" é um requisito básico em todas as fases de compra e não mais um fator que aumenta a satisfação do cliente.

As implicações práticas da simplicidade incluem compras online, manuais mais claros, facilidade no cancelamento de contratos, comodidade nos pagamentos, menos burocracia e agilidade em serviços. Com relação a seguros, constatamos que os consumidores com maior grau de escolaridade desejam ferramentas de ajuda online e mais detalhes acerca dos produtos. Consumidores com grau de escolaridade menor associam simplicidade à facilidade de fazer solicitações e à clareza na comunicação com a seguradora. Abrangência, economia de tempo e esforço são importantes tanto na fase de prospecção como no uso do seguro. Conversar, escutar e responder aos clientes é fundamental para determinar quais dimensões você deve alavancar para tornar a vida dos clientes mais simples.

Quando o "muito" torna-se "demais"

Mais opções não necessariamente fazem as pessoas mais felizes. Opções em demasia deixam as pessoas indecisas, gera incerteza e cria stress na tomada de decisões, a ponto de paralisar o consumidor na escolha. Em seu best-seller, *O paradoxo da escolha: por que mais é menos* (Girafa, 2007), o psicólogo norte-americano Barry Schwartz faz distinção entre dois tipos de consumidores: "Maximizadores" e "Satisfazedores". De acordo com Schwartz, "Maximizadores" aceitam apenas o melhor e necessitam "ter segurança que cada compra ou decisão foi a melhor que poderiam ter feito". Eles têm a neessidade de verificar todas as alternativas. "Satisfazedores" escolhem "algo que seja bom o suficiente e não se preocupam com a possibilidade de poder haver outro produto melhor".

A maximização é um estado de espírito que pode variar por tipo de produto ou de decisão. Para "Maximizadores" principalmente, a sobrecarga de opções configura-se em um pesadelo, e eles em geral ficam mais insatisfeitos. Muitas opções de escolha aumentam a probabilidade de eles lamentarem antecipadamente as decisões tomadas. Schwartz também argumenta que a proliferação de escolhas pode transformar as pessoas em "Maximizadoras". Se elas se tornam subitamente conscientes das novas opções, podem começar a se preocupar com as novas possibilidades. Nesse aspecto, a variedade gera pessoas mais infelizes.

Traduzindo os insights de Schwartz para os serviços financeiros, é claro que as instituições financeiras devem apoiar em especial as pessoas com comportamento maximizador. Se não estiverem apoiados corretamente, "Maximizadores" podem adiar ou cancelar decisões de compra, mesmo quando necessário. Especialmente para decisões cruciais, como hipotecas, o excesso de opções torna as pessoas mais preocupadas com o fato de terem ou não conhecimento suficiente em relação a todas as alternativas e também com um potencial arrependimento por qualquer escolha errada. A abundância de produtos financeiros surgidos nos últimos anos pode muito bem ser um criador de descontentamento.

As companhias de serviços financeiros devem buscar insights sobre como o público-alvo percebe as possibilidades de escolha e quantas alternativas devem ser oferecidas.

> *Possibilidades demais causam confusão*
>
> Pesquisas mostram que o número ideal de possibilidades de escolha pode ser diferente conforme a cultura e a pessoa. Em nossa experiência com a implementação da simplicidade em diversos setores, vemos que a limitação de opções geralmente gera efeitos positivos.
>
> - Um cliente do setor automotivo tinha centenas de acessórios para vender com os carros. A escolha tornava difícil decidir o que comprar ou vender – às vezes até mesmo influenciava negativamente o processo de compra. Decidimos em conjunto por três pacotes de opções de acessórios. As vendas de acessórios mais que dobraram em poucos meses, em praticamente todos os países.
> - Para uma seguradora britânica, pesquisamos o número ideal de perguntas para um formulário. Como esperado, o resultado mostrou que um formulário mais simples, com menos perguntas, seria a melhor opção. Mas cuidado: no caso de decisões importantes, como seguros de vida, descobrimos que realizar apenas três perguntas é muito pouco, o que pode ser visto como pouco confiável.

Não apenas fácil de comprar, mas também de vender

Se os consumidores entenderem melhor os produtos, consequentemente a decisão positiva pela compra será maior. Não obstante, e isso não é menos importante, devemos também torná-los mais fáceis de serem vendidos.

Recentemente, abrimos uma conta poupança – sempre uma boa oportunidade para provar a experiência completa do cliente. Visitamos a filial de um grande banco para obter informações sobre as várias possibilidades e efetivamente adquirir o produto. A atendente forneceu todas as informações sobre as diferentes contas que o banco tinha para oferecer. Para cada produto, ela deu todas as especificações, como taxas de juros, prazos de permanência, cláusulas de penalidades etc. Depois de 15 minutos, perguntamos qual o produto que deveríamos comprar. Infelizmente, ela não nos conseguiu aconselhar. Descobrimos que havia mais de 100 diferentes produtos, de conta bancária a investimentos, passando por seguros automotivos e hipotecas. Ela estava perfeitamente habilitada para discorrer sobre as informações dos produtos que estavam nos prospectos, mas não conseguiu efetivamente usá-las para nos aconselhar qual produto comprar. Provavelmente, todos já passaram por experiência semelhante. Em geral, executivos de vendas e intermediários têm um número excessivo de produtos para vender, de cartões de crédito a apólices, de hipotecas a fundos de pensão.

Uma das coisas que aprendemos em nossas conversas com executivos comerciais nos últimos 20 anos é que eles só vendem os produtos que conhecem e que podem explicar facilmente aos clientes. Para o pessoal de vendas, sua atividade é sempre o equilíbrio entre esforço e recompensa.

Um banco a quem atendemos estava inicialmente relutante em reduzir o número de hipotecas, até que percebeu que as vendas aumentaram significativamente. Constatou-se que o pessoal de vendas podia, agora, se concentrar em um número limitado de produtos e compreendê-los em detalhes. A simplicidade, portanto, deixa sua força de vendas mais eficaz, porque haverá mais tempo para de fato atender às necessidades de um cliente e verdadeiramente agregar valor.

Transparência e simplicidade geram crescimento

Verificamos um progresso na maneira pela qual as instituições financeiras estão abraçando a simplicidade. Antigamente, traduziam simplicidade por autoatendimento: auxiliar os clientes a ajudarem a si mesmos. Isso, de fato, foi mais resultado da necessidade de reduzir custos que de servir os clientes, antecipando suas necessidades.

Em tempos de incerteza econômica, os provedores de serviços financeiros tendem a traduzir simplicidade por redução de custos. Além disso, tendem a simplificar os produtos porque, na percepção dos consumidores, a complexidade dos produtos que causou os problemas e a crise. Mas esse ponto de vista é muito restrito.

Em nossa experiência, a implantação de transparência e simplicidade reduz tanto a complexidade como os custos. Obviamente, corta custos. A redução do número de produtos e a eliminação da complexidade, por exemplo, têm enorme impacto sobre os custos operacionais e eficiência da empresa, desde sua organização a TI e marketing. Contudo, a perspectiva de receita adicional é realmente bastante nova.

Bancos e companhias de seguros precisariam investir em simplicidade mesmo se a crise de crédito não tivesse ocorrido, porque dela resulta imediato crescimento de faturamento e de lucratividade. Em nossa experiência, todas as iniciativas em prol da simplicidade nas empresas financeiras podem ser traduzidas em metas concretas e business cases, seja em crescimento de vendas ou em maior eficiência, satisfação ou fidelização dos clientes.

Implementar a simplicidade resulta em crescimento no faturamento e na lucratividade

Fatos e descobertas com base em nossa experiência internacional:
- Um em cada cinco consumidores está disposto a pagar mais pela simplicidade.
- Quanto mais simples o processo de compra, maior a taxa de conversão.
- Cerca de 33% dos clientes vão mudar para outra empresa se ela for mais "fácil".
- Quanto mais simples a gama de produtos, menor o "stress da compra", o que gera maior resposta e menor arrependimento final.
- Quanto mais facilmente um produto puder ser explicado, mais vontade a equipe de vendas terá de vendê-lo e mais ele se tornará atrativo para potenciais compradores.
- Reduzir, simplificar e redesenhar formulários de clientes e informações, como cotações, e diminuir 75% o número total de formulários e 50% o número de perguntas resultam em vendas mais altas, maior satisfação dos clientes e menor quantidade de erros que geram custos.
- Prospectos mais simples, mais compreensíveis, que explicam aos clientes por que e como reinvestir, resultaram em um aumento da taxa de reinvestimento, de 14% para 38%.

- Quanto mais simples for o produto, maior a apreciação, satisfação do cliente e recomendações à família, amigos, conhecidos e colegas.
- A simplificação de produtos e serviços resulta em aumento de 15% para 40% de retenção. A simplicidade é um dos mais importantes vetores de fidelização.
- Quanto mais simples for o produto, haverá menos reclamações e devoluções, reduzindo custos de pós-venda.
- Diminuindo o número de pontos de contato de 10 para 1, problemas resolvidos ao primeiro contato aumentaram de 70% para 85%.
- Quanto mais simples o produto, mais inovadora a imagem do fornecedor.

Implementar transparência e simplicidade requer uma visão de 360°

Nossa experiência na implementação mundial de transparência e simplicidade em organizações é que elas vão além de produtos e serviços, referenciando marketing, precificação, marca, embalagem, distribuição, pontos de contato do cliente, organização, processos e sistemas.

Os consumidores também querem transparência no comportamento e na atitude das organizações. Eles querem saber os riscos de um produto e ter certeza de que o produto e a organização podem cumprir as promessas feitas pelo marketing. Os consumidores também querem poder traçar o destino de seu dinheiro, saber quais são os investimentos de seu provedor de serviços financeiros e os esquemas de remuneração para os gestores, a forma como a empresa é organizada e quem devem contatar para o quê. O mesmo se aplica a investimentos em responsabilidade social, marketing e distribuição. Tomemos, por exemplo, a questão de parceiros de distribuição, acordos com intermediários ou subsídios cruzados para produtos.

A transparência e a simplicidade diárias precisam ser mantidas, o que significa permitir que os consumidores comprem e utilizem serviços de forma muito simples. A empresa precisa incorporar transparência e simplicidade em todos os pontos de contato experimentados pelos consumidores a fim de realmente preencher a lacuna entre a promessa e a organização que cumpre a promessa.

Para implementar a transparência e a simplicidade, precisamos de uma visão de 360°.

Simple Term Life: simplicidade em todos os elementos

Farmers Life, uma empresa de Seattle, conseguiu minimizar os custos de transação com o seguro de vida denominado Simple Term Life. Com ele, a Farmers Life economizou tempo e aumentou a conveniência para os clientes e para os 17 mil agentes. A chave para tanto foi a introdução da simplicidade em todos os elementos. Mike Keller, Vice-Presidente de Marketing da empresa, explica: "A aquisição de uma apólice de seguro não precisa ser complicada e demorada. Após cuidadosa consideração sobre a compra, os clientes querem que o processo seja rápido, simples e fácil. O consenso

> de nossos agentes é que a emissão de uma apólice de seguro de vida deva ser tão fácil quanto uma apólice de seguro de automóvel ou de um imóvel. O produto em si é simples e disponível em três níveis, com prêmios garantidos. Além disso, eliminamos longos formulários, exames médicos e de laboratório, transformando semanas e dias em minutos e segundos. O que levaria 20 dias para outras empresas, a apólice do Simple Term Life pode fazer em seis minutos ou menos. O segredo para fazer a transação mais rápida e fácil é o pedido, assinatura e subscrição eletrônicos. A subscrição é rápida, uma vez que o aplicativo roda uma série de verificações de banco de dados, semelhante à subscrição automática. Isso é mais que apenas o preenchimento de formulários em um computador. O sistema inteligentemente exibe apenas as perguntas que precisam ser respondidas para um pedido específico, pede cada pergunta somente uma vez, e transmite eletronicamente as informações ao sistema de subscrição. Para os clientes e agentes, esse é um processo muito mais rápido e amigável. Utilizamos agora esses aplicativos digitais em todos os nossos produtos, incluindo a nova apólice Simple Whole Life, e o sucesso foi exportado para outras partes do grupo."

A tendência de transparência e simplicidade traz consequências significativas para as instituições financeiras. Identificamos 11 pontos principais.

1. Redefinição dos modelos de negócios

A transparência, a desmistificação de produtos e serviços, bem como o impacto sobre as margens, exigirão adaptações profundas nos modelos de negócios, especificamente nos modelos de receitas.

A contínua eficiência de custos é necessária e pode ser obtida por organizações mais enxutas, como tem sido feito principalmente em resposta à crise econômica. Mas é melhor verificar a partir da perspectiva do cliente onde estão as imperfeições, para que processos mais inteligentes possam ser implementados. A implementação da simplicidade em todos os elementos da empresa irá, sem dúvida, reduzir custos operacionais.

Isoladamente, a pressão sobre as margens torna necessária a obtenção de economias de escala. Consolidações são, portanto, mais importantes que nunca, o que parece contradizer a crença de que "ser pequeno é melhor que ser grande", mas a consolidação é essencial. Economias de escala também são possíveis em nichos específicos.

Prevemos que todo o modelo de negócio será mais transparente e aberto, o que afetará todos os elementos do negócio, desde produto, lucro, preço e estruturas de remuneração até bonificações, provisões, práticas da empresa e parcerias de distribuição. Esse processo será acelerado pela sabedoria coletiva e não haverá mais lugar para o velho adágio: "onde a ignorância é felicidade, é loucura ser sábio".*

---

*Nota do Tradutor: Thomas Gray (1716-1771), poeta inglês.

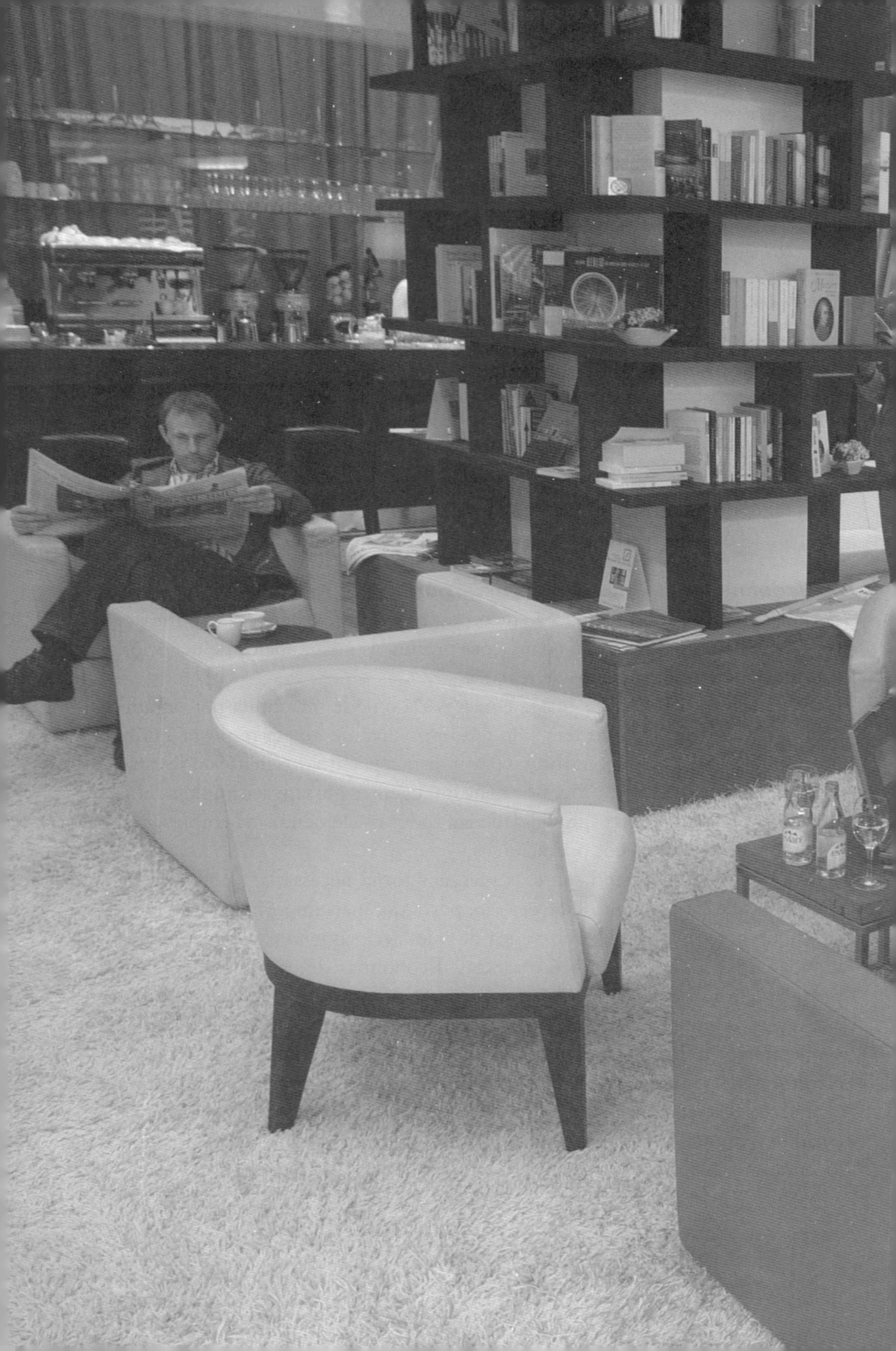

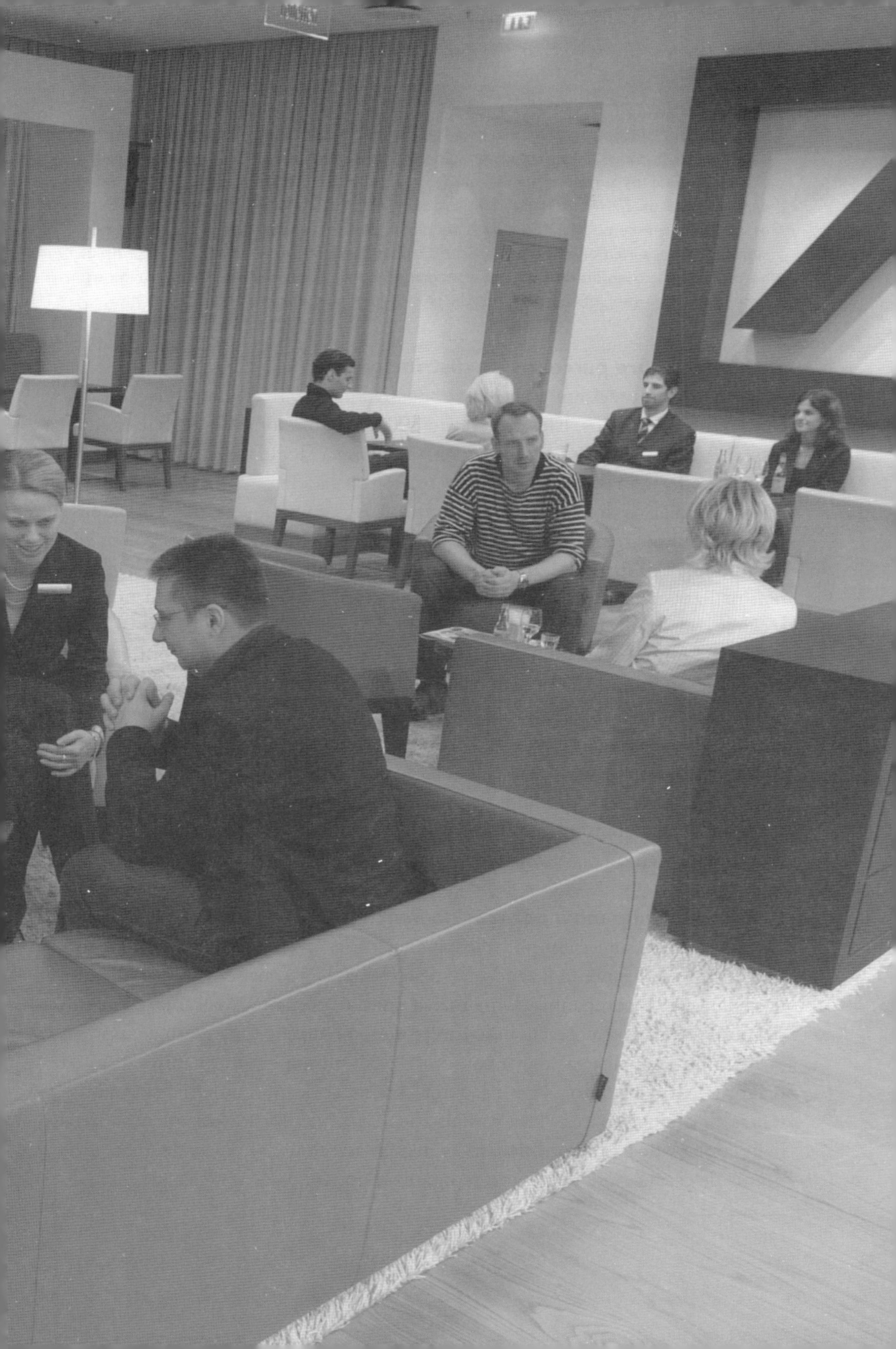

> Alfonso Zapata, CEO do ING Direct da Espanha, sobre seu modelo com base em simplicidade: "Nosso modelo de negócio possui dois pilares: defesa do cliente e baixo custo. A chave para isso é simplicidade. Todos os outros bancos querem 100% do mercado. Nós também vamos para o mercado de massa, mas para 95% dele; esquecemos os 5% que demandam uma série de cuidados e customização. Para esses 95% oferecemos 100% de suas necessidades de serviços bancários, o que não significa necessariamente muitos produtos. Considere fundos mútuos, por exemplo: só temos quatro, enquanto nossos concorrentes têm centenas ou mesmo milhares. Esses quatro já são suficientemente difíceis de se compreender."

2. Clareza sobre parceiros de distribuição

As seguradoras precisam esclarecer e, possivelmente, redefinir a relação exata com os intermediários. Eles pertencem 100% à seguradora? Ou há outros interesses? A transparência não diz respeito somente à facilidade de entendimento de um produto, mas também a todos os elos da cadeia.

Intermediários de seguros serão confrontados com a questão: "Sou varejista ou consultor financeiro?" Atualmente, esses dois modelos de negócios são misturados. Por um lado, intermediários proclamam sua objetividade e garantem realizar consultoria financeira de confiança. Por outro lado, seu fluxo de receitas consiste principalmente em apólices emitidas como varejista.

Não há futuro neste modelo misto. Não se pode ser "objetivo e confiável" ao mesmo tempo que se lucra com os produtos recomendados.

Das duas, uma: ou os intermediários evoluem para consultores financeiros objetivos e verdadeiros, abstendo-se do comissionamento e construindo um negócio com base em remuneração, ou realmente se posicionam como varejistas financeiros, com uma gama de produtos de uma ou mais seguradoras. Neste caso, devem se abster de se autointitularem "objetivos". Na verdade, eles passariam a executar função semelhante à dos varejistas de bens de consumo ou duráveis.

3. Foco na companhia por trás da marca

Os consumidores anseiam por transparência. Eles querem saber com qual empresa estão efetivamente fazendo negócios, e basearão decisões principalmente na reputação da companhia. Uma marca única é, portanto, mais eficaz que um portfólio de marcas representando diversos segmentos de uma mesma empresa.

Em última análise, a marca corporativa é a última e pura manifestação da real origem do produto. É a verdadeira "marca fabricante". Além disso, a existência de menos marcas leva a mais foco na organização, orçamentos mais bem controlados e maior impacto às marcas selecionadas, além de gerar economia de escala. Será necessário reorganizar portfólios de marcas que incluam

---

Foto das páginas anteriores: Cortesia do Deutsche Bank.

diversas delas. Marcas estabelecidas adquiridas como resultados de consolidações devem ser ligadas à marca-mãe corporativa.

> Alguns exemplos:
> - A seguradora britânica Norwich Union chama-se agora Aviva, enquanto a francesa AFG é agora reconhecida como parte da marca Allianz.
> - O Barclaycard norte-americano costumava ocultar sua marca por trás de parceiros de afinidade, como US Airways, LL Bean e Barnes & Noble. Mas em outubro de 2009, a companhia decidiu mudar de estratégia e tornou o Barclaycard marca de confiança, similar ao "Intel inside". A razão é que os consumidores passaram a procurar por isso como sinal de qualidade.
> - A marca Santander se manteve relativamente sem máculas durante a crise de crédito, por isso foi utilizada para renomear o Abbey National, o Bradford & Bingley e o Alliance & Leicester, todos no Reino Unido, e o Banco Real no Brasil.
> - As seguradoras alemãs Karstadt Quelle, Victoria e Hamburg-Mannheimer agora utilizarão o nome Ergo, da companhia-mãe. Isso ainda é uma solução parcial, uma vez que o Ergo Versicherungsgruppe (Grupo Segurador Ergo) é o principal braço de seguros da Munich Re.

Nos últimos anos, algumas companhias nos perguntaram se seria melhor desenvolver uma nova marca para seu banco ou companhia de seguros, uma vez que a atual fora seriamente danificada pela crise. Concordamos plenamente com o guru da publicidade belga, Guillaume van der Stighelen: "É como se você resolvesse uma crise de relacionamento em casa dizendo 'querida, meu nome era Jack, mas, a partir de agora, me chamo Adam, então agora está tudo OK novamente'. Obviamente, isso não funciona, e significa que você não está levando sua esposa a sério. Você é o Jack, e, se quiser que seu relacionamento funcione, é melhor estar em casa no horário com mais frequência e surpreender sua esposa fazendo coisas legais. Ajude na cozinha e não espalhe as meias pelo chão."

Prevemos que isso também significa o fim dos private labels (marcas próprias) no setor financeiro – produtos financeiros com a marca do varejista ou da indústria e administrados por uma instituição financeira. Intermediários que posavam como seguradoras ou bancos se tornaram algo bastante inadequado depois de tudo o que aconteceu no mercado. Afinal, essas marcas próprias só foram usadas devido ao poder de barganha, não pelo fato de proporcionarem valor para os clientes ou porque os consumidores realmente as pediram.

> *Em direção a uma arquitetura de marca transparente, simples e ainda assim, competitiva*
> Na nossa visão, a marca deve contribuir diretamente para o negócio. Ela é "um acionador de escolha", nada mais e nada menos. A marca deve ajudar o atual ou potencial cliente a decidir por uma de nossas ofertas ou ajudá-lo a escolher mais produtos da oferta.

> Isso significa que a marca deve satisfazer, melhor que qualquer concorrente, os vetores de compra em seu respectivo segmento de mercado ou categoria. O número necessário de marcas de que você precisa como companhia depende de até que ponto as marcas de seu portfólio conseguem executar essa função.
>
> Para determinar quantas marcas são necessárias para competir com sucesso em diferentes mercados, segmentos e categorias, temos de entender os vetores de compra dos clientes nessas dimensões e como as nossas marcas e as dos concorrentes são avaliadas.
>
> Acreditamos que a marca é construída sobre os vetores de compra. Essa é a correta associação. Embora o conjunto de vetores de compra possa variar de acordo com a categoria, podem-se estimar quais são os mais poderosos. Esses vetores devem estar no *core* da marca.
>
> Se você construir a marca dessa forma, criará um vetor real de decisão: a marca que contribui diretamente para o negócio.

4. O portfólio de produtos precisa ser lógico e conveniente

Uma revisão rigorosa da gama de produtos é essencial. Ao "editar" o portfólio e reduzir drasticamente o número de produtos, cria-se uma lógica e uma visão geral da estrutura da oferta. Tome como fonte de inspiração os bens de consumo não duráveis. Como se constrói uma oferta? Diferentes necessidades são a base para vários produtos. Eles usam a embalagem para mostrar como os vários produtos se relacionam, e quais são a lógica e coerência da organização. Compare com o leque de produtos de investimento de um banco. Podemos diferenciar praticamente todas as dimensões do produto: depósito fixo ou variável, taxa de juros, frequência de pagamentos, valor do primeiro depósito, depósito máximo, penalidade em caso de retirada antecipada, você decide. Mas ninguém no atendimento ou call center explica o que você precisa comprar com base nas suas necessidades específicas.

> *Pense em Lego ao criar portfólios de produtos*
>
> O portfólio de produtos de um banco multinacional consistia em uma série de produtos de diferentes categorias, multiplicados por vários tipos de mercados a que os produtos serviam. O portfólio de produtos aumentava quase diariamente, com novos produtos desenvolvidos, resultando em ineficiências, como as que apresentamos neste capítulo. Para resumir: ocorrem crescente complexidade em TI e operações, em gestão de produtos, marketing e vendas, visão geral prejudicada e maior complexidade para os consumidores e parceiros de distribuição, levando a vendas menos eficazes.
>
> Para resolver esse problema definitivamente, foi criado um total de 25 blocos. A ideia era que os gestores de produtos pudessem compor todos os produtos do banco utilizando os 25 blocos, formados com base nos insights do consumidor.

> Os blocos atendem aos requisitos a partir de três perspectivas: cliente, empresa e parceiros de distribuição. Cada bloco, bem como cada opção de um bloco específico, é tanto gerador de custo quanto fonte de lucro. Gerenciamento de margem, perfis de fluxo de caixa e tempo de retorno precisam ser levados em conta na criação dos produtos. Regras claras e graus de liberdade são estabelecidos para o processo de desenvolvimento de proposições futuras, que abrangem desenvolvimento de insights do consumidor e proposições de valor ao uso dos blocos de construção, transformando-os em marketing vencedor.
>
> Os benefícios dessa abordagem inspirada na Lego são claros: economias de escala resultam em velocidade de lançamento no mercado, reutilização de produtos e melhor desempenho de produtos e preço. Essa abordagem ainda permite flexibilidade suficiente para se adaptar às necessidades do mercado local, por meio do princípio de "toda a liberdade dentro de 25 blocos" – da ação sobre insights do consumidor local ao uso da linguagem mais adequada.
>
> Combinar economias de escala com máxima relevância local assegura posição competitiva em cada mercado.

Um portfólio simples de produtos deveria ser:
- *Conciso*, para facilitar a escolha e a compra. Tome o iPod, da Apple, como exemplo, que tem uma gama limitada de opções. Em todo o mundo, é possível pedir o mesmo iPod com o mesmo nome. As lojas de departamento em geral têm como regra que toda vez que um novo produto chega na loja, outro tem de ser retirado.
- *Complementar,* para facilitar aos consumidores usar mais produtos ao mesmo tempo sem sobrepor funções. Isso pode ser conseguido ao cruzar e agrupar suas características. Para uma seguradora, significa, por exemplo, garantir que um cliente nunca tenha dupla cobertura.
- *Distinto,* para assegurar que os clientes entendam as diferenças entre os produtos.

Esses critérios, obviamente, relacionam-se com todos os aspectos da oferta, inclusive a precificação.

Nos três critérios, bancos e seguradoras podem lucrar bastante. Sobretudo quando se trata de ter um diferencial, você verá que a proliferação de produtos acabou levando a nomes desvinculados uns dos outros, o que confunde o consumidor.

Nos próximos anos, no setor financeiro, os serviços serão essenciais e o foco da inovação. É na prestação de serviços que as marcas são de fato construídas. Portanto, é importante identificar as inovações que realmente articulam a marca corporativa e reivindicar as mesmas inovações em serviços. Um exemplo disso é o HelpPoint, o inovador conceito de serviço da Zurich Financial Services.

> **Dream Pack**
>
> Ao simplificar a vida dos consumidores, as instituições financeitas devem antes estar cientes do motivo por que as pessoas compram. As pessoas não querem adquirir um produto, como poupança ou hipoteca, mas desejam educação para os filhos ou dinheiro para mudar de casa. O Standard Chartered First Bank Korea utilizou esse insight para oferecer produtos de forma mais centrada no cliente: o denominado Dream Pack, que consiste em seis cardápios que incorporam algumas das principais necessidades financeiras para apoiar as escolhas dos clientes em cada fase da vida. Cada conjunto fornece diferentes possibilidades dos produtos financeiros mais usados, como serviços de cartão de crédito, contas-correntes, empréstimos hipotecários e empréstimos pessoais, agrupados de forma a melhor atender a cada estágio da vida do cliente. Conveniência e uma experiência agradável de compra são de extrema importância.
>
> O conceito de Dream Pack é apresentado de forma semelhante a que lanchonetes de fast-food mostram suas ofertas em cima do balcão. As agências do Standard Chartered First Bank apresentam, por exemplo, um pacote para compra de imóvel, um para gerenciamento de ativos e um para empréstimo pessoal. Os clientes podem fazer um teste simples para identificar a natureza de suas operações e necessidades financeiras. Uma vez que recebam o resultado do teste, o atendimento recomendará o melhor pacote de produtos e benefícios.

5. A hipersegmentação causa distração e deve ser evitada

O foco em um número limitado de segmentos é essencial para manter a organização voltada à transparência e à simplicidade. Já é complicado o suficiente ser de fato transparente e simples em apenas um segmento, que dizer em grande número de subsegmentos. A boa notícia é que, para grande parte das instituições financeiras, é possível determinar um número, de três a cinco segmentos, nos quais realmente valha a pena se concentrar.

O conhecimento convencional de marketing prega que só vale a pena visar um determinado segmento se tiver um conjunto único de necessidades, se for grande o suficiente e se puder ser atingido de forma individual – e, para nós, este é um importante ponto de partida que deve ser validado antes de tudo. O público-alvo que poderia atender a esses critérios são idosos, jovens, afluentes e autogeridos. Não é preciso procurar muito além disso.

6. Insights do consumidor validados quanto à transparência e simplicidade são a chave

Nomeie uma pessoa cuja única responsabilidade seja saber tudo sobre transparência e simplicidade a partir da perspectiva do cliente. Tendo os clientes como ponto de partida, é essencial entender como o público-alvo percebe e avalia transparência e simplicidade. Que dimensão valoriza mais? Eles preferem, por exemplo, economia de tempo, menos esforço ou abrangência?

Para gerar transparência e simplicidade de forma contínua nos vários públicos e perfis, são necessárias pesquisas estruturadas e contínuas, não apenas uma pesquisa pontual. Isso também significa incorporar integralmente a transparência e a simplicidade em suas pesquisas sobre os clientes, como estudos de satisfação, fidelização, entre outros.

7. Os clientes requerem suporte durante toda a experiência com a marca

Utilize a tecnologia para desenvolver um processo de assessoria financeira adequado, seja pessoalmente ou via outros canais. Ofereça proposições relevantes baseadas no reconhecimento pessoal ou no perfil do cliente. Forneça informações relevantes para a fase de compra específica em que o consumidor se encontra, descartando assim a possível irritação decorrente de um aconselhamento padronizado e, ao mesmo tempo, aumentando a conversão em vendas. Organize a informação de maneira tal que ofertas direcionadas e conveniência possam ser proporcionadas aos clientes.

Uma série de companhias financeiras, como Barclays, começou a usar técnicas baseadas no perfil do consumidor para dar suporte ao processo decisório dos clientes. Se estão em meio à busca por produtos complicados e arriscados, um gestor pode alertar o cliente sobre suas reais necessidades de acordo com seu perfil específico de risco.

Simplicidade e transparência dizem respeito a experiências reais e resultados concretos. Durante a vida, ocorrem alguns grandes eventos, como casamento, o nascimento de um filho ou a aposentadoria. Como prestador de serviços financeiros, você precisa estar disponível nesses momentos e pronto para oferecer uma solução financeira relevante e fácil.

Ofertas inteligentes
- Asahi Life, uma das principais seguradoras japonesas, categoriza seus produtos por dimensões lógicas: eventos da vida, riscos na vida, estrutura familiar, gênero e idade. Em vez de olhar para determinado produto, os consumidores podem ver todos os produtos de que necessitam relacionados com seu perfil e circunstâncias especiais de vida. Para Asahi Life, é uma oportunidade de mostrar mais variedade e oferecer pacotes convenientes em vez de produtos individuais.
- A Farmers, nos Estados Unidos, apoia as pessoas a projetar o futuro financeiro com base em modelos. Mike Keller, da Farmers, nos disse: "Nosso programa Financial Blueprint inclui oito tipos de família ou estágios de vida, como locatários casados, famílias abastadas e 'ninhos vazios' (pais cujos filhos passaram a morar sozinhos). Esses modelos propiciam sugestões financeiras baseadas no que pessoas como você estão geralmente decidindo e fazendo, em vez de tentar maximizar suas compras. Agentes e clientes agora podem fazer uma análise de necessidades básicas em apenas alguns minutos, em vez de horas. E os modelos ainda podem ser personalizados com base nas reais condições financeiras de cada cliente."

8. Ofereça ferramentas para simplificar o dia a dia financeiro dos clientes

Os consumidores procuram marcas que, na prática, de fato provem que podem simplificar o cotidiano, como ferramentas de gerenciamento de finanças pessoais que auxiliam as decisões orçamentárias, por exemplo. Ferramentas que apoiam os consumidores, agregando suas contas financeiras de várias instituições e oferecendo interfaces visuais amigáveis para que possam ter uma visão clara e única dos gastos pessoais e investimentos. Isso fortalece o relacionamento com o cliente, sobretudo em tempos economicamente difíceis.

Diversos aplicativos que simplificam as finanças do dia a dia já estão sendo utilizados, e seu número está aumentando rapidamente, por exemplo, Quicken, Wesabe e Mint. Em sua maioria, destinam-se a fornecer visão geral e economia de tempo e esforço, concentrando-se nas dimensões mais importantes da simplicidade para os consumidores. Algumas ferramentas de gestão financeira pessoal analisam diretamente as taxas reais pagas por produtos financeiros, como contas bancárias e cartões de crédito, e sugerem alternativas mais econômicas, baseadas em perfis de pessoas como você. Essa correspondência no lado da demanda – agregando todas as contas financeiras – e no lado da oferta – possibilitando um só local com todas as transações de vários fornecedores financeiros – é um poderoso recurso que esperamos que modifique inteiramente os percursos atuais de compra. Especialmente porque são fáceis de usar, acessíveis e podem ser proativas ao proporcionar alertas e fornecer economias reais.

Vários bancos já reconheceram a força dessas ferramentas e já começaram a oferecê-las aos clientes, o que também os ajuda a aumentar a compreensão das necessidades de sua base e seu envolvimento, fortalecendo assim o relacionamento e a fidelização.

A ascensão das ferramentas de gestão financeira pessoal foi acelerada graças a plataformas de uso comum disponíveis para bancos, como Springboard, Xero Personal e Strand. A questão é, contudo, se ferramentas específicas de um banco trarão a vantagem de agregar fornecedores ou se os bancos só mostrarão suas próprias ofertas. Clientes que procuram uma avaliação isenta certamente preferem a primeira opção.

> O Australia and New Zealand Banking Group (ANZ) criou o MoneyManager, visitado semanalmente por 76% dos clientes em 2009. Doug Brown, Gerente do Canal Online do banco, relata: "A satisfação dos usuários da ferramenta é muito alta, com 81% das avaliações com nota superior a 7 (sendo 10 a maior) e 31% acima de 9. A possibilidade à recomendação é também muito alta; quase metade das pessoas dizem que vão indicar o MoneyManager a amigos e familiares. A razão é que a grande maioria, 84%, veem o MoneyManager como ferramenta útil para lhes proporcionar melhor visão

sobre o destino de seu dinheiro, e 71% valorizam o fato de poderem monitorar seus produtos financeiros em um só lugar. Oferecer essa ferramenta fácil e conveniente para os consumidores também é benéfico para nós, já que 13% dos usuários que não são clientes ANZ afirmam ser extremamente provável que elejam o ANZ como seu banco principal no futuro. Além disso, com base nos insights, podemos customizar melhor ofertas e marketing. O aproveitamento desses insights nos possibilita um retorno sobre o investimento graças à maior retenção e *cross selling.*"

Veja também o caso de sucesso do BBVA com a ferramenta *Tu Cuentas,* no Capítulo 3.

9. Comunicação sem jargões

Use palavras que as pessoas entendam. Conforme pesquisa realizada nos Estados Unidos pela Siegel+Gale em 2009, entre proprietários de imóveis e investidores, 84% dos consumidores estão mais propensos a confiar em uma companhia que não usa jargões na comunicação. As instituições financeiras ainda têm dificuldade em se livrar deles. O Bank of America utiliza um documento chamado "Clarity Commitment" (Comprometimento pela Clareza), um sumário do empréstimo descrito em uma página, em linguagem corrente, que explica o que o cliente está recebendo. Com uma seguradora italiana, trouxemos transparência às Condições e Termos, resumindo os pontos mais importantes e relevantes em linguagem simples nas primeiras duas páginas e colocando as letras miúdas na parte "oficial" seguinte.

Em blogs você vai descobrir que os consumidores são muitas vezes melhores para explicar produtos financeiros entre si que os próprios bancos e seguradoras que oferecem os produtos, em parte porque se concentram apenas nos aspectos relevantes. Portanto, melhore a compreensão evitando o uso de jargões e utilizando contextos que se relacionam com a vida cotidiana dos consumidores e suas necessidades (veja o Capítulo 6 para alguns exemplos).

Transparência e simplicidade devem ser explicitadas na comunicação?

Em colaboração com a University of Twente, a VODW investigou essa questão quando aplicada ao setor de serviços financeiros. No estudo, foram criados quatro anúncios diferentes, variando em conteúdo, do simples ao complexo. Alguns dos anúncios mencionavam a simplicidade do produto de forma explícita, outros, não. Investigamos então o impacto dos anúncios na confiança, competência e integridade do fornecedor.

As principais conclusões foram que um texto simples tem maior pontuação quanto à "boa intenção" da companhia, mas menor na percepção de "competência". Apenas simplificar o texto de um anúncio não é suficiente; certifique-se de indicar também, de forma explícita, que o produto é mais simples.

As perguntas nos formulários da Pinnacle Life, da Nova Zelândia, são feitas de maneira fácil e em tom de voz informal. Eles afirmam que "comprar um seguro de vida não

> deve ser uma questão complexa". A diagramação do formulário é feita "à prova de erros" e visualmente clara, o que permite que os clientes autogeridos preencham-no de maneira mais agradável. Um importante benefício para a Pinnacle Life é que menos clientes abandonam o processo durante a solicitação. O redimento resultante da simplificação de processos é repassado como redução de custos para os clientes.
>
> Várias companhias financeiras japonesas usam imagens para comunicar a mensagem da forma mais simples possível. A seguradora Mitsui Sumitomo Kirameki Life, por exemplo, utiliza quadrinhos muito simples para explicar tanto os produtos quanto a necessidade de estar segurado.

10. Os canais precisam aumentar a acessibilidade e simplificar a vida dos consumidores

Os consumidores querem canais convenientes, não necessariamente em grande quantidade. A adição de canais online e móveis certamente aumenta a acessibilidade e simplifica a vida das pessoas. Os canais móveis estão em grande ascensão, devido aos smartphones e suas grandes telas e interfaces simples disponíveis atualmente.

Em países da Europa Central e do Leste, América Latina e partes da Ásia, vemos que a penetração da internet é alta em apenas certos segmentos de consumidor. Isso vale para o Brasil, onde a penetração da internet é de 40%. Porém, o crescimento do poder de renda das classes mais baixas indica que será uma questão de tempo até que o acesso seja universalizado no país. A edição de 2011 da pesquisa Digital Life da TNS revelou que 18% dos internautas brasileiros têm interesse em começar a utilizar o internet banking, o dobro da média global.

Em alguns países, como o Reino Unido, Suécia, Dinamarca e Holanda, o canal online já é considerado praticamente tradicional. Em mercados seguidores, vemos alguns executivos conservadores se escondendo atrás da "adoção limitada de serviços financeiros online", enquanto deveriam estar se preocupando em transformar esse canal em algo simples e benéfico para os consumidores o utilizarem. Mas é claro que isso também tem a ver com a escala necessária para tais investimentos e com o interesse político das agências.

Recentemente abrimos uma conta bancária online em um dos maiores bancos da Itália. Foram necessários preenchimento e leitura de 46 páginas de perguntas e termos, incluindo seis assinaturas separadas. Logicamente, isso não está ajudando a penetração de seu internet banking.

A simplicidade é o teste final para decidir quais novas tecnologias e aplicações devem ser exploradas. Pagamento móvel, por exemplo, só decolará quando a experiência de compra se tornar mais fácil. Maior comodidade, acessibilidade e outros fatores de simplificação, enquanto oferecem o mesmo valor agregado, devem prevalecer sobre critérios relativos ao que há de mais avançado em termos de alta tecnologia.

11. O futuro está nas experiências simples

Como já mencionamos, com produtos mais simples, mais padronizados, as "são as ideias que governam". Com canais mais simples e menor necessidade de canais de atendimento face a face, isso é ainda mais verdadeiro.

Uma das mensagens-chave do Capítulo 1 é que uma excelente experiência do cliente é extremamente importante. É aqui que a busca da diferenciação relevante deve ocorrer: a criação de experiências que aumentem o relacionamento com o cliente.

Certifique-se de que todos os canais não só incorporem a simplicidade, mas também contribuam com a experiência do cliente. As agências do banco italiano CheBanca! são um exemplo perfeito. Esse conceito não só vive e respira simplicidade, mas também cria experiências em sua presença offline.

O Umpqua Bank faz uso de um design de interiores elegante e moderno para restaurar o relacionamento face a face. "Se você quiser ser eficaz, tem de construir uma proposição de valor que lhe permita competir com mais que simples taxas de juros. No ambiente atual, os bancos estão descobrindo que, se esse for o único fator de competição, você está morto", afirmou o CEO do Umpqua Bank, Ray Davis.

O advento do internet banking de fato diminuiu tanto o custo de mudar de instituição que a qualidade nos serviços agora é um dos principais diferenciais competitivos no setor. O Umpqua Bank se estruturou para capitalizar em cima desse fato.

Além desses exemplos, cada canal enfrenta seus próprios desafios, incluindo os canais online e móveis, podem surpreender positivamente os clientes e melhorar sua experiência com a empresa com um todo.

Note, contudo, que não estamos defendendo que as agências se tornem pequenas Disney Worlds. As agências devem proporcionar uma experiência tranquila, sem problemas, minimizando o stress associado a assuntos financeiros. Sobretudo, a visita a uma agência deve ser agradável e traduzir o conceito de simplicidade em operações financeiras.

> *Exemplos de ações de engajamento com baixo custo:*
> - Ligue para os clientes e pergunte: "Como vai?" Em nossa experiência, vimos que ligações assim, inesperadas e sem um claro objetivo de vendas, são muito apreciadas, e os clientes que receberam esse contato ficaram mais suscetíveis a aumentar os negócios com a empresa no futuro.
> - Efetue o pagamento por um sinistro imediatamente quando se tratar de um cliente fiel. Não faça propaganda com isso, apenas permita essa experiência aos clientes mais valiosos. Isso demonstra que você valoriza a relação baseada em confiança.
> - Envie aos novos clientes de seguro automotivo o comprovante via e-mail, para que eles tenham uma prova tangível e imediata de que estão segurados, em vez de ter de esperar que a confirmação chegue pelo correio.

SIMPLIFICANDO OS MODELOS DE NEGÓCIOS BANCÁRIOS

O Triodos Bank possui escritórios em cinco países europeus e cresceu 25% anualmente nas últimas duas décadas, mesmo durante a crise de crédito. No auge da crise, seus depósitos cresceram 15% em apenas dois meses. Financiar negócios sustentáveis é o foco de seu modelo. Em 2009, o Triodos Bank ganhou o prestigiado prêmio Financial Times Sustainable Bank of the Year. Peter Blom, CEO e presidente do Conselho Executivo do banco, compartilha a seguir sua visão sobre o ambiente bancário no futuro.

Comparado a outros bancos, o Triodos experimentou relativamente poucas consequências negativas da crise de crédito. Por quê?
Uma das causas da crise foi o fato de o setor bancário não estar estruturado sustentavelmente, pois as funções dos bancos foram misturadas. Recursos foram usados para investir em todos os tipos de derivados financeiros, criando assim uma economia virtual, não real. Bancos tornaram-se negócios, cujo produto era dinheiro. O fato de seguirmos relativamente livres da crise não é uma questão de sorte, mas consequência de estratégia deliberada. O Triodos Bank se restringe à função societária "original" dos bancos: coletar dinheiro de poupadores e emprestá-lo a tomadores de crédito, os quais o utilizam para objetivos úteis e, a nosso ver, relevantes. Esse modelo claro nos fornece um lucro interessante, uma base forte de capital e de captação estável, o que nos torna um banco saudável, com balanço favorável.

Este foco em serviços bancários básicos é claramente um fator-chave para o sucesso de vocês. Mas qual é sua visão em relação à função de outros bancos?
As funções de outros bancos devem voltar a ser claramente distinguíveis. Por isso, acho que precisamos dividir o setor bancário em três funções separadas: primeiro, as funções clássicas de ligação entre poupanças e empréstimos, financiando negócios da economia real, como fazemos e como esperamos que outros façam em breve. Em seguida, outra função básica: oferecer facilidades de pagamento. Facilitar o envio de dinheiro de uma pessoa para outra e prover acesso a seus depósitos são serviços de utilidade pública como água e luz. Consequentemente, isso pode ser delegado aos bancos coletivos apoiados pelo governo. Em terceiro lugar, o investimento mais arriscado precisa ser completamente separado das funções básicas bancárias, para excluir riscos inaceitáveis e prover esquemas acessíveis de garantias de depósitos. Bancos de investimento são necessários para os investimentos mais arriscados e transações em mercados de câmbio e financeiros. Neste caso, trata-se de fazer dinheiro com dinheiro, não de agregar valor ou contribuir com a economia real. Muitos bancos erraram exatamente neste ponto, investindo em arriscados e complexos produtos financeiros com forte alavancagem.

Em nossa visão, a simplicidade é uma das principais tendências do consumidor. Quais são os benefícios desta simplificação dos modelos de negócios para os clientes?
O foco na função bancária básica e num modelo simples e claro forma a base de um banco sustentável. O enfoque em nosso negócio principal cria clareza para o consumidor que sabe com quem está trabalhando e evita que se tornem vítimas de bancos que perdem enormes quantias em investimentos arriscados. Evidentemente, isso deixa os serviços bancários menos emocionantes; porém, e mais importante, ajuda a restaurar a confiança das pessoas nas instituições financeiras. O dinheiro é um bom servo, mas um mau patrão. Os banqueiros têm de voltar a ser motivados por seus clientes e relacionamentos de longo prazo em vez de bonificações.

OS BENEFÍCIOS SÃO PARA TODOS

A InShared entrou no mercado em janeiro de 2009. A companhia de seguros via internet é uma iniciativa da Achmea, grande provedor holandês de serviços financeiros. A rapidez com que a InShared ganhou participação no mercado provou que sua proposta estava alinhada aos anseios dos consumidores. Herberth Samsom e Felix Tenniglo, os dois fundadores da empresa, revelam o segredo por trás do sucesso.

Qual é o insight-chave sobre o consumidor por trás do seu conceito de seguradora?
Iniciamos em 2007 um extenso programa de pesquisas sobre o consumidor. Os resultados mostraram que já havia uma proeminente falta de confiança nas companhias de seguros. Os consumidores se confundiam a respeito de seus próprios produtos. Comparado com, por exemplo, a conveniência dos bancos online, ser um cliente de seguros não era nada conveniente. Consumidores diziam que todos os processos nas companhias de seguros pareciam burocráticos, quer seja quando estavam solicitando, alterando ou mesmo cancelando uma apólice. Os consumidores estão basicamente demandando o que consideram ser um tratamento normal; por exemplo, cancelar o seguro a qualquer momento, pagamento automaticamente parcelado, fácil acesso pela internet a todas as cláusulas, serviço ao cliente no momento necessário. Pense em um comprovante de seguro de um veículo emitido via e-mail e uma mensagem de texto com um número para assistência imediata recebida logo após a assinatura do seguro do veículo.

Qual é a essência da proposição de valor?
Em todos os aspectos, estamos voltando às raízes. Nosso lema, "os benefícios são para todos", já diz tudo. A InShared é a primeira companhia de seguros que garante o reembolso de lucros para os clientes. O dinheiro reservado para o pagamento de coberturas não utilizado é devolvido ao cliente. Os lucros são pagos para os clientes que não fizeram solicitação, uma vez que seu comportamento permitiu que todos lucrassem.

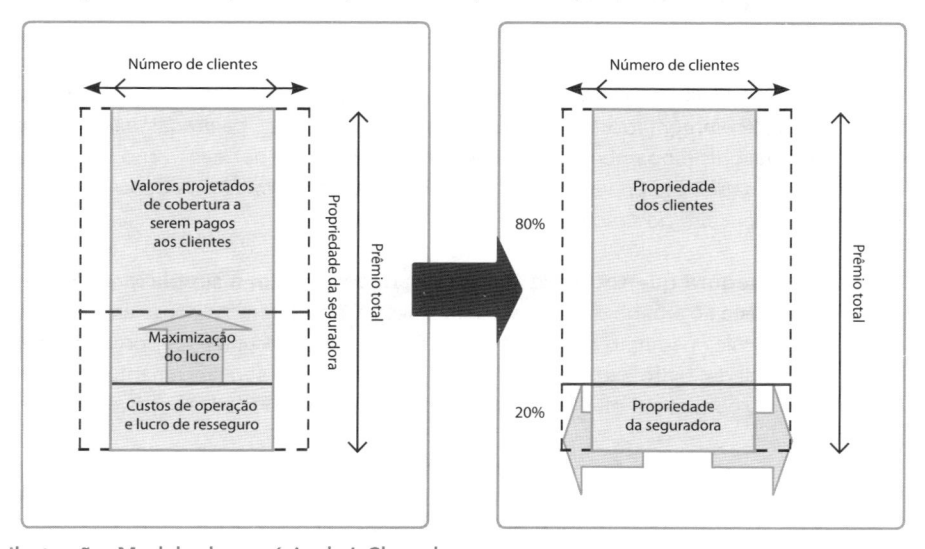

Ilustração: Modelo de negócio da InShared.

Isso requer alto nível de transparência...
Com certeza. Em nosso site, você pode se informar sobre o total da receita de prêmios que a empresa recebeu e o nível de sinistros que pagamos por trimestre. Do total da receita dos prêmios, reservamos 80% para pagamentos. Todo o valor dos 80% que não for usado é devolvido para os clientes que não utilizaram o seguro. Os 20% restantes são reservados para os custos operacionais da companhia, resseguro contra perdas potenciais e dividendos aos acionistas.

Esta parece uma forma diferente de enxergar o mercado de seguros.
Poderíamos dizer que empregamos um modelo de negócio diferenciado, a partir de duas perspectivas.

Primeiro, percebemos que em geral os interesses dos clientes não estão inteiramente alinhados aos da companhia seguradora: diminuir a razão entre recebimento de prêmios e pagamento de sinistros é uma fonte de lucro para as seguradoras. Projetamos um modelo de negócio no qual, de fato, ambos caminham lado a lado. A InShare não lucra mais pagando menos aos clientes. Se pagarmos menos, os clientes, e apenas eles, lucram com isso. A única forma que nós, como companhia, temos para aumentar os lucros dos acionistas é por meio da expansão de nossa base de clientes.

Em segundo lugar, buscamos passar o poder ao cliente durante todo o processo. Tudo é organizado online. O site fornece acesso às políticas, contas, formulários etc. Terceirizamos a maioria das operações para parceiros especializados. Os consumidores devem receber um serviço impecável, do mais alto nível, e prover tal serviço deve requerer mínima intervenção nossa. A integração perfeita de nossa organização virtual é portanto da maior importância. Logicamente, isso permite operar a um custo bastante baixo e oferecer prêmios atrativos, o que novamente beneficia o cliente.

A SIMPLICIDADE DEVE CORRER NAS VEIAS

A Royal Philips Electronics pertence ao grupo de companhias que prospera ao abraçar a simplicidade. A Philips se concentra em melhorar a vida das pessoas por meio de inovações oportunas, integrando tecnologia e design em soluções centradas nas pessoas, baseadas em insights fundamentais dos clientes e na promessa de "sense and simplicity" (razão e simplicidade). Egbert van Acht, Chief Marketing Officer da Philips Consumer Lifestyle, detalha o conceito de simplicidade.

Como você assegura que todos na Philips vivam e respirem a simplicidade?
A simplicidade está no âmago da estratégia da Philips. Consideramos *"sense and simplicity"* o primeiro posicionamento de marca que já fizemos, que destina a "ter propriedade" sobre a simplicidade, tanto externa como internamente. Desde seu lançamento, há cinco anos, temos sido consistentemente treinados, educados e demandados a provar esse posicionamento.

É crucial ter a aprovação do conselho administrativo porque é ele que abre caminho para que os processos sigam na direção certa. Você também pode usar o reconhecimento externo para motivar as pessoas internamente. *"Sense and simplicity"* está totalmente integrado até mesmo à nossa avaliação de desempenho; medimos esse lema no mundo inteiro como propulsor de nosso trabalho diário, tanto quantitativamente – por meio da medição do lucro, receita e Net Promoter Score* – como qualitativamente – ao pedir que nossos colaboradores avaliem seu gestor quanto à atuação como modelo de *"sense and simplicity"*.

Meu palpite é que levará outros cinco anos para criar a perfeita experiência de simplicidade de marca.

A perfeita experiência de simplicidade de marca?

O conceito completo de simplicidade requer uma visão de 360°. Para conseguir um posicionamento consistente de marca, tivemos de reestruturar e reposicionar tudo, da criação de produtos e da forma de trabalhar ao modelo organizacional e relação com os clientes. Em vez de 500 diferentes negócios, a Philips agora tem 70; em vez de 30 divisões, há agora apenas 3. Até as reuniões foram reconfiguradas em prol da simplicidade: proibimos o uso de mais que 10 slides em qualquer apresentação de PowerPoint.

Usamos um teste de experiência de simplicidade como filtro para simplificar todos os processos. Constantemente, nos perguntamos: "como isso impulsiona a promessa de *'sense and simplicity'*?" Assim, eliminamos reuniões internas às sextas-feiras; agora usamos esse tempo para visitar clientes e lojas.

É relativamente fácil unir a alta administração e os jovens entusiastas. A parte mais difícil para uma multinacional é diminuir o ceticismo ou má compreensão na gerência média. Ela é crucial para realmente internalizar o posicionamento da marca e ganhar aceitação em toda a empresa. A questão mais delicada é conquistar os corações dos funcionários e transformá-los em verdadeiros embaixadores da simplicidade.

O que, em sua opinião, é a chave para a mudança no setor financeiro?

O setor financeiro deveria começar perguntando o que os consumidores percebem como simples *versus* complexo. Então, as instituições deveriam identificar seis ou sete elementos-chave na experiência do consumidor para simplificá-los e modificá-los.

Além disso, as instituições financeiras deveriam implementar o Net Promoter Score para avaliar se as melhorias também conduzem a mais promotores da marca.

Quais são os perigos do conceito de simplicidade?

Em nossa experiência na Philips, há quatro perigos:

1. Você não pode pensar em simplicidade apenas como desafio de comunicação de marketing. A simplicidade tem de correr nas veias da empresa para que realmente funcione. E isso inclui fornecedores, agentes, países e todos os níveis organizacionais.
2. Você não pode pensar que conseguirá a simplicidade em um ano. Internalizá-la realmente levará de 5 a 10 anos.
3. Não acredite que seus funcionários estão comprometidos apenas porque dizem que estão. Comprometimento precisa ser medido, não uma vez, mas continuamente, e ser incluído em indicadores-chave de desempenho (KPIs).
4. Não acredite que você venceu somente ao realizar modificações internas. No fim da história, você terá de ter mudado a percepção dos consumidores, modificando fundamentalmente seus produtos e serviços – utilizando uma visão 360°.

---

* *Nota do Tradutor:* NPS (Net Promoter Score) é um sistema proprietário de avaliação de fidelização à marca.

I-ATM: O ESTILO DE INOVAÇÃO DA APPLE

A inovação está no cerne da estratégia do BBVA. O banco possui atualmente cerca de 50 milhões de clientes em 32 países, e inovação é um dos principais propulsores do seu contínuo crescimento. Discutimos a visão de inovação do BBVA com Beatriz Lara, Diretora de Inovação do banco.

Em nossa visão, a inovação tem de ser direcionada por um entendimento profundo e insights em relação aos clientes. Qual é o papel da inovação no BBVA?

Concordamos inteiramente. Inovação impulsionada por valor é um pilar central no fornecimento de soluções que atendam às necessidades e demandas dos consumidores. Conhecer o consumidor é o primeiro degrau de nossa estratégia centrada nele, pois é o momento em que temos a intenção de agregar valor. Nossa equipe de inovação trabalha continuamente na compreensão de como a sociedade será daqui a 15 anos. Essa equipe multidisciplinar compreende engenheiros, economistas, sociólogos e psicólogos, que cooperam com instituições externas de pesquisa, como MIT, Stanford Research Institute e o Fraunhofer Institute. Nas propostas desenvolvidas nos últimos anos, vemos a tecnologia como fator de facilitação da vida, o que está alinhado com a promessa do BBVA aos clientes: "trabalhar para um futuro melhor para as pessoas".

Como isso funciona na prática?

Construímos um radar tecnológico que atualmente monitora mais de 230 tecnologias emergentes e suas potencialidades de transformação do setor bancário. As tecnologias são divididas em três categorias: A "zona de observação" inclui tecnologias ainda distantes, mas que podem se tornar importantes ao longo do tempo. A "zona de atenção" envolve tecnologias que podem fornecer vantagem competitiva em médio prazo. A "zona de decisão" abrange tecnologias que precisam de decisão imediata para sua adoção ou não. As tecnologias monitoradas incluem, por exemplo, neuromarketing, biometria, mundos virtuais e realidade aumentada.

Cortesia do BBVA.

Para atingirmos uma real ruptura e inovações relevantes, cruzamos tecnologias emergentes com as tendências dos consumidores e nossa visão do consumidor futuro. Esses cruzamentos fornecem oportunidades para alcançar vantagem competitiva.

Você poderia nos dar um exemplo recente de uma iniciativa resultante de um desses cruzamentos?
Um exemplo direcionado pela simplicidade é o nosso novo caixa automático, que esperamos que seja uma inovação de ruptura. Em geral, os bancos consultam companhias de tecnologia e escolhem as máquinas a partir de um catálogo. Nós fazemos o contrário: trabalhamos com projetistas e quando descobrimos o que queremos, procuramos uma companhia de tecnologia que possa fabricá-lo. Primeiro, pesquisamos os usuários do mundo, incluindo Europa, América e Ásia. Concentramo-nos especialmente nos extremos do espectro do usuário, do experiente high tech, que não usa mais o caixa automático até pessoas que nunca usaram um caixa automático. Por exemplo, acompanhamos uma senhora de 75 anos no sul da Espanha por uma semana, documentando todas as suas atividades relacionadas com tecnologia. Um dos insights foi que todas as atividades que envolviam máquinas e dinheiro eram relacionadas com ação e reação, como ir à farmácia e se pesar, que envolve colocar uma moeda e ler seu peso diretamente. Essa senhora não quer muitos passos entre ação e resultado. Nosso novo caixa automático consequentemente, tem apenas um orifício para todas as interações, como contas, recibos, extratos e inserção do cartão – e não há botões. Na touch-screen, bem intuitiva, mostramos pessoas "reais" oferecendo assessoria. Outro insight é que esses não usuários têm medo de depositar dinheiro em caixas automáticos, pois equivale a colocá-lo em uma caixa preta sem saber realmente se irá para a conta. Por isso, tornamos o processo muito visual. Quando você coloca o dinheiro na máquina, você vê, na tela, papel moeda fluindo para sua conta. As experiências real e virtual do usuário misturam-se, formando uma experiência híbrida enriquecida, comprovadamente mais satisfatória para o consumidor. Essa natureza inovadora de nosso novo caixa automático foi contemplada com o prêmio The Banker de tecnologia bancária pela melhor inovação em "Delivery Channel Technology".

Como vocês se certificam de que essa máquina inovadora realmente facilitará a vida dos clientes?
Um fator importante é a conexão ao nosso sistema de CRM,* o qual também interliga o caixa automático à conta do cliente e suas atividades online. Claro que não queremos importunar as pessoas com informações irrelevantes e, portanto, adaptamos nossas ofertas na tela.

Além disso, vimos que 80% das pessoas apresentam certos padrões no uso do caixa automático, como retirar 200 para o fim de semana toda sexta-feira no caixa perto do trabalho ou transferir dinheiro para pagar mensalmente o aluguel em data determinada. Com base nesses padrões, oferecemos cardápios personalizados que podem ser adaptados a cada cliente. No fim das contas, inovação significa simplicidade para nossos clientes.

BBVA
http://m.youtube.com/watch?gl=US&hl=en&client=mv-google&v=DMIaCJlpT8c

---

* *Nota do Tradutor:* Customer Relationship Management – Gestão do Relacionamento com o Cliente.

LA PRIMA BANCA CHE TI DÀ GLI
INTERESSI IN ANTICIPO!

CheBanca!
Gruppo Mediobanca

chebanca.it   848.44.44.88

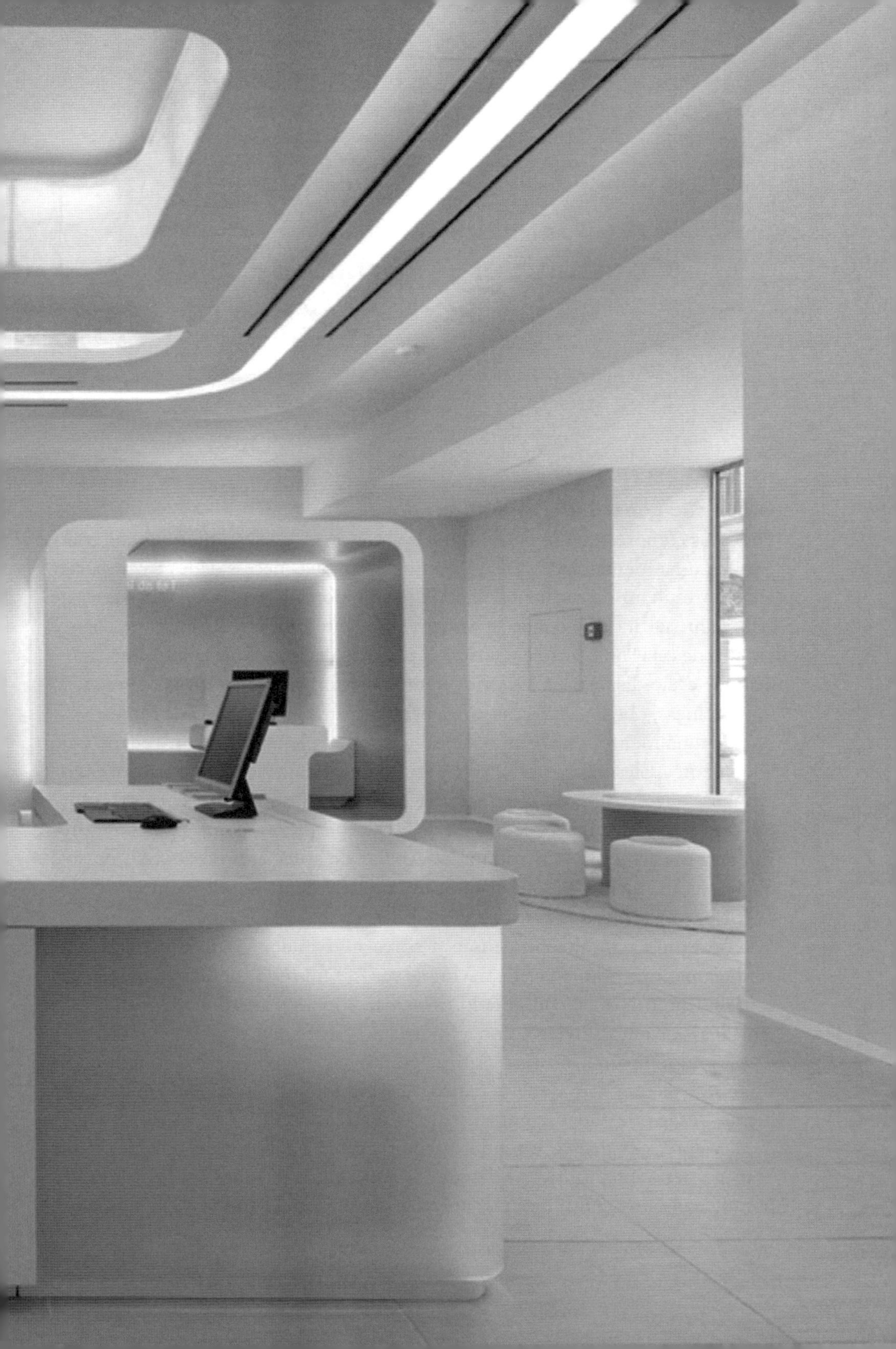

CAPÍTULO 3

Consumidores tornam-se cada vez mais autogeridos

O que são consumidores autogeridos?
Podemos compreender os consumidores autogeridos como um grupo que compartilha uma mentalidade similar: a autogestão. Suas necessidades e comportamentos resultam dessa mentalidade. Consumidores autogeridos normalmente valorizam sua independência, possuem forte interesse em finanças pessoais e gostam de estar no controle e tomar as próprias decisões financeiras. Isso significa que estão dispostos a investir o tempo e esforço necessários para gerenciar suas finanças, obtendo informações a partir de uma ampla gama de fontes.

Adicionalmente, esse grupo tende a confiar plenamente em seu próprio julgamento. Eles valorizam a assessoria de especialistas, o que não necessariamente envolve uma relação face a face. Em geral, somente recorrem a especialistas para consultas referentes a decisões complexas, como planos de previdência ou planejamento tributário. Apesar de apreciarem o contato pessoal quando conveniente, pesquisas indicam que realmente não lhes importa se os negócios são realizados física ou virtualmente.

Esse grupo tem alta propensão a apresentar maior grau de escolaridade, conhecimento e opinião crítica. Muitas vezes, tem renda acima da média, são usuários intensivos de computadores e smartphones e atuam com proficiência em canais de autosserviço como a internet.

Eles adotam uma postura crítica, porém justa em relação às instituições financeiras: entendem que um banco ou seguradora é um negócio que precisa lucrar, desde que não exageradamente às suas custas.

Eles apreciam marcas e produtos como Apple e Google: tecnologicamente avançados, porém intuitivos e descomplicados, fáceis de usar, criados segundo o ponto de vista do consumidor de apreciar produtos plug and play (ligue e use).

Foto das páginas anteriores: Agência preparada para a autogestão. Cortesia CheBanca!

Os estabelecimentos financeiros tradicionais – sob a ótica do consumidor, grandes, impessoais e burocráticos – deixam-nos com má sensação. Subtraindo a autonomia de sua necessidade de controle, as instituições tradicionais fazem os clientes se sentirem sem poder, inertes diante de suas imposições e restrições. A desconfiança está profundamente enraizada, deixando o consumidor autogerido ainda mais crítico. Ao escolher um prestador de serviços financeiros, o consumidor autogerido irá buscar alto grau de transparência e competência. Logicamente, ele está ciente de que uma instituição financeira precisa lucrar, mas querem saber como; desejam conversar com o prestador de serviços financeiros de igual para igual, e precisam sentir que estão sendo levados a sério.

Consumidores autogeridos demonstram relativamente menor fidelização às marcas. Eles acreditam que pesquisar opções de compra lhes garantirá melhores negócios. Boa relação custo-benefício, velocidade e conveniência são os principais vetores para sua escolha. Se surgir algum problema, deve ser resolvido imediatamente.

Não é surpresa que os bancos pela internet são percebidos como mais transparentes e eficientes que suas contrapartes tradicionais. Isso se dá principalmente pela combinação de simplicidade, produtos com boa relação custo-benefício e pelo controle proporcionado ao consumidor sobre suas finanças.

Consumidores autogeridos, mais do que qualquer outro grupo, discutem assuntos relativos a dinheiro com os amigos, compartilhando opiniões sobre os melhores passos a serem tomados.

Por que o percentual de consumidores autogeridos inevitavelmente crescerá

Esta é uma questão de oferta e demanda.

Quando miramos o lado da demanda – os consumidores –, vemos que a penetração da internet continua a crescer. Cada vez mais, ela se torna parte inseparável da vida diária. O que acontece é comparável à curva normal de adoção para novas tecnologias: no início, são adotadas por inovadores e formadores de tendências; num momento posterior, as massas os seguem. No caso da internet, nos países ocidentais, até mesmo os seguidores já estão amplamente conectados.

O estudo Global Affluent Investors, realizado pela TNS Finance em 2011, revelou que os mercados emergentes concentram o maior percentual de investidores autogeridos, com destaque para o Brasil, 53%, e Índia, 57%. Esse alto índice indica oportunidade para as instituições nessas regiões, uma vez que não significa, necessariamente, que os consumidores não sejam receptivos a esse tipo de serviço.*

---

* A pesquisa considerou afluentes os consumidores com mais de US$40 mil em investimentos.

Além disso, sabemos que a composição populacional está em mudança. O amadurecimento da Geração Y gerou significativo aumento no número de consumidores autogeridos, e a tendência permanecerá. Essa geração nasceu entre 1980 e 1995 e constitui a nova geração de consumidores, que, ao contrário das que a precederam, cresceu em meio a grande diversidade de recursos digitais. Estima-se que essa será a geração mais afluente. Veja o quadro a seguir.

Geração Y

A Geração Y é formada pelos filhos dos Baby Boomers e filhos pequenos da Geração X, constituindo a maior geração desde os Baby Boomers. São conhecidos também por outras denominações, como Echo Boomers e Millennium Generation.

Eles são a segunda geração a usar computadores na escola e os primeiros a crescer com computadores desde o jardim da infância – os chamados "nativos digitais" – e estão acostumados a um alto grau de conectividade proporcionada pela tecnologia como as redes sociais, que são parte de suas vidas. Internet e tecnologias móveis estão totalmente integradas a seu dia a dia.

Eles dominaram rapidamente uma importante parcela da força de trabalho e, consequentemente, dos clientes das instituições financeiras. Resumidamente, a Geração Y pode ser caracterizada pelo conhecimento tecnológico, pela busca de experiências, pelo comportamento crítico e pela autogestão. Eles são sensíveis a preço e conveniência, e menos fiéis que as gerações anteriores.

Grandes oportunidades

Graças a seu volume, a Geração Y oferece grandes oportunidades de marketing. Contudo, para muitas marcas já estabelecidas, essa é uma geração difícil de atingir. Eles possuem a capacidade de transformar marcas em superestrelas, mas também podem causar danos a elas, apenas ignorando-as.

Eles respondem diferentemente à comunicação de marketing. As ações de marketing que captam sua atenção o fazem ao propor a interação em redes sociais, plataformas online ou eventos offline. Campanhas bem-sucedidas exploram o humor ou desarmam por serem diretas, mas nunca paternalistas ou direcionadoras. Essa geração gosta de decidir por si mesma se adotará ou não uma marca.

Atitudes em relação a finanças

Por mais jovens que sejam seus membros, a Geração Y tem acesso a mais produtos e serviços financeiros que qualquer outra. Eles buscam informações na internet, mas não estão dispostos a mergulhar profundamente em todos os dados disponíveis sobre um produto ou serviço. Eles desejam informações claras e simples que possam processar rapidamente.

Estudos da Fidelity Investments, nos Estados Unidos, e da LIMRA (Life Insurance Market Research – Associação de Pesquisas de Mercado para Seguros de Vida) indicam que a Geração Y é autônoma mas também recorre à opinião de amigos, familiares e colegas de trabalho, em detrimento das opiniões das instituições financeiras.

No entanto, eles tendem a escolher as mesmas instituições financeiras que seus pais. Isso implica que o mercado não é suficientemente transparente para eles, e que produtos financeiros são muito complexos.

No Brasil, os jovens ainda são um segmento de enorme potencial não explorado. De acordo com a pesquisa TRU, divulgada pela TNS em 2011 e realizada com jovens de 12 a 19 anos, apenas 9% possuem conta-corrente, enquanto 19% têm conta poupança e 18%, cartão de crédito.

Certos e errados para atingir a Geração Y

- Orientação para autogestão e conveniência
  Uma grande oportunidade para as instituições financeiras reside em criar produtos menos complexos e comunicar os benefícios online. Dado o desejo desta geração em processar informações de forma fácil e rápida, as instituições financeiras deveriam desenvolver formatos pelos quais a informação pudesse ser encontrada de maneira igualmente simples e ágil.
- Busca de experiências e fluência tecnológica
  O processo de experiência do cliente deve atender e satisfazer a diversidade da Geração Y. Uma tarefa difícil, já que é um grupo racial e etnicamente diverso, de formação profissional também diversificada. As instituições financeiras devem utilizar a tecnologia para satisfazer a necessidade dessa geração por interatividade e experiências online.
- Crítica e foco em preço
  A Geração Y é autônoma e crítica. Eles pesquisam opiniões de clientes e demandam transparência. Por outro lado, falta-lhes confiança nas decisões financeiras. Os produtos financeiros são demasiado complexos. Provedores de serviços financeiros podem projetar maneiras para ajudar os consumidores a encontrar informações relevantes e de fácil compreensão. Eles precisam entender por que alguns produtos são precificados de forma diferente de outros. As instituições financeiras precisam desenvolver novas maneiras de interagir com os clientes e fornecer consultoria, ou, ainda melhor, auxiliá-los para que eles mesmos o façam.

Observando agora o lado da oferta, a participação de consumidores autogeridos tem aumentado e continuará a avançar como resultado da tecnologia e da internet. Essa é a condição que permite aos consumidores a autogestão. Dez anos atrás, comunidades online com milhares de membros discutindo assuntos financeiros eram raras. O mesmo se aplica a sites que comparam hipotecas e produtos como aplicações e seguros de automóvel em termos de preço ou outras características relevantes. Da mesma forma, ferramentas online que auxiliam consumidores a tomar decisões financeiras também eram uma raridade. A oferta de fato estimula a demanda. A internet está se tornando o canal de preferência por sua conveniência e capacidade de acessar informações a partir de uma ampla variedade de fontes independentes. Um estudo realizado no Reino Unido pela Experian Hitwise demonstrou um decréscimo de 32%, em 2009, relativo a buscas com a palavra "barato", enquanto buscas com a palavra "comparativo" aumentaram 92%.

> *Sites de comparação são verdadeiros ímãs*
>
> Sites de comparação possuem importante papel no mercado de seguros do Reino Unido. O Admiral Group lançou o primeiro agregador do país, Confused.com. A Vice-Presidente de Comunicações do Admiral Group, Louisa Scadden, explica: "A internet exerce uma força irresistível, e o Admiral tem estado na dianteira no uso da internet em todo seu potencial. O uso de redes sociais e agregadores é o futuro. Temos observado mudança considerável na trajetória de compra dos clientes nos últimos 15 anos; do telefone para a obtenção de orçamentos de nossos produtos pela internet a sites de comparação de preços. Em 2007, em todo o mercado de seguros automotivos do Reino Unido, 24% dos novos negócios foram originados em sites de comparação de preços; em 2008 este número cresceu para 38% e, em 2009, foi a 45%. Os agregadores provavelmente formarão o principal canal de distribuição para seguros de automóveis. No entanto, o telefone ainda pode ser utilizado pelas seguradoras, como oportunidade para proporcionar melhor serviço ao cliente e oferecer produtos adicionais.
>
> Em uma sociedade com escassez de tempo, é uma opção muito atrativa utilizar os sites agregadores para conseguir orçamentos de diversas companhias de forma praticamente instantânea. Aproveitamos nossa experiência com agregadores no Reino Unido ao lançar recentemente novos sites comparativos na Espanha, França e Itália. Apesar de serem grandes mercados, o uso da internet no segmento de seguros automotivos ainda está em desenvolvimento. Acreditamos que pessoas que se sentem confortáveis em comprar pela internet naturalmente a utilizarão para comprar seguros para carros.

Quanto maior a oferta de ferramentas online convenientes por parte das prestadoras de serviços financeiros, mais consumidores devem se capacitar e tomar a iniciativa de utilizá-las.

Neste contexto, o rápido crescimento da penetração de notebooks e smartphones não pode ser subestimado. As pessoas podem levar a internet e as ferramentas financeiras para onde forem. De acordo com o estudo Mobile Life, realizado pela TNS em 2011, o número de brasileiros usuários de celulares e outros dispositivos de tecnologia móvel que usam serviços de mobile banking cresceu mais de 100% em um ano, de 10% em 2010 para 21% em 2011.

Outro dado interessante do mesmo estudo é o fato de que um quarto dos brasileiros usuários de tecnologias móveis declarou que pretende trocar de aparelho nos próximos seis meses, o que os levará a gastar em média 17% a mais. Com aparelhos cada vez mais modernos e com mais aplicativos, a tendência é que o uso do mobile banking continue aumentando no Brasil.

Todos esses fatores propulsionam o crescimento do número de consumidores autogeridos.

Também em alguns países onde o uso das agências bancárias é tradicionalmente arraigado, vemos a aceleração no uso do internet banking. Pol Navarro, Diretor de Canais e Inovação no Banco Sabadell, afirma: "Os consumidores espanhóis estão se acostumando a comprar pacotes turísticos e produtos de moda via internet. Também temos visto que as pessoas estão se sentindo mais confortáveis em adquirir serviços financeiros online. Setenta e cinco por cento de nossas transações foram realizadas online em 2010. Em 2011, a meta é atingir 90%. Em termos de aquisição de novos clientes, 3% foram originados na internet em 2010. Nosso objetivo é crescer para 10% em 2011 e continuar nesta tendência nos próximos anos. Minha previsão é que principalmente produtos como contas-correntes, investimentos simples – como depósitos a prazo fixo – e cartões de crédito sejam cada vez mais adquiridos e gerenciados via internet. O maior fator de contribuição residirá no crescente uso da internet por meio de aparelhos móveis. Em 2010, 10% de nossos clientes online utilizaram serviços por celular, e em 2011 prevemos que este número triplique."

Boas ferramentas para o rastreamento de despesas e planejamento da aposentadoria
- Uma série de ferramentas simples e extremamente interativas foi desenvolvida pelo Royal Bank of Scotland, contando com excelente visual. Seu *spend-o-meter* permite que correntistas calculem todas as suas compras durante determinado mês. O Emergency Fund Calculator permite que você saiba quanto deve poupar para a eventualidade de uma despesa não planejada ou período de dificuldades.
- Tim, um rastreador digital de despesas domésticas, foi criado pelo ING e está ligado diretamente à conta-corrente. Sem que o consumidor tenha de realizar qualquer ação, transações de débito e crédito são catalogadas pelo Tim em categorias claramente definidas, como supermercado, moradia e viagens. Com esse recém-adquirido insight, os clientes podem tomar decisões financeiras mais adequadas. Assim que o cliente faz o login, uma atualização do orçamento o informa se há espaço para novas atividades de lazer ou se foi poupado o suficiente para realizar uma reforma em casa, por exemplo. Tim permanece rastreando as despesas continuamente. Se o cliente optar, a ferramenta envia um e-mail assim que o orçamento ou saldo atinja um nível mínimo. Clientes podem até mesmo comparar seu padrão de gastos com o de outros consumidores, enfim obtendo a resposta à velha pergunta: "será que estou exagerando nas compras?"

Boas ferramentas para pagamentos
Muitos bancos já perceberam que os smartphones podem realizar a promessa de *mobile banking*. Um estudo de 2011 da NYU Stern, entre 27 bancos de varejo norte-americanos e emissores de cartões de crédito, demonstra que 82% deles já oferecem aplicativos para smartphones e 74% já oferecem sites para aparelhos móveis. Os aplicativos proporcionam um único destino no iPhone ou iPad de seus clientes para verificar saldos, pagamentos, transferência de fundos ou simplesmente encontrar o caixa automático ou agência mais próximos. Também já vemos os primeiros aplicativos que vão além dos serviços usuais de internet banking e de fato transferem para os consumidores o poder de tomar suas decisões financeiras.
- Bill Pal garante que você não pague contas com atraso. Ao rastrear cada conta com alertas individuais, você sempre saberá quais serão os próximos pagamentos.

Bill Pal envia lembretes quando as contas estão próximas do vencimento ou atrasadas.
- O aplicativo Mint permite acesso instantâneo a seus orçamentos e simplifica o rastreamento de despesas diárias e planejamento orçamentário do mês. Você pode ver exatamente quanto pode gastar e ainda atingir seus objetivos financeiros mensais. Mint ajuda os clientes evitar o cheque especial, juros do pagamento parcelado do cartão de crédito e outras taxas que não são bem-vindas.
- Save Benjis é um aplicativo de comparação de preços para iPhone que busca os menores preços de produtos de acordo com o modelo.
- Preços de combustíveis mudam frequentemente e podem variar em até 20% em poucos quarteirões de distância. GasBuddy permite que você ache o posto de gasolina com os menores preços de combustível.
- Com o E*TRADE Mobile Pro fica fácil monitorar seus investimentos em um iPad, já que as dimensões de tela também facilitam a leitura. Você pode receber cotações em tempo real, administrar seu dinheiro e atuar no mercado financeiro de qualquer lugar.

Prevemos que o crescimento orgânico na quantidade de consumidores autogeridos continuará a se elevar por tempo considerável, sobretudo porque ainda há amplo espaço para verdadeiros avanços nas ofertas disponíveis hoje na internet. Quando elas surgirem, a utilização de serviços financeiros na internet será ainda mais acelerada.

Todavia, os produtos financeiros atuais permanecem os mesmos oferecidos pelos canais tradicionais. A essência dos serviços online segue os mesmos passos do "mundo real". Trocando em miúdos, os serviços financeiros online hoje apresentam a chamada "síndrome da carruagem sem cavalos", segundo argumento do filósofo canadense Marshall McLuhan: o primeiro automóvel se parecia com uma carruagem, mas sem cavalos. A estrada digital tem sido pavimentada já há um bom tempo, mas só agora estamos descobrindo seu verdadeiro potencial. Redes peer-to-peer, comunidades online e sites de comparação são apenas um prenúncio do futuro.

Comunidades de investidores autogeridos

Muitos investidores da internet gostam de utilizar informações *peer-to-peer*, trocadas em blogs e fóruns online.

E já que parte desses investidores questionava o valor agregado e os custos dos bancos ou corretoras, começaram a surgir comunidades de investidores na internet que gostam de lidar diretamente com assuntos financeiros.

A pesquisa Home Broker Monitor, realizada pela TNS Finance em 2011 com investidores de ações via home broker, revelou que os fóruns online de finanças e investidores são a terceira principal fonte de informação, usada por 56% dos consumidores, à frente de meios tradicionais, como televisão (39%), revistas especializadas (37%) e indicações de amigos (23%).

> Novos meios de investimento, como Covestor, Marketocracy e Wealthfront, permitem que investidores vejam o que os outros – amadores e/ou profissionais – fazem e sugerem, além de refletir em tempo real os movimentos dos investidores. Várias centenas de milhares de usuários já estão fazendo uso dessas possibilidades para investir junto com aqueles de melhor performance.
>
> Outros sites como Wikinvest, Zecco e StockTwits também proporcionam informações e auxílio para investidores autogeridos, com base em conteúdo gerado pelos próprios usuários.
>
> A questão está no grau que essas comunidades de investidores de fato ameaçam as empresas tradicionais de gestão de ativos. Acreditamos que o impacto dessas iniciativas, em termos de volume, será limitado. O verdadeiro efeito reside mesmo na mudança de expectativas. Novos e pequenos players ganharão participação de mercado ao explorar imperfeições do mercado, ao oferecer melhorias significativas. Pense, por exemplo, em obter insights diretos e contínuos sobre seu portfólio e fundos. Isso gera novos padrões e expectativas. As corretoras tradicionais terão de preencher os crescentes requerimentos de uma forma ou de outra.

Por que esta tendência se acelerou nos serviços financeiros?
Primeiro, a crise de contenção de crédito significou um importante alerta para a maioria dos consumidores. Eles sofreram rápido amadurecimento e perceberam que ninguém é mais responsável por sua situação financeira que eles próprios. Essa não é uma novidade, mas sua preferência era terceirizar a gestão de suas finanças para seguradoras de vida, fundos de pensão, corretores, intermediários ou consultores financeiros.

Agora eles perceberam que precisam agir por si mesmos e sabem que não podem confiar somente em prestadores de serviços financeiros para assegurar o futuro. Pense na facilidade que os fizeram, no auge da crise, trocar entre diferentes bancos vários bilhões poupados. Eles aprenderam de uma vez por todas como é fácil tomar uma atitude.

Em segundo lugar, como resultado da crise, o consumidor tornou-se mais parcimonioso. Não enxergamos essa tendência somente para os mais afetados pela crise, aqueles que perderam o emprego, por exemplo. Segmentos que ainda tinham reservas para gastar também estão se comportando com mais consciência em relação ao dinheiro: adiando despesas, adquirindo alternativas mais baratas e investindo tempo em buscar orientação mais completa.

Este novo hábito de economizar não passará logo que a economia se recuperar. É um novo estilo de vida. Mais e mais consumidores já tiveram sua cota de consumo excessivo e acreditam que o mais importante é "quem você é", em vez de "o que você tem".

Nas últimas décadas, empresas de todos os tipos de produtos e serviços vêm educando consumidores, e agora eles associam empresas de autosserviço a preço baixo. Com isso, a frugalidade nos gastos dos consumidores gerou aumento na procura pelo autosserviço.

O terceiro ponto é o aparente crescimento na preferência do consumidor por produtos mais simples. Para uma parcela significativa dos consumidores autogeridos, a complexidade de muitos produtos financeiros ainda está além do limite no qual possam resolver suas finanças sozinhos. Quando as instituições financeiras se derem conta da preferência prevalecente por produtos simples, esse limite desaparecerá.

De acordo com uma pesquisa do Barclays, investidores private estão desenvolvendo preferência por classes de ativos mais simples: imóveis, depósitos à vista, títulos do governo e ações locais. Quanto mais simples o produto, maior a inclinação para o "faça você mesmo". Portanto, prevemos um efeito na parcela de gestão da riqueza discricionária e crescimento em investimentos autogeridos e gestão de ativos online.

A preferência por produtos mais simples também é visível em outras categorias. Isso contribui para que consumidores procurem sozinhos soluções cada vez mais cedo. Como consequência, a participação de consumidores autogeridos no total de consumidores apresentará acelerado crescimento: entre segmentos, categorias, estágios do ciclo de compra e em diversas geografias. Imagine o futuro muito além dos autosserviços.

Gerenciando o relacionamento por meio da gestão de valor do cliente

As instituições financeiras enfrentam dificuldades para chegar ao equilíbrio ideal entre o valor que *recebem* e que *proporcionam* a seus clientes, por exemplo, em relação aos níveis de serviço que desejam oferecer, a precificação dos produtos, o "investimento" apropriado em novos e atuais clientes e o equilíbrio entre objetivos de curto e longo prazos. A gestão de valor do cliente é a plataforma perfeita para determinar esse equilíbrio, segundo o especialista em inteligência de marketing da VODW, Hiek van der Scheer. Contudo, a gestão do valor do cliente em serviços financeiros possui características específicas que devem ser levadas em consideração:

1. **Modelo de negócio das instituições financeiras**
   Margens podem variar imensamente no tempo e entre clientes. Tal variabilidade na margem não provê indicadores de performance adequados para mensurar o valor do cliente. Por outro lado, o uso da mesma margem entre produtos e/ou clientes também falha em proporcionar suficientes instrumentos para o direcionamento do marketing.
2. **Muitas dimensões de receitas e custos**
   A estrutura de custos e receitas dos produtos financeiros é complexa. Com relação ao custo, há aspectos específicos sobre o cliente, como risco e custos de capital, que devem ser levados em conta. Com relação à receita, as provisões que o banco obtém ao revender produtos de terceiros e os valores futuros esperados têm de ser incorporados. O último varia entre produtos: contas-poupança sem restrições apresentam taxas de atrito diferentes de hipotecas com taxas de juros fixos.
3. **Produtos ligados ou relacionados**
   Para determinar o valor do cliente, o valor presente líquido das receitas esperadas e a taxa de atrito para cada produto e cliente têm de ser determinados. Três aspectos

> complicam este procedimento: primeiro, produtos relacionados. Por exemplo, a taxa de atrito de um seguro de vida depende da taxa da hipoteca à qual ele está ligado. Segundo, o atrito em um produto pode ser a troca por outro – a canibalização intencional – ou um atrito "real" – a retirada de dinheiro da poupança para um certificado de depósito ou outro investimento, o que é diferente de perder o saldo do cliente para um competidor. Para realizar os cálculos, é preciso considerar canibalização, perda de margem, retenção e satisfação do cliente.
>
> 4. **Complexidade no relacionamento com o cliente**
> O que é um cliente? O domicílio, o titular da conta ou cada cliente individual? A definição é importante para o gerenciamento do relacionamento e para aspectos como levantamento do risco. Em segundo lugar, para instituições financeiras o valor potencial do cliente é tão importante quanto o valor atual, já que a combinação de ambos basicamente determinará o padrão de ação a ser adotado. Em terceiro lugar, as organizações devem ser bastante cautelosas quanto a "empurrar" produtos, já que as necessidades dos clientes é que devem governar a ação, e não os produtos mais favoráveis sob o ponto de vista do banco. Por fim, o relacionamento com um cliente pode durar literalmente a vida inteira. Em geral, o valor do cliente varia durante o relacionamento. Qual é a abordagem apropriada quando o valor do cliente é reduzido?
>
> O ponto de partida da gestão do valor do cliente é o cálculo do valor propriamente dito. Uma vez que já o estabelecemos, os ajustes apropriados podem ser feitos quanto aos valores recebidos e proporcionados ao cliente.

✶

A aplicação do autosserviço nas instituições financeiras não é adequada

Temos visto que empresas provedoras de serviços financeiros estão antecipando a tendência em autogestão ao oferecer ferramentas de autosserviço que já estavam disponíveis e, muitas vezes, foram criadas com o desejo de reduzir custos. Devido à crise e à necessidade de ampliar os cortes de custos, o autosserviço está ganhando ainda mais popularidade entre os profissionais do setor.

Acreditamos que essa resposta seja excessivamente "automática" e inadequada. Esse movimento não foi elaborado o suficiente. No primeiro capítulo deste livro, dissemos que a qualidade dos serviços rotineiros é crucial para reconstruir a confiança perdida. Consequentemente, é de grande importância conhecer o impacto dos autosserviços na experiência e no comportamento do consumidor, sobretudo neste momento delicado na história das finanças.

> *Autosserviço para idosos*
>
> O banco russo Sberbank iniciou um projeto chamado Universidade da Terceira Idade. Desde 2010, grupos de clientes idosos, que tradicionalmente realizavam todas as transações no caixa, são treinados para usar os terminais de autosserviço e caixas automáticos para sacar aposentadorias, pagar contas de gás ou água e realizar demais pagamentos. Os resultados desta iniciativa já são visíveis: a espera nas agências em dias de pico recuou, e a quantidade de cartões Maestro-Pension recém-emitidos aumentou significativamente.

Welcome to the world's loca[l]

HSBC Advance

24°N
Abu Dhabi UAE

HSBC ◆ PREMIER

Welcome
to the Dubai Mall
Electronic Banking Service Unit

أهلاً و سهلاً
بكم في وحدة الخدمة المصرفية الإلكترونية
دبي مول

Cash

pressBanking

Cash
Withdrawals

At this HSBC ATM in the UAE you can:
- Cash withdrawals
- Make your Debit Card & your online Bill payments
- Register for e-Statement
- Change your Personal Identification Number (PIN)

Pay in
Pay in cheques

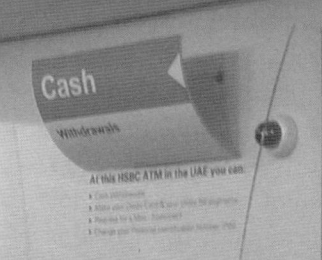

Pay in cheques
- Comprehensive advice with cheque image
- Deposit up to 30 cheques each time
- No PIN required
- No pay-in slip required
- Works with OR without ATM card

Pay in
Pay in cash

Pay in cash
- Real-time, instant credit to bank account
- Deposit up to 50 notes per transaction
- No PIN required
- Accepts denominations of AED 10, 50, 100, 200, 500, and 1000 notes.
- No pay-in slip required

HSBC
The world's local bank

Express Banking

Insights do consumidor devem direcionar a forma como encaramos a autogestão

A quantidade de consumidores autogeridos está crescendo de forma autônoma, e a crise financeira somente acelera esse desenvolvimento. Sobre aqueles que estão tomando as rédeas de suas finanças identificamos um importante insight. Essencialmente, os bancos e companhias de seguros não são mais a fonte mais confiável para assessoria financeira.

Para uma parcela dos consumidores autogeridos, a credibilidade da expressão "assessoria financeira" foi manchada. Esses consumidores não preferiram a autogestão só por vontade, mas porque sentiram que não havia alternativa.

O fato é que, não obstante a crise, ou mesmo devido a ela, os consumidores estão buscando orientação. No entanto, tendo sofrido decepções com os provedores de serviços financeiros, eles agora estão procurando orientação em outro lugar. Tentar explorar a autogestão dos clientes somente utilizando recursos básicos de autosserviços é uma estratégia fadada ao insucesso.

Isso, em parte, explica por que, no Brasil, um dos países que menos sofreu com a recessão, uma parcela significativa dos consumidores não recorre a qualquer advisor. Na pesquisa Global Affluent Investors, realizada em 2011 com consumidores abastados, a TNS Finance constatou que apenas 66% dos brasileiros utilizam advisor, um dos menores índices entre todos os mercados pesquisados. Em outros países emergentes, o índice é muito maior, 83% na China e 95% na Índia.

A excelência compensa

A combinação de autosserviços com excelência em serviços pode trazer muitos ganhos na maioria dos mercados. Enquanto discutíamos isso com o Professor Horst-Richard Jekel, da Frankfurt School of Finance and Management, ele notou que "é senso comum em muitos negócios no mundo que o bom serviço é a melhor e mais barata maneira de se expandir a base de clientes. Considera-se de 7 a 10 vezes mais barato reverter a perda ou reter um cliente investindo em melhores serviços que atrair um novo cliente, devido aos custos de publicidade e marketing envolvidos.

Na Alemanha, por outro lado, ainda não estamos no mesmo nível de outros países no que tange à qualidade dos serviços ao cliente. Em parte, devido ao fato de que, na Alemanha, estamos acostumados a pagar por produtos de qualidade, mas ainda não estamos acostumados a pagar por serviços de qualidade. Nos Estados Unidos, por exemplo, a maioria dos supermercados aloca pessoas especialmente para embalar as compras por você – e isso faz parte do serviço. A maioria dos alemães não aceitaria isso; eles gostam de estar no controle, possivelmente por conta de nossa história e da educação pós-guerra, que nos deixam bastante desconfortáveis quando alguém

---

Foto das páginas anteriores por Reggy de Feniks. Agência do HSBC no Dubai Mall, ao lado do Burj Khalifa, o prédio mais alto do mundo.

> se coloca em posição submissa, sobretudo em público. A autogestão em serviços é, portanto, importante para nós, mas ao mesmo tempo, em serviços financeiros, frequentemente somos obrigados a buscar assessoria especializada.

Consumidores estão buscando orientação em outros lugares

Apesar de parecer contraditório, orientação é algo importante para os consumidores autogeridos. Uma pesquisa do Deutsche Bank demonstra que clientes de internet banking de fato desejam mais assessoria pessoal que clientes offline, em especial, suporte durante fases cruciais no processo de compra de produtos complexos, como hipotecas, seguros de vida e planos de aposentadoria. Contudo, isso não significa automaticamente que este suporte precisa ser dado "face a face", por um gestor financeiro independente, intermediário ou funcionário de agência bancária.

> *Redes sociais melhoram a experiência bancária no BBVA*
>
> Tu Cuentas (Você Conta), a ferramenta de gestão financeira pessoal do banco espanhol BBVA, atraiu 355 mil participantes em um ano, resultado bastante expressivo, dado que o banco possui um total de 600 mil usuários ativos no internet banking. Xavier Bernal, Diretor Corporativo de Inovação para Espanha e Portugal, explica os segredos do sucesso: "A chave é que nossos clientes estão altamente satisfeitos com as ferramentas de redes sociais do Tu Cuentas. Com base no perfil do cliente, o sistema calcula cenários e fornece recomendações. Um aspecto importante é a recomendação dos pares: qual é o gasto com turismo realizado por pessoas com perfil similar ou quanto eles poupam? Quanto mais usuários, mais rica fica a informação. E, certamente, funciona muito melhor quando um sistema com base em pares faz a recomendação para que você compre certos produtos em vez de o gerente da agência tentar efetuar a venda. Graças ao sucesso do Tu Cuentas, o próximo passo é expandi-lo aos não correntistas e torná-lo plenamente transacional. Isso facilitará a aquisição dos produtos sugeridos diretamente, sem que os usuários precisem ir a outro local, o que para nós, também é benéfico. Tu Cuentas tem sido catalítico em levar as redes sociais ao próximo nível no BBVA."

O autosserviço, no sentido de automatizar processos existentes e fazer o cliente executá-los, não é o caminho para o futuro. Mudar seu telefone e endereço ou a cobertura no seguro, transferir dinheiro de A para B, fazer um pedido de cotação ou reclamação, cancelar uma apólice, abrir uma conta – todos são assuntos que tipicamente precisam estar disponíveis e funcionando bem. Assim, o autosserviço não é o que diferencia uma instituição financeira da concorrência. A pesquisa do Deutsche Bank confirma: o internet banking é considerado uma atividade de baixo envolvimento. Seu impacto na fidelização e na participação na carteira (share of wallet) é, portanto, limitado. Autosserviço é qualificador, não diferenciador.

O importante para o consumidor é a qualidade do contato. O canal em si não importa. De acordo com um estudo da VODW, o importante é o serviço satisfatório e a experiência. O contato foi percebido como individual? Você se sentiu compreendido? O serviço foi amigável, proativo, empático?

E indo mais além: Suas perguntas foram respondidas adequadamente? A solução para as suas questões é trabalhosa? Na somatória dos fatos, a experiência do cliente precisa ser vista como valor agregado.

> *O crescente impacto dos serviços de atendimento ao cliente*
>
> Os membros dos conselhos de administração das instituições financeiras estão começando a frequentar mais os departamentos de atendimento ao cliente, e os profissionais de marketing estão começando a demonstrar interesse em gerenciar essa área, antes pouco considerada. Isso não nos surpreende, já que sua conexão com o resultado operacional total da empresa está se tornando mais evidente, e a importância e impacto dos serviços de atendimento ao cliente têm crescido acentuadamente.
>
> De acordo com Beate van Dongen Crombags, sócia da VODW e especialista em atendimento ao cliente e multicanais, cinco mudanças foram responsáveis por essa tendência:
>
> 1. **A transformação de centro de custo para centro de valor**
>   Como consequência da recessão, empresas de serviços financeiros estão prestando mais atenção ao atendimento ao cliente, o que traz mais foco à qualidade do contato, evidenciando sua eficiência. Em troca, o resultado é o aumento da eficácia.
> 2. **A crescente influência na percepção de marca das instituições financeiras**
>   Centrais de atendimento são cruciais para "vivenciar a marca" e restaurar a confiança. Elas nutrem o diálogo na internet e o influenciam por meio de suas equipes de atendimento online. A comunicação regular um-para-um nas centrais de atendimento pode rapidamente gerar comunicações um-para-muitos no mundo virtual. Pense nas ligações telefônicas gravadas pelos consumidores e postadas na internet, ou correspondências via e-mail disponibilizadas publicamente em blogs ou redes sociais.
> 3. **O diálogo com o cliente está mudando**
>   Agora que a experiência do consumidor está guiando o cliente por vários canais da organização, o site e a central de atendimento podem estar ainda mais integrados. Neste novo diálogo com o cliente, as habilidades corretas são cruciais para facilitar o acesso à informação e proporcionar um processo decisório melhor, cobrindo aspectos técnicos e até mesmo jurídicos. A internet tem proporcionado cada vez mais informações ao cliente, impulsionando a central de atendimento para níveis mais avançados de interação, o que requer uma equipe muito bem qualificada.
> 4. **A indispensabilidade da captação de dados**
>   Isso está relacionado com a necessidade de completar e atualizar o perfil do cliente e de seu feedback quanto a produtos e serviços. A central de atendimento é o local ideal para o diálogo com o cliente, mas ela necessita estar circunscrita em um ciclo completo com outras áreas-chave, em particular o desenvolvimento de produtos.
> 5. **Exploração comercial das ligações recebidas**
>   Chamadas de serviço e de boas-vindas estão cada vez mais populares porque as chamadas ativas – um canal tradicional para se conquistar novos clientes – estão se tornando menos eficazes.

> Os contatos entre os clientes e os serviços de atendimento estão sendo vistos, mais que nunca, como os momentos que realmente importam. Se as companhias conseguirão obter lucros a partir dessa tendência dependerá da qualidade das centrais de atendimento e de seu direcionamento.

O analfabetismo financeiro do consumidor

A tendência em autogestão que temos testemunhado também tem outro lado: o perigo de os consumidores superestimarem seu conhecimento de finanças. A abundância de informação, ferramentas e opiniões na internet reforçam a convicção de que podem fazer tudo sozinhas. Ao mesmo tempo, temos encontrado cada vez mais dados em pesquisas apontando que os consumidores são, na realidade, analfabetos financeiros (veja o quadro a seguir para alguns dados ilustrativos).

Temos visto entre os consumidores grande falta de conhecimento financeiro. Inerente ao fato de que muitos confiam cada vez mais nas opiniões e conselhos de seus pares na internet está o perigo de um cego guiar outro.

Isso resultará, em última análise, em consumidores adquirindo produtos financeiros errados ou em parte inadequados para sua situação pessoal. Produtos mais complexos, como seguros de vida, fundos de investimento, hipotecas e planos de previdência, estão especialmente inclinados a causar esse problema.

- Segundo uma pesquisa de um dos maiores fundos de pensão do mundo, mais da metade dos consumidores com menos de 45 anos não sabe como os planos de previdência são compostos. Acima dessa idade, a quantidade passa a um terço das pessoas.
- A Autoridade de Serviços Financeiros no Reino Unido reportou que, antes da crise de crédito, um quarto dos adultos no país não sabia que suas aposentadorias estavam investidas no mercado de ações.
- Pesquisa da AXA Investment Managers mostra que 7 entre 10 respondentes acreditam que seu conhecimento sobre assuntos financeiros é bom, enquanto a mesma pesquisa indica que, em relação a fundos de investimento, apenas 3 entre 10 pessoas dizem ter um nível de conhecimento bom ou excelente.
- De acordo com um estudo do First Direct, no Reino Unido, 43% dos proprietários de imóveis não sabem a taxa de juros que estão pagam hoje em suas hipotecas, e mais da metade (54%) dos proprietários dizem não fazer ideia de quanto pagarão de hipoteca durante sua vigência. Os níveis de conhecimento variam entre homens e mulheres: 60% das mulheres não sabem a taxa de juros das hipotecas, contra 47% dos homens.
- Pesquisa da Centiq (uma iniciativa do Ministério das Finanças holandês para aumentar a educação financeira) demonstra que 37% dos consumidores sabem vagamente quanto possuem em suas contas bancárias. No entanto, 80% dos respondentes disseram estar cientes sobre suas finanças, que estão sob controle. Além disso, afirmaram não conhecer as taxas cobradas pelos bancos sobre saldos negativos. Os respondentes que, ocasionalmente, entram no cheque especial

> acreditam que pagam cerca de 9% de juros, mas na realidade, durante o período da pesquisa, as taxas alcançavam 15%.
> - Estudantes do último ano do ensino médio nos Estados Unidos que usam frequentemente o cartão de crédito demonstram nível de conhecimento similar. De acordo com uma pesquisa sobre o nível pessoal de conhecimento financeiro, mais da metade não sabia que pagamentos atrasados geravam cobranças mais altas.

O consumidor não tem conhecimento sobre riscos

Entre os consumidores, vemos grande falta de competência para estimar corretamente os riscos que podem surgir. Uma pesquisa da TNS, Harvard e Dartmouth em 13 países mostra claramente que o conhecimento dos consumidores sobre os riscos que correm é dramaticamente baixo. Muitas pessoas falham em montar uma estratégia financeira para sua proteção em momentos difíceis.

A pesquisa "Personal Risk Assessment and Risk Literacy" (Avaliação de Risco Pessoal e Educação sobre Riscos) da TNS indica que cerca da metade dos americanos, britânicos e alemães respondentes relataram que na hipótese de um problema financeiro imediato como o conserto de um automóvel ou imóvel, ou despesas relacionadas a problemas de saúde, eles não conseguiriam levantar US$2 mil em 30 dias usando recursos como poupanças, empréstimos, amigos ou familiares. Consumidores em Luxemburgo, no entanto, indicaram estar bastante confiantes de que conseguiriam enfrentar tal emergência financeira; 9 em cada 10 pessoas afirmaram que teriam condições de conseguir os fundos. Na Itália, Holanda e Canadá cerca de 70% dos respondentes também se sentiram confiantes se tivessem de enfrentar problema semelhante. Não é surpresa que Luxemburgo, Holanda e Canadá mostraram a maior incidência de contas-poupança entre todos os países pesquisados.

> *O consumidor realmente precisa de educação – mas como?*
>
> Trish Dorsey, Vice-Presidente Sênior de Serviços Financeiros na TNS, enxerga a oportunidade – e desafio real – para a comunidade financeira se engajar na educação do consumidor. "Acreditamos que nossas pesquisas demonstram a real necessidade de as instituições financeiras desenvolverem produtos e serviços comunicados com grande clareza e empatia. Na realidade, já vemos muitos de nossos clientes financeiros desenvolvendo materiais educacionais para auxiliar os seus a tomar decisões bem informadas sobre o gerenciamento do risco. Além disso, enxergamos esses dados falando potencialmente às instituições para que absorvam o papel de educadoras, transmitindo o conhecimento a seus clientes – e até mesmo treinando-os. Existe a possibilidade de que até os mais educados consumidores, particularmente mulheres, se desconectem do setor por estarem temerosos de investir em produtos que não conseguem compreender."

Uma série de provedores financeiros enxerga essa oportunidade e está procurando aproveitá-la. Greg Davies, Vice-Presidente de Finanças Comportamentais do Barclays Wealth: "Estamos sempre realizando pesquisas para detectar como atitudes e percepções em relação ao risco se alteram com o tempo. Isso é particularmente importante para investidores autogeridos; é crucial que eles saibam onde se localizam diante dos vários aspectos atitudinais do risco e por quê."

A educação financeira é uma habilidade vital

Saber gerenciar seu dinheiro passou a ser uma habilidade crucial na vida. O consumidor percebeu que sua provisão para aposentadoria não está a salvo como sempre acreditou; agora ele tem de assumir uma responsabilidade ativa. A crise de crédito despertou os consumidores para a necessidade de saberem separar os produtos financeiros necessários dos que não são, seus significados e como funcionam.

Vemos várias instituições financeiras reagindo a esses fatos, com níveis variados de sucesso. Praticamente todos os bancos que ofereceram treinamento sobre investimentos aos clientes têm se desapontado com os resultados. O mesmo se aplica a treinamento em outras categorias de produto.

De acordo com Henriëtte Prast, Professora de Planejamento de Finanças Pessoais na Tilburg University, esse tipo de treinamento representa um desperdício de recursos ao proporcionar aos consumidores muitas informações e perfis de risco. Essas iniciativas estão baseadas nas premissas erradas, de que a complexidade desses produtos seja um problema que possa ser resolvido com informações e explicações. Segundo Prast, o gargalo de fato existe no fato de os consumidores apresentarem comportamento irracional e preguiçoso.

Fornecer mais informações neste caso não ajuda e, na melhor das hipóteses, proporcionaria às instituições financeiras uma forma de se protegerem juridicamente de potenciais ações futuras.

Portanto, se sua intenção é ensinar educação financeira a adultos, chegou tarde demais. Só podemos concluir que o diálogo sobre educação financeira nunca ocorre quando ainda há tempo de se ganhar algo. Os pais não debatem esse assunto à mesa de jantar e tampouco é uma disciplina ensinada nas escolas.

- Pesquisa do Deutsche Bank indica que aqueles consumidores que admitem possuir baixa familiaridade com assuntos financeiros também são os que demonstram o menor interesse em receber mais informação.
- Um estudo feito em 2004 pelo Professor Burchall, do Prudential Group e da Cambridge University, introduz um novo tipo de consumidor: o que possui "fobia financeira". Esse grupo consiste em aproximadamente nove milhões de pessoas no Reino Unido que fogem de tudo relacionado com finanças – de extratos bancários a poupanças e seguros de vida.

> • Um sólido histórico educacional não necessariamente está relacionado com educação financeira. O excesso de trabalho profissional ou a vida pessoal atribulada podem desviar as pessoas do interesse por assuntos financeiros. Além disso, os benefícios de estar bem informado não estão muito claros, de acordo com a pesquisa do Deutsche Bank.

*

O impacto da autogestão na estratégia e marketing dos bancos e seguradoras é enorme. Antevemos importantes mudanças relacionadas com modelos operacionais, em particular os direcionados aos segmentos de alta renda e de classe média afluente. Vemos enormes possibilidades para a inovação de produtos e serviços e a necessidade de assumir novas responsabilidades para o estabelecimento de um relacionamento igualitário com o consumidor.

1. Revisite o paradigma da pirâmide de clientes

Sabemos que a participação de consumidores autogeridos está crescendo em praticamente todos os segmentos, mas essa tendência é ainda mais representativa nos mais abastados. Consequentemente, a forma tradicional de olharmos a pirâmide de clientes – o modelo baseado na determinação da estratégia e marketing por segmentos – está se tornando obsoleta.

O paradigma tradicional é o de que "quanto mais você ascende na pirâmide de riqueza, mais atendimento personalizado você deve receber". A assessoria face a face é considerada um privilégio a partir do qual o cliente experimenta o máximo valor agregado. Nos últimos anos, bancos e seguradoras têm apreciado a internet especialmente por permitir a redução de custos. A internet tornou-se um excelente meio para as massas, a parte inferior da pirâmide, que era difícil de atingir de forma rentável. Graças às vastas aplicações possibilitadas pela internet, esse segmento pode ser servido de forma mais lucrativa.

Os consumidores possuem uma perspectiva bem diferente. Um estudo de 2010 da American Bankers Association demonstrou que 44% dos consumidores entre 18 e 54 anos escolhem o internet banking como canal preferido, um percentual que ainda está crescendo. Portanto, espera-se que os clientes evitem ainda mais as agências, mas, quando decidirem ir, que elas proporcionem experiências pessoais em menor quantidade mas com maior eficiência. Várias instituições financeiras já estão se antecipando, como o Bank of America, que anunciou em 2011 que cortará 10% do número de agências devido ao maior uso dos canais online e móvel.

Pesquisas da VODW indicam que os segmentos de maior renda têm demandado mais serviços de valor agregado pela internet. A sobrerrepresentação de consumidores autogeridos nos segmentos com maior capacidade econômica

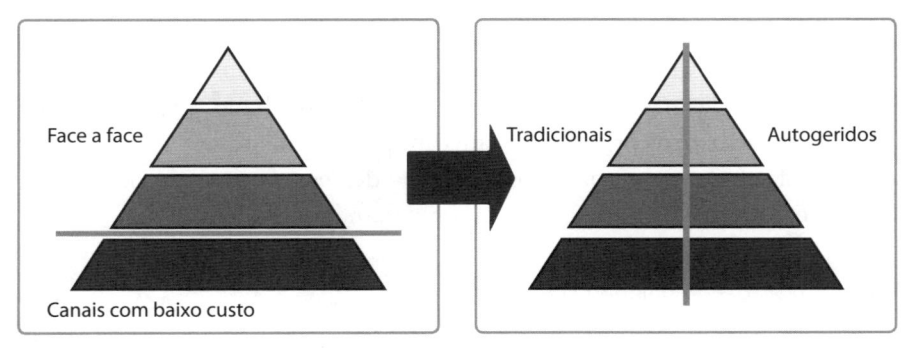

Novas perspectivas sobre a pirâmide de clientes.

certamente amplia esse efeito. Um estudo da Pew Research em 2010 estima que 71% dos domicílios norte-americanos com renda acima de US$75 mil escolhem o internet banking como canal preferido. Isso gera um desafio ainda maior para os provedores de serviços financeiros cujo público-alvo seja o segmento afluente. Os bancos private construíram todo um modelo de negócios em torno do contato face a face com o cliente, com um gerente de relacionamento com papel central em praticamente todos os contatos, o que tem suas vantagens. Em geral, esses bancos detêm excelência na construção de relacionamentos pessoais pois é uma competência central do negócio.

O outro lado deste modelo é que os demais pontos de contato, como a internet recebem menos atenção. Esse tipo de banco possui menor afinidade com canais remotos, considerados forma inferior de proporcionar contato pessoal. Como consequência, os serviços online estão, na melhor das hipóteses, no mesmo nível daqueles oferecidos pelos bancos de varejo. É, portanto, justo afirmar que, em geral, bancos private possuem desempenho inferior às suas contrapartes de varejo em termos de contatos remotos com o cliente.

Precisamente por que clientes de private banking estão acostumados a receber excelente serviço face a face, sua expectativa é de um serviço igualmente excelente pelos canais online. As ofertas para os clientes premium deveriam proporcionar experiências superiores em diversos canais. Os bancos private não deveriam deter performance semelhante ao mercado, mas precisam se tornar os melhores na área, excedendo expectativas e surpreendendo os clientes. Impactar o crescente grupo de consumidores autogeridos afluentes é um desafio, sobretudo pelo tamanho limitado e quantidade de bancos private, do respectivo investimento necessário e por ser tão contraditório às convenções tradicionais em private banking. Em um modelo de autogestão para os afluentes e classe média, o gerente de contas genérico passa a ser redundante; especialistas em produtos possuem papel fundamental na experiência do cliente tanto fisicamente como por canais remotos.

Bancos private com interesse em servir o cada vez maior mercado autogerido precisarão buscar economias de escala por meio da consolidação ou parcerias como, aquelas nas quais o back-office é compartilhado. Esperamos que certo número de bancos private permaneçam predominantemente com o lado tradicional de contatos pessoais. Com exceção desses, em cerca de cinco anos, o ambiente em private banking estará completamente transformado.

> **Redes sociais geram dinheiro coletivamente**
>
> Combinar o poder das redes sociais com o dos serviços bancários leva à interessante quebra de paradigma. As pessoas, por um lado, são intuitivas e desorganizadas; já bancos são institucionalizados e regrados. A Incubadora de Diálogos, do ABN AMRO, um grupo de inovação aberto, assumiu o desafio de ampliar o movimento chamado *crowd funding* (mobilização coletiva de fundos).
>
> *Crowd funding* é o nicho financeiro do *crowd sourcing*, a mobilização coletiva de ideias e conhecimento, na qual, em vez de ideias, é o dinheiro que é gerado e coletado online. É uma nova forma de organizar o mercado de investimentos que atrai investidores e empreendedores que desejam custear ideias com transparência e autonomia. Fundos coletivos de grupos de investidores custeiam projetos que compartilham objetivos comuns a partir de pequenas contribuições individuais. Ferramentas modernas de navegação na internet permitem que grandes grupos se conectem online e mobilizem seu dinheiro a um baixo custo transacional. O financiamento pode ser na forma de doação, como investimento financeiro que será devolvido (um empréstimo sem juros), ou investimento com retorno sobre o capital (por meio de juros ou por distribuição de lucros).
>
> Hierarquias e muitas camadas decisórias são eliminadas pelo *crowd funding* ao conectar as pessoas que desejam investir com as que buscam investimento. A decisão sobre em que se investirá se desloca da instituição (por exemplo, banco ou gravadora musical) para o usuário final ou investidor individual.

2. Crie produtos e serviços para consumidores autogeridos

Consumidores autogeridos estão na vanguarda e, sem dúvida, os canais diretos conquistarão o futuro. Em todas as categorias e fases do ciclo de compra, em todos os países, vemos esse segmento e os canais diretos conquistar cada vez mais território, mesmo enquanto os produtos vendidos por esses canais ainda forem os mesmos dos canais físicos tradicionais. A estrada já foi pavimentada, mas ainda é frequentada somente por cavalos e carruagens.

Quando provedores de serviços financeiros começarem a vender produtos customizados segundo as características do segmento consumidor e do canal pelo qual são adquiridos, veremos que o crescimento se instalará de forma definitiva.

E o resultado disso provavelmente trará vantagens insuspeitas. Aprendemos pela experiência com bens de consumo não duráveis que, quando o consumidor personaliza seu próprio produto, há um efeito positivo em seu comprometimento e apreço por ele.

Uma experiência bancária turca encantadora

O banco turco Garanti permite aos clientes desenvolverem seu próprio produto bancário personalizado.

Os chamados Flexi Cards desse banco são cartões Visa que possibilitam ao titular tomar algumas decisões-chave, permitindo que sejam customizados mais de 10 parâmetros. Ao solicitar um cartão, os clientes podem estabelecer variáveis como níveis e tipos de recompensas, taxas de juros e anuidade do cartão.

O sistema de recompensas é especialmente flexível, não apenas porque possibilita que os clientes determinem os parâmetros de trocas e tipo (dinheiro ou pontos), mas também permite que eles escolham quais pagamentos lhes proporcionarão recompensas extras, entre categorias amplas, como restaurantes ou lojas específicas como a Zara.

Taxas de juros, níveis de bonificação e anuidade são selecionados por barras de rolagem que geram várias combinações. Anuidades, por exemplo, podem ser zeradas quando o cliente se comprometer a um nível mínimo de despesas mensais com o cartão. Taxas de juros menores geram níveis de bonificação também menores, entre outras possibilidades.

Depois de terem se aprofundado nas sérias decisões sobre os termos financeiros, os clientes podem desenhar seu próprio cartão, escolhendo entre uma gama de cores e uma galeria de imagens, ou mesmo fazendo upload de suas próprias imagens.

Esse é um conceito que traz ganhos para ambas as partes, clientes e bancos. Os consumidores autogeridos apreciam a experiência de estar no comando, escolhendo todas as características do cartão. Tal nível de personalização de fato gera uma segmentação determinada pelo consumidor, possibilitando ao Garanti testar diversas proposições. O banco ganha valiosos insights sobre quais segmentos de clientes escolhem quais opções.

Os três estágios da inovação bem-sucedida

"Para conseguir fazer dinheiro a partir de uma ideia, um longo caminho tem de ser percorrido", diz Maton Sonnemans, sócio da VODW e especialista em inovação. "Normalmente definimos três estágios vitais no processo de inovação: (1) o estágio da ideia, (2) o estágio de inovação e (3) o estágio de introdução". São eles:
1. Toda inovação começa com uma onda cerebral. Em geral, há um rascunho ou concepção inicial de um "proprietário" distinto. Em serviços financeiros, grande parte das ideias tradicionalmente se origina do que é tecnicamente viável. Em nossa experiência, vemos que a chance de sucesso cresce bastante quando a ideia é projetada a partir de um insight aprofundado sobre o consumidor. Podemos comparar um insight do consumidor a uma verdadeira descoberta que permitirá que nos conectemos às suas vidas. Nós a chamamos de descoberta proposital, já que encontrar tal insight vai muito além das pesquisas usuais sobre consumidores. Ela está relacionada com a interpretação de tendências do consumidor, com abrigar novos desenvolvimentos de outras indústrias e com a cocriação com consumidores que forjam tendências. O objetivo final é obter quase uma reação emocional: "vocês realmente me entendem, e ficarei feliz em ser seu cliente!"

Não faltam boas ideias a muitas empresas, mas novas iniciativas são raras, e é ainda mais difícil afirmar positivamente quais iniciativas devem continuar e quais devem acabar. A inovação requer um claro processo decisório, logo no início, com base na qualidade dos insights do consumidor sobre os quais as ideias são construídas.

2. Uma vez que a ideia tenha sobrevivido ao primeiro estágio, o processo de detalhamento do conceito tem início. Neste estágio, a essência exata do novo valor agregado é desenvolvida: a proposta de valor, a promessa e a oferta concreta ao cliente, incluindo os pontos-chave emocionais e racionais e, naturalmente, as consequências para o marketing e a distribuição.

Aqui você pode incluir a determinação do perfil do público-alvo, criação da marca, precificação, distribuição e comunicação, mas também aspectos jurídicos, implicações quanto ao investimento, ao impacto nas vendas e nos departamentos comercial e de serviços. Pesquisas da VODW demonstram que este é o estágio em que usualmente falta disciplina para as empresas elaborarem o detalhamento necessário ao conceito. O sucesso da proposta é determinado por quão integrados estão os vários elementos do conceito e como se combinam para aumentar o efeito total. Muitas inovações promissoras terminam por falhar, pois detalhes da execução não foram adequadamente orquestrados.

3. Quando o conceito está pronto para "produção" chegamos ao estágio crítico: a introdução no mercado. Aprendemos com empresas como a Apple que mesmo os produtos mais inovadores precisam ser lançados com criatividade e esmero. Particularmente em finanças, este estágio é muitas vezes negligenciado. Aparentemente o sentimento é que uma vez entregue, o projeto deve levantar voo por si só, em geral em um prazo de até três meses. Quando isso não acontece, a culpa é da inovação. Às vezes, até o cliente é responsabilizado...

3. Dê poder ao consumidor

O consumidor não quer autosserviço. Ele quer poder. É o momento de aproveitar seu desejo e sua necessidade de orientação.

No primeiro capítulo deste livro, mencionamos que, nessa época de incertezas econômicas, muitos consumidores e empresas estão enfrentando momentos da verdade. Essa realidade nos proporciona a perspectiva adequada para de fato passar o poder ao cliente e alçar o nível dos serviços a novos patamares. Devemos oferecer orientação com o auxílio de ferramentas para permitir que os clientes consigam gerenciar sua situação financeira, seja ela de longo prazo, como o planejamento para aposentadoria, ou de curto prazo, como o orçamento doméstico diário e a decisão sobre despesas. Ou mesmo ferramentas que suportam o gerenciamento do fluxo de caixa para pequenas e médias empresas ou instrumentos de monitoramento de ativos para clientes de private banking. Tais ferramentas devem se tornar parte intrínseca da identidade dos serviços da instituição, formando assim os pontos fundamentais da experiência com a marca.

Boas ferramentas dão poder ao cliente

- A Mastercard lançou uma série de produtos inovadores: MoneySend, uma plataforma de pagamentos de pessoa a pessoa permitindo que consumidores enviem dinheiro uns aos outros pelos celulares; plataformas de pagamento móvel, como o adesivo PayPass, criado em conjunto com a Blaze Mobile; e o inControl, que possibilita aos usuários de cartões estabelecer parâmetros de gastos. Todas essas inovações envolvem o consumidor na tomada de decisões em alguma parte das operações de pagamentos, ações que, historicamente, eram reservadas aos bancos. A ligação entre todos esses produtos de pagamento é que oferecem aos consumidores maior responsabilidade no gerenciamento de suas finanças e transações, proporcionando ferramentas interativas – movimento bastante ousado em um mercado nervoso em relação ao endividamento. Ao mesmo tempo, são inovações que também beneficiam a Mastercard, pois esses produtos podem ajudar a controlar a inadimplência.

- "Compare Me" é uma ferramenta do ING que permite ao consumidor comparar seu nível de poupança e endividamento com o de outros consumidores. Ela o guia através de uma série de perguntas sobre gastos, investimentos, débito e planejamento. O consumidor deve preencher um cadastro de informações para que a ferramenta possa efetuar a comparação com seus pares, considerando idade, gênero, renda doméstica e estado civil. O resultado é um relatório analítico que fornece uma perspectiva em pontos de comparação com outras pessoas em situação semelhante, além de sugerir os passos seguintes. O relatório pode ser usado como base para um planejamento financeiro individualizado ou levado a um profissional de finanças pessoais.

- A Incubadora de Diálogos do ABN AMRO e a Philips criaram um conceito provocador: o Rationalizer, um bracelete sensível a emoções projetado para o investidor doméstico. A ideia por trás do produto é que melhores resultados são alcançados quando as decisões sobre investimentos são tomadas sob um estado de espírito sereno e racional. Pesquisas indicam que investidores privados autogeridos não agem de forma racional: seu comportamento é influenciado pelas emoções, mais notadamente medo e ambição, o que pode comprometer sua habilidade de tomar decisões objetivas e factuais. O bracelete mensura a resistência da pele, que muda quando a pessoa fica mais nervosa, mensurando eficientemente o estado emocional do indivíduo. O bracelete não indica o tipo de emoção sentida, apenas a intensidade.

    O indicador luminoso avisa o investidor quando pode estar faltando um estado mais racional para tomar uma decisão financeira equilibrada. O Rationalizer indica com luzes LED coloridas o grau de tensão e emoção experimentados. O indicador varia de amarelo a vermelho, à medida que a pessoa torna-se mais tensa. A velocidade da luz colorida também acelera. Com isso, investidores online são alertados quando pode ser melhor parar para um descanso, relaxar e reconsiderar suas ações. Pesquisa da VU University Amsterdam com um protótipo em funcionamento demonstrou que investidores domésticos se sentiram mais tranquilos quando cientes sobre seu estado emocional graças ao aparelho.

4. Iniciativas em educação financeira são o início de tudo

Melhorar a educação financeira se tornará cada vez mais importante para a sociedade. Os governos logicamente terão um papel-chave neste desenvolvimento. Aqui, as instituições financeiras podem fazer a diferença, pois isso está relacionado com seu negócio principal. Ao aprimorar a educação financeira, elas poderão demonstrar que entendem os efeitos da crise sobre os consumidores e assumir seu papel social e responsabilidade de forma bastante concreta e relevante.

No entanto, deve ser tomada certa precaução no modo como essas iniciativas são comunicadas. Em geral, os consumidores sentem que as empresas de serviços financeiros deveriam gerir melhor seus próprios negócios antes de dizer a eles como gerenciar suas finanças ou oferecer-lhes outros conselhos não solicitados.

O setor deve se concentrar nas crianças – para os adultos, já é tarde demais – e começar o mais cedo possível. Há muito tempo, quando estávamos no ensino fundamental, aprendemos a escrever, ler e fazer contas, além das capitais do Laos e Madagascar – conhecimento que nunca mais foi utilizado.

As pessoas devem aprender, desde cedo na escola, a como lidar com dinheiro; é necessária uma nova matéria que se some à escrita, leitura e aritmética. O que é o dinheiro? Quais são seus usos? O que é poupar, tomar emprestado, emprestar e como atingir o equilíbrio entre despesas e receitas? Quais os riscos que tomamos, e como os limitar? O que podemos esperar realisticamente em termos de juros e taxas de retorno? Precisamos educar os consumidores a perceber que dinheiro não nasce em árvore e que devemos construir sempre sobre bases sólidas.

Além da reputação, aspecto bastante relevante, o setor tem outros interesses bem mais diretos: consumidores bem informados são muito mais propensos a reconhecer a necessidade de poupar dinheiro e investir adequadamente. Em última análise, o setor precisa garantir que os consumidores façam escolhas bem informadas para melhorar seu bem-estar. A educação financeira deve, portanto, ser posicionada no início do processo primário de qualquer instituição financeira.

Conhecimento conta

O Banamex, segundo maior banco do México e parte do Citigroup, desenvolveu o Saber Cuenta, primeiro programa de educação financeira no país. Andrés Albo Márquez, Diretor de Responsabilidade Social no Banamex, afirma: "O projeto visa desenvolver e melhorar a cultura financeira e, em última análise, contribuir para a promoção do desenvolvimento econômico de pessoas, famílias, empresas e instituições. O Saber Cuenta é dirigido ao público geral e não é restrito aos nossos clientes. O programa reconhece as realidades socioeconômicas das diferentes regiões de nosso país e oferece ferramentas educacionais que desenvolvem as habilidades e atitudes em relação ao processo decisório com relação aos assuntos financeiros.

Estabelecemos uma estratégia inovadora ao enviar trailers a áreas remotas, cuja parte traseira se transformava em cinema, e um filme era projetado para a plateia. O filme era educativo, e as pessoas respondiam com entusiasmo, além de aprender sobre assuntos financeiros. Em áreas de baixa renda na Cidade do México, a mesma história foi apresentada como peça de teatro com atores reais, que interagiam com o público para conseguir garantir o entendimento da mensagem.

Nossos projetos educacionais não estão relacionados a nossos produtos ou serviços. Alcançamos regiões remotas que não apresentam qualquer relação com serviços financeiros, de modo que as pessoas que frequentam esses workshops possam desenvolver o conhecimento financeiro e indiretamente começar a pensar sobre as vantagens de utilizar o banco como intermediário. Ainda que possamos atrair novos clientes, o programa só está interessado nos benefícios sociais que oferece."

Iniciativas em educação financeira de bancos e companhias seguradoras

- O Home Credit Bank deu início a vários programas como parte da grande campanha para a melhoria do conhecimento financeiro na Rússia. Dentre as atividades, há a organização de workshops em shopping centers, nos quais um representante do banco explica aos consumidores o básico sobre contratar crédito. É como uma "escola de finanças pessoais" que explica produtos bancários usando termos básicos.
- Em setembro de 2010, o Sberbank e o portal Mail.ru, um dos principais no idioma russo na internet, lançaram conjuntamente o Círculo de Confiança. O principal objetivo deste projeto especial é promover a educação financeira na Rússia. Para isso, jornalistas do Mail.ru trabalham com especialistas do Sberbank para educar os usuários em relação a produtos e serviços bancários usando linguagem simples e clara.
- A companhia de investimentos T. Rowe Price fez uma parceria com a Walt Disney Parks para criar o The Great Piggy Bank Adventure no parque temático Epcot. A intenção é ensinar a crianças de 8 a 14 anos importantes conceitos financeiros e usar essas lições para completar um jogo e conquistar seus sonhos.
- O Public Bank of Hong Kong lançou a Wealthy Kids Savings Account para encorajar os pais e seus filhos a poupar e planejar juntos. Essa conta-poupança inclui benefícios como bonificações de boas-vindas durante o Ano-Novo chinês para ajudar a cultivar o hábito de poupar nas crianças, começando pelo chamado Hóng Bāo, envelope vermelho, um dinheiro que tradicionalmente recebem de parentes durante as festas de fim de ano. A cor vermelha dos envelopes simboliza boa sorte e supostamente repele maus espíritos.
- A Fundação Charles Schwab introduziu o programa Money Matters, Make it Count em 2004. O programa está disponível em todos os Boys and Girls Clubs of America. Membros dos Boys and Girls Clubs, com idade entre 13 e 18 anos, aprendem gestão financeira básica, além de formas práticas de orçar, poupar, gastar, gerir dívidas e investir dinheiro. Desde seu início, cerca de 200 mil adolescentes completaram o projeto.

Iniciativas em educação financeira de fora do setor
- Junior Achievement, uma organização educacional sem fins lucrativos nos Estados Unidos, envia milhares de voluntários a escolas todos os anos para ensinar finanças pessoais.
- O empresário norte-americano de hip hop Russell Simmons organiza a turnê anual Get Your Money Right, na qual estrelas do rap – vejam só – ensinam a crianças orçamento e como permanecer sem dívidas e não gastar uma semana de salário em um novo par de óculos escuros de grife.
- EverFi oferece uma série com 5 horas de tutoriais na internet que permite estudantes explorarem cenários reais, do salão da Bolsa de Valores de Nova York à revenda de carros usados, enquanto absorvem lições sobre poupar dinheiro, juros e gerenciamento de dívidas. À medida que os estudantes dominam novas habilidades, o software os encoraja a jogar um game ao estilo *SimCity*, no qual controlam os hábitos de gastos das personagens, obtendo recompensas por boas escolhas e sofrendo as consequências pelas más.

INSIGHTS SOBRE O CONSUMIDOR POR MEIO DAS FINANÇAS COMPORTAMENTAIS

Já há três anos, o Barclays Wealth tem projetado e testado novas técnicas na vanguarda das pesquisas em finanças comportamentais, área que está assumindo crescente importância. Greg B. Davies, Vice-Presidente de Finanças Comportamentais no Barclays Wealth, compartilha a sua visão.

O que são finanças comportamentais?

A teoria tradicional das finanças assume que as pessoas são completamente racionais o tempo todo quando, de fato, frequentemente agimos de forma irracional.

As finanças comportamentais reconhecem esse comportamento e objetivam o entendimento de como as pessoas realmente tomam decisões financeiras e suas implicações, em vez de confiar em pressupostos errôneos. Ao usar esses insights, poderemos começar a desenvolver produtos e estruturas de portfólio que protejam o investidor contra as próprias ações precipitadas e decisões de investimento irracionais.

Em junho de 2009, realizamos uma grande pesquisa mundial em conjunto com a Unidade de Inteligência Econômica, que nos esclareceu o comportamento do investidor durante a crise. Apesar de 90% dos investidores enxergarem boas oportunidades, 68% as ignoravam porque acreditavam que o risco de novas quedas nos preços estava alto demais. Os investidores se encontravam paralisados, de fato.

As finanças comportamentais nos fornecem insights sobre o comportamento do consumidor e seus porquês. Um deles é a aversão à perda: a concepção de que as perdas têm impacto psicológico muito maior que os ganhos. Para a maior parte das pessoas, a perda de 100 é quase duas vezes mais dolorosa emocionalmente que o prazer emocional em ganhar 100. Esse medo de perder pode levar ao tipo de inércia nos investimentos que vimos antes, caso os investidores percam o foco nos objetivos de longo prazo e vejam somente a situação em curto prazo. Quando miramos um longo período, a chance de perdas em um investimento diversificado é muito menor que no futuro imediato.

Mas após tempos de crise como a que experimentamos em 2008, nossa tendência natural é nos preocuparmos sobre o impacto imediato de nossas decisões. Assim, é bastante possível identificarmos investimentos que consideramos boas oportunidades e, ainda assim, não agirmos devido a nosso limite de tempo emocional focado no curto prazo e nossa aversão às perdas.

Além disso, o uso de uma só medida de tolerância ao risco ignora o fato de que dois indivíduos podem ter precisamente o mesmo grau de tolerância ao risco de longo prazo, mas, em contrapartida, deterem personalidades financeiras completamente diferentes e necessitarem de diferentes ofertas de produtos. Um deles pode ser uma pessoa tranquila, que não se preocupa muito e raramente monitora sua carteira de investimentos. A outra pode ser bastante preocupada com o desempenho mensal e monitorar o portfólio continuamente. Esse último investidor não deve receber a oferta de uma carteira cíclica com altos e baixos, e sim receber um portfólio suavizado, engendrando maior conforto emocional na experiência de investimento.

Qual o benefício das finanças comportamentais para o Barclays?

No coração de nossa filosofia de investimentos está a necessidade de entender o cliente como indivíduo em relação a sua personalidade financeira, objetivos e circunstâncias financeiras. Utilizamos escalas psicométricas rigorosas para identificar a personalidade financeira de cada cliente com base em seis traços distintos de personalidade, cada um dos quais utilizado de forma independente para nos auxiliar na criação dos produtos formadores da carteira, de forma única para cada cliente.

Dessa forma, podemos acessar a tolerância ao risco do cliente, além de sua potencial reação a grandes ganhos ou perdas de curto prazo, junto com muitos outros aspectos de suas atitudes relacionadas com investimentos. Temos usado esse método com sucesso no Reino Unido, Mônaco e Suíça nos últimos três anos, e o lançamos na Espanha, Estados Unidos, Dubai e Ásia no ano passado.

Quais são os benefícios para os clientes?
Os testes psicométricos nos permitem proporcionar relatórios detalhados aos clientes, possibilitando que compreendam melhor sua personalidade financeira individual e como ela afeta seu comportamento como investidores. Contudo, esse é apenas o primeiro passo. Se não usássemos essas informações para entregar carteiras de investimentos adequadas, não teríamos alcançado muito. Portanto, usamos essa foto de alta resolução do cliente para desenhar o portfólio que melhor se adéqua a suas necessidades, proporcionando conforto emocional como investidor e o ajudando a superar potenciais vieses psicológicos e cognitivos quando surgirem momentos de agitação ou medo.

O FUTURO DA DISTRIBUIÇÃO

Por Walter Capellmann, sócio-fundador da Capellmann Consulting, Alemanha.

Canais de distribuição digital vão se tornar ainda mais cruciais no futuro
Nos últimos anos, a revolução digital e a dissolução das fronteiras econômicas mudaram drasticamente o ambiente dos negócios. Enquanto o mercado se torna mais denso e as margens de lucro começam a encolher, as barreiras de entrada ganham importância. Setores com maiores barreiras de entrada continuarão a apresentar altas margens de lucro, enquanto novas oportunidades emergem em mercados nos quais as barreiras foram quebradas por alterações regulatórias e pela crescente globalização.

Mas não se engane. Nem todos os produtos podem ser distribuídos via internet. No entanto, há categorias – como a de produtos financeiros – para as quais a internet tem se tornado cada vez mais relevante.

A distribuição de produtos é um dos principais componentes da experiência de marca para o consumidor e, muitas vezes, representa seu primeiro ponto de contato. De mais a mais, ela é muito mais afetada pela revolução digital que a maioria das empresas preveem. É por isso que mudanças no sistema de distribuição precisam levar em consideração temas como confiança e inovação tecnológica.

O grau de informação e sofisticação do consumidor continuará a crescer
Se, por um lado, o consumidor está se tornando mais sofisticado na era digital, não é somente a sensibilidade a preço que tem se elevado; uma forte "sensibilidade a serviço"

está pesando na balança. O serviço ao cliente sempre foi vital a qualquer rede de distribuição, mas sua importância tem avançado ainda mais. Do ponto de vista da companhia, isso significa evoluir de serviços "reativos" para "proativos".

Vou mais adiante: em um mundo onde todos parecem estar acessíveis porém distantes ao mesmo tempo, o cliente não procura somente um produto, mas relacionamentos com marcas. Ele deseja entrar em uma comunidade invisível de amigos consumidores, o que apenas algumas companhias conseguem. A tendência é de consumidores que buscam a identificação com a marca que compram, e a distribuição é o instrumento primário para estabelecer e manter essa identificação.

Compradores estão se tornando mais autogeridos com relação a como e quando querem se comunicar com as empresas

A distribuição terá de se adaptar rapidamente às novas formas de comunicação. Por muito tempo, o sentido da comunicação foi de uma só via, da companhia para o cliente. As instituições que obtiverem sucesso em construir fortes relacionamentos interativos com os clientes poderão se beneficiar da criatividade e sabedoria coletivas. Os clientes podem se tornar até vendedores, por meio de recomendações e programas de afiliados. De uma forma ou de outra, a interação superior com o cliente gera vantagem competitiva, muito atual e necessária.

Companhias de serviços financeiros que dominam o amplo espectro dos canais de distribuição irão prosperar

De um ponto de vista estrutural, a otimização das redes de distribuição será um dos desenvolvimentos necessários no futuro próximo. Além disso, os clientes desejam que o impacto da distribuição seja o mais sustentável possível e simples de compreender. A transparência e os diálogos reais com os clientes são absolutamente cruciais para se restaurar a confiança do cliente com relação à empresa.

A "desagregação" será tanto tendência quanto necessidade: cada canal de vendas terá de ser lucrativo por si só. Ao mesmo tempo, restrições e regulamentações mais firmes exigem menos vendedores, porém mais qualificados. Nesse mercado, a cooperação de longo prazo e as aquisições verticais são fundamentais para atingir cobertura abrangente e reduzir o poder de barganha do revendedor. Parcerias e *joint-ventures* verticais e horizontais ganharão importância. Para obterem êxito, as companhias precisarão alinhar seus objetivos aos dos revendedores.

A crescente distância entre empresa e marca tem de ser enfrentada com a construção do relacionamento e proximidade das agências

A internet substituirá os demais canais de distribuição? Não parece ser provável. Uma amostra de um produto tangível ainda dará uma impressão mais duradoura que um e-mail, da mesma forma que uma consulta face a face não pode ser substituída por um site.

O mantra "pense globalmente, aja localmente" vai se tornar mais importante. Isso significa que, mesmo com a internet oferecendo oportunidades sem precedentes para a distribuição a longa distância, os clientes ainda exigirão a presença física da companhia. Reuniões pessoais não são substituíveis. Os clientes desejam sentir que a empresa está próxima e acessível a eles.

A companhia consciente no futuro é, portanto, "glocal". Assim, é importante lembrar: as compras online e offline não resultam em uma equação de soma simples. A distribuição eletrônica e os outros canais reforçam-se mutuamente. Empresas com foco em serviços dão oportunidade ao cliente de decidir como acessá-las e como se comunicar com elas.

Contudo, as tendências do consumidor já mencionadas aumentarão a complexidade da procura pela estratégia correta. Será mais significativo prever e antecipar como os consumidores desejarão comprar produtos no futuro. Entre outras coisas, deve-se levar em consideração o nível da customização e orientação de que eles necessitam.

De modo geral, as escolhas estratégicas em relação a canais, membros e estrutura terão impacto no formato da companhia. Essas são decisões-chave que requerem consideração cuidadosa.

CONSTRUIR O "BANCO DO FUTURO" COMEÇA COM SERVIÇOS BANCÁRIOS PARA OS JOVENS

La Caixa lançou com sucesso o programa LKXA, direcionado a jovens de 14 a 25 anos. Discutimos esse conceito com seu criador, o Diretor de Marketing do banco, Carlos Casanovas Dosrius.

Qual é a estratégia por trás do LKXA?

Nossa intenção é ser o banco da família. Queremos estar à disposição de toda a família e acompanhar a vida das pessoas. O objetivo do LKXA é, portanto, atrair esse segmento jovem e fomentar seguidores leais e lucrativos em médio e longo prazos.

Adicionalmente, vemos as crianças e jovens adultos com papel influenciador de importância crescente, mesmo em serviços financeiros, à medida que os pais ouvem os conselhos dos filhos nesse mundo em constante mudança.

Como é feita a adequação a esse grupo específico?

Primeiro, por meio da marca. No passado, tivemos o conceito "Caixa Joven" que utilizava principalmente canais e ações promocionais tradicionais, como ganhar um CD grátis ao abrir uma conta. Então, cinco anos atrás, mudamos a marca do programa para o acrônimo LKXA, para nos conectarmos à forma como os jovens se comunicam por SMS.

Em seguida, por meio dos canais eletrônicos relevantes ao segmento, como internet, celulares e caixas automáticos. Os clientes LKXA precisam cadastrar um e-mail ou número de celular. Os garotos não vão às agências. Eles estão mais próximos às novas tecnologias e só vão à agência física para produtos mais complexos, como financiamentos. Eles fazem pesquisas na internet e já têm várias informações quando chegam à agência.

Como vocês asseguram que sua oferta permaneça relevante?

Nossos produtos financeiros estão em posição central em nossa oferta. Oferecemos taxa zero para contas e cartões e não cobramos taxas de manutenção – benefícios altamente valorizados por esse segmento. A forma tradicional de gestão de produtos bancários não é atrativa para os jovens.

Provavelmente, nosso pilar mais estratégico é o fato de atrairmos os jovens ao oferecer vantagens e produtos financeiros e não financeiros. Essas vantagens são permanentes mas adaptáveis e criam um laço emocional com a nossa marca.

Definimos quatro categorias – esportes, novas tecnologias, música & viagens e lazer – como de maior importância para nossa base de clientes. Por exemplo, nossos jovens clientes podem fazer cursos de *kite surfing*, conseguir descontos em passagens aéreas ou ingressos para sessões exclusivas de pré-estreias no cinema.

Obviamente, esses serviços não estão relacionados com seu negócio principal, portanto as parcerias devem ser vitais para o LKXA funcionar.
Certamente. Parcerias incluem a emissora popular de rádio 40 Principales, a Repsol, para promoções de combustível, a rede NH Hoteles e Spanair, para descontos em viagens.

A associação do LKXA a marcas jovens de moda, como a Mango, claramente tornou a marca mais atrativa. Além disso, muitos acessam o site ou vão a caixas automáticos para comprar ingressos para shows de música; aliás, mais de 100 mil pessoas compraram ingressos assim para a turnê do El Canto del Loco, em 2009, o que gerou um significativo tráfego para nós.

Quão bem-sucedido é o LKXA?
O projeto é extremamente bem-sucedido e não só isso; é também parte integral do crescimento do banco. Nossa abrangência em meio a este público-alvo é de 27%, mais que o dobro que o segundo banco no mercado espanhol, e nossa participação continua crescendo – no ano passado foi da ordem de 2,7%. Para o La Caixa é benéfico ser grande neste segmento, pois, aos 17 anos, somente 12% das pessoas já possuem conta-corrente, mas esse número cresce para 71% quando completam 26 anos. Isso significa que geramos um influxo de 140 mil clientes nesta faixa etária todos os anos para as operações regulares do banco.

Além disso, o conhecimento de nossa marca neste público é de 86% e continua a crescer. Calculamos que as promoções do *LKXA* reduziram o atrito em 15%. Um efeito colateral adicional do conceito do *LKXA* é que nós passamos a aprender mais com nossos clientes. Ao testar vários instrumentos, parcerias, novas tecnologias e canais, nós fortalecemos o relacionamento com nossos clientes e desenvolvemos o banco do futuro em conjunto com eles.

A ALFABETIZAÇÃO FINANCEIRA COMEÇA EM MONEYVILLE

O Danske Bank Group é um dos maiores empreendimentos financeiros dos países nórdicos. Em 2008, lançou o Programa de Alfabetização Financeira e Educação de Investidores, voltado à preparação do terreno para um início financeiro saudável na vida adulta. O programa consiste em uma série de novos serviços consultivos, materiais educacionais, produtos, eventos e bolsas para estimular as habilidades e o conhecimento financeiro. O projeto é alimentado de forma contínua por pesquisas e análises para gerar maior entendimento dos desafios e oportunidades relacionados com a alfabetização financeira. Mads Helleberg Dorff Christiansen, Gerente Sênior de Assuntos Corporativos, traz mais detalhes sobre o programa.

O que despertou a necessidade do programa?
Em 2008, conduzimos uma pesquisa entre 1.600 jovens entre 18 e 19 anos em nossos mercados principais: Dinamarca, Finlândia, Suécia, Noruega, Irlanda do Norte e República da Irlanda. Cerca de 50% não sabiam o que eram juros, e 30% sequer sabiam que empréstimos com juros não saíam de graça. Achamos tal nível de analfabetismo financeiro

alarmante. Como instituição financeira, acreditamos ser óbvia a possibilidade de contribuirmos para a diminuição desse déficit de conhecimento – e, de preferência, o mais cedo possível. Portanto decidimos focar o programa na nova geração de clientes, começando com as crianças. Conduzimos uma pesquisa com 2 mil pais de crianças com idades entre 5 e 7 anos em nossos seis mercados-chave, e descobrimos que 93% das crianças começam a fazer perguntas sobre dinheiro antes de completarem 6 anos.

O que é Moneyville?
Moneyville é um site divertido e educacional para crianças de 5 a 7 anos, com conteúdos introdutórios para que descubram de onde vem o dinheiro, seu valor, prioridades financeiras e como poupar. Ao realizar diferentes atividades, como colher maçãs, organizar embalagens de acordo com o valor e comprar artigos em uma loja, as crianças aprendem como ganhar dinheiro e tomar suas próprias decisões em relação a gastos e aplicações.

Expandimos o Moneyville criando um novo universo para crianças com idades entre 8 e 9 anos, chamado Family Game, no qual ela ajuda a família a priorizar renda e despesas – como poupar para despesas mensais ou inesperadas. As crianças podem brincar com Moneyville sozinhas, porém encorajamos os pais a discutir os princípios com as crianças, já que eles se sentem os principais responsáveis pela educação financeira dos filhos. Para ajudá-los nesta missão, desenvolvemos materiais especiais que os orientam nas conversas sobre dinheiro com os filhos.

Como vocês desenvolveram Moneyville?
Para desenvolver o Moneyville, recorremos ao conhecimento de especialistas em mídia, psicologia infantil e pedagogos de todos os mercados. Nossa ambição era assegurar que o Moneyville alcançasse as crianças da forma apropriada e que fosse relevante e divertido para elas e para a utilização em escolas. Os especialistas tiveram importante papel em tornar o Moneyville apropriado para o ensino, bem como no desenvolvimento de exercícios para as crianças que podem ser aproveitados pelos professores.

Cortesia do Danske Bank Group.

Não vemos seu logo em nenhum lugar, por quê?
Como Moneyville é direcionado a crianças, não queremos expor nenhum material de marketing, logo ou esquemas de cor que possam ser associados ao banco. Além disso, não adicionamos nenhum link para nossos sites comerciais. Somente nos materiais aos pais e professores há menção de que desenvolvemos o site.

E o Moneyville é um sucesso?
Sim, todos fomos surpreendidos pelo enorme sucesso. No primeiro ano, Moneyville já possuía 800 mil participantes, muitas vezes mais que o esperado. As avaliações de pais e professores que têm utilizado o programa demonstram resultados extremamente positivos.

Vocês já têm planos para ampliar o programa?
Sim, Moneyville foi somente o primeiro passo. No início de 2010, lançamos o Control your Money, direcionado a crianças entre 10 e 15 anos. Para inspirar e motivar professores a incluir a alfabetização financeira no plano de aulas, desenvolvemos também uma iniciativa online chamada Teaching Financial Literacy (Ensinando a Alfabetização Financeira). Para o segmento entre 18 e 27 anos, lançamos Mind Your Money (Atenção com seu Dinheiro), ajudando jovens adultos a começar bem em suas vidas, financeiramente independentes. Ao longo de 2010, continuaremos a desenvolver e ampliar os programas nos mercados principais.

E por que vocês estão fazendo tudo isso? Qual a razão empresarial?
Acreditamos que um maior nível de alfabetização e educação financeiras não apenas enriquece as vidas dos indivíduos, mas também contribui para o crescimento economicamente saudável da sociedade.

Como banco, sentimos que dividimos a responsabilidade de educar e informar a próxima geração de clientes. Também acreditamos que nos tornaremos um negócio melhor e mais lucrativo se informarmos os consumidores mais críticos. Eles nos desafiam a desenvolver produtos e soluções melhores e mais eficazes.

Barack

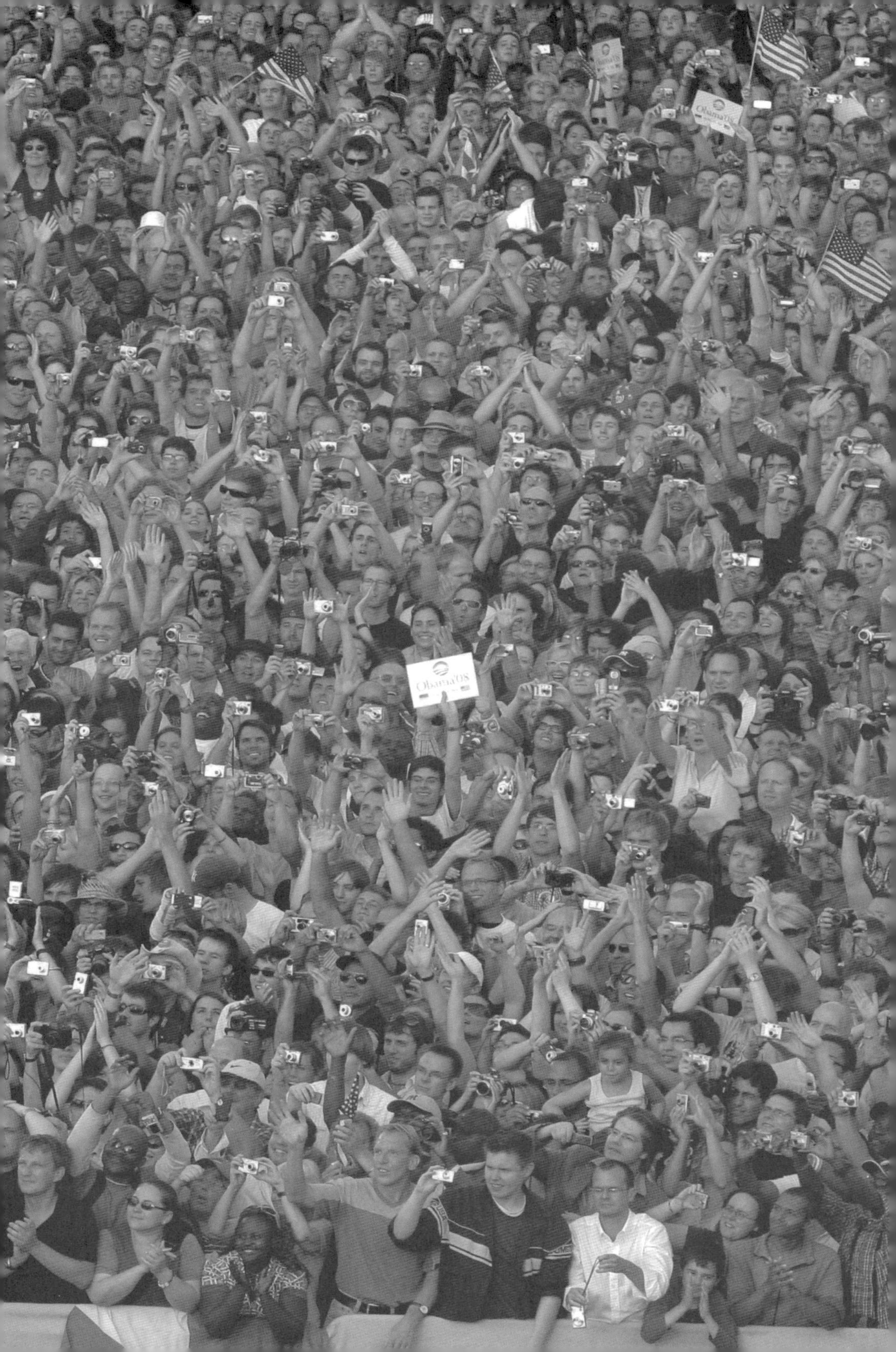
Obama'08

CAPÍTULO 4

Consumidores confiam na sabedoria coletiva

Embora fotografado do fundo do palco, imaginamos que a maioria das pessoas reconhecerá o homem de terno escuro: Barack Obama. Incluímos essa imagem não por causa dele, mas pelo número de câmeras que você vê na fotografia. Tem até alguém no meio da multidão segurando um notebook, provavelmente para fotografar com a câmera do computador. Tudo que essas câmeras registrarem fica, quase imediatamente, disponível na internet, podendo ser compartilhado com amigos e familiares em comunidades online, como Facebook e Google+.

Muito já foi dito sobre o papel decisivo da internet na eleição de Obama, ilustrado, por exemplo, pelos dois milhões de perfis criados na comunidade MyBarackObama e mais de cinco milhões de adeptos envolvidos em outras redes sociais e sites de compartilhamento multimídia.

Em nossa opinião, a razão para seu sucesso é ele ter tocado em um profundo insight sobre o consumidor. O insight por trás de sua estratégia é que as pessoas preferem as opiniões independentes de cidadãos e consumidores comuns em relação às mensagens cuidadosamente formatadas dos políticos e companhias.

A essência do que a equipe de Obama fez foi tirar partido da "sabedoria coletiva" para envolver os eleitores na criação e execução da campanha em vez de tentar controlá-la. Sua equipe capacitou ativamente as pessoas, oferecendo-lhes as ferramentas certas, criando, assim, verdadeiros embaixadores.

O que queremos dizer com sabedoria coletiva?
"Sabedoria coletiva" significa que as informações agregadas por muitas pessoas são melhores que as providas por apenas uma pessoa. Essa teoria vem sendo constantemente endossada por um número crescente de consumidores.

Foto das páginas anteriores: Barack Obama em Berlim em 2008. ©Associated Press.

A divulgação boca a boca em si não tem nada de novo. As pessoas sempre ouviram os amigos, a família, colegas de trabalho e outras pessoas para conselhos e recomendações, em geral, pessoalmente. No passado, as pessoas compartilhavam seus pensamentos e experiências com os vizinhos sobre a cerca do quintal. Hoje, o intercâmbio de pensamentos realiza-se sobre uma cerca virtual. Nos últimos anos, essa tendência se ampliou em função exponencial, impulsionada por ferramentas online, como e-mail, blogs, chats, comunidades e muito mais. O mais recente salto foi a onda criada pela nova geração de celulares, os smartphones.

As possibilidades de se conectar de forma virtual com praticamente qualquer pessoa no mundo estão agora quase ilimitadas, graças ao aumento das redes sociais e ferramentas Web 2.0, que permitem aos usuários interagir e criar conteúdo. Por meio das redes sociais, as pessoas podem compartilhar fotos, conversar com amigos, manter contato com pessoas que não veem diariamente, recuperar contato com antigos amigos, compartilhar experiências sobre produtos, e assim por diante.

Um aspecto marcante sobre a ascensão das redes sociais é que as pessoas tendem a dar ouvidos a quem conhecem muito pouco ou sequer conhecem. As pessoas estão escutando mais e mais essas opiniões, às vezes até mesmo anônimas, e deixando se influenciar por elas. Portanto, em teoria, qualquer pessoa pode reivindicar autoridade usando a internet e, ao fazê-lo, influenciar grandes grupos de colegas consumidores.

Redes sociais em contexto

Alguns meios de comunicação são altamente confiáveis, outros, nem tanto. O fator confiança está relacionado com o nível de engajamento dos consumidores.

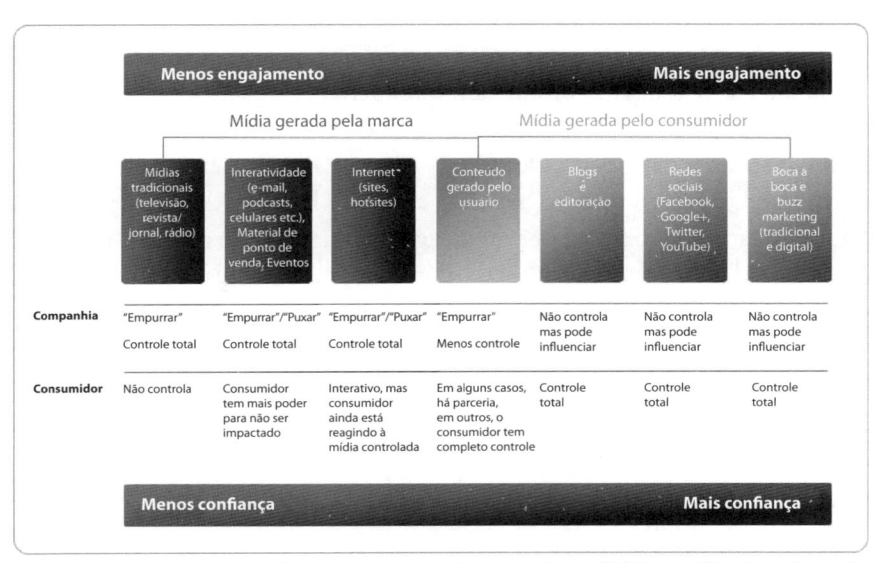

	Menos engajamento				Mais engajamento		
	Mídia gerada pela marca			Mídia gerada pelo consumidor			
	Mídias tradicionais (televisão, revista/jornal, rádio)	Interatividade (e-mail, podcasts, celulares etc.), Material de ponto de venda, Eventos	Internet* (sites, hotsites)	Conteúdo gerado pelo usuário	Blogs e editoração	Redes sociais (Facebook, Google+, Twitter, YouTube)	Boca a boca e buzz marketing (tradicional e digital)
Companhia	"Empurrar" Controle total	"Empurrar"/"Puxar" Controle total	"Empurrar"/"Puxar" Controle total	"Empurrar" Menos controle	Não controla mas pode influenciar	Não controla mas pode influenciar	Não controla mas pode influenciar
Consumidor	Não controla	Consumidor tem mais poder para não ser impactado	Interativo, mas consumidor ainda está reagindo à mídia controlada	Em alguns casos, há parceria, em outros, o consumidor tem completo controle	Controle total	Controle total	Controle total
	Menos confiança					Mais confiança	

Redes sociais em contexto. *Fonte:* Apresentação da TNS em 2009, modificada pelos autores.

Consumidores estão cada vez mais conectados
O mundo está cada vez mais virtual. De acordo com a internetworldstats.com, mais de 2,1 bilhões de pessoas no mundo estavam online em junho de 2011. Cifra que deve continuar crescendo rapidamente. Um estudo de 2011 da Cisco prevê que em 2015 haverá mais de 15 bilhões de aparelhos conectados em rede, o dobro da população mundial, e que o tráfego global da internet quadruplicará entre 2010 e 2015. O crescimento será maior em mercados emergentes como África, América Latina e Oriente Médio. No Brasil, em junho de 2011 havia mais de 75 milhões de usuários de internet. Ainda assim, embora a economia brasileira esteja em crescimento, o percentual da população com acesso à internet é menor que 40%. Ao mesmo tempo, 99,8% da população brasileira tem telefones celulares.

No Brasil, 45 milhões de pessoas acessam sites de redes sociais, a maioria das quais, o Orkut (71,9%). O Facebook vem em segundo lugar, com 40,8% e o Twitter em terceiro, com 21,8%. Segundo dados recentes da Comscore, há mais brasileiros usandos as redes sociais que a média global de usuários.

Isso é impulsionado por acelerados progressos tecnológicos, tais como o aumento da banda de internet internacional e o uso da internet em celulares. Segundo estudo da eMarketer, quase 30% da população norte-americana acessa hoje a internet em celulares, e isso deverá aumentar exponencialmente. O Morgan Stanley espera que celulares superem PCs como método preferido de acesso à internet até 2015. A Cisco estima que o tráfego de dados móveis crescerá 26 vezes em cinco anos, entre 2010 e 2015, impulsionado sobretudo por vídeos e smartphones, como o iPhone.

O desenvolvimento radical das redes sociais é mais uma revolução na maneira pela qual as pessoas se comunicam que mera evolução. "Como nunca, as pessoas estão tendo a oportunidade de se fazer ouvir, o que está diretamente ligado à construção da identidade. Com um celular em mãos, todos podem ouvi-lo em conversas no mundo inteiro," comenta Rodrigo Vieira da Cunha, Diretor de Relações Públicas da LiveAd, agência digital e de relações públicas. A sabedoria coletiva e as redes sociais claramente estão aqui para ficar, pois atendem a algumas das maiores necessidades do ser humano: comunicação, interação e colaboração com outras pessoas.

Até hoje, nossa identidade era muitas vezes definida pelos produtos que usávamos e as marcas que adquiríamos. Esse papel está agora passando para as comunidades e redes das quais fazemos parte. Na Coreia, por exemplo, é comum entre os jovens darem seus endereços na rede social Cyworld em vez de números de telefone.

O uso das redes sociais está se difundindo rapidamente
- De acordo com a comScore, em fevereiro de 2012, 97% da população brasileira com acesso à internet estava nas redes sociais.
- Em fevereiro de 2012, depois de 8 anos de existência, o Facebook declarou possuir mais de 845 milhões de usuários, sendo que metade deles acessa diariamente o site. Em abril de 2009 eram "apenas" 200 milhões. Se o Facebook fosse um país, seria o 3º maior do mundo.
- No começo de 2012, o Facebook possuía 10 milhões de usuários no Brasil. Em março de 2012, eram 42 milhões de usuários, o que o torna o quarto país no ranking de número total de usuários. A rede social está crescendo mais rápido no Brasil do que em qualquer outro lugar e, até a metade de 2012, o Brasil deverá se tornar o número 2 do ranking de usuários. O Facebook se tornou a rede social mais popular no Brasil. Em dezembro de 2011, os usuários passaram uma média de 4,8 horas no site, contra apenas 37 minutos no ano anterior.
- Em dezembro de 2011, o Orkut possuía mais de 34,4 milhões de usuários únicos no Brasil, metade do número de usuários do site no mundo. Depois do Facebook e do Orkut, o Windows Live Home é a terceira rede social do Brasil, com 13,3 milhões de visitantes (13% de crescimento) e o Twitter é o quarto com 12,5 milhões de usuários (crescimento de 40%).
- O Twitter conta com 200 milhões de usuários e mais de 100 milhões de tweets são enviados diariamente. Ele alcança 1 em cada 10 usuários de Internet ao redor do mundo, um crescimento de 59% ao longo de 2011.
- No final do segundo trimestre de 2011, o Qzone, maior rede social da China, declarou contar com 530 milhões de usuários. No mesmo período, o Weibo – equivalente chinês ao Twitter – possuía 230 milhões de usuários, apresentando um crescimento de audiência de 181% no ano passado – o site esteve entre as 10 maiores redes sociais do mundo em outubro 2011.
- [B]Mais de 35 milhões de sul-coreanos são membros da rede social Cyworld, sendo 90% adultos entre 20 e 29 anos.
- O LinkedIn, rede social voltada aos negócios, possui 135 milhões de membros de 200 países. A cada segundo mais de dois usuários se cadastram no site.
- Em Janeiro de 2012, a Wikipedia contava com 365 milhões de visitantes ao redor do mundo, registrando 2,7 bilhões de pageviews por mês apenas nos Estados Unidos. Existem cerca de 100 mil colaboradores ativos trabalhando em mais de 21 milhões de artigos em mais de 283 línguas.
- O mais novo da turma, o Google +, atingiu 90 milhões de usuários no mundo todo em fevereiro de 2012 (apenas um ano após seu lançamento), sendo o Brasil um dos cinco maiores mercados pelo critério de número de usuários, mais de 4,8 milhões.

Consumidores desejam informações confiáveis

Pesquisam mostram que as pessoas utilizam os canais online e, especificamente, redes sociais em uma escala sem paralelos, com o objetivo de compartilhar opiniões sobre produtos, serviços e marcas. Nos Estados Unidos, um estudo de 2010 da ROI Research entre usuários de redes sociais revelou que 53%

das pessoas recomendam marcas e/ou produtos em seus tweets. E, segundo pesquisa de 2011 realizada pela Lab42, 90% dos membros do Twitter nos Estados Unidos seguem uma ou mais marcas.

A popularidade da sabedoria coletiva é, em especial, acelerada pela confiança do consumidor nessas opiniões e recomendações. Conforme estudo da Universal McCann, as pessoas confiam em recomendações de um estranho pela internet quase como se as fizesse pessoalmente. Além disso, as pessoas confiam mais em um estranho que em qualquer comunicação ou propaganda paga. Vários outros estudos chegaram a resultados parecidos. As pessoas estão acreditando cada vez menos em informações de uma fonte isolada.

> O estudo Digital Life da TNS, lançado em novembro de 2011, investigou o comportamento dos consumidores no mundo virtual em 60 países e revelou que 54% dos consumidores do mundo confiam no que os amigos escrevem na internet sobre marcas. Por outro lado, 41% confiam também na opinião de desconhecidos. No Brasil, os consumidores são um pouco mais céticos: 45% confiam na opinião dos amigos e 32% dão valor ao que desconhecidos escrevem na internet.

As empresas estão seguindo os consumidores nas redes sociais

As redes sociais são o novo lugar para encontrar os consumidores e tirar proveito da sabedoria coletiva. Várias companhias, como Google, Dell, Procter & Gamble e Ford, estão usando as redes sociais para melhorar o relacionamento com os clientes. Até o Vaticano, uma das organizações mais antigas do mundo, tem um canal no YouTube.

Os modelos de negócios de vários setores já se transformaram definitivamente. Na indústria de entretenimento, as pessoas estão se tornando verdadeiras popstars quase da noite para o dia graças ao YouTube.

> *TipJar emprega a sabedoria coletiva*
>
> Uma crença central do Google é que a democracia na internet funciona. "O Google funciona porque confia em milhões de indivíduos que comentam sites para determinar quais oferecem conteúdo de valor". Mats Carduner, diretor do Google, compartilhou conosco uma das iniciativas da empresa: "No Google, apostamos muito na sabedoria coletiva. Como todos navegamos hoje em águas agitadas economicamente, gostaríamos de ajudar. É por isso que criamos o *TipJar*. Há muitas dicas de economia na internet, mas mesmo que as tenha encontrado, é difícil saber quais realmente valem a pena. *TipJar* reúne todas as dicas num único lugar e convida as pessoas a classificá-las em ordem de utilidade e a adicionar as suas próprias dicas à lista. Ao longo do tempo, as dicas melhores e mais úteis emergirão. É interessante notar que muitas estão relacionadas com poupar dinheiro em suas atividades bancárias."

Em 2009, pesquisa da McKinsey com 1.700 executivos em todo o mundo detectou que 69% afirmaram que suas companhias obtiveram benefícios quantificáveis em seus negócios ao utilizar tecnologias Web 2.0, incluindo produtos e serviços mais inovadores, marketing mais eficaz, melhor acesso a informações, menores custos e maiores receitas.

Nos últimos anos, as redes sociais e suas aplicações têm representado grande prioridade para o marketing em diversos setores. Como resultado, em todo o mundo, orçamentos de marketing estão sendo realocados para as redes sociais. Uma boa notícia para as empresas brasileiras: a pesquisa Digital Life 2010 revelou que os brasileiros estão entre os usuários de redes sociais que mais aceitam a interação com empresas. Os 60 países pesquisados foram divididos em 5 grupos, de acordo com a receptividade em relação à presença das marcas nas redes sociais, e o Brasil está no grupo dos países de maior aceitação. 32% dos brasileiros declararam serem mais abertos que resistentes às marcas nas redes sociais. Conforme relatório da Aite Group e EFMA, espera-se que 90% das instituições financeiras na Europa e Estados Unidos terão orçamentos dedicados às redes sociais em 2012.

- **Banco Itaú:** para anunciar o lançamento da iConta, uma modalidade de conta bancária online e isenta do pagamento de taxas, o banco criou uma campanha estrelada pelo humorista Marco Luque, que interpreta personagens que apresentam os benefícios do produto. A campanha foi fortemente divulgada no YouTube e gerou grande repercussão.
  Outra iniciativa do banco foi a ação "Mestres da Grana", em que o economista Gustavo Cerbasi orienta três jovens de perfis de investimento diferentes, com o objetivo de engajar o público jovem, apresentando os produtos do banco.
- **Banco Santander:** O banco criou a comunidade online "O valor das ideias", onde consumidores trocam dicas sobre práticas sustentáveis.
- **Banco do Brasil:** A campanha "Eu faço acontecer" é uma iniciativa do banco para se aproximar do público jovem por meio de um portal exclusivo que traz dicas e orientações sobre produtos e integra todas as redes sociais.

Por que essa tendência se acelerou nos serviços financeiros?

Inicialmente, as indústrias de entretenimento e turismo foram impactadas por conteúdo e opiniões de consumidores online. Contudo, no mercado de serviços financeiros, a velocidade de crescimento da tendência de sabedoria coletiva excedeu as expectativas. Isso se deve a dois aspectos causados pelo próprio setor.

Primeiro, durante a crise de crédito, as pessoas se deram conta de que o valor das informações que recebem diretamente das companhias de serviços financeiros é bastante limitado e pouco objetivo. A demanda por informações transparentes e objetivas alimentou o crescimento das redes sociais no setor. Vários estudos mostram que os consumidores de produtos financeiros, como em outros setores, confiam mais nas opiniões de outros clientes que nas dos especialistas. As redes sociais dão ao consumidor a transparência que procuram, sobretudo quando os prestadores de serviços financeiros continuam a veicular comerciais com mensagens positivas enquanto o noticiário revela imagens bem menos atrativas da mesma empresa. Considere o banco Fortis com seu infame slogan "Hoje, aqui. E amanhã?" bombardeando o público com anúncios mesmo durante sua queda.

A segunda razão diz respeito às próprias práticas das instituições financeiras e à insatisfação do consumidor. Grande parte das companhias financeiras são agora amplamente discutidas nas redes sociais. Práticas financeiras pouco amigáveis para com o consumidor podem até continuar acontecendo nos próximos anos, mas com as redes sociais como ferramenta, os clientes podem compartilhar online as más experiências numa velocidade sem precedentes.

As novas tecnologias transformaram para sempre os serviços financeiros. A história recente mostra que as redes sociais estão se tornando o lugar onde reputações podem ser criadas ou destruídas.

> *Como as redes sociais refletiram a crise de crédito e a crise econômica?*
>
> A TNS Cymfony vem acompanhando nas redes sociais as mais importantes empresas financeiras no varejo bancário, seguros e investimentos desde o início da crise financeira, analisando os conteúdos gerados pelo consumidor quanto a confiança ou medo em relação às companhias e ao setor como um todo. Algumas constatações:
> - O volume das conversas nas redes sociais espelha os movimentos do mercado: havia grandes picos de atividade quando o índice Dow Jones caía.
> - Os níveis de confiança e medo estão também alinhados aos movimentos do mercado.
>
> As redes sociais de fato refletem o "estado de espírito" das pessoas para com as companhias financeiras e o setor. Isso é especialmente interessante porque os comentários não solicitados e não filtrados, portanto, 100% espontâneos, representam importante indicador, que pode ser utilizado em conjunto com outros mais tradicionais.

Momento perfeito para os consumidores, porém não tão bom para as instituições financeiras

Os princípios inerentes às redes sociais são, da perspectiva dos serviços financeiros, quase contraditórios às estruturas e cultura tradicionais das instituições financeiras. Essas empresas não estão acostumadas com o envolvimento do cliente, com a cocriação e a transparência resultantes das redes sociais. Sua nova realidade é ter de aprender a lidar e a estar em sintonia com a sabedoria coletiva e as redes sociais, por exemplo no que diz respeito à velocidade e à visibilidade dos diálogos nesses meios.

Rodrigo Vieira da Cunha, da LiveAd, complementa: "Tradicionalmente, os bancos nunca conseguiram prestar atenção legítima às vontades dos consumidores. Ter uma conta em banco, em geral, sempre foi um mal necessário. No Brasil, isso vem mudando há cerca de uma década, e hoje há uma corrida para colocar o consumidor no centro da comunicação dos bancos. Mas isso nem sempre se reflete no relacionamento do dia a dia. A questão é que hoje isso não é mais uma opção. Ou os bancos realmente encontram uma forma de falar com os consumidores ou vão sofrer com a piora nos já ruins índices de reclamações e imagem."

- A consumidora Ann Minch enviou um vídeo sobre o Bank of America para o YouTube chamado "Revolta de um devedor" após ver a taxa de juros do cartão de crédito saltar de 13% para 30%. Ela estava farta e se recusou a pagar a taxa. O vídeo se tornou viral e, em 3 meses, mais de 500 mil pessoas o assistiram, milhares comentaram e até a mídia tradicional, como programas de televisão, exploraram a história. O Bank of America reagiu e resolveu o problema com a Ann, mas não antes de o mundo inteiro ter ouvido e comentado essa experiência negativa.
- No final de 2009, o SNS Bank foi alvo de ataques quando alguém enviou um tweet com uma mensagem falsa de que o SNS estava passando por dificuldades. Isso aconteceu em um período turbulento, quando outro banco holandês estava passando por problemas e parou as operações por algumas semanas. Jan Willem Dreteler, Diretor de Marketing e Estratégia do SNS Bank, explicou como lidaram com o problema: "Na manhã do dia 13 de outubro, cheguei ao escritório e fui informado dessa falsa mensagem que, imediatamente, nos alarmou, uma vez que tínhamos acabado de ver como pequenas faíscas podem incendiar uma floresta inteira. E foi isso que quase aconteceu. Acompanhamos as discussões e vimos que, em duas horas, já tinham chegado à mídia tradicional, inclusive com a participação de pessoas do setor financeiro. Era o momento de levantar e evitar que as percepções negativas dos consumidores saíssem de controle. Por sorte, já tínhamos aprendido algumas lições graças às nossas atividades em blogs. Rapidamente desenvolvemos um texto e enviamos para divulgação no Twitter: 'Pare com as brincadeiras de mau gosto sobre o SNS Bank; um completo disparate. O SNS Bank é saudável, verifique o balanço'. Além disso, pedimos a todos os colegas do SNS que participassem das discussões no Twitter e dessem sua opinião. Muitos informaram-se antes no departamento de comunicação, uma vez que queriam espalhar mensagens honestas e autênticas. Isso gerou um aumento das discussões, inclusive com os tuiteiros iniciais. A resposta rápida apagou o fogo em um dia e impediu o dano potencial. Curiosamente, recebemos muitas desculpas de pessoas que sentiram que tinham errado ao não confirmarem as informações, causando possível dano. Usamos a experiência a nosso favor. Isso nos fez perceber que as redes de amigos das pessoas de nossa própria equipe representam um instrumento poderoso. No fim das contas, a experiência acelerou o desenvolvimento de nossa visão e estratégia e, certamente, utilizaremos as redes sociais de forma mais proativa a partir de agora."

✻

As redes sociais serão cada vez mais o espaço onde a reputação das companhias será criada ou destruída. No entanto, quando conversamos com companhias financeiras, é comum encontrarmos seis razões para que ainda estejam hesitantes.

1. "É perigoso participar de uma mídia 'incontrolável'"

Sim, ela é menos controlável; e, sim, é assustador. Você não tem controle direto, mas pode monitorar e reagir. Companhias de serviços financeiros tradicionalmente possuem aversão ao risco e são conservadoras na adoção de novos desenvolvimentos. Fechar os olhos e não participar, no entanto, não impedirá as pessoas de compartilhar opiniões online. É melhor que as empresas saibam quando as pessoas não gostam de seus produtos ou serviços para que possam tomar medidas corretivas.

2. "A privacidade está comprometida nas redes sociais"

Com tanta informação disponível na internet sobre os perfis das pessoas, hábitos e destinos, a privacidade é realmente um problema. As empresas devem lidar com aspectos como privacidade, e essa é uma questão a ser trabalhada, não um motivo para abster-se das redes sociais. Há preocupações quanto a informações particulares que podem ser lidas por todos. Todavia, é possível lidar com isso na prática. Ao tratar informações sigilosas durante a comunicação em redes sociais como o Twitter, a discussão pode ser redirecionada para canais mais seguros, assim como você faria com qualquer conversa privada em qualquer mídia. Empresas de serviços financeiros também podem minimizar problemas, como a Wells Fargo faz, ao continuamente lembrar os clientes em seus tweets que não compartilhem informações pessoais.

3. "Aspectos jurídicos e de compliance não combinam com as redes sociais"

É bastante claro que os departamentos de *compliance*, gerenciamento de risco e jurídico têm de ser envolvidos nas questões relativas a redes sociais desde o início. Eles devem estar atualizados sobre a evolução nos meios de comunicação social, como a decisão da US Federal Trade Commission (Comissão Federal de Comércio dos Estados Unidos) de obrigar blogueiros a divulgar o recebimento de pagamentos. Esses departamentos deverão também criar diretrizes sobre o uso de segredos proprietários, direitos autorais e outras questões relevantes.

Deve ficar claro, no entanto, que utilizar a sabedoria coletiva deve ser uma atividade central da empresa, uma vez que traz grande valor para o negócio: a capacidade de se comunicar e se relacionar efetivamente com os clientes. Não dá para ser "dono" da internet ou das conversas a ela vinculadas. Até recentemente você podia ser lento, pois só alguns clientes notariam. Mas agora o mundo inteiro sabe. É portanto vital organizar os processos decisórios jurídicos e de compliance de tal maneira que coincidam com a velocidade das redes sociais.

4. "Redes sociais são apenas um modismo passageiro"
Ouvimos executivos dizendo: "Com a pressão que sofremos todos os dias nos negócios, quem tem tempo para estar no Facebook e Twitter? Nós não". Também ouvimos críticos céticos sobre os tweets de executivos sem qualquer objetivo claro. De fato, como clientes, não estamos interessados no que os executivos fazem durante as férias, queremos saber como eles podem e vão nos ajudar a resolver nossos problemas e necessidades. Essas discussões, no entanto, não devem nos tirar do foco. Redes sociais não são algo marginal e muito menos apenas um modismo; são o passo lógico no processo de comunicação com o consumidor do século XXI. Trata-se do cerne do negócio, estar onde os clientes estão. Quando a maioria assistia à televisão, era lógico veicular comerciais. Quando a maioria ainda prefere contato pessoal, você precisa disponibilizar agências para vários tipos de operações. A localização dos clientes difere por público-alvo, mas uma parcela crescente estará online e ativa nas redes sociais.

> *O que você faria em nosso lugar?*
>
> Uma recente iniciativa da FBTO, uma seguradora holandesa, ilustra o grande alcance das redes sociais. A empresa divulga online os pedidos de cobertura de seguros negados e convida o público a votar se foram corretamente rejeitados pela seguradora. Se mais de 100 pessoas responderem e mais de 60% não concordarem com a decisão pela rejeição, a empresa paga ao cliente o valor solicitado.

5. "Nossa organização e nossa cultura ainda não estão prontas"
Se uma companhia pensa isso, provavelmente está certa. Redes sociais requerem transparência e velocidade. Participar delas demanda uma nova atitude e outras competências, não apenas enviar informações. Iniciativas em redes sociais podem ensejar uma avalanche de respostas, o que, em si, é bom, já que o objetivo é mesmo a interação. Entretanto, você deve estar pronto e ter os recursos adequados para atender aos consumidores à procura de respostas e reconhecimento imediatos. Caso contrário, seria como convidar os amigos para jantar e fugir pela porta dos fundos, deixando-os esperando pela refeição. As redes sociais são apenas um meio; se a sua organização não estiver pronta para escutar e responder, não haverá resultado.

6. Redes sociais não geram ROI*

Muitas vezes somos interpelados sobre a seguinte pergunta: "Sabemos que a sabedoria coletiva é uma realidade, mas existe ROI sobre investimentos em redes sociais?" Essa é certamente uma pergunta legítima, sobretudo porque dados quantitativos ainda são limitados. A relativa novidade e a avalanche de iniciativas recentes representam a primeira onda de tentativas e erros neste campo, com o surgimento dos primeiros casos comprovados. Os benefícios são numerosos e incluem maior nível de recomendações de consumidores, avaliações mais positivas e maior tráfego.

Existem alguns bons exemplos, como os da Ford, Dell, Lenovo e Burger King, e neste capítulo estamos mostrando várias iniciativas no setor financeiro, mas acreditamos não ser necessário apresentar uma extensa lista de casos de sucesso. Se você sabe que as pessoas estão falando de você e com você, há possibilidade de optar por não ouvir e não responder? Se sabe que o caminho de compra dos clientes mudou significativamente, você pode se dar o luxo de não adaptar o processo comercial e até mesmo a oferta? Ou acredita que as pessoas continuarão vindo à sua empresa de qualquer maneira?

Prestadores de serviços financeiros tradicionalmente em geral têm dificuldades para estabelecer contatos e construir relacionamentos com os consumidores. O setor de seguros não preza pela frequência de contatos com clientes, apresentando talvez um ou dois contatos individuais por ano. Com o número de interações pessoais diminuindo devido a canais remotos como internet banking, as redes sociais oferecem uma grande oportunidade para criar contatos significativos e construir relacionamentos. Quando os clientes não vêm até você, é melhor você garantir que esteja onde eles estão. Em última análise, o envolvimento do cliente, fidelização e recomendações produzem retorno financeiro.

*

A sabedoria coletiva prepara o terreno e cria uma realidade que as instituições financeiras do futuro terão de dominar. Prevemos os desenvolvimentos a seguir.

As redes sociais continuarão crescendo em todos os segmentos

A penetração e influência das redes sociais serão ainda maiores com a crescente importância da Geração Y, altamente conectada à internet: 96% já fazem parte de alguma rede social. Em 2010, a Geração Y ultrapassou, em número, a geração Baby Boomers, nascida entre 1946 e 1964.

Com dois terços dos internautas em redes sociais, além da crescente penetração da internet em todos os segmentos, fica claro que as redes sociais não

---

Nota do Tradutor: Return on Investment – Retorno sobre o Investimento.

estão limitadas a apenas alguns nichos de mercado. Baby Boomers na Europa e Estados Unidos também são cada vez mais ativos nas redes sociais. O grupo que mais cresce no Facebook é o de mulheres acima de 55 anos. Um estudo de 2010 da eMarketer prevê que quase 60% dos norte-americanos entre 55 e 64 anos, usuários de internet, visitarão regularmente as redes sociais em 2014, em comparação com os 34,3% aferidos em 2009.

Pesquisa mundial da Nielsen mostra que pessoas de todas as idades tem aproximadamente a mesma confiança na opinião de estranhos. Educação, porém, é um fator preditivo; quanto maior o grau de instrução, maior a confiança nas opiniões de estranhos.

> Quando ministramos aulas em escolas de administração ou palestras pelo mundo, testemunhamos a sabedoria coletiva e a mudança nos meios de comunicação em primeira mão. Quando contávamos nossas histórias 10 anos atrás, podíamos notar os alunos e ouvintes procurando informações nos livros. Cinco anos atrás era um mar de notebooks, e tudo o que dizíamos era imediatamente pesquisado no Google para perguntas mais profundas. Hoje, vemos o público digitando nos smartphones para ver se alguém em sua rede de relacionamentos sabe algo a mais sobre o assunto em questão.

Um fenômeno global com especificidades locais

Como todas as outras tendências do consumidor descritas neste livro, a crescente importância da sabedoria coletiva é uma tendência global. O uso das redes sociais e o nível de confiança na opinião de estranhos podem variar, por sua vez, entre países e culturas. Um estudo da Universal McCann mostra que os países emergentes, em especial, estão ultrapassando outras regiões mais desenvolvidas no intenso uso das redes sociais, como ilustrado, por exemplo, pela popularidade de redes como Orkut, no Brasil, e Qzone, na China, o que aumentará consideravelmente a penetração e o papel das redes sociais em escala global. Nesses mercados, a confiança é também muito alta. A Coreia do Sul é o país mais conectado do mundo, com elevada participação e confiança nas redes sociais.

Nem todos os mercados desenvolvidos têm o mesmo grau de confiança. A pesquisa mostra que, em mercados como Japão, Estados Unidos e Reino Unido, os internautas confiam menos em blogs de quem não conhecem pessoalmente que na Coreia do Sul. A confiança nas resenhas de consumidores em sites de varejo, como a Amazon, é alta em todos os mercados, fazendo das redes sociais uma força a ser considerada por empresas em todo o mundo.

As armas do marketing de massa perderão impacto

Os consumidores já estavam mais inalcançáveis por causa da proliferação das mídias. Mas a velha máxima "metade dos meus anúncios não funcionam, só não sei qual delas" tem sido ainda pior para os serviços financeiros. Os comerciais que fingiam que nada estava errado durante a crise sem dúvida contribuíram para alterar essa máxima. Agora é provável que mais de "80% da publicidade não funcione".

Alcançar o cliente é apenas o primeiro desafio. O segundo é muito maior: tocar o cliente por mensagens autênticas, relevantes e atrativas. E, indo um passo além, tornar sua vida melhor. As redes sociais fornecem uma grande oportunidade para melhorar, mostrar e personalizar a visão de uma instituição financeira acerca de seus clientes.

A ascensão do megainfluenciador

A sabedoria coletiva democratiza a participação das pessoas, e todos passam a potenciais influenciadores. Alguns formadores de opinião, no entanto, influenciam mais que outros. A pesquisa mostra que, em muitas redes sociais, há um grupo minoritário de usuários que contribui com a maior parte do conteúdo. Em geral, a participação dos membros de um grupo é desigual, como observa o pesquisador Jakob Nielsen. Cerca de 90% dos usuários formam a "audiência", que lê e observa mas nunca contribui, enquanto 9% são "editores", que contribuem algumas vezes, normalmente com base em algo já existente. O restante 1% são os "criadores", que contribuem com quase a totalidade do conteúdo. Um estudo da Harvard Business School, de 2009, mostrou resultados parecidos: 10% dos tuiteiros enviam 90% do total de tweets.

Os denominados megainfluenciadores são megablogueiros, pessoas que escrevem resenhas, posts, compartilham fotos, fazem upload de vídeos e, portanto, desempenham um papel central em qualquer estratégia de redes sociais.

> A Ford é conhecida por sua adesão às redes sociais. Designou um Vice-Presidente de Redes Sociais e deslocou 25% do orçamento de marketing para mídia digital e redes sociais. A Ford usou as redes sociais, especificamente por meio de megainfluenciadores, para apoiar o lançamento do modelo Fiesta nos Estados Unidos. Em abril de 2009, eles emprestaram um Fiesta aos 100 maiores blogueiros do país por seis meses. Os blogueiros tinham de postar um vídeo sobre o carro no YouTube todo mês e falar livremente sobre o modelo em seus blogs, Facebook e Twitter. O resultado? Mesmo antes do lançamento, 37% da Geração Y já conhecia esse novo modelo! Outras marcas vêm seguindo o exemplo da Ford, como a BMW, que fez das mídias sociais seu principal canal no lançamento mundial, em outubro de 2011, do novo modelo 3-*series*, mostrando o carro em evento ao vivo no Facebook.

As redes sociais serão o principal meio de orientação para compra

Em muitos mercados, já vemos que os consumidores de hoje estão cada vez mais orientados sobre a aquisição de produtos pela internet, em geral em sites que fornecem opiniões de outros consumidores. Considere os sites comparativos que agregam avaliações estruturadas mas conteúdo menos estruturado, como reclamações publicadas em blogs e as reações que desencadeiam.

Uma pesquisa da Forrester em várias indústrias, entre as quais o setor de seguros automotivos, com consumidores alemães, japoneses, e norte-americanos, revela que o marketing dirigido pela companhia, como a publicidade tradicional, marketing direto e patrocínios, ainda é o mais efetivo na fase de "consideração inicial de alternativas". O marketing dirigido pelo consumidor, como a propaganda boca a boca e pesquisas e resenhas online, entretanto, é muito mais efetivo durante as fases de "avaliação ativa das alternativas" e "fechamento do negócio".

A internet móvel potencializa as redes sociais
As redes sociais estão se tornando cada vez mais móveis. Um estudo nos Estados Unidos, realizado em março de 2011 pela comScore, indicou um crescimento de 46% na quantidade de usuários únicos em redes sociais móveis, relativamente aos três meses anteriores. Sites de redes sociais, como Facebook e Google+, preveem que mais de 50% de seu tráfego seja gerado de celulares.

A maior rede social no Japão, Mixi, já é muito mais acessada por celulares do que por computadores. Os modernos smartphones incorporam ferramentas específicas para uso de redes sociais, pois já são um dos maiores propulsores de venda de celulares.

Graças à internet móvel, as pessoas podem não só comparar produtos e ler resenhas, mas também podem e cada vez mais escrevem resenhas em tempo real e em qualquer lugar. Suporte de vendas e assessoria podem ser realizados com base na real localização do cliente. Ferramentas como ShopSavvy e SnapTell facilitam o encontro das melhores ofertas offline ou online onde quer que o cliente esteja, até mesmo em frente à gôndola na loja. Aplicativos de realidade aumentada, como o Layar, acrescentam outra dimensão. O que torna o percurso de compra, a partir de agora, ainda mais móvel.

O imediatismo das redes sociais
Um exemplo de aplicativo que permite realizar resenhas imediatas, até mesmo quando você estiver em um avião ou hotel, é o EezeeRator, com o qual os viajantes podem enviar e compartilhar comentários e fotos. O sistema por GPS é utilizado para verificar se as pessoas estão realmente no local e para lembrá-las de escrever resenhas, tirar fotos ou fazer comentários sobre uma atração específica. Esse tipo de aplicativo facilita a participação mais ativa de pessoas que não estão tão acostumadas a escrever comentários online.

> Painéis de opiniões dos clientes em tempo real e as discussões online tendem a superar as apresentações de vendas das empresas para os produtos. A Mastercard oferece o aplicativo para iPhone Priceless Picks, que permite aos usuários descobrir e explorar as "coisas que não têm preço na vida". Eles podem encontrar na tela do celular as experiências de compra, recomendações e críticas de restaurantes adicionadas por outros usuários que já frequentaram os mesmos locais.
>
> Não é difícil imaginar como os consumidores podem usar essas ferramentas para expressar opiniões sobre serviços financeiros. Imagine, por exemplo, quando o guincho demora para chegar após um acidente ou quando o cliente não foi bem tratado em uma agência bancária. É muito simples postar essas experiências para serem lidas pelo resto do mundo.
>
> É cada vez mais importante assegurar que a organização esteja preparada para os momentos da verdade com o consumidor, pois as redes sociais também trazem retorno positivo, como este tweet que notamos em fevereiro de 2010, dirigido à equipe responsável por atendimento via Twitter do Bank of America: "Adoro quando o serviço ao cliente é verdadeiramente prestativo. Obrigado ao excelente caixa do BofA na avenida Sherman, em Evanston!".

"Buscas sociais" mudam a forma como os clientes o encontrarão

As pessoas procuram cada vez menos os sites corporativos de uma companhia financeira específica, mas cada vez mais buscam termos como "comparativo de seguro de carro", "refinanciamento" ou "melhores financiamentos imobiliários". Isso levou ao surgimento do marketing online nos últimos anos, que agora já deve ser rotina para a maioria das companhias financeiras, em ações como campanhas *AdWords*, gestão de afiliados, melhoria de usabilidade, *Search Engine Marketing* e outras.

O passo seguinte são as "buscas sociais": consumidores que usam as redes sociais para descobrir o que os amigos pensam. Vemos que as redes sociais estão cada vez mais integradas à publicidade online e a ferramentas de busca. As ferramentas de e-mail já estão totalmente integradas às mensagens das redes sociais – posts do Facebook, LinkedIn e Twitter chegam à sua caixa postal normalmente. Google e Bing iniciaram cooperações com redes sociais como Twitter e Facebook, o que torna a sabedoria coletiva e a opinião das pessoas acessíveis pelas ferramentas de busca. O foco passou do fornecimento de conteúdo no site da companhia (conteúdo centralizado) para a fácil disponibilização do conteúdo para as ferramentas de busca, redes sociais e outros lugares externos (conteúdo distribuído). Esteja onde seus clientes estão.

*

Essa nova realidade que surge, graças à sabedoria coletiva, exige antecipação e proatividade dos prestadores de serviços financeiros. Antevemos 12 grandes consequências dessa tendência para o setor.

1. Espere novos entrantes com modelos de negócios que alavancam a sabedoria coletiva

Serão muitos os novos entrantes a se juntar aos sites de comparação, com modelos de negócios preparados para aproveitar a tendência de sabedoria coletiva. Modelos de negócios *peer-to-peer*, por exemplo, representam a encarnação suprema da sabedoria coletiva. Iniciativas como Prosper (Estados Unidos), Smava (Alemanha), Moneyauction e Donjoy (Coreia) e Ppdai (China) surgiram nos últimos anos. Alguns, como Zopa e Smava, estão lentamente se expandindo internacionalmente. Como acontece em geral com os recém-chegados, alguns não sobrevivem, como Boober, uma iniciativa voltada a empréstimos *peer-to-peer* na Holanda.

Acreditamos que essas iniciativas permanecerão relativamente pequenas em um futuro próximo, mas que várias outras chegarão, cada vez mais inovadoras. O impacto imediato no consumidor será a influência desses tipos de iniciativas em suas expectativas, assim como as ofertas personalizadas da Amazon se tornaram padrão no passado recente.

Em serviços de pagamentos e transferência de dinheiro, também enxergamos novos modelos, como PayPal, Xoom e Revolution Money, ganhando participação de mercado em detrimento de tradicionais instituições financeiras, como a Western Union. Essas companhias inovadoras estão mudando as regras do jogo com crescente miniaturização de pagamentos, pagamentos de pessoa a pessoa e uso de novas tecnologias, que incluem pagamentos remotos e a incorporação da função de carteira aos telefones celulares (mobile wallet). Ao conectar suas plataformas a lojas online, lojas offline, mídia móvel e redes sociais como o Facebook, essas empresas estão criando novos modelos de negócios que superam os sistemas tradicionais de pagamento.

Fornecedores mais tradicionais de serviços financeiros podem, naturalmente, se juntar ao novo ambiente. Alguns têm feito experiências nessa área. A Caja Navarra, por exemplo, com o serviço de empréstimos peer-to-peer. A American Express adquiriu a Revolution Money para ganhar acesso à tecnologia peer-to-peer. O First National Bank iniciou uma parceria com a PayPal, em março de 2010, para dar aos clientes sul-africanos acesso ao mercado global de comércio eletrônico. A PayPal tem uma base de clientes com mais de 100 milhões de contas ativas, em 190 mercados internacionais, e essa parceria enseja novas oportunidades para o banco, entre outras, no desenvolvimento das redes sociais.

> *Um fundo hedge que usa o Twitter*
>
> Em julho de 2011, a Derwent Capital Markets foi a primeira empresa a lançar na Europa um fundo hedge que emprega em sua análise de dados sentimentos derivados em tempo real das redes sociais. Em suas próprias palavras: "Por anos, os investidores aceitaram amplamente que os mercados financeiros fossem dirigidos por medo e ganância. Porém, nunca antes tivemos a tecnologia ou os dados capazes de quantificar a emoção humana."

2. Modelos de negócios têm de estar alinhados à sabedoria coletiva

As redes sociais proveem uma janela em tempo real ao que o cliente e o público em geral estão pensando. Assim, elas oferecem novas oportunidades para atender suas necessidades e resolver possíveis problemas de forma mais eficaz. É lógico presumir, portanto, que as redes sociais aceleram o desenvolvimento das instituições financeiras no sentido da centralidade no cliente, permitindo-lhes viver e compreender o poder de agir em prol do cliente.

Estando seus produtos, serviços e marca sob constante escrutínio público, seu modelo de negócio tem de ser aberto o suficiente para conseguir lidar com a sabedoria coletiva. Ele deve escutar, responder e alavancar a sabedoria coletiva.

Na maioria das empresas, as primeiras iniciativas nas redes sociais são da base para o topo, iniciadas por indivíduos com bom conhecimento de tecnologia. Com certeza, é muito bom possuir na equipe pessoas apaixonadas pelas novas mídias. Contudo, a implantação das redes sociais nas organizações tem de passar dessa fase rapidamente e crescer para funções de negócios. Ela também necessita de total comprometimento, evangelização e engajamento da alta administração da companhia.

A boa notícia é que as redes sociais são perfeitas para a realização de pilotos, testes e aprendizagem. Não estamos dizendo que as empresas devam compartilhar segredos abertamente, mas devem pelo menos já ter começado com pequenas iniciativas.

Histórias que contam e vendem

As redes sociais, em alguns aspectos, são como as mídias tradicionais: precisam de boas histórias para serem eficazes. Onna-onna, uma seguradora europeia, entrou no mercado em 2008 com esse pensamento. Ela criou um banco de ideias para produzir um fluxo contínuo de histórias inovadoras. Alguns exemplos: foi a primeira seguradora a utilizar mensagens de texto grátis para alertar os clientes sobre condições meteorológicas adversas, que tornam a condução mais perigosa; tornou os documentos de cobertura mais fáceis de ler; estabeleceu que todos os produtos podem ser cancelados em qualquer dia do ano, sem multa e é a única seguradora que não exige valor de franquia mínima para qualquer apólice de seguro. Histórias eficazes contêm ideias que valem a pena compartilhar e que não precisam ser grandes projetos, mas podem ser serviços simples, capazes de melhorar a vida dos clientes. A ideia da mensagem de texto foi, por exemplo, detectada pelo site de observação de tendências Springwise.com. Em seguida, blogs em todo o mundo comentaram a história, gerando muita discussão, o que provocou a cobertura da mídia tradicional em jornais diários e a inclusão nos sites, alimentando ainda mais as discussões. As seguradoras não têm de falar sobre si mesmas. Enquanto tiverem histórias que as permitam se destacar, a sabedoria coletiva fará isso por elas.

3. Sabedoria coletiva como parte integrante da oferta

Adicione valor para os clientes por meio da integração de elementos de outras fontes compartilhadas à sua oferta. Sites de gestão de finanças pessoais, como Mint.com e Wesabe.com, não apenas facilitam a vida dos consumidores como alavancam a sabedoria coletiva. Eles permitem a comparação de seus gastos com o de pessoas com perfil similar ao seu e utilizam a sabedoria coletiva para ajudar uns aos outros, com dicas de economia financeira.

No início de 2010 o Citigroup lançou o Bundle, em conjunto com a Microsoft. Bundle é um serviço de comparação interpessoal, com base na idade, localização, renda e perfil de residência. Pela conexão com redes sociais, como Facebook e Twitter, o Bundle compartilha dados e faz comparações com as pessoas de seu círculo mais próximo. SmartyPig, uma ferramenta oferecida em parceria com o West Bank, ajuda os clientes a poupar para compras específicas, mas também integra redes sociais, permitindo convidar as pessoas e compartilhar seu objetivo e progresso. Você também pode receber ajuda dos usuários para alcançar sua meta de poupança. A empresa Prosper, de empréstimos peer-to-peer, recentemente lançou o site "vamos falar sobre o tabu", facilitando a discussão de estratégias de redução de dívida entre consumidores. O benefício claro para a empresa é que alguns consumidores também contam histórias sobre como a Prosper os ajudou a reduzir dívidas.

Alex, um banco na Holanda e Espanha, permite que clientes respondam perguntas de outros e troquem dicas sobre os investimentos em fundos e ações via webcam e chat. USAA, um prestador de serviços financeiros, cujo público são membros das Forças Armadas dos Estados Unidos, usa princípio similar em seu fórum Member 2 Member.

4. Marcas são cada vez mais construídas pelos consumidores, as empresas apenas dão a deixa

Cada vez mais as reputações das companhias são construídas e perdidas nas redes sociais, comunidades e blogs. Nas redes sociais, histórias geradas pelos usuários agora competem com a comunicação oficial de marketing das instituições financeiras. Elas representam um desafio quanto a sua enorme quantidade e sua natureza muitas vezes bastante pessoal. As companhias não detêm mais o controle total das próprias marcas. Os clientes já estão cocriando marcas pelo chamado "open source branding" ou "Wiki branding", em referência à Wikipedia, a enciclopédia online gerada pelos usuários. As marcas evoluíram para algo de que você participa.

Isso pode ser bastante assustador para os profissionais de marketing. A construção da marca passou da "comunicação" para o envolvimento dos consumidores, dando-lhes deixas que os estimulam a criar suas próprias histórias,

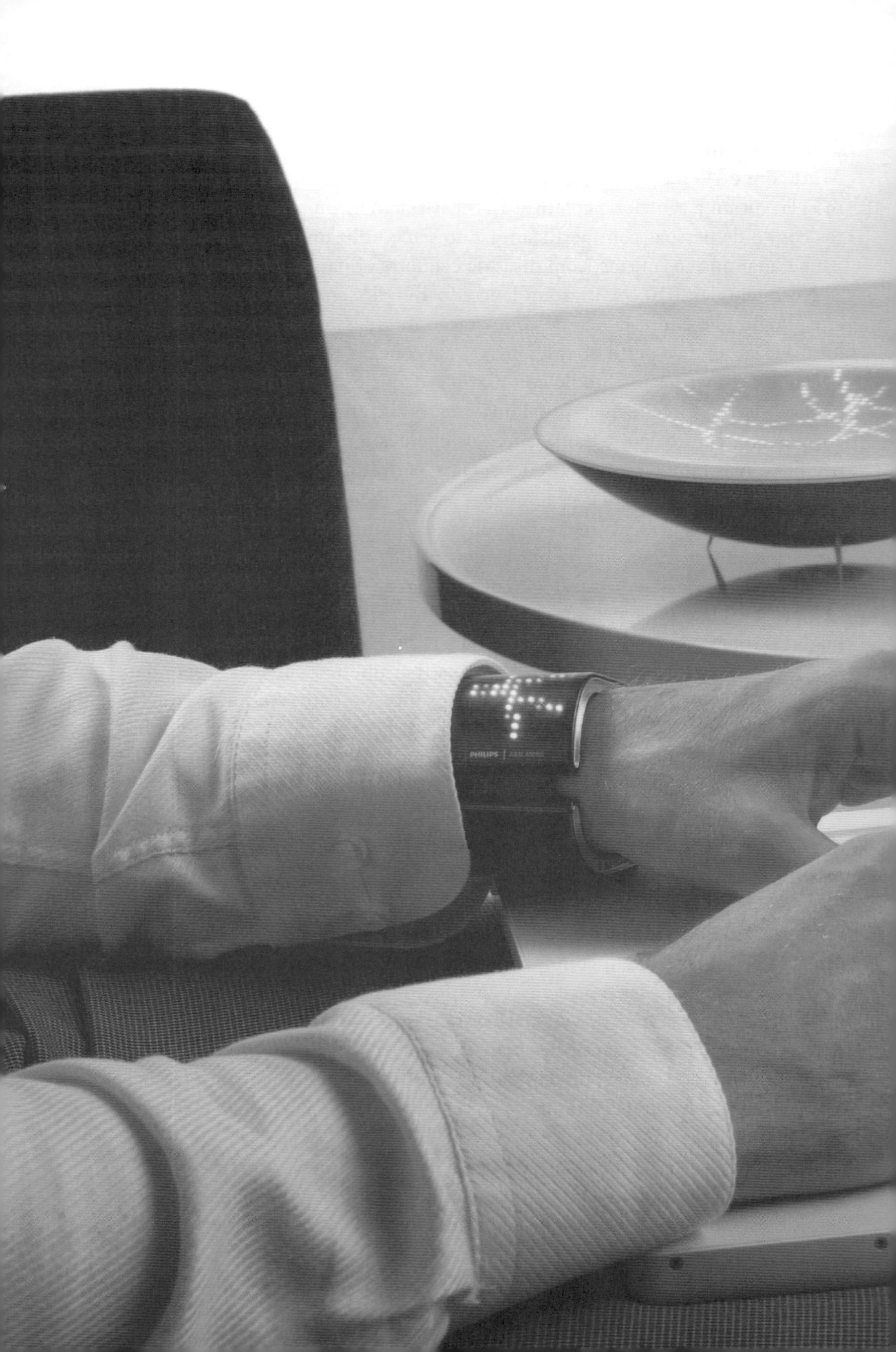
PHILIPS

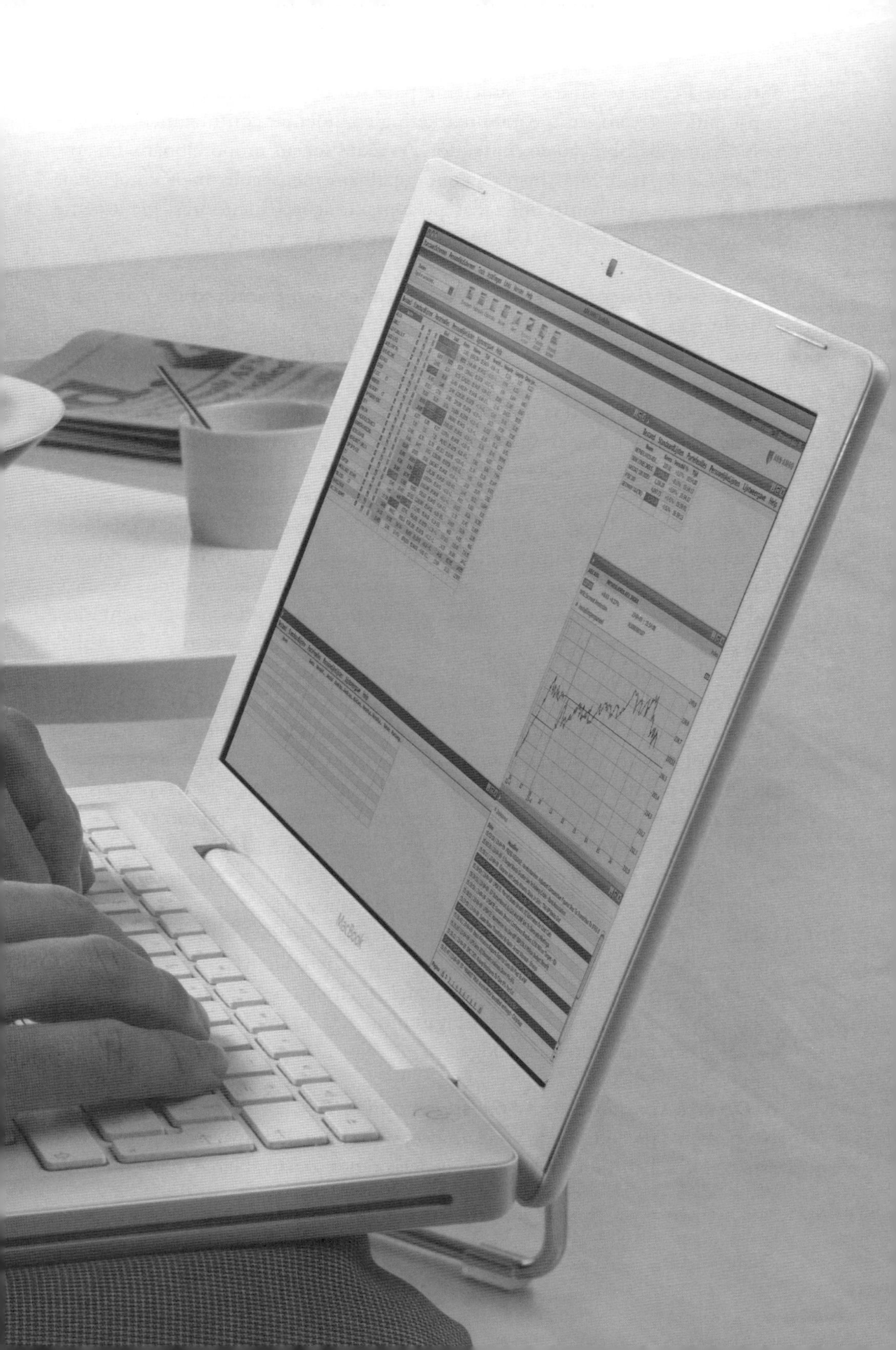

autênticas e interessantes o suficiente para serem compartilhadas por outros consumidores. O desafio para o marketing é alimentar continuamente o processo com a distribuição de conteúdos. As redes sociais proporcionam um ambiente ideal para contar histórias que espalham mensagens mais emocionais que as tradicionalmente utilizadas pelas instituições financeiras, geralmente baseadas em fatos racionais. Este é um espaço para a criatividade.

5. A sabedoria coletiva altera drasticamente o percurso de compra

A indústria do turismo ilustra perfeitamente o fato. Na "idade das trevas", isto é, antes do TripAdvisor, acessaríamos algum site de turismo e selecionaríamos o número de estrelas dos hotéis. Teríamos então fotografias das fachadas dos hotéis, dos quartos, uma lista das instalações disponíveis e as promoções. Após descartar os realmente horríveis, selecionaríamos pelo preço, já que todos os hotéis se parecem mesmo.

Isso tudo mudou com o TripAdvisor, que elenca hotéis com base na avaliação dos consumidores. A avaliação pode ser detalhada em várias dimensões, abrangendo limpeza, alimentação, nível de luxo, recomendações que indicam o perfil de viajantes que mais combina com o hotel. Costumamos verificar cada avaliação e olhamos as fotos anexadas pelos hóspedes nos comentários. Em geral, elas pintam um quadro bem mais realista que as fotografias profissionais dos folhetos. O TripAdvisor é um de nossos sites favoritos.

Mikael Andersson, Vice-Presidente da Expedia para Europa, Oriente Médio e Ásia, nos contou: "Transformamos o processo de seleção acrescentando conteúdo gerado pelo usuário. Hoje, o caminho de compra do cliente em geral começa em sites, como o Expedia e o TripAdvisor. Nos Estados Unidos, 70% das pessoas que fazem reservas online visitam um de nossos sites como parte do processo."

Em serviços financeiros, observamos a mesma tendência. Nos últimos anos, sites de comparação têm se tornado mais e mais importantes no caminho de compra, e prevemos que essa tendência seja ainda mais reforçada pelas redes sociais nos próximos anos. A sabedoria coletiva tem adicionado opiniões e recomendações aos sites, o que permite comparativos além dos preços. As fases de orientação e seleção, particularmente, inclinaram-se pelo online e redes sociais. As instituições financeiras, portanto, defrontam-se com um novo jogo, o qual elas têm de aprender a jogar.

6. Do site corporativo à "presença online"

No percurso de compra do consumidor, o declínio do impacto da publicidade está sendo substituído cada vez mais pelas redes sociais. Não é mais suficiente

---

Foto das páginas anteriores: Rationalizer, um bracelete sensível a emoções projetado para investidores domésticos. Cortesia do ABN AMRO.

ter apenas um site corporativo convincente, pois agora o maior potencial está fora do seu próprio site. É lá que os clientes se informam e encontram inspiração. Desenvolva, portanto, uma presença online que assegure seu posicionamento nos locais de alto tráfego durante todo o percurso do cliente, não apenas durante a orientação e aquisição, mas também no pós-venda.

Muitas empresas financeiras nos fazem perguntas como: "Será que precisamos usar o Twitter?" "Como podemos usar o Facebook?". O crucial é considerar primeiro os clientes, os objetivos e a estratégia, e depois as mídias, as ferramentas e a tecnologia. Os objetivos na utilização das redes sociais podem ser variados: gerar exposição, aumentar conhecimento e visibilidade, gerar leads de vendas, gerenciar a reputação, fidelizar os clientes, melhorar o atendimento, cocriar e oferecer novos serviços. Seus objetivos determinam quais redes sociais empregar. O Twitter, por exemplo, já provou ser uma boa extensão para o atendimento ao cliente.

7. O ambiente competitivo deslocou-se para os pontos de comparação e de reforço

Na jornada tradicional de compra, o ambiente competitivo era centrado no *awareness* e pontos de venda, resultando em forte foco da empresa em publicidade, materiais de ponto de venda, suporte à força de vendas e assim por diante.

Os consumidores têm adotado novos caminhos e continuarão a fazê-lo. A concorrência pelos novos e existentes clientes deslocou-se para pontos de comparação e de reforço. Sites de avaliação, blogs e microblogs, redes sociais e sites sociais de busca são as novas armas na arena. É nelas que as empresas devem se concentrar se quiserem permanecer ou fazer parte dos novos – e futuros – percursos de compra.

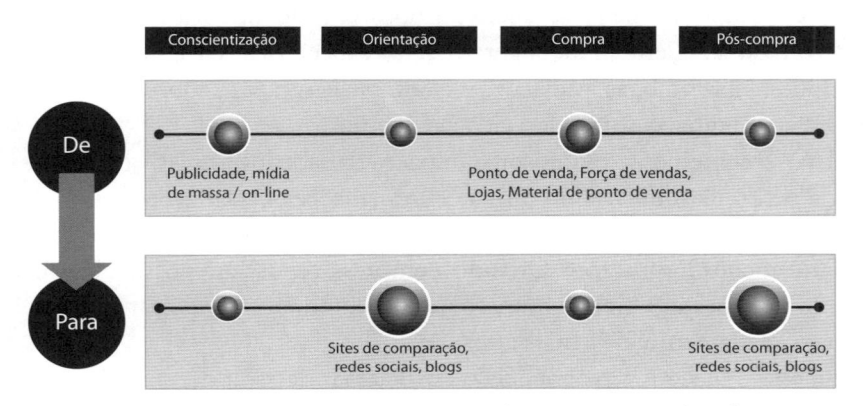

	Conscientização	Orientação	Compra	Pós-compra
De	Publicidade, mídia de massa / on-line		Ponto de venda, Força de vendas, Lojas, Material de ponto de venda	
Para		Sites de comparação, redes sociais, blogs		Sites de comparação, redes sociais, blogs

Ambiente competitivo desloca-se para pontos de comparação e de reforço.

> *Melhorando a vida com o Twitter*
>
> Muitas companhias financeiras começaram a utilizar o Twitter para prover serviços ao cliente. Um estudo de 2011 da NYU Stern, entre 27 bancos de varejo e emissores de cartão de crédito nos Estados Unidos, mostra que aproximadamente metade deles fornece serviço ao consumidor em tempo real pelo Twitter.
>
> - O Bank of America foi um dos pioneiros, constituindo uma equipe dedicada ao Twitter para "ajudar, escutar e aprender com clientes" em janeiro de 2009. Resultou em mais de 5 mil seguidores em um ano. A reação positiva e as notas de agradecimento dos clientes mostram que essa é uma ferramenta adequada para permanecer próximo dos clientes.
> - A central de serviço ao cliente do Australian UBank, uma divisão do National Australia Bank, monitora o fluxo no Twitter 24 horas por dia, 7 dias por semana, o que lhes proporciona saber em tempo real a opinião e os comentários dos clientes acerca do banco.
> - A seguradora norte-americana Progressive usa as redes sociais, especialmente o Twitter, para se comunicar com os clientes durante eventos climáticos severos, como furacões. Essa é uma boa maneira de contatar os clientes, prestando informações relevantes, como os números de emergência disponíveis ou onde localizar na região uma equipe de auxílio da Progressive. São formas de criar momentos de contato valiosos.
>
> Com base nas primeiras experiências, os benefícios para os prestadores de serviços financeiros são: reconquista de clientes, resolução de problemas, gestão da reputação, aumento positivo do boca a boca e mudança na posição de clientes, de reclamantes para defensores. A chave é realmente responder perguntas e resolver problemas. Usar redes sociais para atendimento ao cliente torna mais fácil para os consumidores compartilhar as experiências positivas.

8. Serviço será um fator de importância crescente para a compra

Os vetores de compra passarão de preço para serviço. A comparação não será mais somente por preço, mas fundamentada em experiências dos consumidores na hora da verdade. É nessas horas que você transmite que de fato se importa, e é quando a sabedoria coletiva coloca em movimento um ciclo de melhoria voltado ao cliente. Ali, superam-se as expectativas de tal forma que os consumidores fazem boas avaliações e falam positivamente sobre você. Esses clientes, seus embaixadores, dão vida às histórias.

A VODW recentemente pesquisou o impacto da sabedoria coletiva na elasticidade de preço na indústria de turismo. Informações e avaliações sobre os aspectos de serviço revelaram gerar enorme impacto, enquanto preço se tornou um fator menos importante. Quando a empresa vendedora possui elevada classificação no ranking e grande número de comentários, pode passar a cobrar preços aproximadamente 25% mais altos.

Isso está em linha com a experiência de Mikael Andersson da Expedia, que afirmou: "As estatísticas mostram que hotéis com notas médias de 3 a 3,9 têm

1,7 vezes maior taxa de conversão que os com avaliação de 1 a 2,9; hotéis com notas de 4 a 5 têm conversão 2,2 vezes maior."

Prevemos que experiências do consumidor após a compra e suas opiniões sobre o serviço prestado passarão a ser os vetores de compra do futuro.

Imagine os atuais sites de comparação de seguros automotivos expandindo informações pelo feedback dos clientes sobre o desempenho do serviço no momento da verdade: quando o carro enguiça. Ou sobre o percentual de sinistros pagos imediatamente, o número de telefonemas necessários para obter um ressarcimento, o tempo gasto para aprovação e depósito do dinheiro em sua conta, o número de clientes satisfeitos ou o número de disputas judiciais. Quando esses dados forem incluídos em sites de comparação, o conjunto de critérios de compra mudará.

Suponha que alguém possa escolher entre um seguro de carro com anuidade de €1.000, mas com desempenho pobre de acordo com a avaliação dos consumidores, e outro que custa €1.200, mas com desempenho excelente no serviço em momentos críticos. Colocamos essa questão a executivos de marketing de companhias financeiras em numerosas apresentações. Cerca de um terço opinava que os consumidores prefeririam a opção mais cara. Entendemos ser uma avaliação bastante conservadora. Mas, mesmo assim, podemos perceber uma enorme mudança nos fatores geradores de compra e no ambiente competitivo.

Martin Aaders, CEO do Santander Consumer Finance Benelux, concorda: "Estamos cada vez mais vendo sites de comparação nos quais a qualidade do serviço, como a velocidade no processo de aprovação, está ajudando a garantir uma pontuação mais elevada. Vemos também um vínculo direto entre pontuação e crescimento da participação de mercado. Os serviços, de fato, estão se tornando vetor de compra cada vez mais importante."

Como os intermediários podem retomar facilmente o terreno perdido

Consideramos o "serviço gerador de compra" um mecanismo importante para intermediários tradicionais recuperarem o terreno perdido. Mais que ninguém, eles conhecem o desempenho nos serviços das várias seguradoras. Se forem capazes de agregar esses dados – estamos falando de milhares de intermediários em cada país – e torná-los acessíveis aos consumidores em tempo real, criarão nova porta de entrada para o setor de seguros e um incrível gerador de *leads* para si próprios.

---

9. Os megainfluenciadores são a mídia do futuro

Concentre a comunicação nos influenciadores cuja opinião for mais valorizada por seu público-alvo que suas próprias campanhas. Os influenciadores, que semeiam as ideias e que possuem grandes plataformas para espalhá-las com força são comparáveis aos experts e comunicadores descritos no livro *O ponto da virada* (Sextante, 2009), de Malcolm Gladwell. Eles são a mídia do futuro.

Mas, em última análise, todas as pessoas com opiniões e pensamentos na internet são influenciadores. O papel dos press releases das assessorias de imprensa também mudou. Os press releases tradicionais forneciam informações para a mídia de massa. A utilização das palavras-chave corretas pelo conhecimento das ferramentas de busca aumenta a chance de serem encontrados. Nas redes sociais, são úteis para fomentar o diálogo e a divulgação boca a boca, com links para RSS feeds, vídeos no YouTube, blogs pessoais e afins.

A chave é construir o relacionamento com megainfluenciadores e manter a relação imaculada. Embora tentador, não pague blogueiros para postar notícias sobre você. Ao pagar pela opinião, você decresce o nível de confiança de sua comunicação para o nível da publicidade tradicional e ainda pode perder o poder da sabedoria coletiva, que exige transparência e honestidade.

> *Comportamento do consumidor online requer novos insights e técnicas de pesquisa*
>
> O pioneiro Netnography, do BBVA, usa informações publicamente disponíveis de comunidades online para obter mais insights sobre as motivações e necessidades dos consumidores online. David Villaseca, Vice-Presidente de Customer Insights, Innovation and Development Technology do BBVA, compartilhou conosco mais informações sobre o projeto: "Monitoramos a quantidade de mensagens que mencionam nossa marca, o que chamamos de volume do 'Buzz'. Também monitoramos quais temas são discutidos a nosso respeito e sobre os concorrentes e acompanhamos quão positiva ou negativa é a confiança do consumidor em relação ao BBVA e à concorrência. Em um nível muito detalhado, também obtemos insights qualitativos com base nas observações individuais de consumidores. Fazer isso online é muito mais fácil e barato que a etnografia tradicional, e nossa observação é menos intrusiva, por ser mais natural. Podemos fazer estudos contínuos em grande escala quantitativa, com uma série de modelagens para rastrear, por exemplo, os efeitos da publicidade na imagem da marca. Podemos usar esses recursos cada vez mais para gestão da reputação. Os bancos estão acostumados a fazer estudos sobre gestão da reputação em relação a investidores, mas essas novas ferramentas permitem fazer o mesmo para os grandes grupos de consumidores. Em última análise, podemos usar essas técnicas de forma mais estratégica, para segmentação e inovação de produtos."
>
> Com base nas primeiras experiências, ele acrescentou: "Uma das lições mais importantes é manter o foco. Há um grande risco de sobrecarga de informações com tantas novas mídias e tópicos a serem rastreados. Não medir tudo e ater-se ao mais importante, definindo bem os objetivos de pesquisa, deve ser o foco. É importante integrar esses dados de redes sociais aos resultados de outras pesquisas, inclusive as obtidas offline."

10. Cliente satisfeito não é suficiente, o objetivo é angariar embaixadores da marca

A crescente importância da sabedoria coletiva força as companhias a se empenharem em fidelizar o consumidor. Trabalhando com multinacionais em todo o mundo, temos observado que somente aumentar a satisfação não é o bastante para obter clientes fiéis. Para a fidelização real, a satisfação do cliente tem de ser impulsionada a níveis mais altos. Muitas companhias se surpreendem quando perdem clientes que se declaravam satisfeitos.

Recomendamos fortemente o uso de indicadores de fidelização como o NPS (Net Promoter Score). Eles indicam o número de consumidores que recomendam sua empresa, o que pode ser uma medida de lealdade porque, ao promover alguma coisa ou alguém, você coloca em jogo sua própria reputação. Promotores ou embaixadores da marca são as pessoas mais prováveis de desempenhar um papel positivo como influenciadores nas redes sociais.

Companhias como a Allianz já exploram profundamente os fatores que levam as pessoas a se tornarem promotores da marca. Andrew Clayton, da Allianz, nos disse: "Temos forte comprometimento e claras instruções da alta administração da companhia, por meio do CEO Michael Diekmann, quanto à implementação de ferramentas como o NPS. Assim podemos alinhar o foco no cliente a estratégia e processos comerciais e de planejamento. Usamos os insights obtidos para nos referenciar perante os principais concorrentes em cada mercado específico. Na Allianz, o NPS é o principal indicador de desempenho para medir o foco no cliente, estabelecer metas e incentivar a gestão. Afinal, ele provou ser instrumento de mobilização para os 150 mil colaboradores e para melhorar o foco no cliente de todas as partes do mundo."

Combinando NPS com redes sociais

A seguradora norte-americana Progressive é precursora na combinação de NPS e redes sociais. A empresa descobriu que as menções de fãs e seguidores nas redes sociais também fornecem referências. Esse insight despertou a ideia de que uma limitação do NPS pode de fato ser minimizada ao combiná-lo com pesquisas em redes sociais.

O NPS é mensurado a partir de respostas mediante o recebimento de um e-mail ou telefonema, mas não se sabe se os clientes irão efetivamente agir e recomendar a marca a familiares e amigos após a resposta à pesquisa. As redes sociais permitem explorar um nível além, e é isso que a Progressive está fazendo. Quando alguém recomenda a empresa, naturalmente a primeira coisa que ela faz é agradecer a quem a recomendou. Entretanto, a empresa também está trabalhando formas de rastrear as ações seguintes a recomendação, já que é uma oportunidade em aberto. A crença por trás desses esforços é que as compras referenciadas são o futuro.

11. Uma forma diferente de enxergar o ato de vender

As redes sociais não são mídia para vendas explícitas. Na era das campanhas de massa, era comum o esforço concentrado na venda a qualquer preço; eram poucas as oportunidades de estar em contato com o (potencial) cliente, por exemplo, em uma agência bancária. Nas redes sociais, os clientes estão em seu próprio ambiente "seguro", e o diálogo é possível. Vender nas redes sociais, contudo, pode incomodar as pessoas, o que não o tornará nada popular. Isso é, de fato, similar à tendência em outros setores, como o de cosméticos, em que a venda mais sutil e amigável por meio de consultoras está cada vez mais forte, pois o relacionamento de longo prazo é fundamental.

Claramente, não estamos dizendo que vender não seja importante, e sim que você tem de achar o momento oportuno. Há exemplos de companhias que obtiveram sucesso, como a Dell, empregando com êxito o Twitter em promoções. Essas iniciativas, contudo, ainda apresentam um volume relativamente baixo de faturamento.

As redes sociais referem-se, sobretudo, à construção de relacionamento e aumento do engajamento dos clientes, proporcionando mais conselhos que vendas imediatas, justamente como um verdadeiro amigo o faria.

12. Novas competências são necessárias

Ainda vemos muitas instituições financeiras utilizando mídia online e redes sociais como canais de comunicação "tradicionais", ao lançar um canal da marca com comerciais no YouTube ou ao inserir banners em sites de redes sociais. Essa ainda é a forma antiga de trabalhar.

As redes sociais ganharão cada vez mais importância em situações nas quais as reputações forem criadas ou destruídas. Os desafios para os prestadores de serviços financeiros são evidentes: onde as discussões estão ocorrendo? Como podemos nos manter informados? Como faremos para as pessoas comentarem sobre nossa empresa, produto ou serviço com integridade? Como vamos participar da discussão?

É bastante claro que novas competências são necessárias. As habilidades de comunicação das instituições financeiras são tipicamente voltadas para os meios tradicionais. Lidar com a sabedoria coletiva é totalmente diferente de escrever um briefing para a agência de publicidade ou de relações públicas e, depois de algumas semanas, extasiar-se com um anúncio ricamente elaborado em uma revista ou com uma entrevista inteligente em um jornal financeiro.

Também em áreas como segmentação de clientes, encontramos novas práticas. Redes sociais e companhias de internet iniciaram a segmentação de internautas de acordo com o uso social na internet e comportamento online. Empresas como TripAdvisor e Facebook detêm ampla gama de informações, capaz de criar perfis de usuários com excelência.

Muitas empresas de serviços financeiros começaram a desenvolver essas novas competências nos últimos anos, em níveis distintos, como em um jogo de computador no qual você só pode começar a jogar o nível seguinte quando tiver dominado o anterior.

Novos imperativos da gestão da reputação

Com as opiniões em tempo real e reputações sendo esmagadas de um dia para o outro, a gestão da reputação passou a ser a bola da vez. Algumas regras sobre como agir ao iniciar a conversação online já estão consolidadas:

- Fronteiras tradicionais entre marketing, vendas, atendimento ao cliente e comunicação estão desaparecendo. Cada vez mais, marketing e comunicação, em particular, necessitam de maior integração para lidar adequadamente com as opiniões do consumidor.
- Certifique-se de que os funcionários estão lá para realmente ouvir os clientes e agregar valor ao ajudá-los, de forma contínua.
- Nomeie pessoas específicas para participar da conversa. Defina regras para as atividades dos funcionários, capacite-os e forneça informações suficientes e acesso aos principais stakeholders, permitindo assim respostas ágeis e oportunas. Isso também significa conectar o monitoramento da marca e ferramentas de redes sociais a sistemas de CRM.
- Se um erro ocorrer, não tente escondê-lo; resolva-o e responda ao cliente com a solução encontrada, como é feito na gestão de reclamações pelos meios "tradicionais". Resolver situações adversas cria embaixadores e fidelização.
- Ao responder ao cliente, seja aberto e transparente sobre sua identidade e ligação com a empresa.
- Resolva problemas com clientes atendendo-os pessoalmente. Quando eles vão à empresa, se identificam pelo nome. Você deve fazer o mesmo.
- Reaja a boatos falsos ou mal-entendidos. Limite-se somente aos fatos e não deixe as discussões se arrastarem.
- Escolha suas batalhas: seja seletivo ao que reagir. Não faz sentido se envolver em discussões aviltantes, uma vez que é praticamente impossível ouvir e responder a todas as conversas. Concentre-se em sites e reações que influenciam fortemente a opinião de outros consumidores.

QUATRO NÍVEIS PARA ATINGIR O ENGAJAMENTO DO CLIENTE

Nível 1: Monitore
Gere insights aprofundados sobre as atividades online de seu público-alvo

Conheça os hábitos online dos potenciais e atuais clientes e os lugares onde as pessoas escrevem sobre você. Monitore as experiências sobretudo durante os momentos da verdade e use essas informações para resolver questões e se sobressair nesses momentos. A quem o cliente escuta e em quem confia? Quem são os megainfluenciadores?

Use ferramentas de análise para entender o comportamento do consumidor nas redes sociais. Ferramentas como Google Alerts, TweetScan, Social Mention, TNS Cymfony, Radian 6 e Technorati fornecem oportunidade em tempo real para monitorar estruturadamente as opiniões e preocupações das pessoas em blogs, Twitter, fóruns e afins. Esteja preparado para ler muitas informações negativas ou desagradáveis.

Se você está acostumado à comunicação em somente um sentido, escutar será algo novo e, por isso, pode ser difícil. Nas redes sociais, contudo, essa é uma atividade contínua. Por fim, você terá um termômetro monitorando diretamente seu ativo mais importante: a base de clientes. Você saberá, em tempo real, as opiniões, pensamentos, necessidades e desejos do mercado. Caro? Não, se comparado aos enormes montantes investidos na mídia tradicional e em pesquisas de mercado.

Nível 2: Participe
De ouvir passivamente a envolver-se ativamente no diálogo

Somente ouvir e observar passivamente como os clientes discutem entre si sobre seus produtos, empresa e serviços não é suficiente. Não reagir pode parecer insensibilidade. Além disso, você corre o risco de outras pessoas responderem por você e participantes com voz mais ativa influenciarem outros. Participe ativamente na criação da opinião online e mostre que está escutando e atuando. Faça parte da conversa e explique por que certas decisões são tomadas, aumentando, assim, a transparência.

Crie uma equipe para atendimento online, responsável por participar em mídias menos estruturadas, como blogs, fóruns abertos e discussões. Pode ser uma equipe exclusiva, parte do departamento de comunicação da companhia ou, por exemplo, gerentes de produtos que os representem. Meios como o Twitter têm provado ser uma boa ferramenta para gerenciar crises em tempo real, como o caso do SNS Bank que mostramos neste capítulo.

Nível 3: Facilite
Estimule discussões sobre sua marca

O First Direct convida clientes a falar sobre o que pensam no hotsite Talking Point. No American Express Labs, os clientes testam a oferta de novos serviços. Visitantes do site podem dar opiniões sobre várias iniciativas inovadoras prestes a serem lançadas.

Vemos também muitos prestadores de serviços financeiros que reforçam presença pela criação de comunidades próprias, por exemplo, para pequenos empreendedores ou pela criação de um blog ou fórum. Acreditamos serem poderosas formas para amealhar insights valiosos dos clientes, experimentar e aprender.

Muitas iniciativas, no entanto, ainda apresentam baixa participação dos consumidores. Em parte, isso pode ser atribuído ao fato de que os prestadores de serviços financeiros entraram tarde no cenário das redes sociais. Outro fator, certamente, é o conteúdo oferecido. Para de fato gerar tráfego, você tem de estar em sintonia com o público-alvo e fornecer-lhe bons motivos para participar.

Entretanto, o fator mais importante da baixa taxa de participação nas iniciativas proprietárias é que grande parte do processo de orientação e discussão sobre as marcas, produtos e serviços ocorre fora dos sites das empresas. Com tantos lugares onde obter informações objetivas e confiáveis de outros consumidores, por que você iria para um lugar onde acredita que a informação esteja deturpada?

Já existem muitas comunidades que se concentram em interesses ou etapas específicos da vida, como o nascimento de um filho e a compra da primeira casa. Para de fato acelerar o desenvolvimento é, portanto, muito mais eficaz entrar em uma parceria para garantir a presença onde seus clientes já estão e já falam sobre você. Além disso, os parceiros podem fornecer conteúdo relevante. A Progressive fez uma parceria com o Lonely Planet, nos Estados Unidos, para fornecer aos clientes que vão viajar informações e dicas turísticas. Outras empresas usam comunidades existentes, como a Visa faz com o Facebook.

Nível 4: Dê poder
Alavanque os cocriadores

Como discutimos no Capítulo 6, cocriação é a manifestação definitiva de "estar próximo" do cliente. As redes sociais fornecem ferramentas eficazes para a cocriação. Contudo, é necessária uma nova mentalidade. Não se trata de transferir a responsabilidade para os outros, mas, ativamente, facilitar o diálogo e engajar as pessoas, provendo as ferramentas corretas. A Procter & Gamble é um ícone da cocriação, com mais de 50% das iniciativas de novos produtos envolvendo significativa colaboração de inovadores externos. Nos serviços financeiros, o AEGON Bank organiza regularmente os chamados "TweetBankets". Durante esses eventos online, os clientes contribuem com ideias e propõem questões em tópicos específicos, como "O que fazer para se tornar o provedor ideal de serviços financeiros".

CRIANDO EXPERIÊNCIAS VIRTUAIS

Por Joseph Pine II, cofundador da Strategic Horizons e coautor dos best-sellers Autenticidade,* e The Experience Economy.**

Não é de se estranhar que as pessoas tratem produtos financeiros como meras commodities a serem compradas e vendidas com base somente em preço, preço e preço.

No setor financeiro de hoje, os clientes interagem menos com pessoas e mais com máquinas, sejam caixas automáticos, sistemas de resposta por voz ou sites. A diferenciação entre companhias financeiras é pequena, especialmente online, tornando assim o marketing cada vez mais difícil.

---

* Nota do Tradutor: Autenticidade: tudo que os consumidores realmente querem. Joseph Pine II & James H. Gilmore. 1ª ed. Rio de Janeiro: Campus/Elsevier, 2007.
** Nota do Tradutor: The Experience Economy: Work Is Theater & Every Business a Stage. Joseph Pine II & James H. Gilmore. Harvard Business Press, 1999.

Portanto, procure entender o princípio de que a experiência é o marketing. A melhor maneira de gerar demanda para qualquer oferta a consumidores potenciais ou atuais é experimentá-la em um lugar – seja físico ou virtual – tão interessante que eles não possam evitar prestar atenção. Além disso, como a publicidade tende a se degenerar em uma máquina criadora de mentiras, pare de dizer o que está oferencendo por meio da publicidade e comece a criar espaços, já que a criação de espaços para que os consumidores vivenciem a experiência de marca fornece as melhores oportunidades para as empresas demonstrarem exatamente quais são as ofertas para os atuais e os potenciais clientes.

O setor de serviços financeiros já tem numerosos espaços físicos exemplares, como ING Direct Cafés ou o Umpqua Bank, que criou agências com espaços denominados "Umporiums" e que servem como centros comunitários para a vizinhança, onde os consumidores de fato gostam de passar o tempo. Esses conceitos provam que, se você prover o valor econômico que o consumidor de hoje realmente deseja, pensando além de bens e serviços padronizados, engajando-o em experiências de valor crescente, você será economicamente recompensado.

Com o mundo online em expansão, as empresas não devem limitar *place-making*, ambiente em que os clientes vivenciam a experiência de marca, ao mundo físico, mas criar espaços virtuais. A maioria das empresas agregará maior autenticidade quando integrar o físico e o virtual, com experiências virtuais incentivando visitas físicas – e vice-versa. Use a internet como um "pré-show" (termo emprestado da Disney, usado em espaço onde se formam filas para ouvir a história dos bastidores do grande espetáculo), gerando expectativa para a experiência física a ser vivenciada adiante. Estúdios de cinema usam trailers online e vídeos com cenas da produção para ajudar a promover os blockbusters. A internet também pode ser usada para experiência pós-show, permitindo aos consumidores reviverem online o que vivenciaram e aprenderam no mundo real.

Considere, ainda, experiências de *place-making* nos seguintes níveis:
- Domínios de experiências: portais, como MSN, redes sociais, como Facebook e LinkedIn, ou mundos virtuais como a sul-coreana MapleStory ou a chinesa QQ.
- Grandes plataformas: as companhias estão considerando os domínios de experiências tão eficazes que criam os seus próprios, como o Stagecoach Island, da Wells Fargo, para ensinar os serviços bancários a jovens adultos.
- Colocação derivativa: é análoga às lojas dentro de lojas no mundo físico. As companhias cada vez mais criam sites dentro de sites de outras empresas para vender, como a LEGO dentro do HarryPotter.com e StarWars.com.

Esse é o momento para aprender como explorar essas experiências virtuais, mas nunca deixe de mantê-las autênticas, de modo que represente no mundo virtual o mesmo que as pessoas encontram no físico.

COMO A INTERNET E A SABEDORIA COLETIVA ESTÃO TRANSFORMANDO UM SETOR

O setor do turismo sofreu fortes transformações nos últimos anos. Surgiram novas companhias, como a Expedia Inc. e suas marcas online, Expedia.com e TripAdvisor. Utilizando as mais novas tecnologias, o Expedia.com é o líder mundial em viagens, ajudando milhões de viajantes a pesquisar, planejar e reservar sua viagem. O TripAdvisor, por sua vez, é a maior comunidade mundial de turismo, com mais de 65 milhões de visitantes únicos por mês.

A sabedoria coletiva tem papel central no sucesso e crescimento dessas empresas, como Mikael Andersson, Vice-Presidente da Expedia para Europa, Oriente Médio e Ásia, nos contou.

Qual a importância da sabedoria coletiva para vocês?
Reunimos fornecedores, anunciantes e clientes e, ao mesmo tempo, criamos uma plataforma que alavanca o conhecimento de muitos viajantes, o que é um importante pilar para nosso modelo de negócio. As opiniões e conselhos de viajantes reais são fontes valiosas para outros na pesquisa e planejamento de uma viagem. Mais de 10% dos clientes que fizeram reservas conosco escrevem resenha com suas opiniões. O TripAdvisor tem mais de 20 milhões de membros cadastrados e mais de 50 milhões de resenhas, que abrangem mais de um milhão de hotéis e atrações.

Poderia citar exemplos de benefícios para os clientes?
O conteúdo gerado pelos usuários é claramente apreciado pelos clientes porque auxilia na pesquisa e planejamento de viagens. Para nós, isso significa colocar o viajante em primeiro lugar.

Com esse objetivo em mente, implantamos duas iniciativas baseadas na sabedoria coletiva, em conjunto com o TripAdvisor. Nos Estados Unidos, introduzimos a ferramenta interativa Drive Getaway, que permite aos usuários escolher lugares a distâncias acessíveis para dirigir de sua cidade de origem com um tanque de gasolina ou menos. Usando a ferramenta, as pessoas podem acessar os hotéis com melhor ranking no Expedia.com que se encontram no caminho. Além das recomendações, a ferramenta também exibe fotografias dos próprios usuários com as atrações dos destinos.

Outro serviço inovador é o SeatGuru, que possibilita selecionar os melhores assentos nas companhias aéreas com base nas opiniões geradas pelos passageiros, para viajarem com mais conforto. Muito útil, por exemplo, para pessoas que necessitam de mais espaço para as pernas ou que queiram evitar poltronas não totalmente reclináveis.

Como a sabedoria coletiva ajuda a companhia quanto a seu objetivo de crescimento?
Dar poder aos viajantes é um dos principais pilares de nosso sucesso. O conteúdo gerado pelo usuário traz mais visitantes, mais viajantes e, com isso, mais receita. É um círculo virtuoso, porque esses novos clientes trarão mais conteúdo. Esse círculo virtuoso nos permitiu crescer fortemente no passado e certamente continuará a ser fator de sucesso no crescimento futuro.

Como vocês veem a questão da credibilidade no conteúdo gerado pelos usuários? E como isso afeta o futuro da sabedoria coletiva?
O TripAdvisor garante aos gerentes dos hotéis a oportunidade de reagir a comentários negativos e inclui o perfil do autor da avaliação, para tornar as resenhas mais legítimas. Um executivo valoriza mais a opinião de outro executivo que a de um jovem casal atrás de um fim de semana romântico. Planejamos fazer o mesmo no Expedia, onde, atualmente, enfrentamos questões de credibilidade no processo de resenhas. Convidamos apenas pessoas que de fato estiveram no hotel para falar sobre a experiência. Além disso, temos um processo de verificação das resenhas antes de as colocarmos no ar. Sem dúvida, prevenir fraudes é vital.

A sabedoria coletiva, contudo, veio para ficar. E qual seria a alternativa? É incrível constatar a quantidade de pessoas que não confiam nas mensagens das companhias, mas que confiam no que uma senhora, mãe de cinco filhos, de Bognor Regis, Inglaterra, escreve sobre Dubai.

GERANDO FOCO NO CLIENTE ATRAVÉS DE INSIGHTS EM PROL DOS CLIENTES

Em nossa visão, mensurar o grau de defesa do consumidor (customer advocacy)* tem papel fundamental na centralidade do cliente na organização. Discutimos esse ponto com muitas pessoas na vanguarda da defesa do consumidor. Andrew Clayton, Diretor de Operações da Allianz no Reino Unido, foi responsável pela criação de um programa de foco no cliente estendido globalmente. A Allianz é pioneira no uso do Net Promoter Score (NPS). Andrei Litvinov, Vice-Presidente Sênior, e Irina Chichmeli, Vice-Presidente de Marketing, ambos do Life Financial Group, projetaram e testaram um modelo de negócio com base na fidelização fundamentada no conceito de NPS, pelo qual se empenham em revolucionar o sistema bancário russo. Jonathan Marshall é o executivo responsável por insights do cliente e de marketing para o Lloyds TSB, que utiliza a solução de pesquisa TRI*M da TNS para de fato implementar as mudanças na empresa.

Foco no cliente nada mais é que um meio para um fim. Quais são suas crenças por trás deste conceito no que diz respeito aos objetivos do negócio?
Andrew Clayton: Foco no cliente é uma maneira de nos diferenciarmos da concorrência. Nossa plataforma "escutar, aprender, mudar" tem papel central nisso. Ao escutar nossos clientes, entender suas necessidades e implementar soluções além de suas expectativas racionais e emocionais, aumentamos a facilidade de fazer negócios com a Allianz, além de obter maior tranquilidade e confiança em tudo o que fazemos. Em última análise, queremos criar uma experiência superior para o cliente, que maximize a fidelização e resulte em mais indicações, maior nível de retenção e vendas cruzadas, gerando assim crescimento sustentável com lucratividade.

Andrei Litvinov: Nossa estratégia é nos diferenciar pelo relacionamento de longo prazo com os clientes. Queremos ser reconhecidos pela excelência em serviços e não apenas pelas características ou benefícios dos produtos. Nosso objetivo é conseguir alcançar um tempo de vida médio com o consumidor de 20 a 25 anos, e estamos construindo essa vantagem competitiva em serviços hoje para estarmos bem à frente dos concorrentes quando a economia retomar o crescimento.

Jonathan Marshall: Nossa estratégia é ganhar participação no mercado pelas recomendações; consequentemente, o foco no cliente está no cerne de nossa estratégia. Se quisermos alcançar metas, precisamos entender as necessidades dos clientes e, acima de tudo, o que precisamos realizar bem para alcançar a excelência. Por essa razão, utilizamos a ferramenta TRI*M como solução estratégica de gestão da informação, de modo a mensurar, gerenciar e monitorar o relacionamento com os stakeholders.

---

* *Nota do Tradutor:* Estratégia que visa defender os interesses e representatividade do cliente nas ações da empresa.

Qual é a justificativa de negócios para colocar em prática a defesa do consumidor?

Andrew Clayton: Para todos na Allianz ficou claro que o NPS está firmemente relacionado com nossa habilidade de obter mais lucros. As análises sobre o comportamento de compra do cliente, em vários mercados, mostram que os promotores compram mais, fornecem mais recomendações positivas e permanecem mais tempo com o banco. Os fatos falam por si: aumentar o número de promotores da empresa gera crescimento orgânico.

Andrei Litvinov: Lançamos um programa piloto em seis agências em 2008 que forneceu insights muito relevantes: o promotor médio revelou-se três vezes mais lucrativo que o detrator médio, por exemplo. O crescimento do saldo das contas dos promotores (fãs da marca) aumentou aproximadamente 14% em um ano, enquanto para passivos e detratores houve uma diminuição. Assim, os promotores não só gostam de estar em parceria conosco por mais tempo, mas também criam lucratividade desproporcional para o grupo. O NPS se tornou um dos principais indicadores de desempenho da companhia. Agora já temos esclarecida a relação entre lucratividade da agência, fidelização do cliente e qualidade do serviço. Nossos gerentes estão ansiosos para ampliarmos o programa para todas as agências.

Jonathan Marshall: Utilizamos, no início de cada ano, os parâmetros da metodologia TRI*M para concentrar esforços, em vez de tentar fazer tudo. Esse processo nos permitiu ser mais estratégicos nos investimentos. Temos visto em trimestres anteriores que, quanto maior o foco no cliente, maior a pontuação em métricas-chave, como o índice TRI*M, um indicador central de desempenho à experiência do cliente.

Como a mensuração de defesa do cliente realmente ajuda a gerar maior foco nele e a implementar a mudança?

Andrew Clayton: NPS é a ferramenta ideal para obter insights sobre as opiniões dos clientes a respeito de sua real experiência com a Allianz. Medimos a percepção sobre nossa oferta em momentos críticos, como a experiência ao fazer uma solicitação de seguro. Uma das principais descobertas ao escutá-los pelo Claims Touch Point foi que eles queriam se sentir sintonizados conosco durante o processo. Grande parte disso significa alterar os comportamentos das pessoas, o que exige mudanças na forma de recrutamento, treinamento e recompensa. Essencialmente, vemos o NPS como ferramenta de gestão de mudanças para mobilizar o pessoal da linha de frente em pontos de contato críticos. Receber retorno diretamente dos clientes ajuda nosso pessoal a entender como podem melhorar individual e coletivamente, de forma a melhorar, por conseguinte, a experiência do cliente.

Irina Chichmeli: Queremos gestores que gerenciem seus negócios pela fidelização. Nosso programa piloto concretizou os principais geradores de NPS. Descobrimos que cerca de 60% da probabilidade de os clientes recomendarem o banco se dá graças a fatores estruturais, como taxas de juros e a percepção de estabilidade financeira global do banco, que são, em sua maioria, gerenciados em nível estratégico. Os 40% restantes são fatores operacionais, principalmente controlados ou influenciados pela agência. Gerentes e funcionários de agências agora compreendem seu papel crítico na fidelização e nos fatores de serviço ao cliente, como a capacidade de resolver problemas, velocidade de decisões, simpatia dos funcionários e a experiência de ficar na fila. Esse entendimento é um passo crucial para a determinação e implementação de melhorias no dia a dia.

Jonathan Marshall: No Lloyds TSB usamos a metodologia TRI*M para conduzir nossa visão de ação. É vital trabalhar para discernir os elementos subjacentes às nossas principais fraquezas para que possamos modificar e adequar treinamento, processos, produtos ou serviços. Além de distribuirmos os resultados da análise TRI*M por toda a empresa, também organizamos as respostas em áreas de negócio para alocarmos responsabilidades. Acreditamos que a responsabilidade pelos resultados é crucial. Se não estiver clara, ninguém tomará a liderança e, em última instância, não haverá mudança.

FIRST DIRECT NA LINHA DE FRENTE DAS REDES SOCIAIS

O banco britânico online First Direct, subsidiária do HSBC, tem sido exemplar no aproveitamento da sabedoria coletiva e das redes sociais. Natalie Cowen, Vice-Presidente de Marca do First Direct, explica por que e como.

Por que vocês começaram a usar as redes sociais?
Descobrimos que quase 75% das pessoas confiavam mais nas recomendações dos amigos que em qualquer outra fonte de informação. Aliado ao fato de que também tínhamos conhecimento que os clientes falavam sobre nós na internet – na maioria das vezes, de forma positiva –, fazia sentido reunir todas as conversas e projetá-las ao vivo e sem cortes em nosso site.

Em nossa visão, para realmente alavancar a sabedoria coletiva, as companhias precisam monitorar, responder e facilitar o intercâmbio de ideias e opiniões dos consumidores. Como fazem isso?
Em nosso hotsite, firstdirect.com/live, reunimos os comentários sobre a companhia, positivos e negativos, de mais de 8 milhões de blogs, fóruns e outros sites de redes sociais,

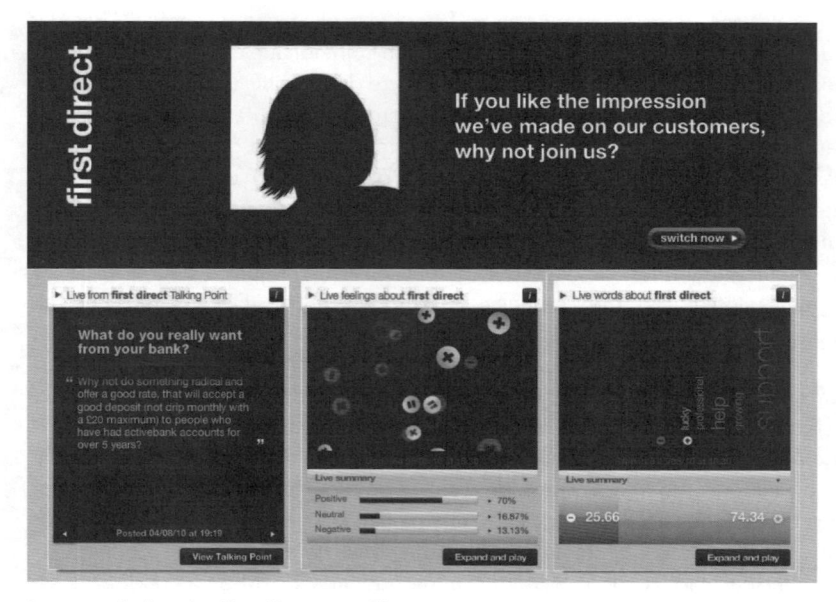

Imagem do hotsite firstdirect.com/live

incluindo o Twitter. Os visitantes podem ver e interagir com os dados, que apresentam o número de mensagens positivas e negativas e palavras mais usadas sobre o First Direct. Também realizamos uma campanha publicitária integrada para incentivar as pessoas a visitar o site e deixar mensagens e opiniões no Talking Point, uma seção que apresenta artigos para clientes e não clientes lerem e comentarem. Comprovamos que o encorajamento de comentários sem censura sobre vários temas e o convite para todos participarem das conversas no firstdirect.com/live são um enorme sucesso. Os clientes dizem o que gostam e o que não gostam em relação aos produtos e serviços, e então podemos fornecer feedback para as áreas de negócio relevantes, de forma que medidas sejam tomadas sempre que possível. Até agora, recebemos mais de 3.500 comentários no Talking Point e mais de 60 mil visitantes únicos ao hotsite.

Ao combinar sabedoria coletiva e transparência, vocês deram um passo que muitos executivos nas instituições financeiras podem achar assustador.
Que tipo de benefícios verificaram?
É um movimento que poucas marcas e bancos se atrevem a fazer, mas pesquisas mostram claramente que os clientes esperam abertura e honestidade das empresas nas quais confiam e as quais recomendam. Por sermos transparentes, mantemos nossa própria organização muito focada em temas-chave e nas preocupações dos consumidores. Essa é a base para a nossa contínua aprendizagem e melhoria. Se conseguirmos entregar o prometido e satisfazer os clientes, eles certamente nos recomendarão.

firstdirect

www.live.firstdirect.com

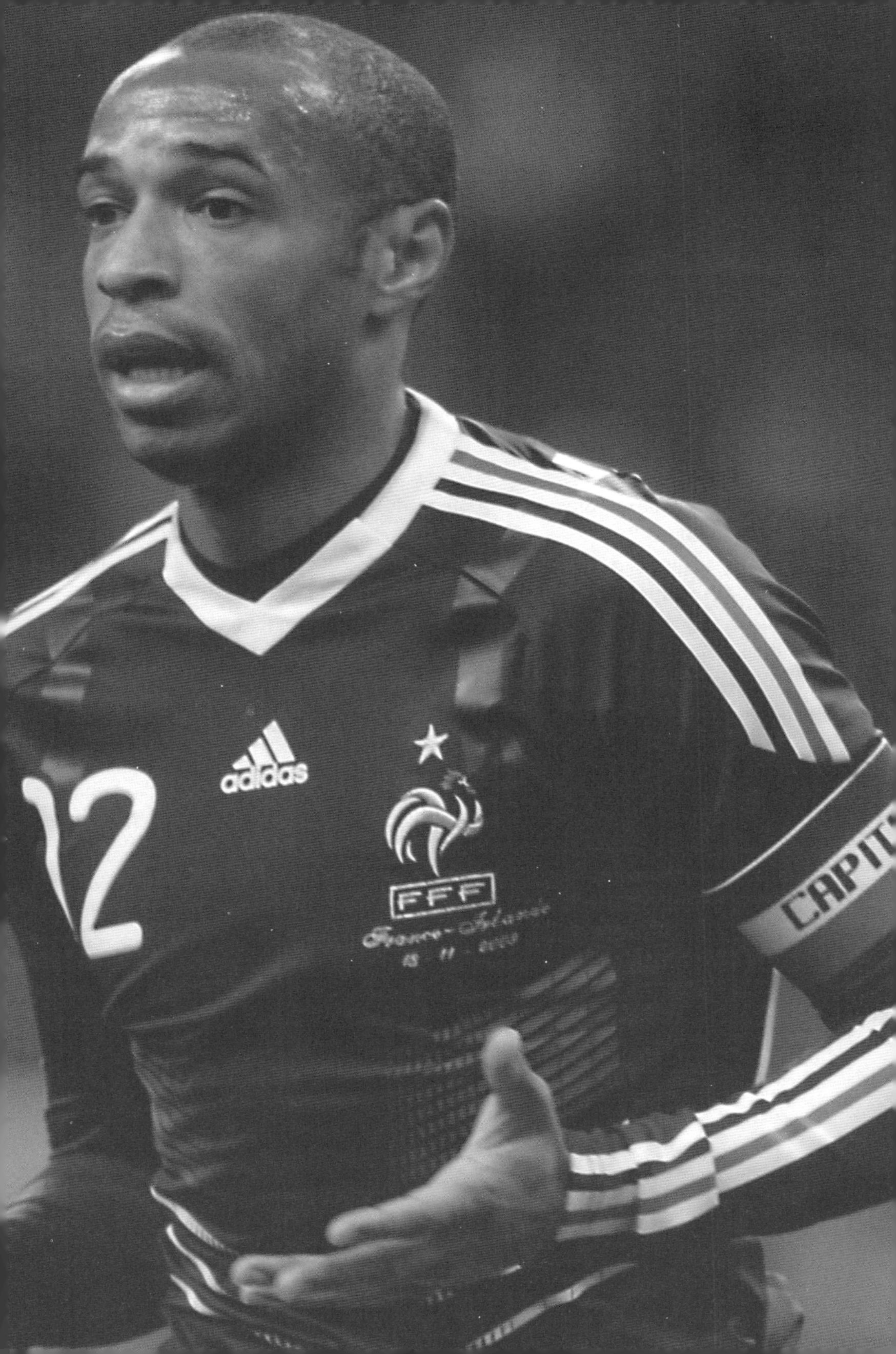
adidas
12
FFF

CAPÍTULO 5

Consumidores estão reavaliando seus valores

O que queremos dizer por "consumidores estão reavaliando seus valores"?
Na noite de quarta-feira, 18 de novembro de 2009, as seleções da França e Irlanda se enfrentavam em Paris na segunda partida das eliminatórias de classificação para a Copa de 2010. A Irlanda controlava o jogo, com desempenho bem melhor que o do oponente, mas não conseguiu finalizar o jogo no tempo regulamentar.

Já na prorrogação, o atacante francês Thierry Henry impede a bola de sair do campo com as mãos uma vez, talvez duas, e ajuda o companheiro, William Gallas, a marcar o gol da vitória. A seleção francesa comemora muito, pois, diferentemente de todas as expectativas, conseguiram carimbar o passaporte para a África do Sul.

Mas imediatamente após a partida ficou evidente a felicidade dos franceses com o triunfo. As manchetes iam da vergonha à indignação – não celebravam a vitória. O episódio chegou a ser tratado como assunto de Estado: o Presidente Nicolas Sarkozy sentiu-se obrigado a pedir desculpas ao primeiro-ministro irlandês, Brian Cowen. Christine Lagarde, a primeira-ministra francesa, sugeriu que fosse realizada nova partida. O político francês, Daniel Cohn-Bendit, afirmou que "é preciso ter estômago forte para torcer pela França depois de um jogo como este".

Obviamente, a reputação de Thierry Henry, atleta reconhecido por seu talento e moral, sofreu grande dano. Ele desculpou-se exaustivamente. Após a partida, admitiu que o jogo não fora muito justo. Alguns dias após o evento, conversamos com uma liderança influente do FC Barcelona – o clube de

---

Foto das páginas anteriores: Jogo entre Irlanda e França em 18 de novembro de 2009, em Paris. Latinstock/ © Christophe Elise/Icon SMI/Corbis/Corbis (DC).

Henry à época, que se orgulha por praticar o fair play. O dirigente afirmou com essas palavras: "Henry certamente perdeu o valor para nós."

Para a maioria dos franceses, esse episódio foi emblemático, tornando-se uma importante questão moral. Não apenas para a seleção francesa, mas para o país.

"Será que é este o exemplo moral que queremos dar às nossas crianças?", perguntou retoricamente Jacques Attali, assessor diplomático do ex-Presidente François Mitterrand. Ele disse ser vergonhoso o fato de pessoas que deveriam ser modelos de conduta afirmarem que não tem problema roubar, desde que não seja pego. Em outro comentário, o dilema foi ainda mais explorado: "Seria curioso saber como seremos julgados pelos historiadores daqui a 200 anos. Aqueles que mais celebramos hoje em dia são os que mais roubam: jogadores de futebol e banqueiros."

A forma como o público reagiu a esse ato de má-fé ilustra uma das mais importantes tendências do consumidor atual: o clamor pela ética. É só notar os debates sobre leis e valores que acontecem no mundo, o culto quase mítico a Nelson Mandela e a crescente popularidade das religiões em muitos países.

Os consumidores de hoje fazem escolhas com base no que conhecem sobre a companhia. Reputação e responsabilidade social estão se tornando cada vez mais importantes. A tendência à ética é a razão pela qual há interesse crescente em temas como trabalho infantil nas fábricas de calçados esportivos da Ásia, o desejo de saber a origem dos componentes e matérias-primas que compõem um produto, a preferência cada vez maior por energias renováveis e o avanço na participação de mercado dos alimentos orgânicos.

"Ética" é um termo que engloba amplos aspectos, mesmo quando limitado a serviços financeiros. Discussões antes da crise de crédito sobre a ética aplicada a serviços financeiros abrangiam uma variedade de assuntos: apoio a pesquisas em células-tronco, diferenciação no prêmio de apólices de seguro de vida e saúde baseada em perfil genético, os setores econômicos nos quais seria ético investir e a cobertura de cirurgias cosméticas.

Graças à crise, as discussões éticas amadureceram e se tornaram mais focadas. Os principais temas passaram a ser produtos antiéticos, modelos de negócios demasiadamente arriscados, práticas fraudulentas de vendas e – não vamos esquecer – bonificações.

> *A busca pela assessoria independente*
> - Segundo estudo do German Consumer Affairs Ministry (Ministério de Proteção ao Consumidor alemão) em 2008, os consumidores finalizaram, prematuramente, 50% a 80% de seus investimentos de longo prazo devido à assessoria inadequada no momento da aquisição dos produtos. Isso gera danos estimados aos consumidores de ¥20 a ¥80 bilhões todos os anos.

- Em uma pesquisa realizada em 2009 pela The Federation of German Consumer Organisations (Federação Alemã dos Órgãos de Proteção ao Consumidor), foi feita uma consulta a 25 assessores financeiros de bancos alemães, em uma abordagem do tipo "comprador misterioso"; 24 forneceram assessoria inadequada.
- Os resultados de uma pesquisa sobre produtos de investimento de varejo do CFA Institute com membros da União Europeia revelou que 72% dos profissionais de investimentos pesquisados consideram a estrutura de remuneração em vez da adequação do produto financeiro como principal vetor para as vendas.
- Uma pesquisa britânica do IFA Promotions (o braço de marketing do Independent Financial Advisers) revela que 95% das pessoas acreditam ser importante que o consultor esteja apto a recomendar os produtos mais adequados em todo o mercado; 88% dizem ser importante que o consultor não tenha vínculos comerciais com as empresas provedoras de produtos financeiros.
- Mais de 60% dos pesquisados globalmente em 2009 pelo Institute for Business Value da IBM acreditam que os provedores de serviços financeiros oferecem produtos que servem a seus próprios interesses, em vez de ao interesse dos clientes. O mais perturbador é que os próprios executivos do setor financeiro concordam com eles! Cerca de 40% dos executivos localizados na Europa, Oriente Médio, África e Ásia-Pacífico acreditam que as empresas de serviços financeiros colocam seus interesses em primeiro lugar; esse número sobe para 49% entre executivos financeiros baseados nas Américas.
- De acordo com pesquisa da Forrester em 2010, somente 29% dos respondentes europeus concordam com a frase "meu banco faz o que é melhor para mim, e não o que é melhor para obter lucros". Na França e Reino Unido, esse número cai para 25%.

Por que esta tendência se acelerou nos serviços financeiros?

O desastre e derrocada das instituições financeiras levantaram importantes questões sobre a moralidade do setor, chegando mesmo ao questionamento se bancos e seguradoras sequer pensam além dos próprios interesses.

Salários excessivamente altos vinham irritando o público há muito tempo. Mas a crise de crédito, os resgates financeiros e a recessão vieram a motivar o público do mundo inteiro a tomar uma atitude.

Enquanto o reconhecimento do setor de que as altas bonificações não deveriam estar na agenda é praticamente unânime, na prática, acabar com elas revelou-se bastante difícil. Sempre que bonificações, provisões excessivas, assessoria de má qualidade ou desempenho decepcionante de produtos chamam a atenção da imprensa, gera-se uma espiral de publicidade negativa.

Sentimos que a discussão sobre bonificações foi superdimensionada. Ela gera a impressão de que uma política rigorosa de remuneração seria a solução para todas as questões, desviando o foco do problema real: as mudanças necessárias que podem fazer a diferença. O ponto fundamental é que o consumidor deseja mais do que nunca instituições que se importem com eles.

✳

Por que esta tendência ganhará importância?

Enxergamos razões diversas. Primeiro, vemos que as tendências ecológicas e de sustentabilidade continuam a ganhar importância. Segundo, a crise está acelerando as mudanças no estilo de vida de uma quantidade significativa de pessoas. Terceiro, a Geração Y está entrando no mercado, demonstrando um comportamento de consumo mais responsável comparativamente a todas as gerações que a antecederam.

O comprometimento com a ecologia continuará

Governos, corporações e consumidores têm reconhecido e mesmo abraçado a sustentabilidade como um dos maiores desafios do nosso tempo, mesmo que os fracos resultados da Conferência do Clima de Copenhague possam sugerir o contrário. Mesmo durante a crise econômica, a maioria das companhias e governos manteve o comprometimento com a ecologia e com os demais temas relacionados com a sustentabilidade. Da administração de Obama ao governo chinês, todos se projetaram para dominar a economia pós-recessão por meio da sustentabilidade.

> *Tons de verde*
> - A maior cadeia varejista do mundo, Wal-Mart, decidiu introduzir um sistema de pontuação para elencar todos os produtos à venda de acordo com as características ecológicas e socialmente sustentáveis.
> - Segundo uma pesquisa da Reuters conduzida em outubro de 2009, mais de 450 companhias verificaram aumento de 63% das compras de produtos "verdes" em apenas um ano, de computadores a produtos químicos e de limpeza. A consciência está se transformando em ação.
> - Bundanoon, pequena cidade de New South Wales, na Austrália, baniu a venda de água em garrafas plásticas de marca. Por questões ambientais, a comunidade votou para que sejam substituídas por garrafas vazias, rotuladas "Bundy na fonte", que podem ser enchidas com água direto das torneiras e fontes da cidade.

Com ou sem recessão, o consumidor continua a demandar "sustentabilidade". Novamente segundo a Reuters, mesmo em meio à crise, quatro em cada cinco consumidores norte-americanos disseram ainda estar comprando produtos e serviços "verdes", os quais por vezes custam mais caro. No Brasil, os números são semelhantes. A pesquisa Sustentabilidade, realizada pela TNS em 2009, revelou que 69% dos brasileiros estão dispostos a pagar mais por produtos com apelo socioambiental.

Um estudo da agência de pesquisas de mercado britânica Trajectory mostrou, no entanto, que essa tendência diminuiu o ritmo de crescimento durante a recessão. Os consumidores continuam interessados em produtos e serviços sustentáveis, mas nem todos desejam ou podem pagar mais por eles.

Em categorias nas quais produtos ecológicos são mais caros, o consumidor realiza a troca por alternativas mais baratas, que podem ser menos amigáveis ecologicamente. Como consequência da recessão, é válido reconsiderar o posicionamento de produtos e serviços verdes de "sustentáveis mas caros" para "acessíveis mas ainda sustentáveis".

A sustentabilidade é um tema popular também entre as novas gerações. Na pesquisa Kids Power, realizada em 2007 pela TNS Brasil, com mães de crianças de 3 a 9 anos, 74% afirmaram que os filhos se preocupam com temas ligados à preservação do meio ambiente. Entretanto, o dado mais surpreendente foi o de que 40% das mães declararam que os filhos sabiam mais sobre o assunto que elas mesmas.

Mão há dúvidas de que esse é um tema que ganhará ainda mais importância à medida que os consumidores do futuro crescerem e continuarem com acesso cada vez maior à informação.

Parcimônia e o fim do consumo excessivo
De acordo com muitos consumidores, a crise aconteceu, em grande medida, como resultado do excesso de consumo até então. Talvez a crise possa não ter sido tão prejudicial assim. A recessão não apenas alterou o ambiente econômico, mas modificou fundamentalmente o comportamento de uma importante parcela de consumidores, que aprendeu a viver sem produtos caros e, de fato, passou a se sentir bem com isso. Quando a recessão passar, o controle nos gastos supérfluos fará parte de um estilo de vida mais frugal.

As pessoas anseiam por cuidado, empatia e generosidade
É nas épocas mais desafiadoras que as pessoas buscam cuidado, empatia e generosidade – exatamente o oposto da ganância. A organização Trendwatching.com vê a crescente importância da generosidade como forte tendência na sociedade e nos negócios: indivíduos carismáticos e poderosos, mais dispostos e desejosos a doar, compartilhar, colaborar, enfim, a ser mais "generosos" de muitas formas.

Para muitos, "compartilhar e doar" e consequentemente receber o reconhecimento da sociedade têm substituído o "conquistar e possuir" como principal símbolo de status. É a busca por outras formas de ser único, deixando de lado a busca da aquisição do mais caro ou maior. A tendência aponta para o não ter de ou querer consumir. Essa mudança comportamental da sociedade deveria atingir também os negócios, da mesma forma como se opõe ao individualismo. No entanto, devemos estar cientes de que ainda há partes do mundo onde uma quantidade grande de pessoas sente que adquirir riquezas é seu objetivo principal e último.

A multinacional da moda MANGO cresceu fortemente nos últimos anos, e hoje encontra-se ativa em 105 países. Enric Casi, CEO da MANGO nos explica que um dos maiores fatores de seu sucesso está relacionado com as pessoas que trabalham na empresa e os valores ali compartilhados: "Nossa filosofia é que as pessoas devem ser 50% bons profissionais e 50% 'boas pessoas'. Assim, você não deve ser, por exemplo, apenas um bom designer, mas suas atitudes também devem estar direcionadas à harmonia, humildade e afeição. Usamos essas três características das 'boas pessoas' como critério para recrutamento, avaliação e treinamento. Tomamos extremo cuidado para que pessoas com características opostas não tenham lugar na organização, como as que buscam conflito, que são arrogantes, que falam mais que escutam, ou sejam indiferentes e não se importem com os colegas, por exemplo. Essa filosofia também traz benefícios para o negócio. A meu ver, nenhum projeto acaba prematuramente por causa de tecnologia, já que podemos comprá-la. Na maioria das vezes, o fracasso está enraizado no elemento humano e na comunicação, como quando as pessoas não escutam as outras em reuniões ou acham que estão sempre certas. A chave para a nossa contínua criatividade e sucesso é ter muitas pessoas com formações e perspectivas diferentes em reuniões semanais para discutir inovações. Nosso time bem diverso de profissionais pode, assim, dar o melhor de si e alavancar suas diferenças, pois compartilham as mesmas características universais, baseadas em como desejamos tratar uns aos outros. No final, produtos do nosso setor são fáceis de copiar, mas pessoas e atitudes não."

No Brasil, o posicionamento do Banco Santander é o exemplo mais claro de materialização dessa tendência. Após a fusão com o Banco Real, o Santander adotou o posicionamento "Vamos fazer juntos". Em sua comunicação publicitária, são enfatizados os conceitos de sustentabilidade e cidadania.

Na prática, isso se reflete em ações que vão desde iniciativas de responsabilidade social à cocriação em produtos e campanhas, passando por programas de incentivo à cultura e proteção ao meio ambiente. Em tempos em que a sustentabilidade é a palavra de ordem nas campanhas publicitárias das empresas brasileiras, o Santander é pioneiro em discutir discurso e prática.

Geração Y: os consumidores mais socialmente conscientes até hoje

A Geração Y é considerada a que abriga os consumidores mais conscientes socialmente. Mais que em qualquer geração anterior, eles realizam trabalho voluntário, valorizam produtos e serviços ecologicamente responsáveis e estão dispostos a pagar mais por isso. Além disso, esses consumidores fazem uma conexão direta entre o grau de confiança em uma companhia e como ela atua socialmente. Nesse processo, eles também avaliam se o comportamento é autêntico ou apenas jogada de marketing.

As atitudes devem servir um propósito maior. A UBS age magnificamente ao dar a opção de novos funcionários adiarem o início na companhia para que possam se dedicar plenamente a serviços comunitários. Se a causa respeitar certos critérios, a UBS se oferece pagar meio salário. O benefício para a UBS é reter talentos e, ao mesmo tempo, economizar na folha de pagamentos. Colaboradores da Geração Y preferem trabalhar em empresas que possuam os mesmos valores que os deles.

O capitalismo dos acionistas não gera comprometimento nos colaboradores

A crise de crédito também impactou a posição das empresas de serviços financeiros no mercado de trabalho. Particularmente no setor de serviços, são as pessoas que fazem a diferença. A ética é a chave para atrair e manter as melhores pessoas. Os candidatos querem trabalhar para empresas das quais possam se orgulhar e desejam ver seus princípios morais refletidos nas companhias em que trabalham. Funcionários talentosos não desejam crescer somente em nível pessoal, mas buscam seu envolvimento em matérias de relevância. A grande maioria das pessoas que trabalham com serviços financeiros quer sentir que contribui para a sociedade por meio do trabalho que realiza e dos projetos nos quais se envolve.

O capitalismo dos acionistas não encontra ressonância dentro das organizações. Não motiva ou engaja os funcionários. Não atrai talentos. O bem maior, por outro lado, agrega e coloca a companhia no curso certo, contribuindo para o desenvolvimento social e econômico, trazendo prosperidade e continuidade.

A dificuldade de bancos e seguradoras com a "ética"

Muitos membros de conselhos de bancos e companhias de seguros com os quais conversamos estão convencidos de que a ética é a pedra angular do futuro dos serviços financeiros. Comparado com as demais tendências ilustradas neste livro, a lacuna entre a tendência à ética e a percepção atual em relação ao setor é sem dúvida a maior. Provavelmente, essa é a razão por que bancos e seguradoras lutam tanto contra suas implicações.

Esta história ilustra bem as muitas discussões que tivemos sobre o assunto no último ano:

Um banqueiro suíço do segmento private mencionou que, nos últimos anos, o banco realizou um índice de custo/receita na casa dos 50%. Até certo ponto, este foi um índice considerado "normal". Mas, recentemente, o conselho reconheceu que esse índice não é assim tão normal. Mas o que seria normal? 55%? 60%? 70%? O que seria ético? Perguntamos a várias pessoas que margem considerariam ética. Margens entre 8% e 15% foram consideradas razoáveis. Claro que margens são completamente diferentes das que o setor está acostumado.

Um banqueiro da City de Londres expressou uma suspeita um tanto cínica de que, em poucos anos, a memória coletiva de acionistas e empresas provavelmente já terá esquecido a crise atual. Então, veremos de novo todos os tipos de estruturação de produtos para melhorar resultados trimestrais e agradar os acionistas. Ele já ficou desapontado apenas ao imaginar isso.

Um empresário italiano do setor de seguros comentou como sua agência de publicidade insistiu que ele utilizasse o conceito de ética na campanha seguinte, pois, de fato, há pouca credibilidade para "confiança", enquanto a ética relaciona-se bem com o que os consumidores desejam. Esse pensamento está totalmente errado, afirmou o empresário, expressando medo que a ética se torne um verniz cosmético – comunicado repetidamente, mas sem mudanças intrínsecas na alma da companhia. Seu medo é que esse comportamento resulte em uma oportunidade desperdiçada para o setor.

Logicamente, ele está correto. Além do mais, esse comportamento soa como "marketing sustentável", em outras palavras, a divulgação de uma imagem mais sustentável que a realidade.

O que é ou não ético difere por país

Na maioria dos países, a evasão fiscal é crime, portanto, nada mais ético do que revelar detalhes da conta-corrente de clientes ao governo. Mas há países onde prevalece uma visão bem diferente sobre esse tópico.

Os governos estão fechando o cerco a centros *offshore*, entre eles, a maior suspeita, a Suíça, refúgio para 27% de toda a riqueza do mundo localizada nesses centros.

Como resultado, em 2009, o governo suíço aceitou seguir a linha de conduta da OECD e agora está planejando alterar tratados fiscais com uma série de países. Há estimativas de que os bancos suíços podem perder até 20% dos depósitos. Mas há também quem não vê problemas reais, já que grande parte do fluxo de depósitos nos últimos anos advém de países que já praticam baixos impostos, como Rússia e Emirados Árabes – evasão fiscal claramente não é razão para as pessoas migrarem ativos para a Suíça.

A alteração do sigilo bancário não é tanto uma questão de legislação, mas está relacionada com a forma de pensar. Ao discutir assuntos sobre clientes, são usados codinomes e apelidos. Muitos bancos em Genebra proíbem os gerentes de relacionamento de morar do outro lado da fronteira com a França, pois seria considerado um risco, caso eles levassem diariamente informações de clientes através da fronteira. Na Suíça, um banqueiro pode ir preso por até três anos se revelar sigilos bancários, ou pode ser multado em até 250 mil francos suíços por permitir vazamento de informações, mesmo que acidentalmente.

O sigilo está em seu DNA. Ainda que o IRS (Internal Revenue Service – órgão equivalente à Receita Federal) norte-americano demande o intercâmbio quase automático de informações, podemos esperar que os bancos suíços continuem seu movimento no sentido de proteger a privacidade de seus clientes.

O objetivo final precisa ser a criação de valor

Em suma, há três razões por que as empresas de serviços financeiros têm dificuldade de colocar em prática a questão da ética nos negócios.

Em primeiro lugar, ética é algo abstrato, intangível e possui muitas facetas. Isso favorece discussões infindáveis nas quais todos estão certos, e nada muda.

Segundo, porque naturalmente despontam perguntas como: "Em que momento a ética conflita com objetivos do negócio, como vendas e lucros?", "Como resolvemos isso?" e "Como a ética pode criar valor financeiro?".

E, em terceiro lugar, porque o legado de produtos que têm permanecido no mercado, sob certas condições, tornou-se bastante visível. Ironicamente, uma substancial fatia dos lucros das empresas origina-se diretamente de tais condições. Reinventar os produtos traria consequências profundas para os modelos de negócios do setor, o que favoreceria ainda mais incertezas.

> De acordo com o Federal Reserve, o setor bancário norte-americano fatura anualmente entre US$25 e US$38 bilhões em tarifas sobre o saldo descoberto nos cartões de crédito. Esse passou a ser um dos principais motores para o setor. Quaisquer limitadores éticos à cobrança de taxas de punição e juros (que precificam o risco do crédito) afetariam diretamente a linha de lucro dos demonstrativos de resultado das empresas, gerando forte impacto no modelo de negócio das empresas de cartões de crédito.

Juramentos e preparação dos futuros líderes

O setor como um todo também vem procurando instrumentos para se tornar mais ético. O juramento é um dos que garantem bastante visibilidade. A exemplo de médicos e tabeliães, a partir de 1º de janeiro de 2010, banqueiros holandeses devem fazer um juramento, como parte de um escopo maior de medidas chamadas "Código dos Banqueiros", que promete elevar os padrões éticos e morais. Entre outros pontos, devem agir com integridade e no melhor interesse de seus clientes.

Alunos de MBAs de Harvard propuseram que todos assinassem um juramento. Nele, há o compromisso de "contribuir para o bem-estar da sociedade" e "fomentar a prosperidade sustentável global, econômica, social e ambiental". Realizar um juramento explicita a integridade no sentido do "empenho de sua palavra". Mas nada significará se não for refletida dentro da organização, se não estiver direcionada para implementar essa forma de trabalho, traduzindo-a, por exemplo, em indicadores-chave de desempenho.

Os oponentes do juramento argumentam que, em muitos países, os membros do conselho e gerentes de empresas têm o dever fiduciário de maximizar a riqueza dos acionistas e, portanto, juramentos não se adequam às regras. Ou sentem que juramentos configuram-se em uma resposta inadequada à crise financeira, assumindo erroneamente que a crise fora provocada por MBAs sem ética. Ou ainda, mas não menos importante, acreditam que as pessoas não se guiam por juramentos, mas por incentivos. Assinar um juramento não custa nada, portanto, não é um compromisso crível.

Muitas escolas de administração recentemente introduziram cursos de ética nas ementas, que abrangem desde o puro controle de danos, como matéria

Fotografia: Cortesia do Umpqua Bank.

relacionada com a gestão de risco, até a ética como dever para com a sociedade. O notável é que, na maior parte dos casos, foi criado um curso de ética isolado.

Debatemos a importância do ensino da ética nas escolas de administração com José Manuel Campa, professor de Finanças da IESE Business School, na Espanha. Concluímos que os aspectos éticos devem fazer parte de todos os cursos, não ensinados separadamente, em um curso específico de ética. Pense em business cases e processos decisórios: não seria muito difícil incluir os interesses de todos os stakeholders na discussão, em vez de se limitar à análise dos resultados financeiros. Ética não se deixa de lado. Talvez vá mais além; o comportamento ético deve não fazer parte apenas da educação escolar, mas da formação do indivíduo, dos modelos de comportamento no passado e no presente e de seu caráter.

✳

Comece a definir ética como nada além de decência e caráter

Refletir sobre as implicações da ética traz semelhanças com o significado da internet no início, por volta de 1995. Os executivos ouviam falar, mas não conseguiam enxergar o impacto futuro. Parecia cedo demais para conseguir compreendê-la – era necessário mais tempo para começar a internalizar o conceito. Da mesma forma, apenas alguns têm a visão de como a ética pode se tornar a força motriz para a transformação do setor. "Ética" pode até parecer algo etéreo demais. Essencialmente, basta fazer negócios com decência – honestidade, transparência e justiça. Talvez o setor deva começar por aí.

1. Aja visando o interesse do cliente

"Fazer negócios com decência" é mais tangível que o conceito abstrato de ser "ético". O ponto aqui é ajudar o cliente da melhor forma possível e com a maior transparência. Recomende apenas os produtos que você mesmo compraria. Trate os clientes da forma que gostaria de ser tratado. Aja assim não só no momento de oferecer um produto ou nas campanhas de marketing, mas em tudo que envolva a experiência do cliente com a marca. Compare isso a uma consulta com um dentista: você quer que ele o trate da mesma forma que trataria o próprio filho.

Indo além: venda somente os produtos de que o cliente realmente necessita e não o que gostaria que ele comprasse sob o ponto de vista de cross-selling. Substitua o conceito de cross-selling pelo que chamamos de cross-buying.

Ainda há um longo caminho pela frente. Com frequência, nos vemos em reuniões nas quais, após algumas horas, chega-se à seguinte conclusão: "precisamos trabalhar com mais foco no cliente", sugerindo que não é o que acontece no momento. Mas também escutamos altos executivos dizerem que "enquanto não houver piquetes na frente do escritório ou programas de televisão falando sobre a empresa, o nível de foco atual no cliente já é suficiente".

Além dessas situações, não é muito difícil apontar exemplos pouco éticos de acordo com os padrões atuais. Veja o quadro a seguir.

Definindo comportamento antiético

- Quando as taxas de juros do mercado sobem, promoções para retenção de investimentos somente são realizadas se muitos clientes começarem a movimentar ativos.
- Novos clientes frequentemente recebem condições especiais, como melhores taxas, o que não acontece com os clientes mais antigos.
- Muitos bancos aplicam a prática de *roof tiling*, em que oferecem taxas aparentemente atrativas para investimentos até que os clientes estejam seguros e fiquem adormecidos, imaginando que recebem um taxa de retorno muito maior que a efetiva.
- Os prêmios dos seguros de vida são demasiadamente filtrados: de comissões e taxas para o intermediário e custos administrativos da seguradora para as taxas de administração para seguradora e gestores individuais de fundos. Além disso, o cliente nem sempre se beneficia dos incentivos que as seguradoras recebem desses fundos.
- Em muitos países, é comum a prática no setor de seguros automotivos de adquirir novos clientes por meio de prêmios subsidiados. Uma vez conquistado o cliente,

- os prêmios são elevados ano após ano; o aumento anual é determinado por estudos de elasticidade de preço para minimizar a taxa de atrito.
- Na percepção dos consumidores, em disputas judiciais, as empresas financeiras têm como estratégia explorar o fato de que o tempo está a seu favor. A abordagem comum das empresas é não ceder. A estatística mostra que os consumidores desistem depois que o recurso em segunda instância é negado.
- Grande número de seguradoras mantém apólices de assistência funerária para pessoas que hoje já deveriam estar com 140 anos. Os montantes segurados nunca foram reclamados – nem pagos.
- Em relação a hipotecas ligadas a seguros de vida, podemos prever que as pessoas podem entrar em dificuldades em algum momento? E se pudermos, o que faremos com essa informação?
- Estamos levando em conta alterações nos impostos e suas consequências para o consumidor, quando desenvolvemos novos produtos? E as consequências já estão planejadas para a base instalada de clientes?

2. Redesenhe o portfólio de produtos

Boa parte de instituições financeiras está enxugando as ofertas. Mas o que temos visto refere-se mais a ajustes pontuais em produtos e serviços individuais. Com a lista no box anterior em mente, recomendaríamos no mínimo uma profunda e abrangente revisão do portfólio.

Claro que é impossível para um banco ou seguradora fazer uma mudança completa subitamente. Esse processo de revisão segue duas rotas paralelas: desenvolvimento de uma nova linha de produtos tão boa que a equipe comercial adore vender e até comprar; retirada do mercado de produtos dúbios e transferência de clientes para os novos produtos, seguindo um ritmo determinado pelo impacto tanto para o cliente quanto para a companhia.

Rever toda a linha de produtos e redesenhá-la é de importância vital. Mesmo que você planeje levar cinco anos para renovar completamente sua linha de produtos, esse caminho não pode ser objeto de discussão.

Quando pequenos ajustes não solucionam o problema

Ao longo da crise, a lucratividades dos bancos australianos permaneceu alta. Os consumidores australianos estavam convencidos de que boa parte do lucro advinha de taxas, comissões e penalidades, em muito excedendo os custos reais de administração, o que gerou revolta pública e o apetite por investigar a estrutura das receitas bancárias.

A reação do National Australia Bank foi cortar as taxas de saldos devedores de 50 para 30 dólares australianos, mas somente para pequenos descuidos ou déficit temporários. Os consumidores não se deram por satisfeitos. Consideraram o fato um pequeno primeiro passo em direção a serviços bancários mais justos, e agora demandam que todos os excessos sejam revistos.

No período subsequente à crise, a palavra "inovação" se tornou praticamente sinônimo de produtos que trouxeram problemas ao mundo todo, como as temerárias hipotecas e os incontroláveis derivativos. É bom saber que agora a inovação está começando a ganhar um significado totalmente novo.

3. Garanta um preço honesto

A precificação de produtos e serviços financeiros é uma das decisões mais controversas que um executivo de banco ou companhia de seguros pode tomar. Mas a regra de "decência e caráter" também se aplica aqui.

Não precisa ser difícil. Um dos maiores bancos da Índia, o Axis Bank, decidiu eliminar a penalidade para liquidação antecipada de hipotecas. O banco decidiu que gostaria de respeitar o direito de escolha do cliente se ele encontrasse taxas mais vantajosas, mesmo que isso significasse perdê-lo para a concorrência. A penalidade usual na Índia para prevenir que os clientes busquem novas taxas de empréstimos é de 2%.

A Eureko lançou uma nova companhia de seguros chamada InShared cuja proposta é formidável: ela garante o pagamento dos lucros excedentes de volta aos clientes. O dinheiro reservado para prêmios não pagos é direcionado de volta aos segurados. Os lucros excedentes são pagos aos que não utilizaram o seguro, portanto todos ganham. Aqui está o segredo: todos ganham. Os clientes podem monitorar via internet o volume de sinistros pagos e quanto sobrará para ser repartido.

Ao ler alguns blogs, fica claro que é difícil conquistar a confiança do consumidor mesmo com esse tipo de iniciativa. As pessoas perguntam: "Qual é o esquema? Não acredito em contos de fadas. Será que uma companhia financeira realmente faria algo assim?". A única coisa que a empresa pode fazer é provar continuamente que está levando a sério a promessa feita aos clientes, e que a ética não é meramente cosmética. E isso funciona; basta ver a entrevista com dois membros do Conselho da InShared, que incluímos no Capítulo 2.

4. Vete qualquer produto que não esteja totalmente claro para o consumidor

O cliente precisa entender 110% dos riscos e características inerentes ao produto. Este é o princípio de "clareza total ao cliente". Estabeleça isso desde a pesquisa com o consumidor. Se um produto não passar por esse teste fundamental de clareza, não deve ser levado ao mercado.

Permita somente produtos que sejam de simples compreensão, mesmo de quem não é profissional. Fomente total transparência de custos, comissões e receitas, por exemplo, ao fundamentar a precificação com critérios objetivos, como a taxa Euribor.

Em nível setorial, esperamos a certificação de cada oferta financeira – um selo de aprovação por produto ou serviço, fornecido por uma associação de defesa do consumidor ou órgão regulador, como a Consumer Financial Protection Agency (Agência de Proteção Financeira ao Consumidor), proposta pelo governo Obama.

5. Implemente a decência em marketing e vendas

Acabe com os subsídios cruzados. Eles não são justos nem transparentes. Os compradores, em essência, acabam pagando pelo que outra pessoa está adquirindo, o que implica o fim da conta-corrente supostamente gratuita e a introdução de taxas.

Não ofereça a novos clientes um preço melhor do que o dos clientes atuais. Isso também é injusto, mais ainda quando significa oferecer um produto inferior a clientes fiéis, comparado ao que é oferecido aos novos.

Acabe com as promessas vazias, como um gerente de conta pessoal que "proporciona serviço superior por meio de ofertas personalizadas, empatia e conhecimento dos produtos". Na prática, é raro acontecer devido ao inchaço no portfólio de produtos e à alta rotatividade entre gerentes de conta.

Solucione o conflito de interesses enfrentado por consultores e intermediários devido aos sistemas de remuneração com que influenciam a venda de produtos financeiros específicos, tornando sua assessoria plenamente confiável. Uma clara distinção entre o que é comercial e o que é assessoria – algo elegantemente simples – atingiria a essência do problema. E assim segue o raciocínio.

O fim da falácia

No final, o que importa não são as promessas, mas a ação: demonstrar de fato seu comprometimento em oferecer aos consumidores uma experiência realmente boa. Algumas empresas financeiras já estão transformando promessas em realidade.

François Coste do AXA nos traz um bom exemplo: "Para estarmos focados no cliente, o primeiro passo é procurar compreendê-los nos momentos-chave, redesenhando processos de acordo com nossas observações. Em seguida, quando atingimos o nível de serviço desejado, nos comprometemos publicamente com a qualidade deles. Na Itália, por exemplo, garantimos um tempo máximo para analisar certas operações. Se não cumprirmos o tempo, pagamos, na hora, ¥50 para o cliente e ainda deixamos mais ¥50 de crédito para nova operação. Nossos seguros automotivos na Espanha contam com 10 mandamentos, dentre os quais a oferta de uma compensação de ¥60 se o atendimento da assistência mecânica demorar mais de 60 minutos." Quando perguntamos a Coste quais os benefícios para o AXA, ele acrescentou: "Esse enfoque coloca toda a companhia sob tensão. A melhora da qualidade do serviço gera maior satisfação do cliente, que se traduz em maior retenção;

descobrimos que existe uma diferença de 10 pontos na retenção entre clientes satisfeitos e insatisfeitos."

No Reino Unido, o FirstDirect também acredita firmemente que poderá provar seu valor aos clientes. Eles oferecem £100 para consumidores que trocarem seu banco atual pelo FirstDirect. Se após seis meses o cliente não estiver feliz com o banco, eles o ajudam a trocar de banco e ainda dão mais £100. Sua promessa "aqui estão £100 se você gostar da gente e £200 se não gostar" demonstra que estão convencidos de que podem garantir a satisfação do cliente.

Kalo Bagijn, CEO do novo entrante Brand New Day, também acredita em manter promessas, mas possui uma visão diferente sobre como projetá-las: "Não oferecemos recompensa financeira no caso de não conseguirmos cumprir exatamente o prometido. Acreditamos ser totalmente possível cumprir promessas se você tiver paixão por fazer a coisa certa. Temos, por exemplo, uma política de "garantia do seu dinheiro de volta". Se o cliente não estiver satisfeito conosco e desejar mudar para um concorrente, devemos estar agindo errado. O cliente não deve sofrer por conta disso; portanto, ao contrário dos concorrentes, não cobramos nenhuma daquelas penalidades irritantes ou custos para a troca. Além disso, estamos sempre procurando surpreendê-los positivamente. É interessante notar que, no setor financeiro, é relativamente fácil surpreender o cliente apenas ao cumprir promessas."

6. Mostre que você se importa quando os clientes vivenciam momentos da verdade

Períodos de dificuldade são uma oportunidade para mostrar que você se importa. Um estudo da EFMA, em parceria com o Caisse d'Epargne francês e a PwC, nos cinco maiores países europeus, demonstra que, em tempos de crise, os consumidores esperam que o banco apoie os clientes em dificuldades. Depois da transparência nas taxas e relacionamento personalizado, essa é a terceira prioridade que os consumidores exigem dos bancos. Nesses casos, é ainda mais necessário tomar a iniciativa para tentar solucionar o problema com o cliente. Pode até parecer óbvio, mas, para muitas empresas financeiras, representa uma verdadeira mudança de paradigma.

No passado, o relacionamento com o cliente era baseado em números. Nas hipotecas, por exemplo, era baseado na taxa de inadimplência. Enquanto 1% de inadimplência era considerado normal, execuções hipotecárias ocorriam facilmente, sem muita consideração pelas tragédias pessoais que acompanhavam tais eventos. Em muitos países, o percentual de inadimplência tem dobrado e até triplicado, e agora observamos uma mudança dessa abordagem distante para uma mais humana. As instituições financeiras passaram a de fato notar os problemas individuais dos clientes e tentam auxiliá-los. Naturalmente, isso também é de interesse das próprias companhias, já que os últimos anos testemunharam perdas demais.

7. Seja mais tolerante

Aja de forma menos rígida. Lojas de departamento não deveriam exigir dos clientes fiéis recibos de compra para a devolução de artigos. Hotéis não deveriam cobrar uma diária adicional para um ocasional check-out atrasado. O programa de devolução sem custo de carros da Hyundai nos Estados Unidos é um exemplo perfeito: durante a crise, o cliente poderia devolver o carro no caso de perda de emprego ou diminuição da renda. Satisfação garantida.

Há muitas situações similares no setor financeiro. Ofereça condições privilegiadas temporárias quando os clientes estiverem com problemas financeiros decorrentes da crise. Ajude os proprietários que perderam os empregos e não conseguem honrar o pagamento de hipotecas. Os bancos precisam ter a vontade de fazer tudo que estiver ao seu alcance para ajudar os clientes a tomar medidas que estanquem o sangramento. E podem fazê-lo ao imaginar como equacionar as finanças do cliente e os pagamentos mensais reduzidos, e ajudando-os a resolver a situação com mais rapidez, como ao renegociar os termos de empréstimos, permitindo que os clientes cumpram suas obrigações em um prazo mais longo. Claro que a recessão econômica um dia irá passar, e os clientes voltarão a trabalhar. Enquanto isso, eles terão espaço para respirar. Em essência, em situações que exigem maior tolerância, o problema é transferido para o futuro, o que não gera uma solução definitiva. Os bancos também precisam trabalhar com clientes que não poderão honrar suas obrigações, encontrando soluções dignas e respeitosas, de forma que eles possam seguir e reconstruir a vida financeira.

> *Demonstre maior tolerância em tempos difíceis*
>
> - Nos seis primeiros meses de 2009, o Bank of America baixou as taxas ou concordou em modificar os contratos de quase 150 mil proprietários de imóveis. Nos Estados Unidos, 90% das perdas de empregos aconteceram em centros urbanos. As consequências do desemprego em domicílios de baixa renda são muito maiores comparativamente às que ocorrem em famílias com mais posses. Cada execução hipotecária afeta os valores imobiliários de toda a vizinhança, afetando, portanto, a percepção sobre a vitalidade e viabilidade do bairro como um todo.
> - Na Espanha, o Catalunya Caixa possui um pacote anticrise, que oferece suporte em tempos difíceis. Dentre suas características principais, há termos de pagamento de hipotecas mais tolerantes, a exemplo do Bank of America. Na hipótese de despesas inesperadas, os clientes recebem três parcelas mensais equivalentes a seu salário, sem juros. Dessa forma, o pagamento de parcelas e juros fica garantido no caso de perda de emprego. O cartão de crédito oferece a possibilidade de reverter pontos em presentes ou trocá-los por dinheiro. O pacote também possibilita investimento em fundos com a garantia de margem mínima de lucro. Em tempos de crise, não é possível arcar com o risco. Por isso, o produto já vem com seguro de capital e margem de lucro já conhecida desde o princípio.

8. Ofereça ferramentas que ajudem os consumidores a se ajudarem

Disponibilize ferramentas que ajudem os clientes a evitar problemas e que os ajudem a retomar o controle financeiro durante tempos difíceis e em momentos críticos.

Ofereça formas de tornar os padrões de gastos mais visíveis, como alertas para assegurar que os pagamentos sejam feitos na data certa, evitando a cobrança de juros extras. Automatize e sistematize o pagamento de contas. Ofereça um modelo de organização de despesas para possíveis necessidades futuras, a fim de ajudar o consumidor a resistir a tentação de gastar demais. Ofereça a possibilidade de comparar seu nível de despesas com o de pessoas com perfil similar.

Ajude os clientes a evitar o uso excessivo de opções de crédito custosas e gastos mais altos que o necessário com empréstimos para aquisição de casas, carros e outras despesas mais vultosas. Ajude-os a encontrar opções de financiamento com melhor custo-benefício, por exemplo, para automóveis, casas, cartões de crédito e empréstimos pessoais, ainda que não seja em sua empresa.

Adicionalmente, colabore para que o consumidor evite atrasos no pagamento de seus empréstimos e as consequentes penalidades. Isso não é importante apenas agora, mas também em longo prazo. A pontuação de crédito individual tornou-se a medida de facto da responsabilidade e maturidade de uma pessoa, que pode impactar um futuro local de trabalho, as chances de ela comprar uma casa, o valor de um seguro ou empréstimo e, quem sabe, até a escolha de um parceiro.

São poucas as pessoas, especialmente jovens, que compreendem as consequências de um crédito ruim. Alerte seus clientes quando houver uma mudança negativa na pontuação, e eduque-os sobre a importância de possuir crédito saudável e de como melhorar a pontuação.

Cartões de crédito inteligentes

Uma série de ferramentas do Chase Card Services denominada *Blueprint* permite ajudar o cliente a gerenciar melhor seus ativos. *Blueprint* é resultado de uma pesquisa com clientes que indicaram desejar maior controle sobre suas finanças e está disponível para mais de 20 milhões de usuários de cartões.

O *Blueprint* está totalmente integrado às contas dos clientes. As ferramentas gratuitas podem ser utilizadas para gerenciar gastos do dia a dia, controlar saldos e pagar compras maiores. A ferramenta auxilia o cliente a customizar planos de pagamento para cada compra de maior valor (por exemplo, notebook ou televisão de LCD). Ela consegue monitorar seu progresso em cada extrato, e o cliente pode decidir quais despesas deseja quitar para evitar a cobrança de juros. Enquanto isso, eles também podem criar um plano para quitar o saldo antecipadamente, permitindo que escolham uma data limite para a quitação. O Chase calcula os pagamentos mensais, estabelece o plano e monitora o progresso do cliente de forma a alcançar seus objetivos em cada extrato mensal online.

Os provedores de serviços financeiros que conseguem demonstrar que se importam quando os clientes passam por momentos decisivos estão construindo um futuro mais sólido. Nos casos que citamos, reconhecemos que eles foram gerados por uma mentalidade generosa – a fonte para ganhos inesperados de curto e longo prazos. Em épocas de turbulência, a generosidade encontrará um público que a apreciará ainda mais e, com certeza, não a esquecerá. Os clientes em geral também procuram retribuir o favor ao falar com conhecidos sobre a instituição. É nessa situação que a tendência de "reavaliação dos valores" dos clientes se vincula a outra: a da sabedoria coletiva.

E, por último, mas não menos importante: funcionários e executivos em geral sentem ser muito mais recompensador trabalhar para companhias que possuam mentalidades generosas e se preocupem com os outros.

9. Mostre que você se importa com a sociedade

Responsabilidade social corporativa: milhares de iniciativas se encaixam nessa categoria. Da plantação de mais árvores à neutralização de carbono, da participação e apoio a comunidades e entidades de caridade locais ao apoio a projetos em todo o mundo.

Educação é um seguro

Em agosto de 2009, a Aviva India anunciou o lançamento do programa global Street to School, na Índia, trabalhando em parceria com a CRY (Child Rights and You) e Save the Children. O objetivo do programa de responsabilidade corporativa é proporcionar educação para 50 mil crianças necessitadas nos próximos três anos. No início, os funcionários da Aviva India doaram voluntariamente um dia de salário para a ação, totalizando 2,4 milhões de rúpias em adição aos £400 mil doadas pela Aviva Group, em um período de dois anos.

TR Ramachandran, CEO e diretor-geral da Aviva Life Insurance, sobre o projeto: "Na Índia, os pais acreditam que a educação é garantia para um futuro mais seguro para os filhos, segundo pesquisa que conduzimos recentemente. Por outro lado, 50% das crianças entre 6 e 18 anos não frequentam a escola. Por meio de nossa iniciativa, chamada Street to School, procuramos viabilizar educação a essas crianças desamparadas, assegurando, assim, seu futuro. Estabelecemos parcerias com a CRY e a Save the Children de forma a impactar 50 mil crianças sem recursos nos próximos três anos. No primeiro ano, atenderemos a 20 mil crianças através de 9 projetos em 5 Estados."

Ele acrescenta: "Alçando o projeto Street to School a um novo patamar, lançamos uma ação de doação de livros para as crianças necessitadas, apoiada pela ONG Save the Children. Utilizando o simbolismo do Dia Nacional da Educação, a ação de doação de livros foi lançada em Délhi no dia 11 de novembro de 2009. Em 5 dias, coletamos mais de 123 mil livros, utilizados por 170 mil crianças no país."

É interessante para uma empresa de serviços financeiros possuir um escritório com impacto neutro sobre o clima, mas isso não trará grande impacto positivo para a sociedade. As instituições financeiras podem ser muito mais efetivas ao alavancarem ativos e competências específicos.

Assuma a responsabilidade de melhorar a educação financeira, como sugerimos no Capítulo 3. Crie produtos com base no compromisso com a comunidade ou o meio ambiente. Pense em apólices de seguros domésticos que apoiam a realização de reformas ecológicas com materiais sustentáveis, ou seguros automotivos com pagamento de acordo com a quilometragem, que incentivam o uso menos frequente do carro. Considere não investir em indústrias que não sejam amplamente aceitas, como a do cigarro ou redes de fast-food consideradas pouco saudáveis.

> *Enfrentando o crescente escrutínio público*
> As pessoas continuarão a examinar minuciosamente os impactos gerados pelas empresas. As companhias, incluindo as instituições financeiras, terão de se responsabilizar mais pelos "detritos" que geram. No Reino Unido, o Smile Bank escutou os clientes e, de forma proativa, informa para onde seu dinheiro *não* está indo, como comunicaram no site: "Graças ao seu apoio, dissemos 'não' a mais de £465 milhões em empréstimos a empresas cujos interesses são conflitantes com os interesses ecológicos de nossos clientes; 'não' a mais de £210 milhões para empresas conflitantes com as preocupações éticas relativas ao bem-estar dos animais; e 'não' a £300 milhões em empréstimos a empresas conflitantes com as preocupações de nossos clientes em relação aos direitos humanos e desenvolvimento internacional."

Fomente o microfinanciamento. Essa prática tem crescido imensamente nos últimos anos. Pense também em microsseguros para esse mesmo público. Veja o exemplo da New China Life. A companhia lançou produtos para acidentes e invalidez ligados a contas de poupança e microempréstimos, com cobertura para mulheres nas áreas rurais da província de Henan, China. O microfinanciamento é igualmente útil no Ocidente para que casos mais pungentes possam voltar ao normal com mais facilidade.

> O banco francês Caisse d'Epargne lançou o Parcours Confiance (Caminho da Confiança) para restabelecer o relacionamento de confiança entre pessoas em dificuldades e o banco. Ele envolve microcrédito – pequenos empréstimos a taxas bastante baixas – a pessoas que não conseguiriam um empréstimo nos canais tradicionais, mas que realmente necessitam de um para reconquistar o controle das finanças pessoais. Além dos empréstimos, o programa de inclusão financeira é construído sobre três pilares: coaching social (busca de emprego, casa ou auxílio psicológico), monitoramento bancário (começando com uma análise financeira) e treinamento sobre finanças pessoais. O propósito do programa, de dois anos de duração, é habilitar o consumidor a se reintegrar aos serviços bancários convencionais.

Desde o início dos anos 1990, a Mapfre Seguros é uma das pioneiras no oferecimento de microsseguros a classes menos favorecidas, que, tradicionalmente, têm menos alternativas de se proteger contra riscos. Johnson Marques de Souza, Diretor-Geral da Mapfre Brasil, nos explicou como o microsseguro protege essas pessoas e, ao mesmo tempo, amplia mercados e oportunidades para a empresa: "Em mercados emergentes como o Brasil, as classes mais baixas estão diminuindo, e a classe média, aumentando com rapidez nos últimos anos, tornando-a a base do desenvolvimento brasileiro. As pessoas que trabalham para a economia subterrânea são especialmente clientes em potencial a quem podemos oferecer os produtos de microsseguro. A crença de que as classes menos favorecidas têm menos dinheiro para consumir é mito. O tamanho da população em mercados emergentes e o fato de que as pessoas gastam proporcionalmente mais em produtos e serviços explicam seu considerável poder de compra. O mercado potencial brasileiro para o microsseguro é de 100 milhões de pessoas. Nos últimos quatro anos, sete milhões de pessoas passaram da classe D para a classe média baixa devido ao crescimento da economia. O microsseguro é uma excelente e importante oportunidade de negócios para nós, mas é também uma oportunidade para melhorarmos nossos serviços e garantias para as comunidades carentes do Brasil, por consequência, melhorando seu padrão de vida rapidamente. As classes mais baixas obtêm acesso mais amplo aos mercados de consumo, como créditos bancários, e a possibilidade de compra em longo prazo em lojas de varejo.

Outro mito sobre os consumidores 'emergentes' é o fato de que são todos pobres. Na verdade, há uma enorme diferença em termos de comportamento de compra, critério de seleção de lojas, aceitação de inovações, fidelidade, consideração por marcas de prestígio etc. Devido à natureza diversificada do público-alvo, usamos canais de distribuição variados, como bancos, agências de crédito, sindicatos, além de canais não tradicionais, como lojas de varejo, serviços públicos (empresas de telefonia e concessionárias de energia elétrica), coperativas, ONGs, vendas porta a porta etc. Lojas de varejo e funerárias são, por exemplo, os segundo e terceiro canais em termos de volume. Além disso, inovação permanente é fundamental, pois essas classes também fazem uso de tecnologia moderna, como celulares, computadores e internet. A chave para o acesso a esses consumidorees 'emergentes' são os seguintes fatores: acessibilidade, disponibilidade e facilidade."

Abrace plenamente o conceito. Muitas companhias veem a responsabilidade social corporativa como acessório da função principal do negócio. Considerando a percepção atual dos consumidores em relação ao setor, sabemos que existe a real necessidade de estender o conceito de sustentabilidade corporativa ao negócio como um todo.

Exemplos de empresas inovadoras que já agem assim são o Wainwright Bank, em Boston, bancos "verdes" como o ShoreBank of the Pacific, Co-operative Bank, no Reino Unido, e Triodos Bank, na Holanda.

> **Cuidado com os falsos verdes**
>
> As companhias de serviços financeiros estão definitivamente colocando maior ênfase na cidadania corporativa. Atualmente, vemos empresas encarando desafios de sustentabilidade como oportunidade de se aproximar dos clientes. A promessa é que o comprometimento com a comunidade nutra relacionamentos mais fortes com os clientes e o desenvolvimento dos colaboradores. E bom relacionamento com clientes e funcionários engajados é essencial para o crescimento dos lucros. Parece que o setor reconheceu que demonstrar cidadania corporativa pode ajudar a restaurar a confiança. Contudo, isso traz um risco, o dos "falsos verdes": quando as empresas gastam mais dinheiro em marketing se posicionando como "verdes" do que efetivamente investindo em medidas para cumprir as promessas.

10. Reafirme o comprometimento com o desenvolvimento socioeconômico

Companhias financeiras de sucesso continuarão a oferecer os mesmos serviços, mas de forma mais consistente e atenciosa, sempre com integridade. A ética é um requisito central do negócio e uma consideração-chave para funcionários, clientes e investidores em geral. Ela será um propulsor na geração de produtos, serviços e marketing inovadores, mas também impactará os investimentos da companhia, esquemas de remuneração e toda a cadeia de valor. Isso se tornará realidade principalmente quando o interesse dos clientes for tomado como ponto de partida, e a forma de agir for justa, honesta e transparente.

> O CEO do FNB (First National Bank South Africa), Michael Jordaan, afirma: "O FNB acredita que seu papel na África do Sul vai além do realizado pelos grandes players do mercado, pois focamos adotar iniciativas que tornarão nosso país um lugar melhor para todos. O patrocínio da Copa do Mundo da FIFA de 2010 é de suma importância para nosso papel na sociedade. Estarmos associados à vinda deste evento global é de valor inestimável. O evento é destinado às pessoas que, apesar do amor incondicional ao esporte, suportaram o isolamento internacional para lutar contra o apartheid. Iniciamos um 'projeto para o legado', para assegurar benefícios tangíveis do evento à sociedade sul-africana; algo que nos permita realmente aproveitar esse acontecimento a favor de um impacto sustentável na sociedade. O projeto beneficia comunidades carentes em cidades subsede e cidades-sede."

A crise financeira criou um novo imperativo: o setor de serviços financeiros precisa reafirmar o comprometimento na contribuição para o desenvolvimento socioeconômico.

O conceito de sustentabilidade corporativa ou responsabilidade social corporativa adquiriu novo significado. Não se trata mais de fazer algo por caridade ou para acrescentar algo às práticas tradicionais. As companhias precisam aceitar responsabilidades mais abrangentes. Devem ter sempre o bem maior em mente: o papel da companhia na sociedade, ou seja, servi-la. É a própria raison d'être da companhia.

Utilizar a ética como princípio-mestre, portanto, requer muito mais do que somente enxugar a oferta de produtos. Tem a ver com o fato de a companhia enxergar seu papel na sociedade como fonte de inspiração: Como podemos contribuir para o bem comum? Quais ativos e habilidades precisamos possuir para auxiliar na resolução de problemas sociais específicos?

UM NOVO MODELO PARA A LIDERANÇA CORPORATIVA

Por Michael Useem, Professor de Administração e diretor do Wharton Center for Leadership and Change da University of Pennsylvannia.

Agora é o momento para um modelo mais abrangente de liderança corporativa. Os antigos modelos falharam. Um modelo de liderança é como um checklist na aviação, ferramenta essencial para o piloto navegar. Por sorte, quando a crise econômica chegou, muitas empresas já tinham o checklist, que frequentemente incluía pensamento estratégico, planos de ação e comunicação persuasiva.

Porém, por melhores que fossem para direcionar as empresas para fora da tempestade, estes checklists falharam em evitá-la. Isso ocorreu, pois um ingrediente essencial estava faltando em muitas dessas listas.

A transcendência de propósitos, o item faltante, refere-se a colocar objetivos comuns à frente dos interesses próprios. Isso pode parecer contraditório e até brega na era do capitalismo de investimentos, em que a busca incessante pelos interesses pessoais tornou-se sagrada. A ideologia do livre mercado se traduziu em interesses próprios com fins econômicos. Porém, um princípio definidor da liderança corporativa é a mobilização e alinhamento dos colaboradores segundo os interesses da companhia, desconsiderando ganhos pessoais.

À medida que os interesses pessoais tornaram-se ostensivamente dominantes – manifestados em salários cada vez mais altos, mesmo em companhias à beira do colapso, como AIG, Lehman Brothers e Merrill Lynch, passaram a minar a liderança corporativa. O avanço deste comportamento é produto previsível das mudanças ocorridas, nos últimos 25 anos, na forma pela qual as empresas recompensam seus líderes.

Ao analisar os pacotes de benefícios dos oito principais executivos de 45 grandes indústrias em 1982, vemos que praticamente dois terços da renda era fixa, assegurada desde que trabalhassem pontualmente todos os dias. Vinte e cinco anos depois, a proporção fixa caiu para menos de um quarto, e o restante depende do desempenho, amplamente condicionado a opções sobre ações. Investidores institucionais e analistas de capital pressionaram por isso, e as diretorias abraçaram o conceito, alinhando os incentivos ao valor gerado aos acionistas.

Mas o surgimento dos benefícios atrelados ao desempenho e sua propagação pelos níveis gerenciais resultaram em uma nova norma cultural. Se executivos são pagos por resultados, em vez de por sua posição, os funcionários passaram a acreditar, com razão, que seu salário deveria igualmente refletir sua contribuição à empresa. Quando isso deixa de acontecer de forma clara, eles ficam compreensivelmente irritados.

Este ponto é comprovado por um estudo sobre jogadores da NBA com salários baixos. "Baixo" aqui não se refere aos salários comparados com o do trabalhador médio, mas com os benefícios recebidos por outros atletas da NBA com médias de pontuação, roubadas de bola e rebotes similares. Os atletas com salários abaixo da média pegam a bola e arriscam o ponto com mais frequência – e erram mais a cesta, prejudicando, assim, o desempenho do time. Em outras palavras, a mera percepção da desigualdade de salários resulta em desempenho aquém do esperado para a equipe.

A adoção da transcendência de propósitos ao modelo de liderança corporativa poderá evitar futuras crises financeiras ao solidificar o foco dos executivos na sobrevivência da companhia em detrimento a benefícios pessoais.

Mas será possível que esse e outros elementos de um novo modelo de liderança – como valor presente líquido e fórmulas afins, relacionadas com a engenharia financeira – possam ser aprendidos? Acredito que sim.

A experiência do CEO da Cisco Systems, John Chambers, é elucidativa. Jack Welch, então na GE, certa vez perguntou se, em algum momento, Chambers chegou a "tocar o vazio". Sim, ele tocou quando a bolha da internet estourou e as ações da Cisco despencaram mais de 80%. Aquela crise forçou os executivos da Cisco a procurarem mais ativamente ideias inovadoras, preferências do consumidor e tecnologias revolucionárias. A empresa voltou à vida, em parte, por causa dessa experiência de quase-morte.

Ou considere o caso de Liu Chuanzhi, presidente do Conselho da fabricante de computadores chinesa Lenovo. Engenheiro, sem treinamento em gestão, fundou a companhia com 1 funcionário, em 1991. Depois de muitas viradas e mudanças, incluindo a aquisição da divisão de computadores pessoais da IBM, em 2005, a Lenovo chegou a ter um staff de 20 mil funcionários, tornando-se o quarto maior fabricante de computadores do mundo. Chuanzhi relata que a essência de seu aprendizado sobre liderança, já que era sua primeira experiência como líder, deu-se com o próprio *debriefing* executivo, nas tardes de sexta-feira. No início, com um único empregado, depois, com subordinados diretos que gerenciavam milhares de pessoas, ele analisava os sucessos e insucessos da semana, construindo seu próprio modelo de liderança.

Em ambos os casos, os executivos aprenderam a arte de apreciar o que a companhia e os clientes requeriam, a despeito do que buscavam pessoalmente: a essência da liderança corporativa.

Nos tempos de inflação da bolha que levou à crise financeira, parece que muitos líderes colocaram os ganhos pessoais à frente dos propósitos das empresas. O comportamento abaixo do ideal inevitavelmente se seguiu. Para evitar essas situações no futuro, a combinação entre a transcendência de propósitos e o modelo de liderança poderá ser condição fundamental na prevenção de outro momento como os *anni horribiles* que vivemos recentemente.

INOVE E EDUQUE

El Bulli é repetidamente coroado como melhor restaurante do mundo. Mais de 2 milhões de pessoas se inscrevem para somente 8 mil reservas disponíveis a cada ano. O chef, Ferran Adrià, está entre as 100 pessoas mais influentes do mundo, segundo a revista Time. Adrià é famoso por quebrar regras e explorar o inexplorado. Ele também demonstra isso fora do El Bulli, ao prestar consultoria para marcas alimentícias multinacionais sobre a criação de conceitos de alimentos inovadores, e como promotor de educação nutricional. Ele fechou seu restaurante em 2011, para se dedicar a novas iniciativas, mas, antes disso, nos convidou para seu restaurante em Roses para falar sobre sua visão sobre inovação, educação e sobre o cenário global.

Você é conhecido por sua criatividade, mas também pela abordagem estruturada de experimentação.
El Bulli é considerado um ícone do risco. Em nossos processos criativos e de inovação, podemos nos dar ao luxo de não ouvir os clientes. Faço o que quero, porque é assim que se faz quando você representa a vanguarda radical. No entanto, quando presto assistência a grandes companhias nos processos de inovação, realmente me baseio nas necessidades e desejos dos consumidores como ponto de partida.

Ainda assim, descobri que nosso processo de inovação pode facilmente ser comparado com o de muitas empresas. Grandes corporações investem muito dinheiro em inovação, mas em geral de forma ineficiente; as pessoas trabalham por muito tempo nas coisas erradas e com um excesso de níveis que separam o projeto de inovação dos que realmente tomam as decisões. Devido a esses obstáculos, até mesmo as grandes ideias não sobrevivem. É preciso um pequeno núcleo-chave, mas, sem estímulo externo, sua equipe interna corre o risco de se tornar meros "funcionários" (servidores públicos). Pessoas de fora da organização, terceiros, com o maior número de ideias possível, são necessárias para que o processo criativo tenha sucesso; especialistas em inovação, pessoas com os mais diferentes conceitos.

O "El Bulli Taller" em Barcelona é nosso laboratório, onde novas técnicas, conceitos e produtos são pesquisados. Portanto, essa pesquisa é concretizada em pratos prontos para o cardápio do restaurante em Roses.

Na busca por novas ideias, utilizamos muitos métodos criativos, como desenvolvimento com base nos sentidos, técnicas de associação e métodos desconstrutivos. Essas ideias passam por testes, análises, prototipagem e sessões de degustação para feedback, tudo antes de se transformarem em pratos finais.

Acredito em registrar rigorosamente tudo o que fazemos durante o processo criativo. Literalmente, cada ideia é anotada em um "livro da criatividade". Como uma memória estruturada de cada teste, com milhares de páginas de ideias, conceitos e intuições. Todas as manhãs, o livro proporciona um guia sobre como proceder naquele dia. Todas as noites, resumimos o que aconteceu durante o dia.

Você precisa fazer uma autoanálise e se aperfeiçoar continuamente. Porém, raramente vejo isso acontecer nas grandes companhias. Aqui no El Bulli, fazemos uma auditoria criativa todos os anos. Nós nos questionamos sobre o que fizemos e quais foram os resultados, e nossos livros resumem as auditorias e os procedimentos.

Como você convence as pessoas a mudar os hábitos alimentares e comprar produtos melhores?
Comemos todos os dias, mas é insuficiente a atenção que damos à alimentação e à saúde. Até onde sei, na maioria dos países, não é obrigatória a exibição de dados nutricionais nos rótulos de produtos alimentícios. A realidade é que as pessoas ainda não acham alimentação e saúde importantes o suficiente e não estão prontas a pagar por qualidade.

Precisamos de três coisas: educação, educação e educação. E isso começa na mais tenra idade. Os garotos na universidade conhecem 25 programas de software diferentes, mas não têm ideia de como cozinhar uma massa fresca decente. Por que as crianças não têm uma hora de aula de nutrição e culinária por semana? Os governos deveriam fazer sua parte. Muito se fala sobre o custo dos sistemas de saúde. Acredito firmemente que precisamos investir em alimentação e saúde de forma preventiva.

Presido o Conselho da Alícia Foundation, criada pela Generalitat de Catalunya e Caixa Manresa. Alícia é um centro de pesquisas que objetiva promover a nutrição saudável. Entre nossos tópicos principais, focamos obesidade e educação das crianças em relação à saúde e culinária. Você precisa enxergar o todo. Acredito que é preciso ensinar ética antes de nutrição. As pessoas precisam entender que têm sorte de ter comida todos os dias enquanto milhões passam fome. Elas precisam pensar por que devem escolher alimentos melhores em vez de comprar um terceiro telefone celular. Ética é educação. Como a ética está envolvida, precisamos começar um projeto de longo prazo para educar as crianças mais novas. Não faz muito sentido começar com os mais velhos, quando as pessoas não se importam mais. A nova El Bulli Foundation será altamente complementar à Alícia Foundation. Ambas sustentam nossos sonhos e proporcionam um celeiro ideal para novas ideias.

Suponha que você foi nomeado presidente do conselho de seu banco atual; o que mudaria imediatamente, no primeiro dia?
As instituições financeiras precisam centrar mais esforços em novas formas de fazer negócios. A começar com a forma pela qual os clientes são recebidos. Eles vêm trazer dinheiro, mas se sentem como se tivessem acabado de chegar ao escritório de cobrança de impostos. As instituições financeiras pouco se esforçam para criar um ambiente agradável ou oferecer serviços de maneira atenciosa.

Assim como o ensino da ética deve preceder o da nutrição, prestadores de serviços financeiros precisam ensinar economia básica antes de apresentar produtos financeiros. Somente o básico. É preciso ensinar as pessoas a preparar e manter o orçamento, como as aplicações funcionam etc. Informações de que as pessoas necessitam, especialmente em tempos ruins. É vital na educação das pessoas que você mesmo dê o bom exemplo. Histórias de escândalos e bonificações dificultam sua postura positiva e confiança nessas instituições; a confiança precisa ser resgatada antes de tudo. Isso significa ética verdadeira, não ética comercial.

BANCOS PELO CELULAR PARA QUEM NÃO TEM BANCO

Segundo pesquisa conduzida em 2009 pelo Banco Mundial e pelo CGAP (Consultative Group to Assist the Poor), 2,7 bilhões de pessoas no mundo não possuem acesso a serviços bancários básicos. Um grande desafio para as instituições financeiras é, portanto, alcançar os "sem-banco" de forma mutuamente benéfica. Francesc Prior Sanz e Javier Santomá, professores da IESE Business School na Espanha, compartilham sua visão.

Os fatores que explicam a falta de acesso a serviços financeiros estão relacionados com a demanda, regulamentação e oferta desses serviços. Nosso estudo está focado em resolver a parte do problema relativa à oferta, explicando a falta de:

- Eficiência: os preços de serviços financeiros básicos são mais altos em países em desenvolvimento que nos países desenvolvidos, devido – entre outros fatores – ao modelo de negócio ineficiente das instituições que operam nesses países.
- Alcance: as redes de distribuição são muito limitadas por conta do alto custo operacional das agências bancárias tradicionais; portanto, redes de distribuição alternativas precisam passar a servir a população.
- Adequação das análises de risco de crédito: as metodologias de estimativa de risco são frequentemente baseadas em informações oficiais, por exemplo, renda declarada ao fisco e estabilidade da renda. Elas não foram adaptadas às economias das nações em desenvolvimento, onde a atividade informal ainda é bastante relevante.

Para lidar com esses problemas, propomos um novo modelo, exemplificado por metodologias de risco alternativas, como a inclusão da economia informal verificada na área (Banco Azteca, por exemplo) e empréstimos para grupos de pessoas e bancos de vilarejos (o mexicano Compartamos, por exemplo).

O uso de plataformas pré-pagas e canais de distribuição de baixo custo com base em telefone celular são fundamentais para os serviços bancários nesses países. Esses dois elementos formam também a base do modelo de negócio utilizado por companhias como Smart Money e G-Cash, nas Filipinas, Wizzit, na África do Sul e M-Pesa, no Quênia. Denominamos o modelo *mobile banking*, já que visa oferecer não apenas pagamentos, mas também serviços microfinanceiros, como contas transacionais, microdepósitos (com base em contas pré-pagas) e microcrédito.

Ferramentas bancárias pré-pagas são os produtos mais eficientes em termos de custos para se atingir os menos favorecidos, já que funcionam como uma conta-corrente de baixo custo. Esses produtos estimulam o acesso ao sistema de pagamentos, que formam a base das operações de uma instituição financeira. Adicionalmente, a natureza bidimensional – meio de pagamento e poupança simultâneos – soluciona as necessidades de liquidez do consumidor, aumentada é reforçada no modelo proposto pela inclusão de remessas entrantes.

Plataformas pré-pagas são especialmente úteis no desenvolvimento de modelos de negócios microfinanceiros de baixo custo porque:

- Clientes usuários de sistemas pré-pagos não necessitam de contas bancárias e cartões de crédito ou débito.
- Os usuários não precisam aprender ou investir em novas tecnologias.
- Esse mecanismo pode ser usado em uma série de plataformas, como PCs, celulares, aparelhos portáteis e decodificadores.

Redes de distribuição de baixo custo são necessárias para resolver a falta de agências bancárias, enquanto os telefones celulares permitem a intermediação de baixo custo mesmo em áreas pouco populosas. No entanto, para efetivar seu uso, instrumentos pré-pagos devem ser desenvolvidos.

O rápido crescimento do uso dos celulares e a contínua ampliação na cobertura wireless fomentam as expectativas de que o celular poderá resolver o problema de acesso ao setor financeiro por aqueles que não possuem conta bancária.

Há também grandes oportunidades em mercados bem desenvolvidos como os Estados Unidos, onde 40 milhões de lares – especialmente latino-americanos – são pouco servidos pelo setor e, destes, 15 milhões estão totalmente fora do sistema bancário.

Para que as oportunidades sejam materializadas, vemos a necessidade de que operadores de *mobile banking* ofereçam pacotes completos de serviços básicos, de forma que a proposição de valor seja útil ao consumidor sem banco. Nos Estados Unidos e na maioria das nações desenvolvidas, as pesquisas indicam que a demanda dos consumidores por produtos pré-pagos de crédito e poupança tem grande potencial. Famílias com renda relativamente baixa possuem ativos que podem ser alocados a produtos como poupanças, mas muitas delas podem não ter acesso a contas tradicionais em bancos ou cooperativas de crédito.

De mais a mais, os investimentos necessários devem ser limitados para que as iniciativas em *mobile banking* possam ser viáveis financeiramente. De fato, as experiências estudadas provam que é necessária uma parceria entre emitentes pré-pagos, operadoras de telefonia celular e varejistas, de modo a gerar a sinergia que permita a sustentação do modelo financeiro de *mobile banking*.

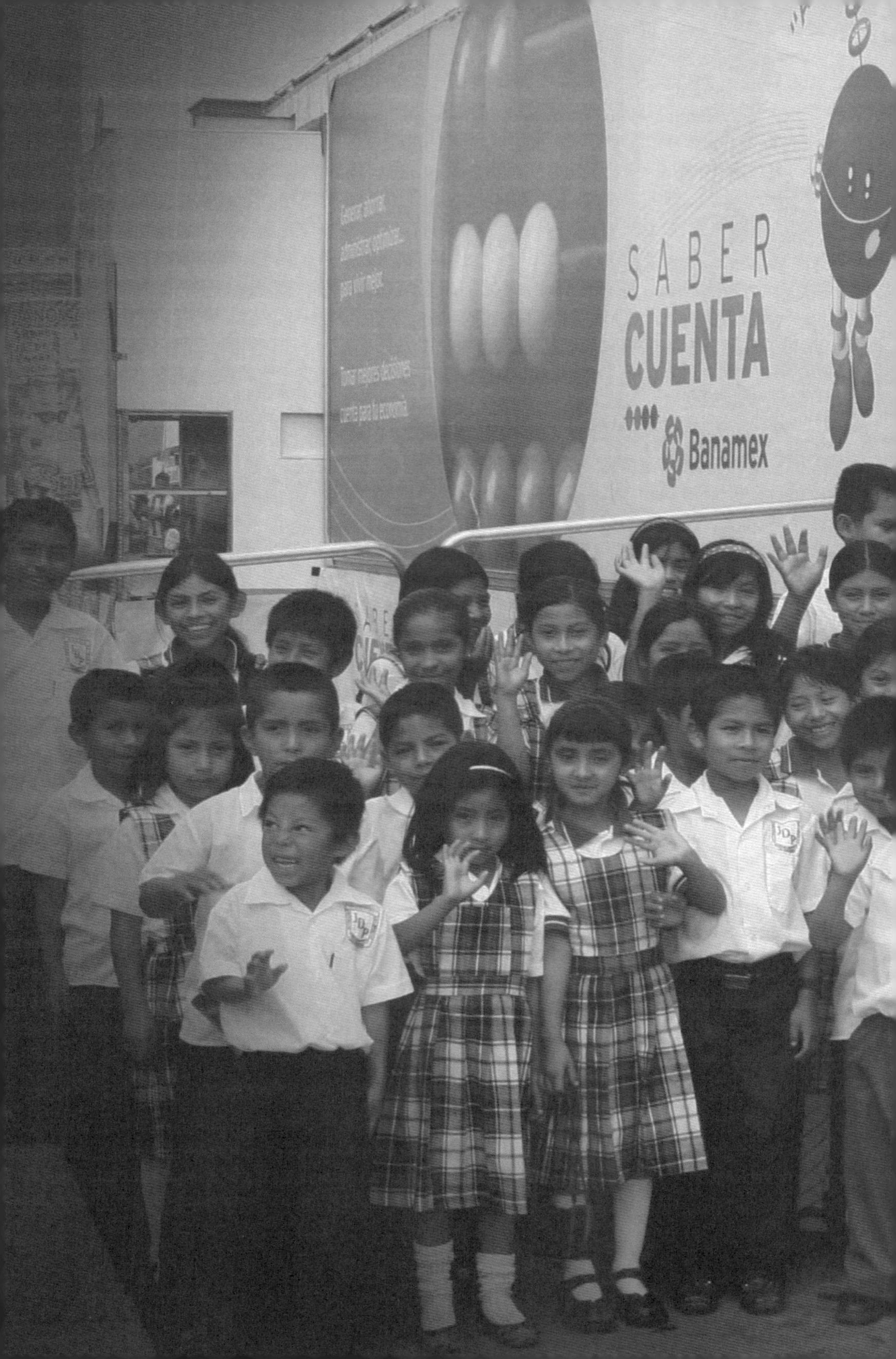
SABER
CUENTA
Banamex

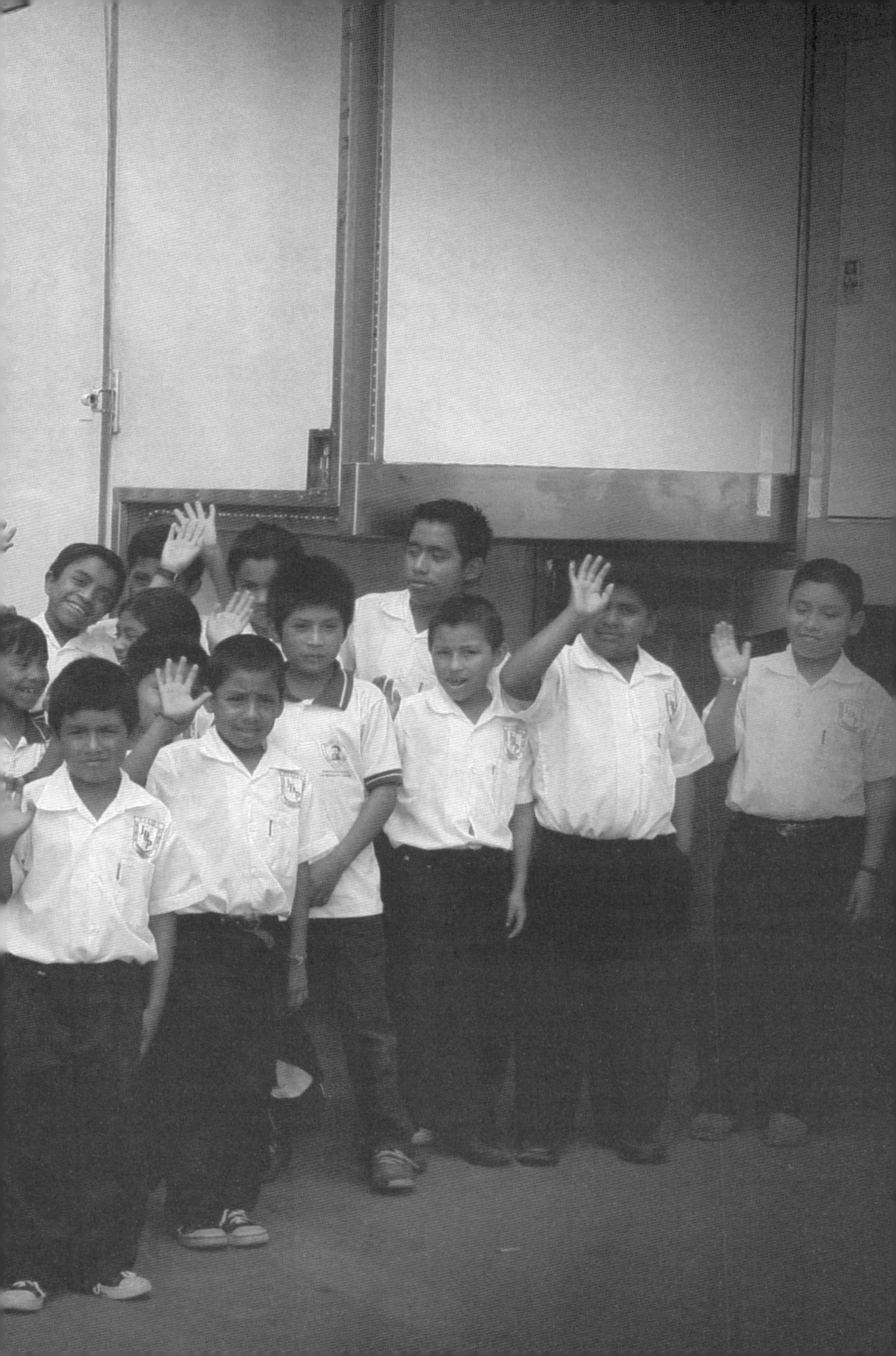

CAPÍTULO 6

Consumidores preferem se sentir próximos

Proximidade

Exceto por uma pequena minoria, milhões de consumidores se veem em um mundo muito local 50 semanas por ano, que parece ser governado pela globalização e produção em massa, onde vemos cada vez mais pessoas se agarrando fanaticamente ao que é local. A preferência dos consumidores por proximidade é uma importante tendência mundial e não se refere a movimentos chauvinistas e nacionalistas, mas a cuidar da família, do bairro, da comunidade, da região da cidade ou do país onde você mora; trata-se essencialmente de recuperar um sentimento de pertencer a um lugar e de resguardar o especial e o original, como oposição ao global e comoditizado. Podemos enxergar essa tendência em várias áreas, como arquitetura, culinária e idiomas.

> De acordo com o Global Monitor 2009, da The Futures Company, 60% dos consumidores norte-americanos concordam com a afirmação: "Eu me preocupo com aspectos da nossa cultura e tradição que estão se perdendo à medida que o mundo se converge em uma única cultura global." No Reino Unido, o percentual é 69%, e para o restante da Europa, 64%.

A arquitetura tem mostrado, em vários países, interesse crescente no "regionalismo", no qual permeiam projetos que contrariam a influência da globalização e a uniformidade das imagens do modernismo internacional. O regionalismo favorece a volta aos materiais, técnicas e formas locais.

Na culinária também vemos maior tendência em direção ao local. A rede varejista britânica Tesco testemunhou um crescimento de dois dígitos em

---

Foto das páginas anteriores: Cortesia do Banamex Citigroup. A parte de trás do trailer se torna um cinema, e um filme sobre assuntos financeiros é exibido ao público.

produtos locais, chegando a €830 milhões em 2009. O movimento Slow Food é mais uma prova dessa tendência. Slow Food é uma organização "para lutar contra o fast-food e a fast-life, o desaparecimento das tradições locais de alimentação e o desinteresse crescente das pessoas pelo alimento que ingerem, sua origem, sabor e por como nossas escolhas alimentares afetam o resto do mundo". O conceito de Slow Food ganhou o mundo e virou sinônimo de alimentação boa, limpa e favorável, de produtos de alta qualidade e rico sabor, produzidos de forma sustentável.

> Um número cada vez maior de restaurantes acrescenta ingredientes locais ao cardápio. O Konstam, em Londres, por exemplo, busca os ingredientes exclusivamente a partir de produtores circunscritos na região M25. O restaurante na sede do Google, por sua vez, é denominado "150" em referência ao fato de que todos os ingredientes usados vêm dos arredores em um raio de 150 milhas do campus.

No mundo, percebemos uma fascinação crescente por idiomas e dialetos locais. Bernard Arps, Professor de Língua e Cultura Indonésia e Javanesa na Leiden University: "A noção de que o inglês está se transformando no idioma global e eliminando, neste processo, línguas menos influentes, é bastante difundida. Mas, na verdade, a linguagem permanece um fenômeno profundamente pessoal e local. Muitas línguas e dialetos menores florescem como formas de comunicação, como meios confortáveis e lúdicos para a expressão pessoal e como valiosos bens comunitários. Não se trata meramente de preservar a tradição ou herança cultural. Línguas menos faladas participam integralmente das tendências culturais iniciadas por desenvolvimentos recentes da tecnologia midiática. A internet, a indústria fonográfica, a telefonia celular e outros formatos digitais de armazenamento, transmissão e multiplicação de texto, áudio e vídeo são fenômenos que suportam, por um lado, o fluxo rápido e de grande escala da linguagem e de produtos culturais e, por outro, favorecem sua ancoragem em pequenas comunidades e lugares. Um exemplo interessante é o hip hop, que se espalhou pelo mundo inteiro. Hoje podemos escutar um rap não só em inglês, mas em malaio ou javanês."

No setor financeiro, basta notar o constante surgimento de novas moedas locais, ou "moedas comunitárias", como são chamadas. Desde o Roland em Bremen, o Chiemgauer, no sul da Alemanha, o Greenback, do Martha's Vineyard, e a moeda Kaua'i, no Havaí, até o BOIDOL (Bay of Islands Dollar), na Nova Zelândia. Todas elas têm como intenção promover a comunidade e o comércio locais em resposta ao avanço da globalização.

O Lewes Pound, no Reino Unido, também inclui uma nota de £21. Com a circulação de cada nota de Lewes Pound, a organização doará 5% do valor nominal para projetos comunitários locais, daí o estranho nome. Metade das pessoas que utilizaram o Lewes Pound aumentou o consumo em lojas locais. A moeda Chiemgauer possui o mesmo objetivo. A taxa juro negativo é de 2% por trimestre, o que gera o efeito de maior rotatividade, estimulando o uso do dinheiro.

Embora seja óbvio não esperarmos que essas moedas superem o dólar ou o euro, sua ascensão torna visível a crescente importância da tendência do consumidor em preferir estar próximo.

> ### O crescimento das moedas locais
> WIR é um sistema monetário complementar na Suíça que serve a pequenos e médios negócios. Ele existe somente como sistema contábil, para facilitar transações. O nome WIR se origina tanto da abreviação de Wirtschaftsring (ciclo econômico) como da palavra "nós" em alemão, lembrando aos participantes que o ciclo econômico é também comunitário. O sistema foi iniciado em 1934, como resposta à escassez de moeda depois do crash da bolsa de valores em 1929. Seu objetivo é encorajar os membros a disponibilizar seu poder de compra uns aos outros, possibilitando, assim, vendas adicionais para toda a comunidade.
>
> Hoje em dia, uma em cada cinco empresas de pequeno e médio portes na Suíça é participante. Não se trata tanto da troca de grandes quantias, mas de apresentar uma forma altruísta para as empresas comercializarem seus estoques excedentes.
>
> Alguns dizem que o WIR pode ter contribuído para a impressionante estabilidade da economia suíça, já que o sistema ajuda a mitigar as baixas nos ciclos de negócios.

O desejo de proximidade está conectado a outras duas tendências do consumidor, que já mencionamos: "consumidores demandam transparência e simplicidade" e "consumidores estão reavaliando valores".

A exigência por maior transparência torna a produção distante menos atrativa do que a local. Além disso, a local vem com a promessa de menos poluição graças à menor distância necessária para o transporte. Notamos também que os consumidores acreditam que as chances de práticas desumanas de trabalho são menores na produção local.

A importância da proximidade é expressa em mais de uma maneira. O valor da família está em alta de novo. Por um lado, a família age como rede de segurança em momentos difíceis; por outro, a recessão pode ter ajudado a despertar as pessoas para o fato de que muitas das grandes experiências de vida são gratuitas.

Nosso lar é um ótimo lugar para se conectar com as pessoas que mais importam na vida, além de ter ótima relação custo-benefício para se divertir. Habilidades antes consideradas antiquadas, como cozinhar em casa, têm se tornando cada vez mais populares. Um benefício extra é que as atividades feitas em casa também ajudam as pessoas a esticar o orçamento. Os elementos citados pela seguradora norte-americana Allstate na campanha Back to basics (De volta ao básico) – ser feliz, estar em casa com a família e amigos – são bens que não podem ser drenados pela securitização.

Mas o que significa estar próximo do consumidor em um setor tão novo e marcado por mudanças como o setor bancário brasileiro? Tradicionalmente, os bancos no Brasil sempre buscaram transmitir uma imagem de segurança e solidez, compreensível, considerando as sucessivas turbulências econômicas no passado recente da história do país.

Na prática, a comunicação com os clientes era sóbria e fria. Com a estabilidade e a ascensão econômica, os bancos desejam agora se aproximar dos consumidores. Um bom exemplo desse movimento é o case "Todo seu", do Banco do Brasil. Em 2006, o banco trocou simultaneamente todas as fachadas de 300 agências de todo o país. De um dia para o outro, o Banco do Brasil mudou de nome para: Banco do João, Banco da Maria, Banco do Mario etc. O internet banking também foi personalizado com o nome de cada cliente, em uma ação de grande repercussão.

> Precisamos notar que cada tendência nunca chega sozinha; elas vêm aos pares. O fato de os consumidores preferirem estar próximos não sinaliza, de forma alguma, o fim da globalização. As tendências raramente se aplicam a todos os consumidores. Alguns não se preocupam nem um pouco com a origem dos produtos que compram e sentem que a globalização trouxe benefícios e oportunidades.

Por que essa tendência se acelerou nos serviços financeiros?
O ritmo veloz no qual o vírus da contenção de crédito se espalhou pelo mundo foi possibilitado, no ponto de vista de muitos consumidores, pelo progresso da globalização.

O resultado é que players nacionais (e até regionais) estão se tornando mais atrativos. "Atrativo" talvez não seja a palavra certa. Na verdade, relaciona-se mais com a percepção de risco reduzido, com a percepção de segurança. O consumidor imagina ser mais fácil resgatar o dinheiro quando a instituição financeira está próxima. De qualquer modo, essa é a percepção.

A cada trimestre, a TNS pesquisa os lares norte-americanos para mensurar a confiança do consumidor. Trish Dorsey, Vice-Presidente Sênior de Marca e Comunicação em Serviços Financeiros na TNS, afirma que, nos Estados Unidos, a confiança nos grandes bancos nacionais é significativamente menor que em bancos e cooperativas de crédito regionais ou de menor porte: "Em um plano mais emocional de confiança, existe uma grande disparidade entre instituições. Especificamente, quando perguntamos sobre sua percepção se as instituições 'agem em prol de seu interesse', a avaliação das pessoas é muito mais positiva quanto aos bancos regionais e cooperativas de crédito do que em relação aos grandes bancos nacionais. Inicialmente, a melhor percepção dos bancos regionais e de menor porte e das cooperativas de crédito era impulsionada, pelo menos em parte, pelo fato – real ou percebido - de estarem menos expostos aos complexos instrumentos financeiros que causaram ou contribuíram para a crise financeira. Por sua vez, isso ajudou a impulsionar sua performance real e, por conseguinte, a melhorar ainda mais a percepção de confiança dos consumidores. Em segundo lugar, muitas dessas instituições estavam naturalmente mais próximas dos consumidores, proporcionando-lhes assim maior apoio durante os tempos difíceis."

Nos segmentos de private banking e gestão de patrimônio, vemos a tendência entre alguns investidores de se ater a territórios mais familiares, como fundos de investimento em ativos domésticos. Isso acontece em todas as retrações econômicas. Entretanto, essa preferência por investimentos mais conhecidos é ainda mais prevalecente na atual crise, devido à crença de que tudo começou com o excesso de complexidade.

Existe, no entanto, uma desvantagem quanto ao movimento em direção à familiaridade. A retração em direção a poucos tipos de ativos pode ter como consequência a redução da diversidade no portfólio em um momento exato em que a diversidade é necessária.

> Jan Lodewijk Roebroek, do BNP Paribas, confirma que "mais do que nunca, investidores sentem a necessidade de entender no que estão investindo. A função de gestão de ativos vai permanecer um negócio global: você não consegue convencer os clientes de que é de seu maior interesse gerir capital chinês de Amsterdã, por exemplo. O principal desafio das gestoras de recursos no futuro está em combinar know-how global com sabedoria local em relação às preferências dos clientes e à maneira como desejam que seus portfólios sejam construídos. A forma como posicionam suas marcas pode ter um papel vital em levar esses produtos para os mercados."

✽

Esferas maiores criam lacunas maiores

O processo de consolidação das grandes instituições financeiras multinacionais apresenta sérios desafios. Isso pode ser ilustrado ao retratarmos as empresas em consolidação como esferas (veja a ilustração a seguir). Ao se consolidarem e se tornarem maiores, as esferas produzem lacunas também maiores.

O primeiro desafio a ser resolvido está em como se transformar em uma esfera maior. Bancos e seguradoras precisam encontrar uma maneira de serem grandes e "próximas". Nessa situação ideal, as companhias combinam o melhor de dois mundos: usam proposições locais para vender produtos universais. A produção de bens em dimensão global proporciona economias de escala. A localização do marketing e da equipe comercial e a regionalização das ofertas asseguram que

Ilustração: Esferas maiores criam lacunas maiores.

sejam bem-sucedidas para o perfil do consumidor local. A competência central para as companhias financeiras multinacionais, portanto, se resume a atingir o equilíbrio entre padronização e necessidades dos clientes locais.

A consolidação implica também uma combinação das esferas e, portanto, o progressivo aumento da complexidade, normalmente controlada pela padronização. Como consequência, todas as grandes companhias do setor passam a ter pouca distinção entre si. Todos sabem o que acontece à medida que as cores são acrescentadas e misturadas: só sobra uma cor, marrom, independente das cores com as quais você começou.

O distanciamento dos consumidores nos mercados locais é inerente ao processo de internacionalização. Se uma empresa perde o contato, deixando de estar próxima o suficiente de cada mercado, há o perigo de que suas ofertas atendam às necessidades "médias" dos consumidores de 30 países, mas não satisfaçam as necessidades específicas de nenhum deles. As empresas não vencerão sendo medianas. Após a consolidação, é essencial que se continue a buscar a alavancagem de diferenciais. O desafio está em evitar que a companhia incorpore o tom marrom.

O segundo desafio consiste no surgimento de empresas de nicho, que preenchem as crescentes lacunas entre as esferas. O aumento de escala tende a diminuir a capacidade de atender vontades e necessidades específicas de consumidores, o que cria cada vez mais espaço para outras empresas preencherem a lacuna. Quando as esferas maiores deixam espaço suficientemente grande entre si, novas propostas podem aproveitar as oportunidades para preencherem as lacunas. Vemos, por exemplo, empresas que são bem-sucedidas em se especializar em produtos ou segmentos específicos em áreas como poupança, financiamento imobiliário, aposentadoria privada e conceitos específicos para públicos-alvo. No longo prazo, no entanto, empresas de nicho podem enfrentar dificuldades, caso seu modelo de negócio esteja demasiadamente focado em somente uma linha de produtos. O segredo para os players de nicho está em se destacar com cores específicas, demonstrando desempenho superior ao das grandes empresas quanto à compreensão para com o consumidor, sendo flexíveis e decisivos o suficiente para compensar a falta de escala econômica. Para isso, eles precisam ser inovadores, estabelecer vínculos de proximidade com o consumidor e mostrar empreendedorismo.

> Várias empresas já estão "preenchendo as lacunas", apresentando-se como alternativa às grandes instituições financeiras tradicionais e suas práticas. Empresas não tradicionais, como Tesco, e novos entrantes como Brand New Day, na Holanda, e Metro Bank, no Reino Unido, fundados por empreendedores financeiros experientes, estão interessados em tirar proveito do sentimento público atual em relação às instituições financeiras tradicionais.

Instituições financeiras com tradição de proximidade irão se beneficiar

O banco cooperativo Rabobank tem se posicionado como "próximo" por anos, e com muito sucesso. O Rabobank entrega o que promete e de muitas formas. Além das agências, o banco ativamente apoia iniciativas locais, e seu modelo de adesão garante a proximidade em todos os aspectos. Os membros têm voz ativa nas políticas do banco. As reuniões em agências locais atraem centenas de pessoas. Parte substancial das atividades de marketing é iniciada localmente, garantindo alta relevância para a comunidade – enquanto garantem ganhos de escala por meio da aplicação de formatos predisponíveis. Até as redes sociais do Rabobank ganham toque comunitário, com plataformas locais para agências locais.

Os 24 bancos cantonais suíços respondem por 30% dos depósitos totais dos bancos com sede no país e contam com um modelo de negócio com base na proximidade com o cliente. Seu posicionamento regional é de suma importância, pois garante a expertise sobre os mercados locais e suas raízes.

Na Itália, a tendência em direção à proximidade em serviços financeiros também é visível. As instituições financeiras italianas não sofreram danos dignos de nota, portanto não registraram grandes transferências de depósitos e clientes. Os clientes são normalmente fiéis aos bancos: o turnover é de apenas 7% na Itália. Mas de acordo com um estudo da PwC, quando as pessoas trocam de bancos, elas preferem instituições regionais em vez de bancos nacionais. O turnover nos bancos nacionais é o dobro da média do dos bancos regionais.

> Arianna Huffington, segundo o *Financial Times* uma das 50 pessoas mais influentes da última década, lançou a campanha "Movimente Seu Dinheiro" no final de dezembro de 2009. O Huffington Post, um portal de notícias com mais acessos que a BBC, convocou o público norte-americano a mandar um recado aos grandes bancos salvos pelo governo, aderindo a instituições financeiras menores e mais estáveis, focadas na comunidade. A resposta dos leitores foi quase imediata.
>
> Com auxílio do banco de dados do Institutional Risk Analytics (Análise do Risco Institucional), as pessoas transferiram seu dinheiro para bancos locais e compartilharam a experiência com o resto da comunidade do HuffPost. Milhares de comentários contaram histórias tanto de frustração com os bancos nacionais como de relações positivas de apoio com os bancos locais.

Instituições financeiras exploram essa tendência de diferentes modos

Os bancos australianos ANZ, NAB e Westpac investiram milhões de dólares no reposicionamento de seus negócios como marcas "locais" e "ligadas à comunidade" para se aproximarem dos clientes. O ANZ utiliza o slogan "vivemos no seu mundo", enquanto o NAB promete estar "mais perto de Melbourne". A CEO do Westpac, Gail Kelly, decidiu apresentar o relatório anual de 2009 aos clientes, em uma agência histórica de Sydney, para tentar restabelecer a imagem do Westpac como "o banco local australiano".

A campanha de lançamento do italiano CheBanca!, o novo banco de varejo controlado pelo banco de investimentos Mediobanca, inclui comerciais com a atmosfera dos anos 1950, claramente se referindo a uma época em que tudo parecia mais simples. E, para a Itália, esse banco não é estrangeiro, mas 100% italiano. Essa combinação provou ser vencedora.

O Nadra Bank, na Ucrânia, viu as vendas duplicarem, seis meses depois de uma reformulação completa de identidade corporativa. O banco decidiu usar a flor nacional no logo, evocando traços de personalidade como "próxima" e "humana", e implementou essas características em todas as agências e na experiência do cliente.

As cajas espanholas, bancos de poupança, estão realizando um movimento de retorno aos mercados locais, às regiões onde se originaram. Tradicionalmente, as cajas eram bastante locais, mas, nos últimos anos, muitas abriram agências por todo o país. Agora, a tendência está se invertendo: agências estão sendo fechadas, e cajas geograficamente próximas estão se unindo.

Muitos dos grandes fundos de pensão com os quais conversamos estão contemplando a importância da proximidade em suas políticas de investimentos. Qual seria o curso de ação mais cauteloso: investir em 5 mil companhias sobre as quais invariavelmente você conhece muito pouco ou investir em 500 sobre as quais você sabe bastante? Qual o melhor rumo no que tange à redução de risco?

> **Um rosto familiar funciona bem**
>
> Nas grandes decisões financeiras, como ao definir a estruturação de seus investimentos ou a alocação de seu capital durante a aposentadoria, os clientes querem alguém que os auxilie. Alguém em quem confiam, como um familiar ou amigo "que sabe tudo sobre finanças". Essa é a visão de Oscar Puig, Diretor de Marketing do Catalunya Caixa. E vai além: "Atualmente, vemos que as pessoas não costumam falar sobre esses assuntos com o banco, mas obviamente gostaríamos de nos tornar aquele familiar ou amigo de confiança. Uma das iniciativas que começamos no ano passado para atingir esse objetivo consiste no esforço para limitar a rotatividade de funcionários nas agências e assegurar um número mínimo de contatos anualmente. Descobrimos que o resultado da rotatividade nas agências, algo que fazíamos antes, era o fato de clientes não verem rostos conhecidos. Já conseguimos notar que agora eles se sentem mais conectados e próximos."

O reflexo está no aumento da presença e pontos de venda físicos

Muitos bancos traduzem, sem grande esforço, o conceito de "proximidade" em mais ênfase em agências e intermediários. Consideramos esse reflexo muito limitado. A densidade da rede de agências é citada por muitos executivos da área financeira como fator de sucesso na tentativa de atrair e reter depósitos. A facilidade de os clientes transferirem depósitos para outros bancos durante a crise e as grandes quantias envolvidas, por canais online, por exemplo, implicam que a noção de força da rede de atendimento tem ainda grande espaço para melhorias.

O foco na proximidade física é um exemplo típico da falta de insights sobre os hábitos do consumidor. Para ele, não se trata de ter uma agência em cada esquina. A corrida às agências do Northern Rock deixou suficientemente claro para os clientes que esse tipo de proximidade física não é de fato útil quando desejam reaver seu dinheiro.

Intimidade não é o mesmo que proximidade

Pontos de contato, como agências físicas, são apenas um dos meios possíveis para você estar próximo do cliente, e não um objetivo em si. Para os consumidores, "proximidade" tem significado mais amplo que a mera presença física. A essência dessa tendência é que o consumidor busca identidade e comunidade, autenticidade, sendo reconhecido e tratado como indivíduo. Trata-se de valor agregado e da dimensão humana, pessoal, por meio de todos os canais e da experiência completa do cliente.

Antes de pensar em abrir novos pontos físicos, pense sobre o real significado e fatores de motivação inerentes à tendência por proximidade e os traduza para as operações de sua empresa. Isso significa obter um conhecimento profundo acerca do que os consumidores querem dizer com atenção pessoal, comunidade, empatia e integridade. Entenda que se manter fiel à sua herança cultural, por meio de produtos e marcas reais e autênticas, tem o poder de proporcionar aos consumidores conforto e segurança. É aqui que as tendências de transparência (com o significado de abertura), simplicidade (significando conveniência) e abrangência se encontram.

> A importância da proximidade entre instituições financeiras e clientes é ilustrada por um estudo global, realizado em 2009, pelo IBM Institute for Business Value. Foi perguntado a executivos do mercado financeiro quais os serviços nos quais os clientes estariam mais interessados nos cinco anos seguintes e por quais serviços estariam dispostos a pagar mais. Os resultados demonstraram que 79% dos executivos desconheciam os reais anseios de seus clientes.

A dimensão humana

Até certo ponto, existia apenas a dimensão humana. Isso foi antes da descoberta das economias de escala, quando as amigáveis telefonistas foram substituídas por um menu de opções. Nos últimos anos, essa abordagem se manteve, ao mesmo tempo que a necessidade pela dimensão humana tem se tornado ainda mais premente. E a lacuna, por sua vez, também vem crescendo mais e mais. O desafio consiste em fazer jus à atual oportunidade e fechar o círculo. Em outras palavras: o retorno à dimensão humana, enquanto as economias de escala são preservadas.

✳

Dar substância à dimensão humana tem sido a consequência mais importante da busca pela proximidade. Identificamos os seguintes pontos de enfoque:

1. Mude a maneira como os clientes são vistos: de centros de lucros para pessoas reais

Como mencionado no Capítulo 1, algumas instituições financeiras se referem a seus clientes como "centros de lucros". Não conhecer o cliente significa não enxergar nada além de um dado no sistema da companhia, certamente não um indivíduo real.

Os provedores de serviços financeiros sabem muito pouco acerca de seus clientes. Podem ter muita informação factual, mas ainda faltam informações de cunho pessoal, que podem nos dizer quem determinado cliente realmente é. Com quem ele é casado e quantos filhos tem? Seus avós têm posses? Quando seus filhos entraram na faculdade? Qual a situação de sua moradia? Será que ele deseja mudar de casa?

São nesses casos que decisões críticas com consequências de longo prazo são tomadas, e faz muito mais sentido segmentar com base nisso que exclusivamente nos ativos sob sua gestão. Isso só pode ser feito por meio de um conhecimento aprofundado sobre o cliente, sobre em qual ciclo de vida ele se encontra e quais são as fontes principais de rendimento atual e futuro.

Isto não quer dizer necessariamente que cada cliente precisa de tratamento totalmente individual, afinal, muitos possuem necessidades e comportamentos similares em momentos específicos da vida.

> Quando você pergunta para um executivo de um banco ou companhia de seguros sobre os vínculos de um cliente específico, ele provavelmente responderá sobre sua propensão a determinado produto, a duração do relacionamento, o patrimônio gerido e, em instituições mais sofisticadas, a participação na carteira ou o valor vitalício.*
>
> Essas métricas representam muito mais o resultado do relacionamento que sua natureza. Seria melhor saber se o cliente ativamente recomenda o banco ou seguradora para a família, amigos ou colegas de trabalho. Ou, por exemplo, se a instituição seria a primeira a ser contatada, caso ele tivesse um problema financeiro importante.

2. Seja cuidadoso com o conceito de público-alvo

Este é um assunto paradoxal. Por um lado, precisamos manter nossa organização o mais simples possível para o cliente e, por consequência, internamente também. Isso é incompatível com a ideia de servir diferentes públicos-alvo por meio de um número infinito de conceitos de serviço, o oposto da simplicidade e transparência.

Por outro lado, o conceito de público-alvo torna possível que você mostre sua compreensão sobre determinado grupo e coloque em prática sua habilidade em prover soluções focadas.

A resposta é simples: ao analisar os potenciais públicos-alvo da empresa, escolha apenas aqueles que trarão escala. Não caia na armadilha da hipersegmentação, mas enfoque um número limitado de grandes segmentos, compreenda-os e entregue devidamente.

> *Públicos-alvo ou grupos étnicos?*
>
> Notadamente, na Europa, encontramos inúmeras instituições financeiras, sobretudo bancos, considerando atingir o crescente número de consumidores muçulmanos por meio de um conceito de público-alvo. Isso nos parece, no que diz respeito a foco e à busca pela simplicidade, insensato na maioria dos casos. Em grande parte dos países europeus, esse segmento é pequeno demais. Além disso, falta à maior parte

---

* *Nota do Tradutor:* No original, *lifetime value*, uma metodologia de mensuração do valor do cliente para a instituição ao longo de sua vida.

> das instituições financeiras profundo conhecimento sobre o consumidor muçulmano e suas atitudes e hábitos financeiros. Assim, apesar de as iniciativas serem bem intencionadas, são soluções puramente cosméticas.
>
> O Chaabi Bank, uma subsidiária do Banque Populaire du Maroc, está abrindo agências por toda a Europa. Parece-nos que tais bancos são players mais sérios na implementação de serviços bancários muçulmanos na Europa, pois "estar próximo" está intimamente ligado à autenticidade, à ideia de ser real. O banco, por causa de suas origens, possui conhecimentos fundamentais sobre esse perfil de consumidor.

3. Envolva ativamente os consumidores através da cocriação

Clientes, associações de consumidores e afins manterão a atenção focada nas instituições financeiras durante os próximos anos. Transforme isso em um benefício ao envolvê-los em sua instituição, pois essa é a manifestação plena de "proximidade". Obtenha melhor visão do que os move, o que o conceito de transparência significa para eles e como você deve se comunicar com eles. Desenvolva produtos que toquem no ponto certo: a cocriação, na definição mais ampla da palavra.

A especialista em cocriação da VODW, Marinde van Leeuwen-Fontein, explica, no quadro adiante, os diferentes modelos de cocriação, contemplando modelos passíveis de implementação nas instituições financeiras. Algumas financeiras já trabalham no sentido de envolver os clientes ativamente. Novas ferramentas, como as redes sociais, facilitam bastante o processo de cocriação.

The Buzz Insurance, parte do Insurance Australia Group, foi iniciado em 2009 pela cocriação. Jacki Johnson, CEO da empresa, nos disse: "Cerca de 4 mil pessoas participaram de um processo de cocriação que levou 12 meses para descobrir como uma segurada online poderia lhes oferecer valor real. Isso inclui um fórum online ímpar, chamado Myinsuranceideas, para o qual pessoas contribuíram com ideias sobre a marca, produtos, proposições de serviço e até sobre a experiência completa do cliente. Continuamos a estimular ativamente as pessoas a compartilhar suas ideias em nossa comunidade, Buzz Exchange, e em outros canais online, como o Facebook e o LinkedIn. O objetivo é obter novos insights para que possamos continuar a moldar nossa experiência de seguros e agregar valor às vidas das pessoas."

A Jacki confirma que os resultados têm sido excelentes. Clientes, analistas do setor e o público em geral consideram que a The Buzz Insurance possui "a melhor interface online" de seguradoras da Austrália, a que oferece maior transparência na política de preços de apólices que os concorrentes.

O Fidor Community Banking, um novo banco na Alemanha, é pioneiro em uma abordagem estrutural que consiste em incentivar financeiramente a participação dos clientes, convidando-os a qualificar e avaliar assessores do banco e produtos. Alguns exemplos: responder a uma pergunta de outro usuário vale €0,50; postar uma sugestão de produto vale €1, e, na eventualidade de essa sugestão ser implementada pelo banco, mais €1.000; participar do concurso cultural "Como deveria ser o banco do futuro?" no YouTube vale até €500.

> *Cocriação: da criação de marcas à criação de laços*
>
> Segundo Marinde van Leeuwen-Fontein, especialista em cocriação da VODW, "de 70% a 80% de todos os produtos fracassam ao serem lançados no mercado, frequentemente, devido à falta de um real conhecimento do consumidor. A cocriação, o envolvimento dos clientes no processo de inovação, melhora as taxas de sucesso e contribui para a fidelização à marca, NPS mais alto, maiores lucros e cada vez mais fãs."
>
> Marinde vai além: "As empresas conhecem muito bem o velho modelo de enviar, enviar, enviar. A cocriação exige uma abordagem totalmente diferente: o monólogo se transforma em diálogo, a empresa escuta, interage e envolve o cliente. Mas como elas fazem para atingir isso?
>
> A cocriação não é algo novo. Antes da Revolução Industrial, o projeto e produção de literalmente todos os produtos eram cocriados com o futuro usuário. Devido à Revolução Industrial, parece que perdemos a noção de cocriação no contexto corporativo. Só agora estamos entrando em uma nova era em que as virtudes da tecnologia da informação nos permitem combinar dois mundos que, até pouco tempo, não poderiam ser unidos: diferenciação e baixo custo. Isso está, na verdade, renovando a própria ideia de inovação.
>
> A cocriação pode assumir diferentes formas e pode ser usada para dar aos consumidores voz ativa na forma como os produtos e serviços são projetados, desenvolvidos e produzidos. Vários graus de envolvimento são possíveis. A VODW desenvolveu um modelo de cocriação em que várias maneiras de cocriar são descritas, tendo como base os diferentes papéis do consumidor e do produtor.
>
> Para escolher o método mais apropriado de cocriação, é necessário antes determinar o que pretende atingir. Você deseja obter novos insights do consumidor e melhor conexão com eles? Você de fato quer que consigam criar (partes de) novos produtos? Você quer iniciar um diálogo aberto e mais próximo? Qual o benefício para os consumidores? Como manter os relacionamentos vivos?
>
> Independentemente do método de cocriação que você escolher, a abertura da companhia para o envolvimento do consumidor em geral traz impacto enorme para as organizações. Esperamos que esse modelo possa fornecer um bom caminho para a implantação da cocriação na sua empresa."

ENVOLVIMENTO DO CONSUMIDOR				
1. SELETOR Pesquisa e teste de produtos tradicionais.	**2. PERSONALIZADOR** Personalização de produtos padronizados.	**3. INSPIRADOR** Geração de ideias para produtos (orientações).	**4. PARTICIPANTE** Colaboração em bases iguais.	**5. CRIADOR** A criação de produtos pelos consumidores é facilitada pela companhia.
DESENVOLVEDOR O produtor coloca algumas ideias de produtos perante o consumidor, que então pode escolher a que deve ser lançada no mercado. Compara-se à pesquisa de mercado tradicional e testes de conceito.	**CUSTOMIZAÇÃO EM MASSA** Os consumidores podem adaptar sozinhos certas partes de produtos padronizados. Isso geralmente envolve cores e estilos, dentro de uma gama limitada de possibilidades.	**COLETOR DE IDEIAS** O produtor lança um concurso do qual consumidores podem participar com ideias. O produtor ou os consumidores podem escolher um vencedor e colocar a melhor ideia em prática.	**INTEGRADOR** Os consumidores são envolvidos em várias etapas no processo de desenvolvimento. Uma comunicação intensa é estabelecida entre consumidor e produtor.	**FACILITADOR** O produtor disponibiliza ao consumidor a plataforma na qual são capazes de desenvolver seus próprios produtos. Também existe a possibilidade de o produtor finalizar o processo de desenvolvimento.
PREDOMÍNIO DO PRODUTOR				

Os diferentes modelos de cocriação. Fonte: VODW.

4. As multinacionais do setor financeiro devem demonstrar relevância local

Os benefícios óbvios do que é "global" não são mais tão claros para os consumidores. Empresas nacionais e até regionais se tornaram mais atrativas. Mas será que isso significa que as multinacionais se tornaram obsoletas? Não, isso quer dizer apenas que o toque "local" está se tornando mais importante. As instituições financeiras devem continuar a demonstrar claramente que de fato entendem os clientes, além de deixar bastante explícito como eles se beneficiam dessa abrangência global.

Em primeiro lugar, sendo mais atenciosas que as empresas nacionais ou regionais em como lidar com a dimensão humana em todos os pontos de contato com os clientes – basicamente aplicando todos os princípios analisados neste capítulo.

Além disso, a chave está em transformar a escala multinacional em benefícios locais.

> *Traduzindo escala em qualidade e preço*
>
> A Zurich Financial Services conserta ou substitui cerca de 500 mil para-brisas todos os anos. Isso representa mais do que um fabricante de automóveis, como a Volvo, coloca em seus automóveis no mundo inteiro. A Zurich alavancou sua escala criando o Global Automotive Glass Program em grandes mercados, como Austrália, Alemanha, Espanha, Suíça, Reino Unido e Estados Unidos. Assim, a Zurich utiliza seu poder de compra global para garantir preços de volume e padrões de serviço uniformes. Para os consumidores locais, isso se traduz em serviço rápido e preço justo.

5. Nova perspectiva de parceria: estar próximo dos consumidores

As parcerias são uma poderosa ferramenta para dar substância à ideia de proximidade e, ao mesmo tempo, gerar crescimento acelerado. Esses projetos devem alavancar competências complementares ou prover acesso a novos segmentos de mercado.

A seguradora multinacional Prudential entrou recentemente em um acordo de bancassurance por 12 anos com o UOB (United Overseas Bank), na Ásia. O UOB entra com a rede de distribuição, com mais de 400 agências em Cingapura, Tailândia e Indonésia, somada ao conhecimento sobre o que é importante para os consumidores locais. A Prudential contribui com a experiência em economias de escala no que diz respeito a produtos e serviços. Essa é uma situação em que todos ganham: o banco local consegue prover seguros de classe mundial aos clientes, reforçando assim o relacionamento, enquanto a Prudential ganha acesso a mercados asiáticos relevantes que oferecem oportunidades interessantes de crescimento.

> *Unindo o Global ao Local em Bancaseguros*
>
> Peter Rebrin, chefe do Bank Distribution General Insurance, na Zurich Financial Services Latin America, com base em São Paulo, confirmou que a combinação entre conhecimento e poder de decisão de bancos locais e recursos de uma seguradora internacional é algo que realmente funciona: "Celebramos uma *joint-venture* de seguros com o Banco Santander na América Latina, um banco líder com quase cinco mil agências e excelente reputação por compreender muito bem seus clientes, o que nos oferece uma plataforma ideal para alavancar o conhecimento de produtos da Zurich, com seu poder de distribuição. Como um dos líderes globais no âmbito de P&C,

> podemos repetir as melhores práticas que temos no mundo, oferecendo aos clientes de nossos parceiros bancários soluções inovadoras que se ajustem às suas necessidades e que sejam simples de adquirir. Uma área-chave na estratégia de seguros de ramos elementares da Zurich é contar com um 'enfoque global e simples para atender nossos clientes'. Por exemplo, encontramo-nos no processo de 'importar' várias soluções rápidas de P&C, desde a Zurich América do Norte, que atualmente não existem nos mercados da América Latina, e a JV possibilita a introdução desses produtos na região, pois agora temos um sócio capaz de identificar um número importante de clientes que possuem uma necessidade real de contar com essas novas propostas. Para a Zurich, as parcerias com bancos nos aproximam mais dos clientes-alvo, abrindo oportunidades de crescimento completamente novas."

Provedores de serviços financeiros estão fomentando diferentes formas de parcerias, por exemplo, ao impactar consumidores por meio de seus empregadores, em parcerias de afinidade, para atingir consumidores por meio de associações e grupos de afinidade, ou parcerias em atacado, para alcançar consumidores por meio de grandes corporações, como hipermercados, marcas automotivas, companhias de serviços públicos e operadores de telecomunicações.

Em outros setores, vemos um rápido crescimento de parcerias entre empresas. Histórias de sucesso incluem os tênis da Nike e o iPhone da Apple para corredores, a cafeteira Senseo da Philips e Sara Lee e o Heavenly Beds do Starwood Hotels.

Mas existe uma diferença notável. As empresas financeiras tendem a usar parcerias como meio de alcançar novos grupos de consumidores e abrir novos canais de distribuição, alavancando o laço entre consumidor e parceiro, enquanto as parcerias nas outras indústrias que mencionamos geram inovação, alavancando os ativos e competências específicos do parceiro.

A inovação necessária no setor de serviços financeiros é "estar próximo aos clientes" ou dos consumidores em geral. Partindo deste ponto de vista, uma instituição financeira deveria preferir parceiros com ativos e competências que possibilitassem as instituições aprender mais sobre os clientes e se conectar a eles.

As parcerias já estabelecidas oferecem amplas oportunidades para isso: empregadores possuem vasto conhecimento sobre os funcionários e estão próximos deles; grupos de afinidade têm um vínculo com seus membros pelos interesses em comum; parceiros atacadistas detêm gigantesca quantidade de informações sobre os clientes. Contudo, as instituições financeiras quase nunca ganham acesso direto ou indireto a essa base de conhecimento. O aperfeiçoamento do conhecimento sobre o cliente raramente é cláusula de contratos de parceria; nas atuais parcerias, é algo de que o parceiro precisa cuidar.

> *O uso do conhecimento sobre os clientes do parceiro pode gerar inovação e lucro*
>
> Grande parte das seguradoras de automóveis está limitada a abordagens simples para calcular o risco futuro de suas apólices, confiando em variáveis como idade, localização e histórico do motorista. A Allstate descobriu que acrescentar dados de crédito a essa base pode resultar em uma precisão bem mais elevada. A seguradora analisa os dados de crédito do cliente como um indicador de como a pessoa administra suas finanças pessoais, o que, por sua vez, tende a indicar o grau de responsabilidade da pessoa como motorista.
>
> Ao analisar além do histórico do motorista, a Allstate criou uma estrutura de precificação que melhor adequa os prêmios ao risco apresentado por cliente, permitindo assim à empresa ofertar coberturas a muito mais pessoas e a preço bem mais competitivo.
>
> Pode parecer óbvio, mas, ao observar as parcerias entre seguradoras e bancos que descrevemos, será que as companhias seguradoras estão incorporando o uso de dados de avaliação de crédito dos bancos parceiros?

6. Revisite o conceito de agência

Relacionar diretamente a tendência por proximidade com o aumento da importância das agências ignora os anseios mais prementes dos consumidores. É necessário revisitar o próprio conceito de agência.

Conhecer o cliente e exceder suas expectativas

Agências só estarão "próximas" à medida que gerarem verdadeira intimidade com o cliente. Certamente, na percepção do consumidor, a maioria está bem longe disso. O conhecimento sobre o cliente, a qualidade do aconselhamento e o serviço fornecido pelas agências podem melhorar bastante.

Quando as instituições financeiras de fato assumirem o desejo de transformar as agências em protagonistas na demonstração de intimidade com o cliente, elas deverão lidar com esses aspectos em primeiro lugar. Afinal, tudo começa com a vontade e capacidade de absorver as necessidades dos clientes, utilizando esse conhecimento para prover produtos relevantes e surpreendê-los positivamente com um nível de serviços que exceda as expectativas.

> O Banco do Brasil inaugurou em Brasília a primeira loja conceito de uma instituição financeira, o Espaço Banco do Brasil, com o objetivo de estimular a experimentação dos consumidores com a marca. Nesse espaço, além de usar os serviços do banco, os clientes podem acompanhar uma agenda cultural de shows, musicais, espetáculos, eventos e palestras.
>
> Um estudo da BAI e Finacle nos Estados Unidos, em 2009, mostrou que somente um terço das pessoas acredita que seu principal banco compreenda suas metas

> financeiras. Em relação às agências, o cenário é ainda pior. De acordo com pesquisa da Deloitte, na Holanda, 80% dos respondentes acreditam que sua situação específica como cliente é desconhecida pelo staff nas agências. Nos demais países (e para intermediários do setor de seguros), as pesquisas indicam resultados similares.

Cooperação integrada a todos os demais canais

As agências também devem trabalhar de maneira totalmente integrada aos demais canais utilizados pelas instituições financeiras. Em última análise, todos os canais, incluindo as agências, devem criar juntos uma experiência consistente do cliente com a instituição.

> De acordo com um estudo de 2011 do Aite Group entre executivos das 20 principais instituições financeiras norte-americanas, somente 12% afirmaram que seus caixas automáticos estão integrados com o sistema de CRM, enquanto, em relação às plataformas de internet banking, o percentual é de 17%.

Muito pouca ênfase é dada à "consistência" na experiência do cliente no mix de canais e, por conseguinte, ao papel das agências. O ponto de partida tradicional é – implícita e talvez até explicitamente – a agência física. O poder interno ainda reside nas agências. Canais remotos são quase sempre gerenciados separadamente da rede de agências e portanto são vistos como concorrentes, não parceiros complementares para melhor servir os clientes.

Prevemos que as agências permanecerão importantes, e assessores financeiros continuarão a proporcionar o necessário toque pessoal a produtos complexos, como hipotecas, empréstimos pessoais sem securitização, seguros de vida e investimentos. Seu papel, no entanto, mudará, passando a interagir de forma integrada, em cooperação com os demais canais.

Em muitos países, a internet já está se tornando um canal tradicional, à medida que instituições financeiras fomentam o uso dos pontos fortes de cada um de maneira complementar.

> ### Estratégias físicas e virtuais
>
> O grupo Tapiola, da Finlândia, construiu um modelo híbrido no qual suas atividades de internet banking são aliadas a atividades face a face nos escritórios locais de corretagem de seguros. Graças a essa estratégia, eles podem oferecer tanto serviços de baixo custo como assessoria pessoal sob demanda aos clientes.
>
> ING Direct, na Espanha, tem estratégia similar. Alfonso Zapata, CEO do banco, dá mais detalhes: "Sabemos que a grande maioria de nossos serviços bancários ocorre pelo canal online. De fato, 97% dos contatos com o cliente acontecem pela internet. Somente para algumas atividades precisamos do canal telefônico, e menos ainda das agências. Esse será o futuro dos serviços financeiros. Apenas para fazer um plano

> previdenciário ou nos estágios finais da assinatura de um empréstimo imobiliário é que as pessoas buscarão aconselhamento direto. Mas essas não são atividades frequentes para o cliente. Por ano, somente 1% de nossos dois milhões de clientes precisam ir à agência. É por isso que começamos a agregar 50 agências físicas ao mix de canais. Atualmente, utilizamos os escritórios de corretagem para atendê-los e começamos a recrutar novos funcionários, com 30% do foco em habilidades financeiras e 70% em relações interpessoais. Além do mais, para certo perfil de clientes, ainda é preciso ver que realmente existimos fisicamente. Outros bancos com base similar de clientes possuem 600 agências."

Em alguns países, as agências manterão o status de canal mais importante enquanto a penetração da internet ainda for baixa.

O inovador banco italiano CheBanca! escolheu uma estratégia multicanal, combinando o online com um número limitado de agências. Assim, eles harmonizam a abordagem com o fato de os italianos não serem fortes usuários de internet, mas, ainda assim, o número de agências é bem menor que o dos bancos tradicionais. Segundo a iStat, somente 47% das famílias italianas possuem acesso à internet em casa, e números da Eurostat demonstram que apenas 16% dos italianos usam-na para serviços bancários. Essas cifras estão bem abaixo da média europeia, sobretudo quando comparado, por exemplo, com os países escandinavos, onde 70% da população utiliza o internet banking. Aparentemente, muitos italianos ainda desconfiam da segurança da internet, o que torna as agências uma necessidade.

Mas as agências do CheBanca! realmente fazem a ponte com o internet banking. Elas são claramente centradas no usuário e exemplares quanto aos serviços, permitindo que o cliente e o pessoal de atendimento se sentem, literalmente, do mesmo lado da mesa: uma estação de autosserviço que permite ao cliente gerenciar todo o relacionamento com o banco.

Experiência do valor agregado e de marca
Durante visita a Cingapura, tivemos a grata surpresa de encontrar na principal rua comercial, Orchard Road, um Starbucks junto com uma agência do HSBC. Ao entrar, no entanto, a agência bancária estava, de fato, separada da cafeteria por uma parede de vidro. Ainda assim, isso gera uma ideia provocadora: uma agência que você queira frequentar tanto quanto a Starbucks, um exemplo do conceito de "terceiro local" - um ambiente social diferente dos dois usuais, casa e trabalho.

Com o deslocamento de uma série de atividades rotineiras para outros canais, as agências têm se tornado mais e mais voltadas a agregar valor de forma a reforçar a experiência da marca.

Espaços físicos são, naturalmente, ideais para criar uma experiência, tocar os sentidos e elevar o relacionamento com o consumidor. Mas, sejamos justos, visitar uma agência, na maioria dos casos, não é muito melhor do que ir ao escritório da Receita Federal, para citar Ferran Adrià.

Nas agências do CheBanca! e do Jyske Bank, podemos claramente observar como os objetivos de agregar valor e experiência de marca reforçam um ao outro.

Em Berlim, o Deutsche Bank construiu uma agência-modelo, Q110, como vocês poderão ler numas das entrevistas do final do capítulo. A Zurich Financial Services abriu a primeira "loja de seguros" na Suíça, em uma movimentada localização no centro de Genebra. As pessoas podem entrar livremente, se reunir com a equipe ou visitar sessões temáticas que acontecem todas as semanas.

Logicamente, elas disponibilizam um serviço de assessoria pessoal para produtos mais complexos, mas essas iniciativas também desenvolveram formas de dar vida às marcas. E não apenas com cores, mas por meio de funções de valor agregado desempenhadas na agência com excelência. Além disso, as iniciativas utilizam a tecnologia com o objetivo de simplificar as tarefas dos clientes: em estações de autosserviço, grandes monitores de LCD e meios abrangentes para apresentar soluções. Em todos os casos, os ambientes são acolhedores e informais, permitindo que estejamos próximos – como a Starbucks.

As convidativas agências do Jyske Bank

O Jyske Bank é o segundo maior banco independente da Dinamarca, reconhecido pelo foco no cliente e abordagem pioneira quanto ao ambiente das agências. Frank Pedersen, Diretor de Comunicação e Marketing do banco, nos conta sobre as experiências nas agências do Jyske: "A experiência que buscamos proporcionar aos clientes deve diferir amplamente da que eles poderiam vivenciar em outros bancos. Através do programa Jyske Differences, substituímos as tradicionais atividades bancárias sobre o balcão por uma atmosfera acolhedora e inovadora, similar ao ambiente do varejo. Orquestramos a experiência do cliente com base em nossos valores, entre os quais humor e modéstia, essenciais para nossa estratégia, já que você pode copiar produtos e até agências, mas não pode copiar a cultura. Nossos valores de 'interesse genuíno e igualdade' e 'diferente e informal' são demonstrados por assessores pessoais que dão boas-vindas aos visitantes e os convidam a explorar as várias experiências, entre outras, assistindo aos clientes nas Question Bars, que os inspiram quanto aos numerosos pacotes de produtos que oferecemos. Não queremos parecer pretensiosos, portanto convidamos as pessoas a vir informalmente e passar momentos prazerosos no banco, além de proporcionar uma experiência educacional e inspiradora. Como resultado do programa, a força da marca aumentou bastante e, um ano após o lançamento, o fluxo de clientes subiu 66%. Isso mostra que a abordagem é apreciada pelos clientes e também faz sentido em termos de negócio."

Função comunitária

Para muitos provedores de serviços financeiros, isso pode até parecer ilusório, mas já temos notado um número de iniciativas de bancos procurando se aproximar dos clientes ao abrir as portas, literalmente.

Muitos bancos estão disponibilizando espaços em suas agências para atividades comunitárias, provando assim que estão envolvidos com a comunidade local e desejosos de assumir um papel em seu desenvolvimento. Os clientes apreciam bastante esse tipo de iniciativa, além de se sentirem mais próximos do banco. Essa é a melhor forma de um banco materializar a tendência por proximidade.

Muitas das agências do Umpqua Bank praticamente assumiram a função de centros comunitários: hospedam clubes de tricô, exposições de artesanato, aulas de ioga ou qualquer outra atividade que os membros da comunidade julguem relevante.

7. Modifique outros canais para se tornar próximos

Não há como evitar: grande parte da experiência do cliente com a companhia ocorre no ambiente online. O maior desafio é traduzir o desejo de proximidade do consumidor a todos os canais, físicos ou remotos.

É curioso notar que o setor financeiro tende a chamar esses canais de "remotos", já que é assim que estão, a partir de sua própria perspectiva. Contudo, do ponto de vista do consumidor, os canais não são, de forma alguma, remotos, pois muitos clientes estão mais em contato com as marcas financeiras pela internet que nas agências.

O canal online de praticamente todos os bancos e seguradoras é projetado de forma puramente funcional: foca a logística das transações e a premissa de que a agência é o principal ponto de contato do cliente. É uma ideia equivocada proporcionar apenas eficiência no canal online. Todos os canais contribuem para a experiência do cliente e sua fidelização. Há espaço considerável para mais experiências inovadoras no internet banking, ou será que os clientes já são surpreendidos positivamente durante a navegação?

> *A mais nova agência: a casa do cliente*
> - O Rabobank, mediante solicitação dos clientes, lançou o conceito de Escritório Virtual. Por um videochat, o assessor do banco passou a estar mais próximo que nunca: até mesmo na própria residência do cliente. Eles podem entrar em contato com o escritório virtual para uma variedade de informações, como abertura de contas ou questionamentos sobre seguros ou financiamentos. Tanto o cliente como o assessor do banco podem consultar documentos e navegar no site simultaneamente, em tela compartilhada. Esse tipo de conveniência diminui a necessidade de se locomover até uma agência física.
> - O Standard Bank, na Rússia, lançou novo serviço online com estratégia similar, por meio de videoconferência e chat.

Ofereça uma experiência pessoal, o que não necessariamente significa estar face a face. Já tem se tornado comum a prática de "personalizar" o site de acordo com as preferências do cliente. A maioria dos bancos e seguradoras, contudo, não vai além de uma mensagem pessoal limitada a "Bem-vindo, Sr. João Silva" e talvez uma fotografia do gerente da conta. Ofertas, selecionadas de acordo com o perfil do cliente, são, na maioria das vezes, apresentadas de forma impessoal, como oferta que qualquer um receberia.

Já temos visto alguns provedores financeiros dando um passo além. Como o Postbank, da Alemanha, que mostra seus três principais produtos com base no perfil do cliente, junto com notificações relevantes quando os depósitos atingem certo nível. Na Austrália, o Commonwealth Bank integra as principais informações e comunicações do cliente em um só local. O banco interage com o consumidor por chat em uma página pessoal na internet, na qual também são mostrados alertas relevantes e mensagens dirigidas. O banco até arquiva e disponibiliza todas as interações no universal inbox, deixando transparente para o cliente todo o histórico de aprovações de empréstimos ou relatórios e extratos.

As instituições financeiras frequentemente se referem ao conceito de multicanal em termos de "como gerenciar as interações do cliente", enquanto, sob seu ponto de vista, é muito mais relevante deter conhecimento sobre "a natureza do relacionamento" entre as partes, além de ter a habilidade de acompanhar o histórico de contatos e acordos realizados com a companhia.

Foco no cliente online

Ignacio Villoch Bayod, do BBVA: "Em nosso site, as pessoas recebem mensagens de marketing e produtos customizados com base em seu perfil. O cliente determina como deve ser o modelo do site e pode adaptar a maneira como as informações são apresentadas, exatamente como ocorre nos novos caixas automáticos. Não queremos saturar os clientes com anúncios e promoções quando visitam o site. Nós os deixamos encontrar os produtos e serviços que satisfaçam suas necessidades, o que é muito mais eficaz que a publicidade direta. O site, portanto, foi construído com foco no cliente. Suas necessidades mais comuns são o fator mais relevante. Os produtos que satisfaçam essa necessidades são sublinhados e sugeridos. Por exemplo, para perfis que necessitam de produtos para o gerenciamento das finanças do dia a dia, recomendamos contas-correntes e cartões de crédito; para aqueles que precisam de crédito, a sugestão passa a ser financiamentos e crédito direto ao consumidor. Tiramos proveito da sabedoria coletiva para determinar as necessidades que devemos atender. O objetivo primeiro do site não é mostrar produtos, mas soluções relevantes para o momento que o consumidor está vivendo."

As companhias de serviços financeiros podem e devem se tornar mais próximas que nos exemplos acima. Elas precisam examinar como colocar em prática os determinantes da "proximidade", como autenticidade, atenção pessoal e empatia, na experiência com os canais remotos, nos contatos e na interação com os clientes.

Crie contatos pessoais por canais remotos. Muitas novas tecnologias têm se tornado comuns rapidamente, sobretudo entre os consumidores mais jovens. Um estudo de 2010 da Cisco, nos Estados Unidos, indica que 50% das pessoas da Geração Y possuem uma webcam, e 40% delas estão interessadas em interagir com o gerente de contas do banco pelo vídeo. Para as instituições financeiras, essa é uma ótima oportunidade para aumentar a intimidade com os clientes, sem a necessidade de estarem presentes nas agências.

> O United Mizrahi Tefahot Bank, de Israel, introduziu com sucesso uma nova proposição de valor chamada Mizrahi Tefahot LIVE Banking, que alia o aspecto pessoal dos canais físicos com o imediatismo dos diretos. Exemplo disso é a possibilidade de contato com um gerente pessoal pelo canal que o cliente preferir, seja telefone, e-mail, SMS, chat ou até videoconferências. Naama Gat, Vice-Presidente de Marketing e Desenvolvimento de Negócios do UMTB, nos explicou os fatores-chave para o sucesso do modelo: "Um avanço importante foi a criação do conceito de 'agência virtual', ou melhor, 'agência não física'. A agência virtual LIVE funciona como uma tradicional, com a mesma estrutura e procedimentos operacionais. Um assessor pessoal é designado para cada cliente da agência virtual é responsável por todas as requisições e atualizado sobre cada atividade realizada na conta. O assessor pessoal integra uma equipe de três pessoas. Quando ele não está disponível, a equipe assume as requisições do cliente e fornece total apoio. Essa estrutura garante que a qualquer momento haverá um assessor disponível na agência virtual, conhecedor das necessidades de cada cliente. Ao final de 2009, um ano após o início da operação, as agências LIVE correspondem a 2,5% do total de agências, mas são responsáveis por 10% dos novos clientes."

8. Angarie ativamente os clientes

Consideramos o BRD, segundo maior banco da Romênia e parte do Groupe Société Générale, um exemplo de esforço para atrair ativamente os clientes. A presença do banco nos momentos de lazer dos clientes é mais uma forma de representar a tendência de "estar próximo".

> *Vá aonde seus clientes estão*
>
> O BRD da Romênia criou uma série de conceitos inovadores para ativamente chegar aos clientes. Sua estratégia foi, literalmente, levar o banco até eles. Em 2009, o BRD foi vencedor de duas premiações, Euromoney e Global Finance, recebendo o título de "Banco do Ano na Romênia". Sorin-Mihai Popa, Vice-Presidente do BRD, nos apresentou os conceitos de sucesso.
>
> "O conceito que parece mais familiar é o BRD Express: pequenas agências especificamente projetadas para locais com alto tráfego de consumidores, como shopping centers, aeroportos e universidades. Elas adaptam seus horários de atendimento ao das regiões vizinhas. Mais de 700 agências desse tipo já foram abertas desde outubro de 2004.

Em seguida, temos o BRD Blitz, conceito ideal para certas zonas rurais. Uma agência Blitz é modular, desmontável e operada por dois funcionários que trabalham da mesma forma que em uma agência tradicional. Os horários de atendimento são limitados: dois ou três dias por semana em cada local e apenas algumas horas por dia. Com isso, as Blitz são bem mais baratas que uma agência clássica. Hoje, atendemos 80 localidades dessa maneira, representando, assim, a segunda maior rede de atendimento rural no país.

Temos também o BRD Mini, conceito que permite que nossos assessores trabalhem no ambiente corporativo do cliente. Um pequeno espaço no escritório da empresa é reservado ao BRD Mini, e nossa equipe trabalha ali um ou dois dias por semana, somente de uma a três horas. Esse conceito basicamente preenche toda a função de *front office*, assessoria e resolução de problemas. O BRD Mini gerou cerca de 12% de todas as requisições de crédito entre 2006 e 2008, mediante investimento equivalente ao de uma agência.

O conceito mais inovador talvez seja o Banco, um conceito em formato de cubo contendo um caixa automático, um Robo (uma máquina de pagamento automatizado de contas com a forma de um simpático robô) e um monitor LCD, que apresenta os vários produtos e serviços. A principal característica deste conceito é a mobilidade, já que pode ser instalado e transportado de acordo com o tráfego de pessoas. O Banco foi implementado em resorts nas montanhas e no litoral, durante as férias, e foi um grande sucesso."

Assim como o BRD, Citibank e HSBC lançaram clubes de praia em vários resorts no Uruguai, onde uruguaios e argentinos de alta renda passam as férias. CheBanca! criou uma série de agências móveis, que vão até os mais populares resorts de ski italianos, durante o inverno, ou a San Remo, durante o famoso festival de música Gran Gala.

Esteja onde as pessoas utilizam o dinheiro

Numerosas empresas no mundo estão presentes com produtos financeiros nos locais onde as pessoas gastam dinheiro diariamente, em especial nos momentos "certos" de compra. Redes varejistas de bens de consumo não duráveis estão à frente dessa tendência. Companhias muito conhecidas, como a cadeia britânica de supermercados Tesco, ICA Banken, na Suécia, Falabella, na América Latina (leia a entrevista neste capítulo) e Aeon Bank, iniciativa da rede de supermercados Aeon, do Japão.

Entretanto, são poucos os que realmente tiram proveito do mundo do comércio eletrônico, em eterna expansão. A japonesa Rakuten é, sem sombra de dúvidas, o player mais inovador.

Conectando serviços bancários e comércio eletrônico

Rakuten é, de longe, o maior site de compras online do Japão, permitindo que 30 mil empresas comercializem 50 milhões de itens pela plataforma de comércio eletrônico. No mercado japonês, seu reconhecimento é tão grande que podem competir com sucesso com empresas como a Amazon.

O sucesso da Rakuten se deve, em grande medida, à sua estratégia de diversificação. Eles são proprietários do maior site de reservas de viagens do país, de um site de leilões e um portal online. Além de tudo, ainda adquiriram recentemente o maior banco online do Japão, o e-Bank, tornando-o sua subsidiária, o Rakuten Bank.

Alguns dos benefícios dessa consolidação para a Rakuten são óbvios, como a redução do custo de capital, o acesso a milhões de correntistas e a possibilidade de fazer uso das tecnologias e serviços de pagamento acessíveis do antigo e-Bank. Por exemplo, 20% do faturamento do comércio eletrônico da Rakuten já ocorre por plataformas móveis, e esse número tem crescido rapidamente.

No entanto, a principal vantagem para o conglomerado é como cada uma das aquisições tende a reforçar o modelo de negócio. Todas as diferentes atividades, como portal online, comércio eletrônico, crédito e pagamentos, viagens e telecomunicações, estão conectadas por um banco de dados de usuários, com potencial enorme para aumentar seu conhecimento e compreensão dos clientes, suas preferências e comportamentos. A Rakuten tem hoje à sua disposição informações cuja riqueza e proximidade dificilmente podem ser igualadas pela maioria das instituições financeiras tradicionais.

Um passo ainda mais ousado foi dado em 2010, com o início de uma *joint-venture* com a maior empresa de buscas online da China, a Baidu. Essa cooperação certamente logo resultará na criação do maior shopping virtual B2B2C (*business to business to consumer*) da China, possibilitando à Rakuten transferir seu modelo de negócio e ter acesso à maior população online do mundo.

9. Fomente empatia ao longo de toda a experiência do cliente

Certifique-se de que sua equipe demonstra real empatia na abordagem de serviços e em todas as comunicações da companhia, pois este é um importante ponto de comprovação da experiência com dimensão humana.

A empatia está relacionada com os sentimentos e emoções das pessoas; ela requer que você se coloque no lugar do cliente. Como consequência, empatia vai além do mero tom de voz, mas diz respeito a atitudes e cultura.

Para grande parte das companhias seguradoras, a solicitação de um cliente pelo pagamento de uma apólice dá início a um processo de análise das consequências do pagamento. Sob a ótica do cliente, tudo o que ele mais quer no momento é ter a situação resolvida o mais rápido possível, não ir atrás do dinheiro. Esse é um insight que a Progressive e a Zurich Financial Services já levam em conta em sua provisão de serviços (leia a entrevista com Tilman Hengevoss sobre o HelpPoint, da Zurich).

A Allianz, por sua vez, liga para os clientes alguns dias após um acidente, não para vender, mas para saber se estão bem e como está sua recuperação. Esse é um bom exemplo de como tratar os clientes da mesma forma que você gostaria de ser tratado, e tem como consequência um maior NPS.

O que esses exemplos ensejam é que a demonstração de empatia é o princípio central para toda a experiência do cliente com a companhia: serviços e processos, pontos de contato, comunicação diária, orquestração integrada dos contatos, o papel dos colaboradores em contato direto com o cliente e as ações de marketing.

Se partirmos da perspectiva do cliente, suas necessidades ditarão as iniciativas de marketing, como na Amazon: "Outros clientes com perfil similar ao seu compraram os seguintes produtos."

A empatia está relacionada com o nível percebido de customização da experiência do cliente, demonstrando o comprometimento da companhia em relação à individualidade de cada um e conectando-se emocionalmente com eles. Basicamente, ela resume bem o que é a proximidade.

10. Apenas estenda a mão

Gestos simples podem fazer grande diferença. A IKEA lançou serviços úteis aos clientes, como o programa de compartilhamento de bicicletas na Dinamarca, de carros na França e um *watertaxi* gratuito em Nova York para facilitar o acesso às lojas.

Serviços como esses conferem uma dimensão extra às comunicações de marketing: em vez de incomodar as pessoas com mensagens comerciais, ajudam os consumidores a simplificar a vida e até torná-la mais divertida. O objetivo é aumentar a relevância para o cliente, não apenas quanto aos produtos e serviços, mas em relação a todo o ecossistema à sua volta.

É possível ver as primeiras instituições financeiras começando a abraçar o conceito por uma gama de ações, das mais delicadas às mais leves.

Estendendo a mão

- A American Express teve um excelente insight: muitas das lojas clientes da AmEx são pequenas empresas, e a maioria das pessoas tem prazer em ajudar pequenos negócios. A AmEx está patrocinando o programa "Shine a Light", da NBC Universal, uma competição em que as pessoas enviam histórias sobre suas lojas favoritas na vizinhança. A loja vencedora leva US$100 mil em apoio de marketing. A AmEx reconhece o sentimento de preocupação das comunidades acerca do futuro desses pequenos e vulneráveis empreendimentos. Com isso, a AmEx não está apenas falando, mas colocando em prática ações que de maior interesse aos clientes.
- A companhia de seguros de saúde DKV demonstra como cuidar dos interesses dos consumidores por meio da comunidade ViveLaSalud, utilizada pelos clientes para se manterem cientes e compartilharem informações sobre temas relacionados com a saúde, como câncer, diabetes e gravidez. A comunidade alavanca os conhecimentos de médicos, pacientes, associações e outros clientes. Com base em perfis, os clientes também têm acesso a um plano personalizado, o Plano Para Uma Vida Saudável, assistido por um médico da DKV. Não clientes podem acessar informações sobre saúde pelo Twitter.

> - No aeroporto de Heathrow, o HSBC oferece aos passageiros uma seleção de artigos de revista, com temas que variam de comércio e política a saúde e esportes. Para facilitar a leitura dos artigos durante o voo, o HSBC os encaderna com capa dura, com a marca do banco.

11. Fale a língua do consumidor

A linguagem é naturalmente um fator importante de proximidade. Em países onde há uso frequente de vários idiomas, como Bélgica, Suíça, Espanha e Estados Unidos, é importante se dirigir ao cliente utilizando o idioma correto.

Mas cuidado para não exagerar. O HSBC implantou chips RFID nos cartões de débito para que os clientes recebessem uma mensagem customizada em seu próprio idioma sempre que passassem por uma agência. Um cliente norte-americano que passasse por uma agência em Tóquio veria a mensagem mudar de japonês para inglês, por exemplo. Contudo, o HSBC notou que as pessoas estranharam isso, pois ficavam imaginando como o mecanismo funcionava.

Falar a língua do cliente vai além do idioma falado ou escrito; diz respeito a utilizar as palavras e expressões que se encaixam no dia a dia e usar meios relacionados com o cotidiano.

Elimine os jargões e cuide de necessidades reais

De acordo com Ronald Pont, ex-Diretor de Marketing & Comunicação da Fortis Insurances: "Poucos consumidores entendem os jargões utilizados no setor ou os nomes dos produtos dados por bancos e companhias de seguros. Há uma grande lacuna entre a linguagem utilizada pelas instituições financeiras e o mundo dos consumidores. As pesquisas comprovam que o consumidor inicia o processo de decisão por uma necessidade latente, por exemplo, a necessidade de dinheiro para a casa, aposentadoria, escola para os filhos, lazer e assim por diante, definitivamente não por dinheiro ou produto financeiro. Os significados e necessidades por categoria têm pouca ou nenhuma conexão com as funcionalidades dos produtos e serviços que as instituições financeiras oferecem. Ainda mais extraordinário é que sua categorização está totalmente desagregada à renda, nível educacional ou demografia."

Acerte o tom com histórias reais

Histórias reais são mais fáceis de compreender e memorizar que, por exemplo, um prospecto de características do produto. Elas ilustram a necessidade de aquisição de um produto financeiro de modo muito mais eficiente, já que se relaciona com o cotidiano dos clientes.

Para explicar planos de financiamento, a seguradora japonesa Sony Life mostra vídeos no site de pessoas reais e suas famílias. Os vídeos ilustram como funciona uma consulta real com uma família e a criação de uma apólice personalizada, por exemplo. Quaisquer dúvidas que os clientes possam ter são explicadas graficamente, por fotos, ilustrações e pequenas histórias reais. Ao apresentar clientes reais, a Sony Life gera experiências online bem mais pessoais; cria uma identificação entre os clientes e as possíveis soluções que mais se adequem a eles.

A seguradora norte-americana Farmers utiliza o que denominam "Histórias reais". Suas pesquisas indicaram que os consumidores querem ver a realidade. Portanto, nada de atores, somente histórias contadas por pessoas que de fato enfrentaram dificuldades inesperadas, mostrando como lidaram emocionalmente com tais eventos. Seu objetivo é preparar as pessoas para as piores eventualidades na vida, como mencionam nos anúncios: "Estar preparado: uma história real da Farmers". Para fomentar as discussões, por exemplo, sobre seguro de vida, as histórias estão presentes em todos os materiais de marketing, bem como nas conversas entre clientes e agentes.

As embalagens muito especiais do Jyske Bank

O dinamarquês Jyske Bank criou uma série de produtos para "estágios de vida". Os estágios de vida são tangibilizados em embalagens físicas, que podem ser pegas na gôndola. As embalagens incluem códigos de barras que dão acesso a mais informações e ferramentas touch screen nas Question Bars, as agências do banco. Por exemplo, você pode utilizar um programa para projetar a casa dos seus sonhos ou encontrar o melhor modelo de carro para você. Outro exemplo é o pacote "Minha primeira casa", cuja embalagem é uma pequena caixa de mudanças. A embalagem dá acesso a vídeos curtos, com conselhos sobre a organização de uma open house e dicas financeiras sobre produtos relevantes.

Fotografias: Cortesia Jyske Bank.

12. Utilize mobile banking para fazer parte da vida do cliente

A ascensão do *mobile banking* e outros serviços financeiros já faziam parte das previsões do setor há muitos e muitos anos. Contudo, serviços financeiros por telefone celular não decolaram verdadeiramente. Parecia que *mobile banking* estaria destinado a usos bastante limitados, como o recebimento de mensagens de texto com o saldo da conta ou o status do processo de um financiamento imobiliário.

A rápida adoção de smartphones, liderada pelo iPhone, transformou esse cenário em poucos anos.

- Pesquisa da TNS em 2011 mostra que há mais assinaturas de telefonia celular no mundo (5,3 bilhões) que contas bancárias (1,6 bilhão) e computadores em uso (1,1 bilhão) juntos. De acordo com a IDC (International Data Corporation), o crescimento da venda de celulares é especialmente alto: 302,6 milhões de aparelhos em 2010, um aumento de 74,4% frente a 2009.
- Segundo o Google User Behavior Study de 2010, 79% das pessoas que usam smartphones para navegar na internet também os utilizam para ajudar a fazer compras.
- Estimativas de acesso a serviços financeiros por celular apontam para entre 500 milhões e um bilhão de pessoas no mundo, até 2015. A maioria dos estudos concorda que o grande mercado para esse crescimento será Ásia, Oriente Médio e África, onde o *mobile banking* é uma oportunidade para atingir aqueles que ainda não possuem banco.
- Ainda há muito espaço a ser explorado em iniciativas de *mobile banking* para o mercado de alta renda. Pesquisa realizada em 2011 pelo MyPriveBanking indicou que somente metade dos 30 maiores bancos *private* e administradoras de patrimônio mundiais oferece aplicativos para celulares aos clientes, e apenas 10% oferecem ferramentas além das encontradas nos sites.

Os consumidores sempre desejaram realizar as atividades que costumavam fazer no computador com maior liberdade, em qualquer lugar. Agora, a promessa de mobilidade plena com a internet se tornou realidade, graças aos avanços na tecnologia de banda larga wireless e, mais importante, às telas maiores, que permitem interfaces com boa leitura. Como resultado, dissolveram-se para o consumidor as fronteiras entre internet banking e mobile banking. Segundo estudo realizado em 2011 pela Cisco, até 2015, 788 milhões de pessoas navegarão na internet por aparelhos móveis no mundo.

Ainda há muito a se fazer com a tecnologia móvel, além dos desenvolvimentos mais óbvios. Desde o lançamento do primeiro smartphone, mais e mais consumidores estão online, e já existe massa crítica para desenvolvimentos mais avançados. O cliente de serviços financeiros tem agora nas mãos a habilidade de se informar, tomar decisões, agir e comentar a experiência de fato vivenciada.

As instituições financeiras podem acompanhar os clientes onde quer que estejam. O tamanho e portabilidade, os aplicativos e a tecnologia GPS oferecem oportunidades ímpares para criar maior relevância para os consumidores e estar mais próximos a eles, com novos e simplificados meios de pagamento, diálogos por meio das redes sociais e até o envio ou leitura de resenhas no local.

> *Aplicativos para celulares que geram negócios*
> - A seguradora State Farm, dos Estados Unidos, lançou um aplicativo para iPhone denominado Pocket Agent. Em caso de acidente, os clientes podem utilizá-lo para gravar detalhes, desenhar o local, tirar e enviar fotos e iniciar o pedido de reembolso. O aplicativo permite também buscar postos de combustível, guinchos, mecânicos e – logicamente – agentes da State Farm. Com esse recurso, a empresa está presente, literalmente, nos bolsos dos clientes.
> - Jibun Bank foi lançado em 2008 pelo Bank of Tokyo Mitsubishi e KDDI, uma operadora de telecomunicações japonesa. Esses fortes fundadores asseguram a credibilidade necessária junto ao público japonês. Diferente de outros bancos, para os quais o canal móvel é apenas secundário, o telefone celular é realmente o canal principal do Jibun Bank, com suporte telefônico 24 horas por dia, sete dias por semana e um site. Em pouco mais de um ano, o banco atraiu 700 mil contas, sobretudo entre o segmento mais jovem. A chave para o sucesso? Simplicidade. No Japão, os serviços bancários tendem a ser difíceis, e os processos são lentos. O objetivo do Jibun é permitir que todas as transações com o banco sejam realizadas por celular, como pagamentos e transferências monetárias. As pessoas podem abrir uma conta ao tirar uma foto da carteira de identidade com o celular e enviá-la ao banco (procedimento similar ao do Rakuten Bank). O sistema do banco então autentica e confirma a identidade do novo cliente. Relativamente novo e apresentando forte crescimento, o Jibun Bank mostra como se deve fazer *mobile banking*.

Os telefones celulares têm sido uma extensão da vida das pessoas, o que tem se potencializado desde a ascensão dos smartphones. Como discutimos no Capítulo 4, sobre sabedoria coletiva, os smartphones já estão se tornando o principal ponto de acesso às redes sociais e, consequentemente, um meio para estar mais próximo dos consumidores e construir relacionamentos. Os smartphones oferecem possibilidades não apenas para serviços funcionais, como a verificação do saldo em conta-corrente, mas serviços adicionais que de fato ajudam a melhorar o dia a dia das pessoas.

Os telefones celulares fornecem às instituições financeiras a oportunidade de se aproximarem dos clientes e até se tornarem parte de suas vidas.

O desafio é estar no bolso do cliente sem ser intrusivo. François Coste, da AXA, nos disse: "Recentemente, lançamos em Portugal e na Espanha, um sistema de notificação que dispensa o uso de papel, por meio de smartphones. Os clientes também podem monitorar todo o processo de aprovação e reparos pela internet. Esses aplicativos ainda estão em processo inicial de aceitação no mercado, mas certamente oferecem pontos de contato convenientes para os clientes."

RAÍZES COOPERATIVAS: UM MODELO DE NEGÓCIOS CONTEMPORÂNEO

Berry Marttin, MBA, nasceu e foi criado no Brasil e estudou Administração de Empresas na Fundação Getulio Vargas. Trabalhou desde então em um grande número de países, incluindo Brasil, Curaçao, Hong Kong, Indonésia, Austrália e Nova Zelândia. Atualmente, trabalha na Holanda e é membro da Diretoria Executiva do Grupo Rabobank, responsável pelas atividades globais do banco na área rural, varejo e banco direto. O Rabobank oferece serviços financeiros em 46 países, entre outros, no Brasil. Em termos de capital Tier I, o Grupo Rabobank está entre as 30 maiores instituições financeiras do mundo e é considerado um dos bancos mais seguros do mundo. Embora os novos tempos exijam nova abordagem, são os antigos valores do Rabobank, adaptados às circunstâncias atuais, que levam a instituição ao sucesso. Pedimos a Marttin que compartilhasse sua visão sobre como as raízes cooperativas do banco refletem em um modelo de negócios contemporâneo.

A essência das raízes cooperativas

O Rabobank é um banco comunitário há mais de 100 anos. Tradicionalmente, os agricultores aderiram à cooperativa para compartilhar os encargos do crédito e apoiar uns aos outros ao longo de anos de vacas gordas e magras. Ainda conservamos este princípio de comunidade, pois a cooperação é mutuamente benéfica. Não somos conduzidos por acionistas, mas por uma organização que coloca as ambições dos clientes em primeiro lugar – criada por clientes, para servi-los. Obviamente, nosso banco, o cenário bancário como um todo e nossos clientes mudaram dramaticamente nos últimos 100 anos, mas nos mantivemos fiéis às nossas raízes e aos nossos princípios de negócios.

Profundo conhecimento do negócio de nossos clientes

Para nós, um banco só pode oferecer o máximo de valor agregado quando realmente entende o negócio do cliente e os desafios específicos da empresa. Queremos estar perto dos clientes: de seus interesses, da família, da comunidade, de seu mundo. Esse diálogo começa de maneira simples, na mesa da cozinha. É lá que fazemos nosso trabalho. É nesse momento que vamos construir um entendimento profundo de seus negócios.

A compreensão do agronegócio, por exemplo, reflete na forma como atuamos nos momentos de dificuldade. Por exemplo: a Austrália passou por um período de quatro anos de seca e, claro, alguns clientes (fazendeiros) passaram por dificuldades financeiras por causa disso. Embora também tenhamos de fazer escolhas difíceis, tentamos olhar para o longo prazo e além das circunstâncias atuais. Ao entendermos o ciclo de negócios dos clientes e aumentar sua quota de financiamento, eles conseguiram superar o período de seca.

Obviamente, só podemos fazer isso porque temos a certeza de que temos bons clientes. E, cada vez mais, vemos que isso também é percebido pela concorrência. Quando uma transação de destaque no agronegócio está prestes a acontecer, a participação do Rabobank é importante.

Contribuir para a profissionalização

Nosso objetivo é que os clientes tornem-se cada vez mais bem-sucedidos. Por isso, lançamos um serviço de consultoria rural no Brasil, que ajuda o empreendedor rural a se tornar ainda mais profissional. Não só no cultivo, mas também, por exemplo, em planejamento, orçamento e contabilidade.

Organizamos também os chamados "dias de campo de sustentabilidade" para os clientes; distribuímos os manuais que incluem várias sugestões de melhores práticas sobre aspectos que podem parecer simples e óbvios, como a maneira correta de lavar o trator. Depois de um dia no campo, o trator fica muito sujo, não só de lama e vegetação, mas de gasolina e produtos químicos. O manual oferece dicas de como impedir que a sujeira acabe nas vias fluviais.

Compromisso de longo prazo
O serviço de consultoria ilustra nossa crença em parcerias de longo prazo. A perspectiva de longo prazo reflete também nas questões que abordamos com os clientes. Os negócios rurais passam de geração em geração e, com eles, vêm os desafios, como o planejamento de sucessão. Nossos consultores familiares, como parte dos serviços de consultoria rural, muitas vezes são fundamentais para criar maior conscientização sobre esse tópico e discuti-lo para criar soluções. Isso vai muito além dos aspectos financeiros.

Parte da comunidade
Como nossa visão de banco sempre contempla o longo prazo, selecionamos pessoas que também pensam em longo prazo e que estejam empenhadas em fazer parte de uma comunidade local por um longo período. Nossos funcionários são membros ativos da comunidade e se integram aos clientes. Por exemplo: eles podem usar botas e roupas comuns, em vez de terno, não porque são obrigados, mas porque se sentem confortáveis assim. Como estamos enraizados nas comunidades, sabemos quando um agricultor tem boa reputação e quando não tem.

Escala global e relevância local
Transformamos nossa escala global em relevância local, compartilhando nosso conhecimento e experiência e rede mundial.

É importante permitir que os clientes compartilhem nosso conhecimento. Temos conhecimento único no campo dos mercados agrícolas e de alimentos. Oitenta analistas e pesquisadores estão à procura de tendências e desenvolvimentos globais e atentos aos fluxos comerciais em todos os principais setores. Esse conhecimento pode ajudar os clientes em todos os setores da cadeia alimentar.

Oferecemos também um curso avançado em todo o mundo, um programa para o agroexecutivo, que reúne pessoas com desafios semelhantes. Por exemplo, desafios como "como restringir os riscos com moedas"; os desafios em dólares australianos são quase idênticos aos do real brasileiro. Ou "como implantar agricultura de precisão com GPS? Ou questões relacionadas com a gestão da água ou emprego em áreas remotas. Os participantes do programa executivo são uma rede valiosa de contatos e conhecimento. Apresentamos os clientes dos Estados Unidos aos do Brasil e vice-versa. Eles se visitam, se inspiram. As mídias sociais oferecem novas ferramentas importantes para reunir pessoas que tenham o mesmo pensamento e compartilhar ideias, experiências e informações, onde quer que estejam.

Ouvir os clientes
Na Austrália, convidamos clientes a participarem de painéis consultivos, que discutem uma variedade de temas, como questões de negócios que tenham em comum. Também pedimos que nos ajudem a melhorar, por exemplo, nossos serviços de gestão de caixa. E, claro, as questões globais na agricultura, como a exportação de gado, também são discutidas.

Em breve, implantaremos painéis consultivos de clientes semelhantes em todos os países em que atuamos, incluindo o Brasil.

A noção de comunidade

Apesar de atuarmos há 20 anos no Brasil como banco de atacado, as atividades rurais de varejo foram lançadas há apenas cinco anos.

A velocidade de crescimento é limitada pelo modelo de negócio em que acreditamos: um relacionamento de longo prazo com base nos desafios dos negócios, em vez da venda de produtos financeiros, e, claro, com raízes profundas nas comunidades.

O mais importante é que vemos que nossa abordagem identifica-se com as necessidades do cliente e reflete no que recebemos deles: a noção de pertencer a uma comunidade global.

INSTITUIÇÕES FINANCEIRAS INDIANAS: AMPLAS OPORTUNIDADES NO MERCADO INTERNO

O sistema bancário e financeiro da Índia conseguiu atravessar a crise relativamente bem, devido à sua exposição limitada a ativos e derivativos de risco e à pequena presença de instituições financeiras estrangeiras no país. Ao mesmo tempo, a economia e as corporações indianas estão aumentando de importância na economia global. Devemos então esperar ver as companhias financeiras indianas entre os grandes players internacionais no futuro próximo? Discutimos o tema com o Professor Nirmalya Kumar, da London Business School, autor de India's Global Powerhouses.

Das 500 principais marcas financeiras mundiais, apenas 18 são da Índia, 13 das quais, no entanto, melhoraram a performance da marca em relação ao ano passado. O valor da marca dos bancos indianos cresceu 19% em 2011. Como você vê a posição das instituições financeiras indianas?

Elas estão muito bem posicionadas. Em primeiro lugar, são geridas de forma conservadora, porque não se fizeram valer de instrumentos financeiros exóticos e porque têm uma posição financeira boa. Além disso, os bancos indianos detêm sólido modelo de depósitos. Graças ao alto nível de poupança predominante no mercado indiano, as instituições financeiras estão crescendo vigorosamente neste momento.

Quais são os pontos fortes das companhias financeiras indianas que as possibilitam competir em mercados internacionais?

As instituições financeiras indianas utilizam uma estratégia seguidora em relação aos modelos ocidentais, portanto não oferecem ao mundo modelos diferentes ou completamente novos. No entanto, são capazes de operar a um custo muito inferior e com melhores modelos para atingir e servir os consumidores da base da pirâmide. Os bancos desenvolveram uma maneira de atingir em grande número os muito pobres. Seguradoras sabem como vender seguros simples com custo baixo pelo celular.

Este modelo não é completamente exportável para países ocidentais, já que, nesses países, ninguém compraria o conceito de seguro muito barato; mas organizações financeiras indianas apresentam eficiências que certamente poderiam ser introduzidas no Ocidente.

De que maneira veremos a internacionalização do sistema financeira indiano?
Você verá instituições financeiras saindo da Índia, como ocorreu com companhias japonesas. Algumas já o fizeram, como a ICICI, que tem bons resultados no Reino Unido, ou o State Bank of India, que possui algumas agências fora do país. Apesar disso, de maneira geral, não vejo a possibilidade de muita internacionalização em futuro próximo. Basicamente, o mercado interno é muito mais interessante. Não faz muito sentido para esses bancos saírem do país quando o mercado interno está crescendo 20% ao ano em termos de produtos financeiros. Quando o fazem, é unicamente para ajudar empresas e instituições indianas. E, nesse caso, não há necessidade de construção de marca.

Então isso quer dizer que o foco será o mercado interno indiano?
Quem tem dinheiro precisa de instituições financeiras. Portanto, o futuro das instituições financeiras deverá ser na China ou na Índia. As grandes companhias prestadoras de serviços financeiros deverão se concentrar nesses dois países, sejam elas empresas ocidentais ou nacionais.

Muitas empresas ocidentais já possuem forte posição no mercado indiano, como o Standard Chartered, o HSBC e o Citibank, e tendem a se concentrar na faixa superior do mercado, já que não têm estrutura de custo para competir no segmento de menor renda.

MOMENTOS DA VERDADE COM O CLIENTE

Como as seguradoras poderiam se aproximar dos clientes quando se sabe que seguros são produtos de baixo envolvimento? A Zurich Financial Services encontrou um insight que é o oposto disso: há momentos na vida em que uma seguradora pode ser muito próxima dos clientes, e é assim que a Zurich faz toda a diferença. Tilman Hengevoss, Chief Marketing Officer e Chefe de Desenvolvimento Corporativo da Zurich Financial Services Switzerland, explica como o HelpPoint cumpre sua promessa quando mais importa: nos momentos da verdade.

Qual o conceito que embasa o HelpPoint da Zurich?
Como já é largamente conhecido no setor, sabíamos que seguros geram um grau de envolvimento mínimo por parte dos clientes. Tendo como objetivo o crescimento, estávamos procurando uma maneira de realmente provar o que nossos valores representam. Encontramos um insight cristalino: há certos momentos em que o envolvimento com o cliente é muito grande: quando ele sofre um grande prejuízo. Por isso, decidimos oferecer excelência nesse momento, o da verdade, elegendo esse o ponto focal da estratégia. Chamamos de Zurich HelpPoint, o termo que abraça assessoria, soluções e ofertas de serviços, os quais todos os 60 mil funcionários da Zurich estão focados em entregar. Mais do que pagar as apólices, estamos interessados em resolver o problema.

O que torna o HelpPoint único?
A entrega do serviço nos momentos da verdade, quando nos colocamos no lugar do cliente e o ajudamos a resolver problemas imediatamente.

Na Suíça, temos mais de 100 HelpPoints para serviços automotivos, que permitem os nossos clientes completar a requisição de seguro e já começar os reparos no veículo no mesmo local. Isso traz benefícios ao cliente de várias maneiras: oferecemos um modo simples e sem burocracia de dar entrada na requisição do seguro, o início imediato dos reparos, a garantia total nos reparos feitos e mobilidade ilimitada.

Nossa linha de *Home Care* oferece serviços de igual excelência para danos no domicílio do cliente. Um exemplo pode ser quando um cano estoura no banheiro no sábado de manhã e cuidamos da contratação de um encanador apropriado para o reparo. Adicionalmente, com a rede MediPoint, nossos clientes recebem acesso privilegiado a médicos especialistas em caso de acidentes graves ou doenças sérias.

No Japão, a Zurich Financial Services lançou um serviço que permite às vítimas de acidentes e avarias utilizarem serviços de emergência por GPS para contatar o Zurich Claims Centre, apenas aproximando o celular do *Z-sticker* no para-brisas do carro e pressionando a tecla "discar". O serviço possibilita identificar com precisão o local do acidente ou avaria, diminuindo substancialmente o tempo de resposta.

Nos Estados Unidos, temos um ônibus do Mobile Claims Center com presença constante em incêndios, tornados, tempestades e outras catástrofes naturais. Nas Olimpíadas de Pequim, nossa unidade de Global Specialties disponibilizou aos clientes da Zurich que estivessem viajando ao evento informações e números de contato em *Z-cards*. Também disponibilizamos uma equipe presencial para ajudá-los caso necessitassem de apoio médico ou assistência durante as viagens.

Nosso grupo de *Risk Engineering* mantém um site, riskfeatures.com, no qual ensinamos clientes corporativos a avaliar riscos de desastres naturais, fornecendo dicas práticas sobre como mitigar os riscos. Há literalmente milhares de outros exemplos na Zurich de centralidade no cliente, muitos dos quais bem menos dramáticos.

Quais foram os resultados?
Na Suíça, sabemos a partir de estudos de satisfação dos clientes, conduzidos regularmente, que eles de fato apreciam nosso serviço. Na pesquisa mais recente, 97% dos clientes que auxiliamos disseram que nos recomendariam a familiares e amigos, e 96% continuariam a adquirir seguros conosco.

Além disso, nossa rede HelpPoint ajuda a economizar para a companhia até 15% em custos de reparos. Repassamos essa vantagem de custos de nossa rede de parceiros para os clientes da solução de seguros automotivos HelpPointPlus. Hoje, mais de um terço dos novos contratos de seguros automotivos incluem o conceito de serviço HelpPointPlus.

A crise econômica confirmou o que pensávamos: tudo se resume a entregar durante os momentos da verdade. Sabemos que podemos fazer a diferença e realmente estar próximos dos clientes se nos dedicarmos integralmente.

NOVOS PADRÕES DE EXPERIÊNCIA EM BANCOS DE VAREJO

Em setembro de 2005, o Deutsche Bank abriu o "Q110 – O Deutsche Bank do Futuro", em Berlim. Equipado com as mais modernas inovações, Q110 oferece aos clientes uma experiência bancária sem paralelos. Alfredo Flores, Vice-Presidente Global de Marketing & Comunicação do Deutsche Bank PBC, explica quão significativa é a oferta de serviços de ponta para clientes de bancos de varejo.

Qual o raciocínio subjacente ao Q110?
Criamos uma experiência bancária completamente diferente com o Q110. Nossos clientes são recebidos em uma atmosfera de conforto, que faz da visita à agência um verdadeiro evento. Agências tradicionais nem sempre atraem o consumidor; Q110 certamente o faz. A agência combina inovações tecnológicas com as últimas tendências, como produtos nos quais você pode tocar. Os chamados *financial boxes* tangibilizam produtos financeiros antes abstratos.

Além disso, proporcionamos aos clientes uma gama de serviços que excedem os das agências tradicionais. Essas proposições foram desenhadas especialmente para atrair os clientes ao "Deutsche Bank do Futuro". Por exemplo, um *lounge* com petiscos e bebidas é parte integral do conceito Q110, um local onde o cliente pode passar um tempo agradável ou conversar com um assessor do banco. Também oferecemos uma loja de tendências, por meio de parcerias altamente selecionadas com empresas como Harrods e MUJI.

O cardápio do lounge e os produtos disponibilizados na loja de tendências são alterados regularmente, de modo que as pessoas sejam incentivadas a novas visitas, durante as quais, seus filhos recebam tratamento especial no Kid's Corner, por nosso staff especificamente treinado.

De que forma o Deutsche Bank lucra com o Q110?
Q110 é nosso laboratório, onde desenvolvemos ativamente os conceitos do banco de varejo do futuro. É um laboratório muito bem-sucedido, devo dizer. Os clientes apreciam a experiência bancária totalmente diferente do Q110. De acordo com nossas pesquisas, 91% de todos os visitantes consideram o conceito inovador do Q110 "excelente" ou "bom". Desde que abrimos as portas, em 2005, mais de 900 mil pessoas já nos visitaram. Não é surpresa, portanto, que Q110 tenha atraído 50% mais clientes para o Deutsche Bank que agências comparáveis.

De mais a mais, Q110 está estabelecendo os padrões não apenas para o Deutsche Bank, mas para todo o setor bancário de varejo. Conceitos comprovadamente bem-sucedidos no Q110 estão sendo implementados nas demais agências, permitindo assim que todos os clientes da companhia possam se beneficiar com as inovações ali desenvolvidas.

De que modo a crise financeira afetou a importância de conceitos inovadores de agências bancárias, como o Q110?
A crise teve um impacto marcante em todo o setor. Bancos de varejo estão enfrentando grandes desafios no momento. A perda da confiança do consumidor, a rigidez das regulamentações e maior competição implicam receitas decrescentes para o setor financeiro como um todo.

Por outro lado, o mercado ainda proporciona oportunidades reais para um grande avanço dos bancos de varejo, especialmente aqueles que focarem assessoria financeira. Mais do que nunca, os consumidores buscam conselhos de qualidade, procuram um parceiro em quem possam confiar. Conceitos inovadores de agências, que levam em consideração as mudanças nas preferências e necessidades dos clientes, podem com isso fornecer aos bancos de varejo forte vantagem competitiva.

Para que isso aconteça, os bancos de varejo precisam fazer uso das conotações positivas que os consumidores usualmente associam às experiências em lojas do varejo. A maioria dos consumidores as considera agradáveis; eles tendem a percebê-las como eventos. Com isso em mente, e considerando a perda da confiança nas instituições financeiras, o diálogo pessoal entre cliente e assessor precisa ocorrer em um ambiente acolhedor e prazeroso, que dá ensejo a iniciativas para restaurar a confiança. Q110 proporciona essa atmosfera.

Especificamente como esse ambiente é proporcionado?
Q110 leva em consideração a crescente necessidade dos clientes por consultoria financeira transparente e de qualidade. Isso vem ocorrendo desde sua abertura, quatro anos atrás, e estamos trabalhando para que continue assim. A interação entre cliente e assessor não apresenta qualquer barreira, e o diálogo ocorre olhos nos olhos. Uma série de inovações técnicas permite os assessores realizarem até mesmo complexas decisões financeiras de forma transparente e de fácil compreensão pelos clientes. A mais recente inovação é o chamado sistema Microsoft Surface™, novo meio de apresentação que permite que assessores e clientes naveguem por apresentações e aplicativos apenas tocando uma tela integrada à superfície de uma mesa. Dessa forma, até complicados assuntos financeiros podem ser visualizados de forma mais clara, recomendações se tornam mais compreensíveis, e a transparência é ampliada. Serviços bancários consultivos ficam mais tangíveis.

Por fim, confiança e segurança estão sendo restauradas. A busca contínua por conceitos de ponta possibilita ao Deutsche Bank a manutenção e até expansão de sua posição de liderança no mercado de serviços bancários de varejo.

O VAREJO CADA VEZ MAIS PRÓXIMO

O Falabella Retail Finance tem crescido fortemente nos últimos anos no Chile, Peru, Colômbia e Argentina. Um importante vetor tem sido a base de varejo do Grupo Falabella, que consiste em lojas de departamento, de construção e supermercados. Conversamos sobre isso com Gaston Bottazzini, Diretor-Geral do Falabella Retail Finance.

Em todo o mundo, vemos varejistas expandindo os negócios para serviços financeiros. Qual o grau de sucesso do Falabella no setor?
Começamos oferecendo crédito parcelado em nossas lojas, seguido, em 1980, pelo cartão de crédito CMR. Somos hoje o líder de mercado em cartões de crédito no Chile, com grande crescimento no Peru, Argentina e Colômbia. Então desenvolvemos nossa agência de viagens, um grande veículo para entrar em novos segmentos e tornar o turismo acessível para as classes média e mais baixa. Em seguida, iniciamos a corretagem de seguros, oferecendo uma vasta gama de produtos. Apesar da baixa penetração de seguros em nossos mercados, atingimos uma boa taxa de *cross-selling*: 2,5 apólices por cartão de crédito. Finalmente, há 12 anos iniciamos nosso banco comercial, que completa a oferta e nos torna um provedor integral, satisfazendo um leque completo de necessidades financeiras.

Nosso braço financeiro satisfaz todas as necessidades financeiras dos clientes, estendendo assim o alcance transacional de nossos três formatos de varejo e permitindo relacionamentos contínuos e maior fidelização, sobretudo para nosso público-alvo: a classe média emergente.

Quais são os principais fatores de sucesso de seu modelo de negócio?
A chave é um ciclo virtuoso que alavancamos entre nossos negócios de varejo e financeiro. Se eles trabalharem bem juntos, ambos sairão vencedores. Esse ciclo se inicia com as necessidades imediatas dos clientes. De modo a prover acesso aos produtos, sobretudo bens duráveis, oferecemos crédito, calculando assim a melhor prestação para o cliente, com

base no tempo médio de uso do produto. Nossa comunicação é de simples compreensão – "as menores parcelas" – e em linha com a vida útil dos produtos; por exemplo, 12 meses para telefone celular.

O próximo elemento de nosso ciclo no varejo é oferecer benefícios exclusivos aos que possuem cartão, como descontos e acesso a ofertas especiais, o que, em troca, produz maior fidelização dos clientes.

Quais são as vantagens deste ciclo virtuoso para o braço financeiro da empresa?
A expansão do braço financeiro se dá largamente em função das atividades de varejo. Primeiro, o varejo nos traz frequência de compra, o que possibilita maior conhecimento sobre o cliente. Com isso, podemos adaptar nossas ofertas continuamente. De fato, estamos sempre muito próximos das necessidades e comportamentos dos clientes, o que, em troca, nos confere altas taxas de resposta, já que não enviamos ofertas genéricas. Se você adquire livros escolares, podemos oferecer crédito educacional, por exemplo. Ou podemos oferecer um seguro de automóvel com base no seu consumo de combustível.

Em última análise, o maior conhecimento sobre os clientes e o relacionamento contínuo se traduzem em menor risco. Muitos bancos possuem informações sobre clientes menos significativas, já que são em larga medida baseadas no consumo de produtos financeiros. O consumidor solicita dinheiro, e o banco não sabe de fato em que os clientes o estão utilizando. Nossas informações são baseadas na aquisição de produtos e pagamento de prestações, o que permite melhor gerenciamento do risco.

Com base na avaliação do risco, iniciamos nosso ciclo novamente ao oferecer ao cliente crédito financeiro que satisfaça suas necessidades imediatas. A chave para o sucesso nesse modelo é a implantação impecável, consistência de longo prazo e a manutenção da confiança do cliente, o que dificulta que sejamos copiados!

Parece-nos que as atividades de varejo do grupo permitem grande proximidade com os clientes e também a geração de insights sobre o consumidor.
É verdade. Nossa segmentação baseia-se em duas grandes variáveis: o perfil da pessoa e seu comportamento real nas lojas, ilustrado pelo tipo de seção visitada, produtos consumidos etc.

Com isso, podemos utilizar critérios para segmentação de perfil que diferem dos usados por bancos tradicionais. A maioria dos bancos usa o nível de renda como critério. Não colocamos tanta ênfase em renda, já que há maior correlação entre comportamento e risco que entre renda e risco. Há pessoas com alta renda que apresentam alto risco devido aos seus hábitos de consumo. A capacidade de poupança refere-se mais às despesas que à renda. Reconhecemos isso na comunicação, no programa de recompensas e em inovações em produtos, como aprovação imediata de crédito no momento da compra.

Como temos maior versatilidade quanto ao gerenciamento do risco, temos maior acesso à classe média. Podemos alterar linhas de crédito com base no comportamento durante os pagamentos e oferecer acesso a contas mesmo com pequenas quantias iniciais. Temos capacidade de iniciar linhas de crédito até 10 vezes menores que as de outros bancos, mas, graças a nossos insights, podemos crescer os depósitos muito mais rápido, facilitando, assim, o acesso dos clientes.

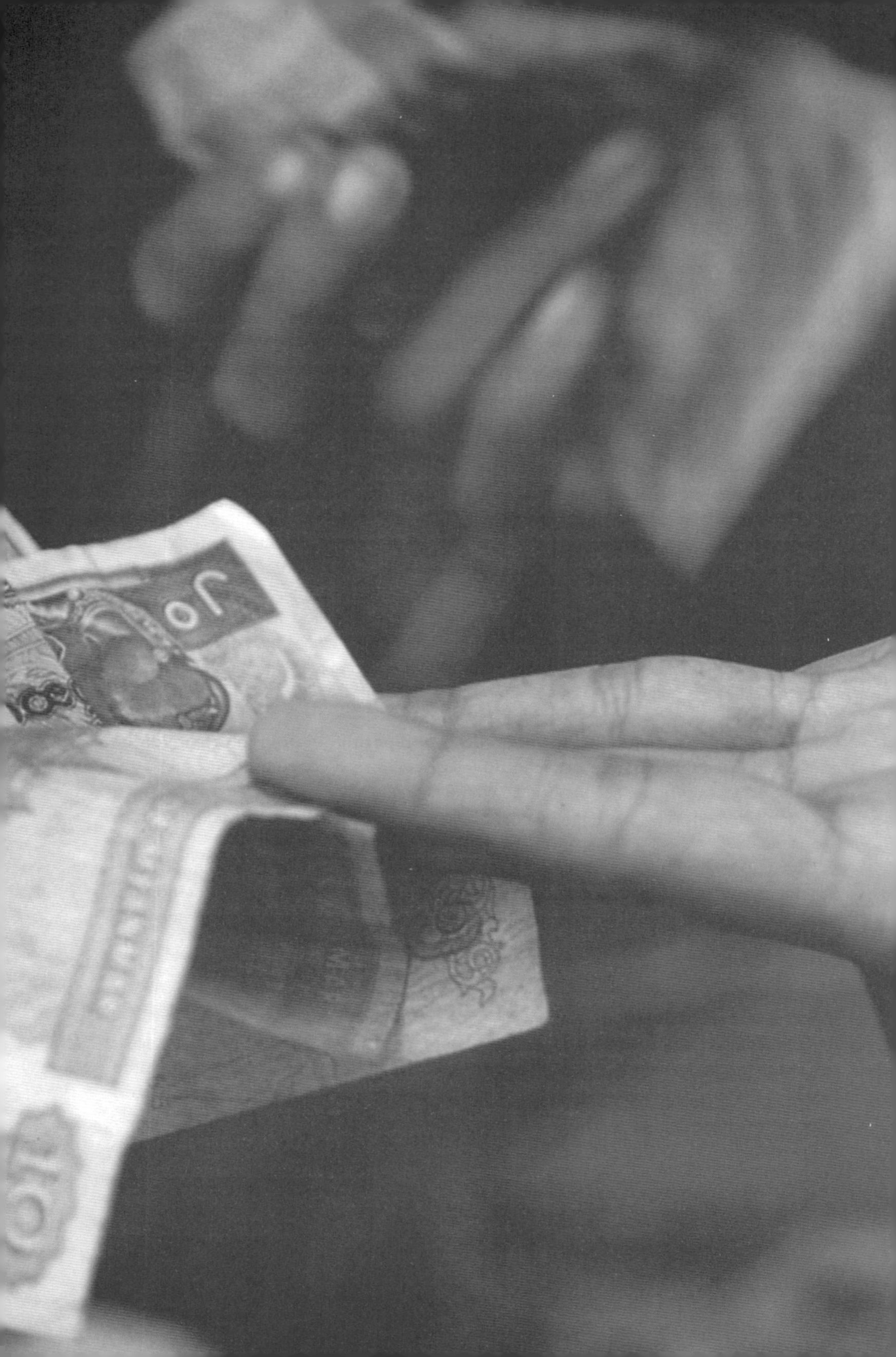

CAPÍTULO 7

Reinventando os serviços financeiros

De volta ao básico? Vamos seguir em frente!
A expressão "de volta ao básico" tem aparecido repetidamente na maioria de nossas conversas sobre o futuro dos serviços financeiros, em contexto que indica que as instituições financeiras deveriam retornar a seu papel original, às funções arquetípicas do setor: realocar o capital daqueles com excedente para os em escassez, azeitar as engrenagens do comércio e da indústria, reduzir o risco e a insegurança e proporcionar prosperidade e tranquilidade. Desempenhando essas funções de forma correta, o setor indiretamente contribui para o desenvolvimento social e econômico da sociedade.

Mas há certa falta de sentido de urgência na expressão "de volta ao básico". Ela não reflete as novas demandas dos clientes nem inspira as extremamente necessárias inovações nos mercados consumidores. Não motiva a adaptação às tendências do consumidor, ao maior número de consumidores autogeridos, à crescente importância da sabedoria coletiva ou à reavaliação de valores. Tampouco inova ao criar produtos e processos mais simples e transparentes. "De volta ao básico" não traduz ambição e, definitivamente, deixa a desejar em termos de inspiração e engajamento para os colaboradores. Consideramos a expressão "de volta ao básico" uma desculpa para evitar a autoanálise, para desviar o olhar do futuro, além de certamente não colocar o cliente como ponto de partida para a solução.

É necessária uma mudança de mentalidade. Pensar em voltar ao básico não é suficiente. O setor precisa seguir em frente, não voltar ao básico. Precisamos aproveitar esse impulso para colocar o cliente no centro do negócio.

Foto nas páginas anteriores: "Hands", cortesia do artista Pieter Schunselaar.

Busque compreender o que as mais importantes tendências do consumidor significam e aja nelas. Não somente por necessidade, mas pelo desejo de reduzir a assimetria de percepções e colocar os interesses dos clientes como seu ponto de partida mais importante. Alavancar as mais recentes tecnologias, reconhecer o papel central do setor na sociedade e agir de forma correspondente são as demais crenças dessa filosofia. Essa visão engaja todos os stakeholders, incluindo o ativo mais valioso de qualquer empresa de serviços: os funcionários.

Um aspecto essencial no foco em olhar para o futuro é o alinhamento entre a centralidade no consumidor e o crescimento da lucratividade. O caminho adiante não é somente agradar o cliente; diz respeito a encontrar formas de implementar o foco no cliente em simultaneidade à manutenção de um bom padrão de retornos financeiros.

✷

O ambiente competitivo foi novamente nivelado

A crise alterou não apenas o cenário competitivo e a forma como a indústria opera. Ela mudou as regras do jogo. Agora temos de enxergar os concorrentes sob nova luz, à medida que novos padrões geram novos indicadores para a competitividade.

Um concorrente pode ter sido gravemente prejudicado pela crise financeira, ou estar sob intervenção do governo; pode estar internamente focado em reorganizações ou ainda forçado por um controlador a dividir a companhia e vendê-la em partes menores. Uma empresa pode estar entrando em colapso ou sendo adquirida por falta de massa crítica para sobreviver por si mesma. Esses novos indicadores passaram a ser ainda mais importantes, atuais e relevantes no mundo das instituições financeiras.

Um grande número de convenções do setor sofreu alterações pela crise financeira e seu desenlace. Ativos tradicionalmente importantes, como porte da companhia, reconhecimento de marca, imagem internacional ou história, perderam muito do valor no processo de decisão do cliente, já que nenhuma dessas qualidades conseguiu evitar a crise.

A maior amplitude do controle por parte das autoridades governamentais está limpando o mercado. Clientes, a mídia e a opinião pública estão vigiando cada movimento. Em um grande número de países, governos se tornaram acionistas das principais instituições financeiras, o que também afeta percepções e procedimentos.

Sem dúvida, resultados anuais e trimestrais manterão sua importância, mas agora há mais stakeholders em jogo: clientes, funcionários e o interesse público. Alinhar esses interesses é essencial – apenas equilibrá-los já não é suficiente. Os conselhos administrativos precisam convencer os acionistas de que a centralidade no cliente será, no longo prazo, também de seu interesse. Ao mesmo tempo, eles devem comunicar aos clientes sua filosofia e visão. Também precisam explicar assuntos relacionados com o balanço da empresa em linguagem acessível. Estamos nos aproximando de uma cultura de participação, com alto envolvimento por parte dos stakeholders, em todos os níveis. Muitas companhias no setor estão dando os primeiros passos nesse sentido.

O que podemos esperar dos novos entrantes?
Com a alta dinâmica na concorrência e nas regras do jogo, cria-se espaço para novos entrantes no mercado. Acreditamos que veremos novos players, e que eles conseguirão dominar uma fatia do mercado. Porém, não temos tanta certeza de que terão sucesso em desbancar as grandes instituições financeiras.

Tomemos como exemplo o CheBanca! da Itália. Em apenas um ano, eles conseguiram somar €6 bilhões em depósitos. Um número impressionante, mas que não se compara às dezenas de bilhões de euros dos grandes players do mercado italiano de investimentos em aplicações. Em termos de participação de mercado, esses €6 bilhões são pouco representativos. No mercado de aplicações holandês, novos entrantes atingiram participação de mercado de apenas 1% a 2% cada.

Contudo, certamente haverá impacto no mercado devido aos novos entrantes. Seu volume pode ser limitado, mas eles elevarão os padrões sobre o que o cliente pode esperar em termos de serviços e custos. A chegada do CheBanca! fez os clientes dos provedores tradicionais de serviços financeiros exigirem níveis comparáveis de serviço e baixo preço. O mesmo aconteceu com o ING Direct, alguns anos atrás. Se uma grande instituição é forçada pelos especialistas a aumentar as taxas de depósito em alguns pontos, a lucratividade será afetada em milhões, talvez até bilhões. A partir dessa perspectiva, percebe-se que os novos entrantes podem de fato causar grande mudança.

Esperamos poucos novos entrantes em mercados emergentes, sobretudo porque estarão concentrados em crescer nos mercados domésticos.

Por outro lado, permanece a questão se os novos entrantes serão capazes de entregar todos os vetores da confiança, sobretudo os relacionados com a estabilidade financeira. E essa não é uma pergunta retórica.

Já mencionamos a pesquisa conduzida pela Marketing Week britânica, que reportou que provedores financeiros não tradicionais, como Sainsbury's Bank, O2 Money e Marks & Spencer Money falharam em explorar a quebra na confiança do consumidor. Não obstante, notamos em outros setores que a chegada de novos players ou inovações pode alterar facilmente os determinantes de compra, como aconteceu quando as operadoras de baixo custo entraram na aviação civil. Companhias como eBay e PayPal e plataformas peer-to-peer, em que as pessoas podem emprestar dinheiro até para desconhecidos, ensejam nova dimensão à confiança.

Embora essas iniciativas estejam baseadas em um modelo de negócio completamente diferente, seu impacto sobre a confiança do consumidor, e como isso se traduz para outros serviços financeiros, será interessante. Tão interessante quanto o que podemos aprender com companhias como a Rakuten, do Japão, ou o Falabella, na América Latina, as quais, como varejistas, já estão próximas de seus clientes, e envolvidos em inúmeras decisões de compra todos os dias.

Ainda não se sabe em quais nichos e em quais imperfeições os aspirantes a novos players deverão se concentrar. Economias de escala certamente serão importantes, logo um novo entrante hesitará em construir tudo do zero. Faz mais sentido se concentrar na linha de frente (marketing); e, para o back office, o novo entrante pode se aliar a um player já estabelecido. Exemplos disso são a EasyMoney, no Reino Unido, a parceria entre EasyJet e Zurich Financial Services e a aquisição, por Richard Branson, do Church House Trust, para acelerar o ataque da Virgin Money ao mercado bancário britânico. Seria fácil para o Google entrar no mercado por meio de movimentação semelhante.

Muitas pessoas no setor parecem subestimar a iminente chegada de novos concorrentes. Em todos os setores, já vimos companhias se recusarem a levar inovações a sério e acabarem por se tornar obsoletas; Agfa e Polaroid, em fotografia, por exemplo. As instituições financeiras devem acompanhar o desenvolvimento dos novos entrantes para assegurarem seu próprio futuro.

O fim da assimetria de informações

Nos últimos 20 anos, muito da riqueza acumulada pelo setor financeiro originou-se do aproveitamento da falta de transparência.

Primeiro, temos o fenômeno da falta de transparência no setor bancário: a criação de produtos complexos e fortemente alavancados para os mercados financeiros.

Em seguida, as instituições financeiras realizavam – ou talvez seja melhor utilizar o verbo no presente – realizam transações baseadas na assimetria de informações. O banco ou companhia de seguros sempre sabe algo a mais que o cliente, sempre tem mais e melhores informações. Produtos e assessoria são etéreos. Quanto mais complexo o produto, maior a assimetria na informação. Quando os procedimentos e custos são menos transparentes para o cliente, a margem para a instituição aumenta. Sabemos que isso vem causando excessos. Muitos clientes acabam pagando um alto preço pela falta de conhecimento.

Em terceiro lugar, continuamos a encontrar falta de transparência nas compensações absolutas que as instituições financeiras cobram pelos produtos, sob muitas formas: comissões e taxas para seguros de vida, cobranças excessivas para transferências rotineiras de depósitos, altas taxas de juros nos cartões de crédito e empréstimos, penalidades por trocar de credor hipotecário. Em geral, esses custos não estão relacionados com o esforço requerido e são originados do objetivo de explorar ao máximo o potencial do cliente ou retê-lo a qualquer custo.

Os dias em que as instituições financeiras podiam obter grandes lucros com essas práticas estão contados, nas três dimensões que acabamos de mencionar.

As receitas da tradicional falta de transparência, como derivativos sem regulamentação, sofrerão forte queda. Esses investimentos prejudicaram o setor, e, agora, governos do mundo todo estão apertando os regimes regulatórios negligentes que permitiram tais práticas. O público em geral tem até mesmo exigido que as instituições sejam impedidas de investir nesses tipos de produtos. Acreditamos que a principal medida deva ser a transparência dos produtos, honestamente contabilizados nos resultados das companhias e adequadamente provisionados pelas reservas de capital das instituições financeiras.

O modelo de negócios já testado, que se concentra em explorar falta de transparência e informações assimétricas, está fadado a chegar ao fim graças à demanda por maior transparência.

Como resultado, a maior parte das instituições financeiras deverá adotar um modelo de negócio bastante diferente do utilizado hoje. Pode não ser uma tarefa fácil, mas talvez seja simples; na verdade, só existe uma forma de se lidar com a situação atual, totalmente nova: ouça os consumidores, abrace a transparência e abandone práticas que visam ganhos de forma insustentável.

Isso significa não só que as instituições financeiras terão de se adaptar a um mundo com informações menos assimétricas, mas que deverão ir além: serão protagonistas no papel de minimizar a assimetria de informações. A transparência inevitavelmente levará a menores margens. Mas há um valor agregado à redução da assimetria de informações, por ser a base de nova fonte de receitas. Segundo esse ponto de vista, o foco no consumidor e o crescimento com lucratividade não mais se opõem, mas estão entrelaçados e alinhados.

O consumidor não é contra a ideia de uma instituição financeira ser lucrativa, desde que haja conexão entre seu desempenho e o valor criado para o cliente. Um banco ou seguradora pode até fazer muito dinheiro, se o efeito for substancial para os clientes. Foi exatamente isso o que aconteceu de errado nos últimos anos. As instituições financeiras ganharam muito dinheiro, mas, na percepção dos consumidores, não entregaram o retorno apropriado para a sociedade.

Mudanças de atitudes e comportamentos do consumidor

A crise não transformou somente o ambiente competitivo, mas o comportamento do consumidor. Eles têm prestado maior atenção e se tornado mais céticos em relação à capacidade das instituições financeiras de corresponderem aos seus anseios, ainda que os mais básicos. Os serviços financeiros vêm atraindo um nível bem mais alto de envolvimento por parte dos clientes, em comparação ao período anterior à crise.

O consumidor também se tornou mais parcimonioso, ansioso, reflexivo, mais bem informado e menos propenso ao risco. Ele prefere a segurança e está bem menos crédulo. Antes da crise, o comportamento do consumidor parecia mais motivado pela ganância: buscava encontrar a melhor taxa de retorno de fundos de investimento e a hipoteca mais barata, por exemplo. Durante a crise, o medo tomou conta e logo cresceu a preferência por instituições ou produtos mais seguros. No momento em que escrevemos este livro, ainda não há um vencedor claro na batalha entre a ganância e o medo.

As necessidades e desejos dos consumidores também se transformaram. Eles agora querem mais informação. Buscam soluções mais racionais e prudentes para suas necessidades individuais e esperam receber serviço impecável.

Em resumo, mudaram não só os vetores de compra do consumidor como também suas atitudes, comportamento, necessidades e o percurso de compra. Hoje o consumidor está mais exigente que nunca. E desde que os acontecimentos no mercado aceleraram o deslocamento do poder dos provedores para os consumidores, é bastante provável que esse equilíbrio assim permaneça.

O caminho para o futuro dos serviços financeiros

As seis tendências do consumidor apresentadas neste livro estabelecem novas regras sobre como bancos e seguradoras devem operar no futuro. Seus elementos fundamentais são: alinhamento dos stakeholders, simplicidade nas experiências, poder ao cliente, novos percursos de compra, caráter e decência e a dimensão humana.

O impacto causado por essas seis tendências abrange o modelo de negócio das instituições financeiras, a forma como as empresas e suas marcas se posicionam em relação ao consumidor, os produtos e serviços oferecidos, a experiência do cliente com a companhia e a organização necessária para que as empresas possam fazer frente a essas mudanças.

"Modelo de negócio" é um termo desgastado, que permite muitas definições. Nós o utilizamos no sentido de contemplar os modelos de receitas e de operações, bem como todos os pontos de partida necessários para ambos. O princípio-guia é a centralidade no consumidor. Implementá-la com vistas no longo prazo configura-se em desafio não só complexo como diverso.

Parte importante do foco no consumidor é a redução da assimetria de informações, que imediatamente toca as raízes do modelo de negócio corrente.

Tendência-chave para os consumidores	O que os consumidores esperam
1 O relacionamento do consumidor com as instituições financeiras mudou	• Primeiro faça o básico corretamente para que eu possa utilizar seus serviços sem surpresas. • Prove para mim; proporcione a experiência de valor agregado que você tem a oferecer. • Não lave roupa suja na imprensa, faça negócios com transparência.
2 Consumidores demandam transparência e simplicidade	• Simplifique os serviços financeiros do dia a dia. Use linguagem compreensível. Ofereça produtos fáceis de entender e proporcione canais convenientes. • Mostre a companhia por trás da marca. • Concentre-se no que realmente é importante para mim, não desperdice meu tempo e esforço. Dê-me três boas opções em vez de 99 inadequadas. • Certifique-se de que esteja claro para mim o que adquiro de você. Ninguém gosta de surpresas negativas. • Surpreenda-me excedendo minhas expectativas nos momentos críticos, durante toda a minha experiência como cliente.
3 Consumidores tornam-se cada vez mais autogeridos	• Eduque-me, me faça compreender melhor. Evite a alienação dos clientes. • Ajude-me a fazer minhas próprias e livres escolhas. • Dê poder ao cliente: proporcione as ferramentas para que eu possa agir sozinho. • Não me trate como apenas mais um cliente. Reconheça-me como indivíduo e gere soluções que satisfaçam minhas necessidades pessoais. • Abra espaço para que eu o ajude, cocriando ou até decidindo quais serão seus próximos produtos ou serviços.
4 Consumidores confiam na sabedoria coletiva	• Ouça-me; transforme sua comunicação em uma via de mão dupla. • Demonstre que você leva minhas opiniões a sério e toma atitudes em relação a elas de forma adequada.

4	Consumidores confiam na sabedoria coletiva (continuação)	• Ajude-me a tomar decisões, também ao facilitar minha conexão com outros clientes. Desejo compartilhar minhas opiniões e escutar o que os demais têm a dizer. • Compartilhe comigo experiências positivas e histórias que valham a pena. • Mantenha contato por vários meios nos momentos apropriados, sem me perturbar em meu ambiente social "seguro".
5	Consumidores estão reavaliando valores	• Trate-me como você gostaria de ser tratado. • Aja em meu interesse. Recomende somente os produtos de que realmente necessito e que você mesmo compraria. • Demonstre que você me valoriza como cliente; seja honesto comigo, garanta um preço justo, não faça mais promessas vazias, não ofereça a novos clientes um valor melhor que o oferecido a mim. • Seja tolerante, não aja de forma rígida. Apoie-me se eu enfrentar dificuldades; ofereça auxílio. • Aja com sinceridade; faça as coisas pelos motivos corretos, por estar no DNA da marca e não somente por marketing. • Pense além de suas operações diárias e considere seu papel e responsabilidade na sociedade.
6	Consumidores preferem se sentir próximos	• Conheça os clientes, não só o dinheiro deles. Esteja presente e me ajude quando for preciso. • Certifique-se de que eu possa entrar em contato com você por diferentes canais pessoais. Trate-me como a uma pessoa conhecida, em todos os canais de minha preferência. Não quero fazer negócios com uma instituição fria e distante. • Não ofereça apenas produtos; compreenda os sentimentos inerentes e o que significam para mim. Demonstre empatia. • Respeite e demonstre interesse pelas necessidades e cultura locais. Contribua com a comunidade local. • Mostre personalidade e se envolva.

A redução da assimetria de informações gerará uma desmistificação e consequente pressão às margens, que necessitam de economias de escala.

Em outro eixo, temos o alinhamento das proposições a todos os stakeholders: viver sob o mantra "escutar-aprender-engajar" e o aumento da relevância local.

O desafio é unir ambos os eixos e ainda emergir com um negócio lucrativo.

Em termos de posicionamento e marca, o aumento do poder do consumidor virá à tona onde talvez menos se espere. Esteja pronto para isso, pois os clientes podem construir ou destruir reputações, dificultando o posicionamento de marca. Enquanto o posicionamento institucional tradicionalmente fez uso da publicidade, agora ele acontece onde os clientes efetivamente vivem as marcas. A experiência da marca em todos os pontos de contato é fundamental e, no setor de serviços, isso significa que todos os funcionários devem respirar a marca e seus valores.

O que a empresa oferece – produtos, serviços, precificação – e toda a jornada do consumidor com a marca devem mudar radicalmente. Ofereça produtos simples e coerentes, que você mesmo compraria, bem como serviços que tratem o cliente da forma que você gostaria de ser tratado. Serviços e, de maneira mais ampla, a experiência do cliente, vão se tornar ainda mais importantes. O desafio é atingir tudo isso a despeito das pressões nas margens originadas por produtos mais simples. A solução pode ser encontrada em parte no uso inteligente da tecnologia. Alavanque o mundo online como ponto de partida no projeto de novos conceitos de negócio, preferencialmente com relação à presença física e aos encontros pessoais com o cliente.

Analisados em conjunto, estes pontos trazem consequências decisivas para a estruturação e cultura das organizações do setor.

Abertura, ousadia em se tornar vulnerável como organização, franqueza e empatia, e a meta de permitir uma relação igualitária com o cliente – a necessidade de possuir esses valores pode ser lógica e autoexplicativa, mas não torna sua implementação nem um pouco mais fácil. A maioria dos bancos e seguradoras vem de outro caminho. O staff atual não foi admitido com essas habilidades em mente e nunca foram avaliados ou recompensados por isso. A maior parte dos funcionários são pessoas comuns, decentes e perfeitamente capazes de sentir empatia pelos clientes. Não obstante, incorporar tais qualidades na cultura organizacional, alinhando-a ao que verdadeiramente valorizamos, deverá demandar grandes esforços.

Resumimos esse impacto na matriz que se segue nas próximas páginas. Em essência, ela se configura em um guia que traz os princípios a serem seguidos pelas instituições bancárias e companhias de seguros do futuro.

Analisando-a mais de perto, veremos que o impacto e os princípios para a organização podem parecer contraditórios em alguns casos. Veja, por exemplo, transparência e simplicidade *versus* margem, ou economias de escala *versus* a preferência pela "proximidade". Acrescente a isso as atuais reduções de custos e reorganizações contra a necessária excelência em serviços e o comprometimento dos funcionários; sem esquecer a volta às funções originais contra a necessidade de gerar novo valor agregado. A seguir temos compliance se opondo à comunicação com os clientes e soluções futuras *versus* problemas do passado, além de responsabilidade e sustentabilidade em oposição a resultados de curto prazo.

Em resumo, há uma profusão de dilemas, e é importante termos consciência disso. Eles requerem interpretações adequadas e uma clara visão sobre como lidar com esses desafios.

*

Solucionando as crises de identidade e relacionamento simultaneamente

Quando olhamos com distanciamento para as consequências da crise financeira – seu impacto imediato e o efeito das seis tendências do consumidor que aceleraram as mudanças – parece que o setor financeiro viu surgir duas diferentes crises: uma de identidade e outra de relacionamento.

A crise de identidade refere-se à emergência de uma série de problemas existenciais. Graças a todas essas transformações e complexidade, a maioria absoluta dos executivos do setor com quem conversamos afirma estar certa de que o nível de retorno histórico no setor é agora parte do passado. Muitos executivos seniores se perguntam como o setor financeiro será capaz de fazer dinheiro no futuro e como suas empresas poderão obter lucros decentes. E claro que esses mesmos executivos pensam: "Como podemos nos adaptar a essa nova realidade? E em qual medida ela está em sintonia com quem somos?" Os questionamentos tomam sentidos mais amplos.

Desde a crise, grande parte dos executivos tem tido uma só prioridade: sobreviver, sem qualquer espaço para visões mais ousadas ou grandiosas. E com razão, sem dúvida. Entretanto, concentrar-se somente na sobrevivência é insuficiente quando o mundo ao redor está se transformando em outro ritmo. Em algum momento, você terá de sair do abrigo e se mover adiante. Como dizia Charles Darwin, "não é o mais forte da espécie que sobrevive, ou o mais inteligente, mas aquele que responde melhor às mudanças."

O que torna a situação ainda mais desafiadora é a imprevisibilidade dos mercados. Quem pode dizer hoje qual será o cenário daqui a um ano?

O ritmo atual das transformações requer agilidade correspondente, o que não é um traço comum nas instituições financeiras. Uma estratégia robusta, adaptável e estimulante é essencial. Ela deve funcionar independentemente dos desenvolvimentos que fogem ao nosso controle.

	(1) O relacionamento do consumidor com as instituições financeiras mudou **Alinhamento com stakeholders**	(2) Consumidores demandam transparência e simplicidade **Experiências mais simples**	(3) Consumidores tornam-se cada vez mais autogeridos **Poder ao cliente**
Modelo de negócio	Alinhamento das proposições a todos os stakeholders para a lucratividade de longo prazo	Desmistificação, pressão nas margens, economias de escala	On-line e móvel; educação financeira no processo primário
Posicionamento e marca	Experiência ao longo de todos os pontos de contato constrói a marca	Revelação da instituição por trás da marca	Facilitador financeiro
Oferta	Soluções para necessidades pessoais	Redução do portfólio, simplificação das tarefas rotineiras	Pensamento além da "carruagem sem cavalo"
Experiência do cliente	Excelência em serviços acima da excelência operacional	Experiências simples, uso da tecnologia	Poder ao cliente
Cultura e organização	Confiança deve ser vivida interna e externamente; participação no debate público	Franqueza, organização enxuta	Relacionamento igualitário com o cliente

Matriz: o caminho para o futuro dos serviços financeiros.

④ Consumidores confiam na sabedoria coletiva **Novos caminhos de compra**	⑤ Consumidores estão reavaliando valores **Ética e caráter**	⑥ Consumidores preferem se sentir próximos **Dimensão humana**	
Escutar – Aprender – Engajar	Redução da assimetria de informações	Alavanque ganhos de escala localmente	**Modelo de negócio**
Marcas são construídas pelos clientes	Autenticidade	Relevância local	**Posicionamento e marca**
Cocriação; vetores de compra voltados a serviços	Produtos que você mesmo compraria a um preço justo	Toque pessoal	**Oferta**
Novos percursos de compra; novos pontos de competição	Decência e caráter	Conhecimento pessoal do cliente, dimensão humana	**Experiência do cliente**
	Franqueza	Empatia	**Cultura e organização**

Existe um ponto pelo qual possamos começar? Acreditamos que sim: inicie lidando com dois problemas fundamentais. Primeiro, resolva a crise de identidade em que boa parte das instituições financeiras se vê no momento, e, em seguida, a crise de relacionamento com os clientes.

Com relação ao primeiro problema – a crise de identidade – está perfeitamente dentro de suas possibilidades definir onde você deseja atuar, pelo quê você deseja ser reconhecido e por quem. O segundo desafio – resolver a crise de relacionamento – também pode ser resolvido agora, ao buscar se aprofundar no que é importante para os clientes, traduzindo essas respostas em melhores produtos e serviços. Coloque o cliente em primeiro lugar e não apenas por meio de um relatório de alguma comissão interna, mas realmente faça isso de fato.

Seja grande ou especializado; pequenos generalistas não têm futuro
A preferência do consumidor por sentir-se "próximo" levanta a questão: "Ser pequeno é melhor que ser grande?" Não acreditamos nisso. A tendência não significa necessariamente que todos os pequenos provedores financeiros próximos dos clientes detenham alto potencial. É necessário mais que isso para entregar as seis tendências identificadas. Pense nos investimentos necessários para atingir o nível exigido pelos clientes autogeridos ou para implementar a transparência total, que afeta a margem de lucro.

A redução da margem por cliente e a magnitude dos investimentos necessários ditam a necessidade de conquistar mais clientes. Economias de escala se tornarão cada vez mais importantes nos próximos anos.

Só serão bem-sucedidos os grandes generalistas ou os melhores em um determinado nicho ou segmento específico de consumidores. Esse especialista terá de compensar a falta de escala com um entendimento superior das necessidades do cliente e deverá ser capaz de traduzir este conhecimento em vantagens competitivas prontamente, por meio de uma organização projetada com inteligência para sua execução. A maioria dos bancos private opera em um modelo de negócio comparativamente caro, de atendimento pessoal, que não se manterá, sobretudo em mercados domésticos diminutos. Para essas empresas financeiras, o processo de consolidação é inevitável.

Isso, à propósito, contradiz o que muitos governos desejam: a redução do tamanho das instituições financeiras. O tema "internacional *versus* nacional" também deve ser visto da mesma forma. A internacionalização não é um objetivo em si, mas uma maneira de realizar maiores escalas e obter vantagens com o crescimento da companhia. O setor de seguros, por exemplo, ainda é muito atrativo nos mercados emergentes, enquanto se encontra pressionado nas economias mais maduras.

Alinhamento: reconectando o capital a um propósito

As companhias de serviços financeiros precisam se perguntar: "Qual é o nosso propósito?" Já está claro que elas não existem somente em função dos acionistas. No Capítulo 1, indicamos que sua "licença para operação" vem do alinhamento sobre o que pode ser feito pelos stakeholders, o que significa não apenas os acionistas mas também clientes, funcionários e a sociedade.

"O lucro não é uma meta; na melhor das hipóteses é um meio". Esse é o resultado de muitas discussões que tivemos em relação ao objetivo ou missão das instituições financeiras no futuro.

Discussões como essas, em nossa opinião, devem ser colocadas no contexto de uma reação, até exagerada, ao que deu errado nos últimos anos: obsessão pelo lucro, ganância excessiva, preocupação única com o interesse dos acionistas. Indo além, companhias que colocaram menor ênfase na lucratividade, como bancos cooperativos, obtiveram desempenho bem melhor.

Em nossa visão, o alinhamento é a forma de se reconectar capital e propósito, reequilibrando o sistema. Lucro é bom; não é sujo, e sem dúvida é necessário. Mas o alinhamento levanta a questão: "Quais são os critérios para o sucesso?", já que a lucratividade não se presta mais a ser o único.

Um executivo da indústria farmacêutica Pfizer comentou que ele não apenas deseja ser informado sobre como estão os números financeiros da empresa, mas também sobre a quantidade de pessoas curadas e vidas salvas. No caso do produto Viagra, ele deseja saber "a quantidade de casais que ajudamos a ter uma boa noite no último trimestre".

Metas como estas geram engajamento entre os quatro principais grupos de stakeholders. Funcionários ficam mais comprometidos porque o que eles ajudam a produzir efetivamente gera um efeito positivo na vida das pessoas. Este tipo de meta dá mais orgulho do que apenas saber que seu empregador conseguiu um lucro de 5 ou 6 bilhões.

Da mesma forma, podemos imaginar instituições financeiras mensurando o sucesso não apenas por meio de receitas ou lucro, mas também pelo número de pessoas auxiliadas a aproveitar a idade madura com tranquilidade, ou cuja saúde financeira e bem-estar foram melhorados. Podemos medir isso pela quantidade de pessoas que conquistaram a oportunidade de cursar uma faculdade ou que recuperaram a mobilidade após um acidente de carro. O sucesso também pode ser mensurado por companhias que, por meio de novos financiamentos, puderam inovar e criar novos empregos. Basicamente, as instituições financeiras precisam contribuir direta e explicitamente para o desenvolvimento socioeconômico mais amplo.

A centralidade no cliente

As companhias de serviços financeiros precisarão melhorar muito sua compreensão em relação aos consumidores. É aqui que está a centralidade no cliente. Apesar de parecer autoexplicativo, isso representa uma real mudança de paradigma nos serviços financeiros. Com a equilíbrio do poder pendendo para o lado do consumidor, o modelo para o futuro é, inevitavelmente, de fora para dentro.

Como mencionamos na Introdução, conversas nas salas de conselho versam sobre dados financeiros, balanço, solvência, aquisições, reorganização, governança, mas raramente sobre os clientes.

As pessoas com as quais conversamos consideraram as discussões sobre as mais importantes tendências do consumidor – o que o consumidor pensa, o que ele sente – invariavelmente saudáveis e originais.

Discussões sobre a centralidade no cliente ocorrem em um nível organizacional baixo demais, e logo são desviadas para discussões operacionais, para CRM ou para a área de estratégia de contato com clientes. Logo, são banalizadas para quais ferramentas deveriam ser utilizadas no site ou qual conteúdo o script do operador de call center deve conter. Pode haver alguma lógica nisso, pois é ali que os clientes vivenciam o conceito. Contudo, é necessário haver a precedência de um debate e visão de alto nível na companhia.

A essência em colocar o cliente no centro do negócio é a convicção de que o profundo conhecimento sobre o consumidor e seus consequentes insights formam a base para o crescimento de um empreendimento voltado ao consumidor. Ele deve ser o ponto de partida mais importante para a estratégia da empresa, assim como seus valores e desejos. Procure materializar o que é vital para eles. Quais são as tendências mais relevantes? Como suas necessidades deverão evoluir nos próximos cinco anos? E, não menos importante, como responderemos a elas?

A centralidade no cliente impacta toda a companhia, seu modelo de negócio ("como podemos atingir a lucratividade por uma filosofia centrada no consumidor?"), a oferta de produtos e serviços, a experiência do cliente com a instituição e a organização e cultura que possibilitam a implementação de todos esses pontos.

Considerando-se um cenário mais otimista, essa visão e forma de trabalho correm nas veias da organização, alimentadas pela alta administração. A tradução literal da estratégia ao nível operacional é acompanhada de uma forte visão sobre "como podemos engajar os clientes". Essa é a verdadeira centralidade no cliente.

Se você concorda que a centralidade no cliente representa a chave para um novo futuro, então aposte nisso também. Recompense os comportamentos que você valoriza e faça o cliente ser o principal indicador de sucesso, por meio do uso da fidelidade e de seu engajamento com a companhia como os principais critérios na avaliação de performance e bonificação por desempenho em toda a organização – dos funcionários em contato direto com os clientes aos membros do conselho. E ouse publicar os resultados.

> *Algumas lições que aprendemos sobre centralidade no cliente*
> - Coloque a experiência do cliente no centro das mudanças. Isso permite resultados de curto prazo com alta visibilidade, tanto externa como internamente.
> - Organize a informação para que flua de clientes, equipes de vendas, agências, pontos de contato e intermediários aos executivos seniores. Certifique-se de que eles estejam atualizados com o progresso das mudanças, a avaliação de clientes e colaboradores e as oportunidades e barreiras para sua execução.
> - Vivencie você mesmo o que os clientes experimentam. Procure comprar seus próprios produtos, navegue pelo site da empresa, haja como comprador misterioso e visite uma agência ou intermediário, avaliando o atendimento e conselhos e preenchendo formulários e propostas.
> - Considere a nomeação de um COO como membro do conselho administrativo, com a responsabilidade de trazer a perspectiva do cliente ao processo de decisão do conselho – um ombudsman do cliente.

Companhias de serviços financeiros possuem acesso a uma vasta gama de dados de clientes. Por meio de agências de crédito e parcerias com redes de varejo, elas podem customizar cada ação de vendas, seja para um cartão de crédito adicional, a renovação de uma hipoteca ou um empréstimo automotivo. É como se o marketing de serviços financeiros tivesse se tornado ciência da informação. Mas como podemos traduzir essa abundância de dados em uma maior compreensão sobre o cliente, servindo-lhe melhor, levando a ele produtos adequados a suas necessidades? O dinheiro sem dúvida é parte importante de nosso dia a dia, mas serviços financeiros raramente o são. Isso pode parecer paradoxal.

Independente disso, o setor financeiro, há muito tempo, vem se sobressaindo na criação de produtos inovadores para os mercados financeiros. Imagine o que o setor poderia conquistar se essa competência fosse canalizada para entender os clientes e atender suas necessidades.

A solução não se encontra em mais dados, mas em uma nova atitude, uma abordagem diferente. O mantra deve ser "escutar-aprender-engajar". Motive ativamente os clientes e ouça o que eles têm a dizer. Entenda melhor o que move as pessoas na vida, o que elas valorizam, o que elas realmente desejam. Isso inclui como se comportam e o custo que estão preparadas a aceitar. O diálogo contínuo é a melhor forma para estar próximo dos clientes.

> *O marketing também precisa evoluir*
> Os serviços financeiros não estão sozinhos quanto à queda de reputação. O mesmo acontece com o marketing. A maioria das instituições financeiras trata o marketing como uma atividade *downstream* (da empresa para o cliente). Com isso, o cliente não origina a atividade de comunicação, ele está apenas no fim do processo, que se torna uma fonte impessoal de receitas fáceis. Algumas instituições financeiras referem-se aos clientes como "centros de lucros". Nesses casos, o departamento de marketing tem como principal atividade explorar ao máximo a base atual de clientes ao procurar vender a maior quantidade possível de produtos, independente da real necessidade dos clientes de adquiri-los.

> Alguns novos paradigmas do marketing em serviços financeiros para que ele também evolua:
>
> - Os clientes costumavam ser fiéis, mas isso é passado. Agora é mais importante que nunca recompensar sua base atual de clientes.
> - Marketing é administrar expectativas. Seja você mesmo. Não faça promessas que não poderá cumprir. Seja honesto e evite o abuso na tentativa de vender.
> - De "nosso principal ativo é o capital" para "nosso principal ativo são nossos clientes".
> - De "aumente os ativos sob nossa administração" para "aumente os ativos para os clientes".
> - De criar "jogadas" de marketing para se colocar no lugar do cliente.
> - O novo mantra: "escutar-aprender-engajar". Passe a buscar maior conhecimento sobre o consumidor.
> - De *cross-selling*, maximizando o faturamento por cliente, para *cross-buying*, permitindo que o cliente aprenda e adquira o que necessita.

A inovação enfoca a experiência do cliente com a marca

O termo "inovação" revestiu-se, injustamente, de uma conotação negativa durante a crise, ultrapassado somente pela palavra "confiabilidade". O próprio setor imbui a palavra inovação com um sentido pejorativo, ao ligá-la aos produtos complexos, criativos demais: o lado B dos portfólios dos bancos, os produtos que deram início à crise financeira.

Poderíamos quase nos esquecer da existência de um mercado real, o mercado de empresas e consumidores, que valoriza a inovação. Embora o mercado tenha tido sua fatia de produtos dúbios, a necessidade de inovação e, por consequência, substituição dos produtos e serviços atuais, é clara e contundente.

Com isso surge a questão: Onde estão as oportunidades para vantagens competitivas sustentáveis se, ao mesmo tempo, há uma comoditização dos produtos?

Naturalmente, é mais difícil inovar quando os produtos se tornam mais simples. Mas quem disse que a inovação deveria ser fácil? Acreditamos não haver oposição entre simplicidade e inovação. O simples é enfadonho? Muitos provedores de serviços financeiros acham que sim. Mas claro que isso é irrelevante; a única coisa que importa é o que os consumidores pensam. À parte dessa discussão, questionamos a ideia de que agora tudo ficará mais esmorecido. A convergência das mídias torna o desenvolvimento de produtos bem mais criativo e inteligente. Como podemos transformar um telefone celular em um cartão de crédito? Como podemos integrar diferentes produtos e contas de modo a tornar a vida dos clientes mais fácil? Como podemos provar continuamente nosso valor agregado em todos os pontos de contato? São muitos os desafios.

É muito importante no setor de serviços financeiros que a inovação se desloque de produtos para serviços. A boa relação custo-benefício, produtos competitivos e atendimento ao cliente são os principais fatores para a fidelidade. E já que os dois primeiros aspectos se tornaram qualificadores, é o atendimento ao cliente que formará a fronteira para a diferenciação nos próximos anos. Os vencedores de amanhã provavelmente serão aqueles que entregarem serviços de primeira classe. E é perfeitamente possível tornar realidade um diferencial competitivo sustentável por meio de uma experiência única do cliente.

CEOs e COOs focam melhorar a eficiência e aumentar os lucros. O setor precisa de mais eficiência, mantendo os custos por serviço, por atividade ou por ativo gerenciado os mais baixos possíveis, mas deve evitar o exagero em excelência operacional, já que é a experiência do cliente o grande diferencial para escapar da guerra de preços.

Companhias de serviços financeiros têm se concentrado historicamente em inovar em relação aos produtos. Elas agora têm a oportunidade de focar esforços em serviços, em como entregá-los, e na cultura organizacional. Acreditamos que as companhias que conseguirem ampliar o foco em inovação desta forma estarão bem posicionadas na futura arena competitiva. Observe experiências simples baseadas na ética e certifique-se de que elas verdadeiramente façam jus à marca; de que as pessoas vivenciem a cultura da empresa com a qual estão interagindo, seja no ambiente virtual ou físico.

Uma experiência premium aliada à entrega consistente é uma estratégia sempre vencedora, independentemente de onde o produto se localize no espectro de preço. Surpreenda os clientes com sua atenção aos detalhes e sua audácia. Simplifique e torne mais agradável cada um dos passos necessários para a compra e faça seu público se sentir valorizado.

Uma grande experiência para o cliente é muito mais difícil de copiar que uma commodity. O consumidor não é um ser estritamente racional. A competitividade no setor de serviços é composta de pessoas, cultura e orgulho pela companhia, elementos impossíveis de serem imitados. Por essa razão, a estratégia deve trazer significado aos colaboradores, além de ser exequível, para que sejam capazes de efetivá-la com sucesso.

✳

Simplicidade é a chave

Ao discutir as seis tendências do consumidor com executivos, a mesma pergunta surgiu seguidas vezes: Por onde começamos?

Estamos convencidos de que cada uma das seis tendências apresentadas nos capítulos anteriores fazem parte do futuro das finanças, além de prover a estrutura para a centralidade no cliente. Visto deste ângulo, todas as tendências apresentadas são igualmente importantes e devem ser levadas em conta.

> Desconsiderar a tendência por maior transparência ou ativamente ignorar os consumidores autogeridos é sempre uma opção. Pode-se decidir ignorar a sabedoria coletiva. Mas o número de consumidores atraídos para a sua companhia só tenderá a diminuir.
>
> Há quem prefira também deixar tudo como está nos mercados emergentes. No entanto, percebemos que os consumidores estão amadurecendo financeiramente com muita rapidez, e subestimá-los com certeza não será frutífero no longo prazo. Além disso, essa abordagem está fadada a produzir os mesmos problemas experimentados hoje pelos mercados mais maduros. Não há como evitar, todas as tendências deverão ser consideradas.

Para tranquilizar o leitor: há certa ordem nas tendências, pois existem conexões lógicas entre elas. Escrevemos sobre duas tendências relativamente próximas, a necessidade de transparência e a simplicidade. Chegamos à conclusão de que a simplicidade é uma pré-condição para a transparência.

Consumidores autogeridos esperam produtos e serviços sobre os quais podem decidir com autonomia, se necessário for, com algumas informações extras e ferramentas. Quanto mais simples se tornarem os produtos e serviços, melhor podemos responder às necessidades específicas desse crescente segmento de consumidores.

A transparência de uma organização é potencializada, logicamente, pela sabedoria coletiva. Mas isso também funciona de maneira inversa: se você deseja que as pessoas falem sobre sua empresa, seus produtos e serviços, facilitará bastante se você já possui uma operação simples e bem estruturada. Simplicidade e transparência são necessárias para se trabalhar com a sabedoria coletiva.

Para ser considerado ético e decente, a transparência é uma importante condição. A falta de transparência é percebida como forma de se ganhar dinheiro à custa da ignorância do consumidor. Ser considerado ético gera um comportamento mais positivo do público.

A tendência por proximidade ocorre sobretudo pelo desejo de transparência e, em segundo plano, pelo intercâmbio de valores morais comuns.

A simplicidade se sobrepõe a todas as demais tendências; sem simplicidade as companhias terão grande dificuldade de explorar as demais tendências. Entretanto, isso não implica uma sequência, iniciada com a simplicidade, seguida por transparência, e assim por diante. Não podemos nos dar o luxo de seguir essa abordagem. Todas as tendências são importantes e teremos de levá-las, todas, em conta.

A implicação está no fato de que a simplicidade é a chave para se começar a reagir frente às tendências e, com isso, atingirmos a centralidade no consumidor. A simplicidade é uma excelente plataforma para iniciar as mudanças baseadas no consumidor.

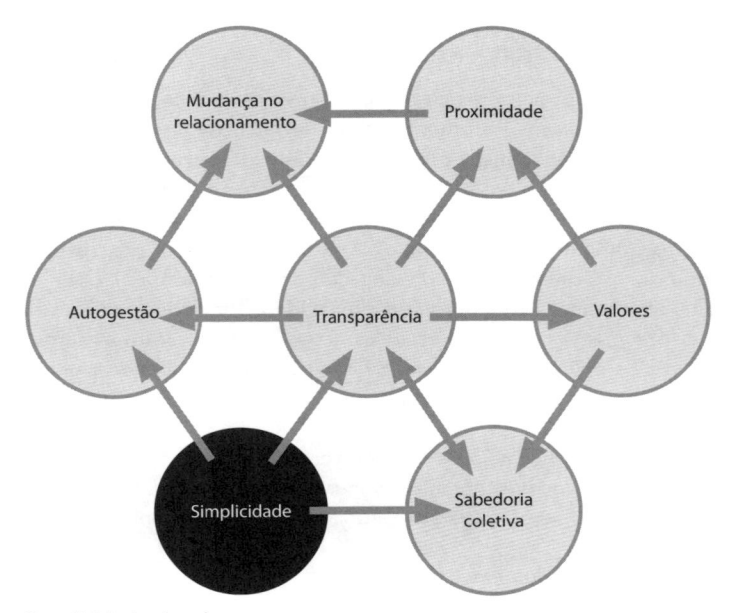

Ilustração: Simplicidade é a chave.

Nossa experiência corrobora a tese. Nos últimos anos, implementamos o conceito de simplicidade em diversas instituições financeiras e pudemos comprovar como é poderosa para a transformação, mesmo em organizações multinacionais. A simplicidade efetivamente coloca as empresas em movimento. É fácil compreender o porquê. Sempre é possível simplificar mais, e as pessoas nunca vão apresentar atitude contrária a isso. Todos na organização, independente de posição ou linha de trabalho, podem se identificar com o conceito e aplicá-lo em suas atividades. A simplicidade permite posicionar o cliente como ponto focal da forma como todos trabalham. Pode ser mensurada objetiva e perceptivelmente. É possível ter sucesso logo no início, caso a caso, mês a mês, ano a ano. E, por último, mas não menos importante, se implementada sob a perspectiva do consumidor, a simplicidade é a plataforma perfeita para alinhar excelência operacional à centralidade no cliente.

Fomos privilegiados por vivenciarmos de perto a metamorfose da multinacional de produtos de consumo Philips, de uma companhia centrada em tecnologia para uma voltada para o cliente. Seu conceito de "simplicidade", com seus elementos formadores "desenvolvido para você, fácil de usar e avançado", tiveram um impacto decisivo no processo de transformação da empresa, e ainda têm. Em todos os aspectos da companhia – o processo primário, os produtos, os pontos de contato –, a simplicidade foi posta em prática, com ênfase na perspectiva do cliente como origem de tudo. Instituições financeiras, como o BBVA, estão seguindo o modelo de liderança da Philips.

> *Lições que aprendemos sobre a simplicidade*
>
> - A maior parte dos provedores de serviços financeiros necessita de mudanças radicais em vez de passos incrementais para de fato chegar ao nível desejado de simplicidade. Essas mudanças precisam ser definidas a partir da perspectiva do cliente, e é vital criar equipes multidisciplinares, com expertise comercial, operacional e em gerenciamento de mudança. Essas equipes devem estar efetivamente em contato contínuo com os clientes, ou mesmo envolvê-los no processo.
> - A maioria dos programas para simplificação possui apoio da alta administração, mas falha em arraigar transparência e simplicidade em todos os níveis da organização. Isso aumenta o risco de essas características passarem a meros cosméticos, em vez de o DNA da empresa. É vital, portanto, estabelecer uma estrutura de governança que inclua KPIs para transparência e simplicidade e sistemas de incentivo condizentes.
> - A transparência e a inovação devem ser gerenciadas como a inovação contínua. É necessário um processo no qual as iniciativas para simplicidade sejam continuamente tomadas, apoiadas pelo gerenciamento da comunicação de melhores práticas.
> - Para que sejam gerados resultados sustentáveis para o negócio, é importante consolidar as primeiras experiências e aprender com elas. O passo seguinte é criar foco e acelerar a implementação da simplicidade em cada aspecto do negócio, um a um, em cada grupo de produtos e em cada mercado.

*

A liderança no futuro

Nos últimos anos, líderes e colaboradores de instituições financeiras têm enfrentado grande pressão. As mudanças que estão vivenciando não têm precedentes. É claramente necessário que esses assegurem novos e estáveis alicerces e lidem com prioridades urgentes nas áreas de gestão do risco e restauração das contas para patamares saudáveis.

Em nossa visão, essa é a metade da solução; as necessidades e o comportamento do consumidor mudaram dramaticamente e, com o reequilíbrio do poder para as mãos do cliente, não haverá volta. Os serviços financeiros não voltarão a ser os "negócios de sempre".

Um novo modo de pensar e de projetar os serviços do setor, fundamentalmente diferente, é necessário. Precisamos de um renascimento nos serviços financeiros.

O período do Renascimento proporciona uma útil metáfora, já que este movimento marca a transição da Idade Média para a Era Moderna, com grande impacto para a vida intelectual: marcadamente, a ascensão do humanismo e o interesse na mente e na vida humanas, a revalidação de princípios clássicos, a apreciação da perspectiva altamente realista na pintura e a reforma educacional. Enquanto na Idade Média, o foco da atenção era dirigido principalmente para a vida eterna, o Renascimento estabelecia a consciência do homem no aqui e agora. O ser humano ideal era multifacetado, versado em muitas disciplinas. A família Médici, de Florença, mercadores e banqueiros, representou um importante papel no movimento renascentista, iniciando e estimulando novos desenvolvimentos. Alguns membros da família foram de fato modelos do homem renascentista, como Lourenço, "o Magnífico", não só um brilhante banqueiro mas também um grande artista, esportista e filósofo, um homem de muitos talentos em vários campos do conhecimento. Da mesma forma, os líderes financeiros de hoje deverão erguer-se frente ao desafio e catalisar uma nova era no setor financeiro.

Muito já se falou e se escreveu sobre liderança em geral e, nos últimos anos, sobretudo no que tange a companhias financeiras. Obviamente, os princípios usuais de liderança permanecem válidos, como ser realista e honesto quanto à situação da companhia, estabelecer um apropriado sentido de urgência, possuir e comunicar uma visão de negócios clara e crível e demonstrar o comprometimento da gestão e seus sucessos.

Contudo, em nossa visão, para que as companhias possam evoluir, é necessário um tipo de liderança que transcenda a essas qualidades. A nova liderança deve (1) alinhar os interesses dos quatro principais stakeholders, (2) adequar a centralidade no cliente ao crescimento com lucratividade e (3) transformar as instituições financeiras em organizações centradas no cliente.

O alinhamento dos interesses dos quatro principais stakeholders dita a necessidade de nova escala de valores, quando comparado ao capitalismo puramente voltado ao acionista. Lidar com o governo no papel de stakeholder e a necessidade de se conectar ao consumidor requerem a participação da empresa no debate público. Engajar os funcionários requer uma liderança inclusiva, para restaurar a confiança interna e a cultura de honestidade e justiça. É aqui que se inicia uma mudança com propósito, e a companhia pode passar a gerar valor de amplo alcance.

Para ajustar o foco no cliente ao crescimento com lucratividade é preciso criatividade. Num primeiro momento, ambos podem parecer contraditórios. À medida que o progresso neste sentido é realizado, os modelos de negócios são alterados, a falta de transparência é abandonada como fonte de receita, a transparência é implementada e a pressão às margens é gerenciada. A velocidade de adaptação à mudança tecnológica provará ser importante fator de sucesso para se cumprir esse desafio.

A transformação das instituições financeiras em organizações centradas no cliente, construindo relacionamentos mutuamente benéficos e recompensadores, requer renovação na forma como a organização opera. Uma nova realidade clama por novos caminhos: o poder ao consumidor, o comportamento ético, o respeito à dimensão humana, abertura, proximidade e empatia. Tudo se resume a criar uma cultura que abrace o "escutar-aprender-engajar".

A resolução em colocar o cliente no centro do negócio demanda mudanças internas profundas. Comece dando o exemplo você mesmo, pois se não pensar ou falar sobre as necessidades do cliente, por que o fariam seus colaboradores ou colegas? A centralidade no cliente significa viver e respirar seus valores. Significa a volta à razão da existência de uma companhia: os clientes.

Reinventando os serviços financeiros nunca termina. Para se manter por dentro de nossos pensamentos e ideias mais recentes, das melhores práticas que localizamos no mundo todo e de novas entrevistas com executivos e líderes do setor, acesse www.reinventingfinancialservices.com

LIDERANDO O BANCO PARA ENGAJAR O CONSUMIDOR

Standard Chartered First Bank Korea é um dos maiores bancos da Coreia e parte importante das operações mundiais do Standard Chartered. Richard Hill, Presidente e CEO do banco, compartilha seus insights sobre como liderar uma organização prestadora de serviços financeiros.

Quais mudanças relativas à liderança são necessárias para retirar as companhias de serviços financeiros da atual "crise de confiança"?
É necessário que os líderes das instituições financeiras injetem mais confiança em suas organizações ao proporcionar clareza a assuntos e soluções, para que todos os funcionários compreendam em quais prioridades devem se concentrar e como podem contribuir para o sucesso por meio de planos de ação. As lideranças realmente devem ditar o exemplo ao levar a empresa ao caminho certo, com paixão e compromisso, agindo sobre o que foi prometido e demonstrando visão de longo prazo. Além disso, os líderes devem demonstrar claramente valores de integridade, humildade e confiança. Seja honesto e admita os erros. É importante apresentar o que foi feito de certo e de errado no negócio, ser transparente e honesto com as pessoas ao redor.

Quais capacidades devem ser desenvolvidas para que haja o fortalecimento e o aumento da confiança na liderança?
Há muitos anos, o Standard Chartered vem utilizando uma abordagem de desenvolvimento de lideranças mundiais baseada nos pontos fortes, sedimentada na lógica comprovada de que as pessoas ganham confiança no que sabem fazer melhor ao receber a oportunidade de aplicar seus pontos fortes no trabalho. Afinal, é mais fácil as pessoas desenvolverem seus pontos fortes no que já são bons, em vez de melhorarem os pontos fracos. Equipes com diversidade, que possuem diferentes pontos fortes, formam equipes melhores. Isso é verdade não apenas nos negócios, mas também nos esportes. Quando um time é formado com pontos fortes complementares, os indivíduos podem trabalhar melhor juntos, com maior amplitude de qualidades inatas. Isso aumenta a confiança, desempenho e comprometimento e gera um efeito positivo para a confiança de toda a organização.

O que as companhias prestadoras de serviços financeiros precisam ajustar para restaurar a confiança do cliente?
O setor financeiro precisa focar o essencial, fortalecer o balanço, a liquidez e a gestão do risco. A governança corporativa deve se concentrar em proteger tanto os acionistas como os clientes, paralelamente. Para alcançarmos isso, demos enfoque à construção de processos internos melhores e mais simples, permitindo maior agilidade frente a mudanças no ambiente. Por exemplo: de forma a garantir um balanço mais robusto, o comitê de Ativos e Passivos (ALCO) do banco aumentou a frequência de reuniões e determinou metas específicas de liquidez para cada área do negócio, semanalmente monitoradas.

Em 2007, introduzimos uma iniciativa chamada Customer-First, formatando o banco para as necessidades dos clientes, em vez de para as do próprio banco. Construir uma cultura Customer-First sólida requer tempo. O objetivo final é que os clientes percebam que estamos aqui para apoiá-los e que podemos traduzir em produtos e serviços relevantes o entendimento das necessidades particulares de seu estágio de vida atual. Por exemplo, não estamos falando em vender financiamentos imobiliários ou empréstimos pessoais aos clientes, e sim proporcionar soluções para se mudarem rápida e facilmente de casa ou para poderem mandar os filhos para um bom colégio. Em novembro de 2009, o Standard Chartered First Bank lançou um novo pacote centrado no cliente, denominado Dream Pack, que consistia em seis tipos de produtos financeiros inovadores. Olhando em retrospecto, acredito que os bancos deveriam aprender com outros setores de varejo, como a de fast-food, vestuário e cuidados pessoais, que proporcionam ao consumidor uma sensação de compra agradável e emocional. Sempre haverá certas atividades de *compliance* que teremos de aderir como instituição bancária, como verificação do histórico do cliente, a correção na venda e a prevenção de crimes. Contudo, os bancos podem executar tais processos de forma mais centrada no cliente ao não se esquecer de demonstrar que respeitamos suas escolhas de vida e sua necessidade de segurança.

LIDERAR É SE IMPORTAR COM PESSOAS E RESULTADOS

Por Willy Linssen, CEO da Heartware, uma consultoria de desenvolvimento de lideranças na Coreia do Sul que trabalha com empresas financeiras globais no desenvolvimento das habilidades de liderança de seus executivos. A Human Synergistics faz parte do Grupo Heartware.

Os desafios enfrentados pelas instituições financeiras, como apresentado em *Reinventando os serviços financeiros*, requerem mudanças fundamentais, claras em termos de cultura organizacional e liderança.

Cultura organizacional e liderança são condicionadas por comportamento: o que os líderes e todos os demais colaboradores fazem ou deveriam fazer.

A Human Synergistics, líder do setor de mensuração de cultura organizacional e eficácia da liderança, examinou as expectativas de comportamento de líderes altamente eficazes entre 375 gestores. Em outro estudo, foi analisado o comportamento gerencial real entre 165 mil gerentes em todos os níveis hierárquicos no setor de serviços financeiros (a maior parte deles, em países anglo-saxônicos).

O perfil de comportamento esperado de líderes altamente eficazes pode ser resumido como bastante construtivo, orientado às pessoas e, ao mesmo tempo, a realizações, ou seja, com o mesmo cuidado pelos funcionários e pelos resultados.

Em contrapartida, a pesquisa indica que o comportamento dos gestores no setor financeiro é predominantemente defensivo e focado em tarefas, com atitudes predominantemente voltadas para "exibição de poder", "busca de aprovação", "competitividade" e "fuga de riscos e responsabilidades".

As diferenças são gritantes e, combinadas com os insights de *Reinventando os serviços financeiros*, proporcionam um direcionamento bastante específico e claro ao indicar onde se encontram os desafios para os líderes organizacionais e como alterar a cultura organizacional para que se torne mais eficaz.

Intuitivamente, sabemos que os comportamentos construtivos citados são mais eficazes que os defensivos. Outra pesquisa conduzida pela Human Synergistics, com mais de mil unidades organizacionais, prova de maneira convincente que comportamentos construtivos produzem significativamente mais resultados positivos em todos os níveis de uma companhia. Os indivíduos alcançam maiores níveis de motivação, satisfação com o trabalho, desempenho e comprometimento, enquanto ainda diminuem o nível de stress, o que, em troca, se traduz em aumento da retenção dos colaboradores na companhia. As equipes vivenciam maior qualidade em seus relacionamentos de trabalho e colaboração entre colegas e departamentos. A organização como um todo produz serviços de mais qualidade e – por último, mas não menos importante – clientes mais satisfeitos.

Comportamento atual dos gestores é altamente caracterizado por comportamentos defensivos	Colaboradores esperam comportamentos construtivos de gerentes eficazes
Busca pela segurança, evitando riscos (aversão ao risco)	*Faça a coisa certa (autorrealização)*
Gerentes eximem-se de situações rotuladas como "arriscadas" para evitar a culpa se o resultado não for interessante. Este comportamento é até incentivado, já que instituições financeiras tradicionalmente demonstram um perfil de aversão ou mitigação do risco, como política de governança corporativa. Tal foco em evitar riscos resulta tipicamente em atitudes por parte dos gestores como: permanência na zona de conforto; passar a responsabilidade para outros, se a situação diferir do "usual" ou de experiências passadas; falta de voluntariedade em tomar decisões, de ação ou de aceitação do risco; punição pelos erros e falha em reconhecer as conquistas.	Os gestores devem se comportar em concordância com os valores corporativos (confiança, integridade, honestidade) e em linha com os modelos de competência de liderança, como a demonstração de alto grau de responsabilidade, ações íntegras e a escolha por fazer o que é correto, em vez de o mais fácil ou popular. Espera-se que os gestores estejam comprometidos, produzam valor e prefiram qualidade em vez de quantidade. Consequentemente, os sentimentos saudáveis de autoestima e confiança passam a ser o resultado natural não só para os gestores, mas para todos que os rodeiam, sejam funcionários ou clientes. Em troca, há uma diminuição da necessidade de aprovação do chefe, que muitos gerentes parecem buscar desesperadamente.
Opine e critique (oposição)	*Faça perguntas que ajudem as pessoas a pensar por elas mesmas (humanismo/encorajamento)*
Gestores tendem a julgar, criticar e procurar erros nas ideias dos outros, de forma a evitar riscos e responsabilidades. Eles buscam atenção e reconhecimento ao serem críticos. Esse comportamento também está claramente ligado à aversão ao risco, pois um gestor pode afirmar: "Eu disse que era uma ideia ruim".	Gestores deveriam valorizar a diversidade e reconhecer os pontos fortes dos outros. Não há problema fazer perguntas difíceis sobre uma ideia, desde que não se questione a pessoa; pergunte, por exemplo, "como a ideia criará valor para o cliente?" Os gerentes deveriam investir muito mais tempo encorajando as pessoas a crescer e desenvolvendo-as com apoio e coaching, de forma a atingir as metas da organização.

Comportamento atual dos gestores é altamente caracterizado por comportamentos defensivos	Colaboradores esperam comportamentos construtivos de gerentes eficazes
Negócios são tudo ou nada (competitividade)	*Gerenciamento do processo de vencer (conquista)*
Gestores consideram tudo uma "prova" e obtêm senso de orgulho próprio por meio da competição com pessoas de dentro e fora da organização. Níveis muito fortes de competitividade levam a um foco maior na vitória em si, em detrimento do processo de "como vencer". Isso pode trazer um resultado que satisfaça à alta administração e aos acionistas, porém negligencia as necessidades dos demais stakeholders. Como resultado, podemos notar a mentalidade do tipo "nós contra eles", em que até os clientes chegam a ser os perdedores em muitos casos.	Espera-se que os gestores enxerguem seu trabalho de forma similar aos campeões olímpicos. Eles observam a "concorrência" para saber o que deve ser feito para ser um vencedor no setor. Armados com esse conhecimento, estabelecem metas pessoais baseadas nos pontos fortes e capacidades, e se comprometem a executá-las com qualidade. Ao longo do caminho, eles comparam seus resultados com os objetivos traçados. Campeões se concentram fortemente nos processos que os levam à vitória e dominam o meio para chegar aos resultados desejados – por exemplo, a marcação de pontos. Ao focar o processo de marcar pontos, poderão sobrepujar os concorrentes.
Parecer bom (aprovação)	*Ser bom (associação)*
Gestores têm grande necessidade de serem aceitos, de que as pessoas gostem deles. Por vezes, chegam a ir longe demais na busca pelo reconhecimento, o que pode gerar grande insatisfação se a aprovação não se efetivar. As pessoas em geral consideram a tarefa e a pessoa uma só. Gerentes que somente seguem as regras (gerentes convencionais) confiam e se escondem por trás das regras ao tomar (ou rejeitar) decisões, e basicamente transferem responsabilidade para essas regras em vez de assumir a responsabilidade como gerentes.	As pessoas desejam ser admiradas e aceitas pelo que de fato são. Gestores deveriam trabalhar verdadeiramente para melhorar os relacionamentos importantes para eles. Espera-se que os gerentes possam trabalhar em colaboração e que as equipes possam "concordar em não concordar", mantendo o respeito pelos colegas ou clientes. Esse tipo de gestor consegue separar a tarefa da pessoa.

Estilos de comportamento e descritivos do Life Styles Inventory™ Leader's Guide, Human Synergistics International. Copyright 1987-2010. Adaptado com permissão.

Foto das próximas páginas: cortesia do Jyske Bank, cujos valores incluem modéstia e humor.

KaffeBar

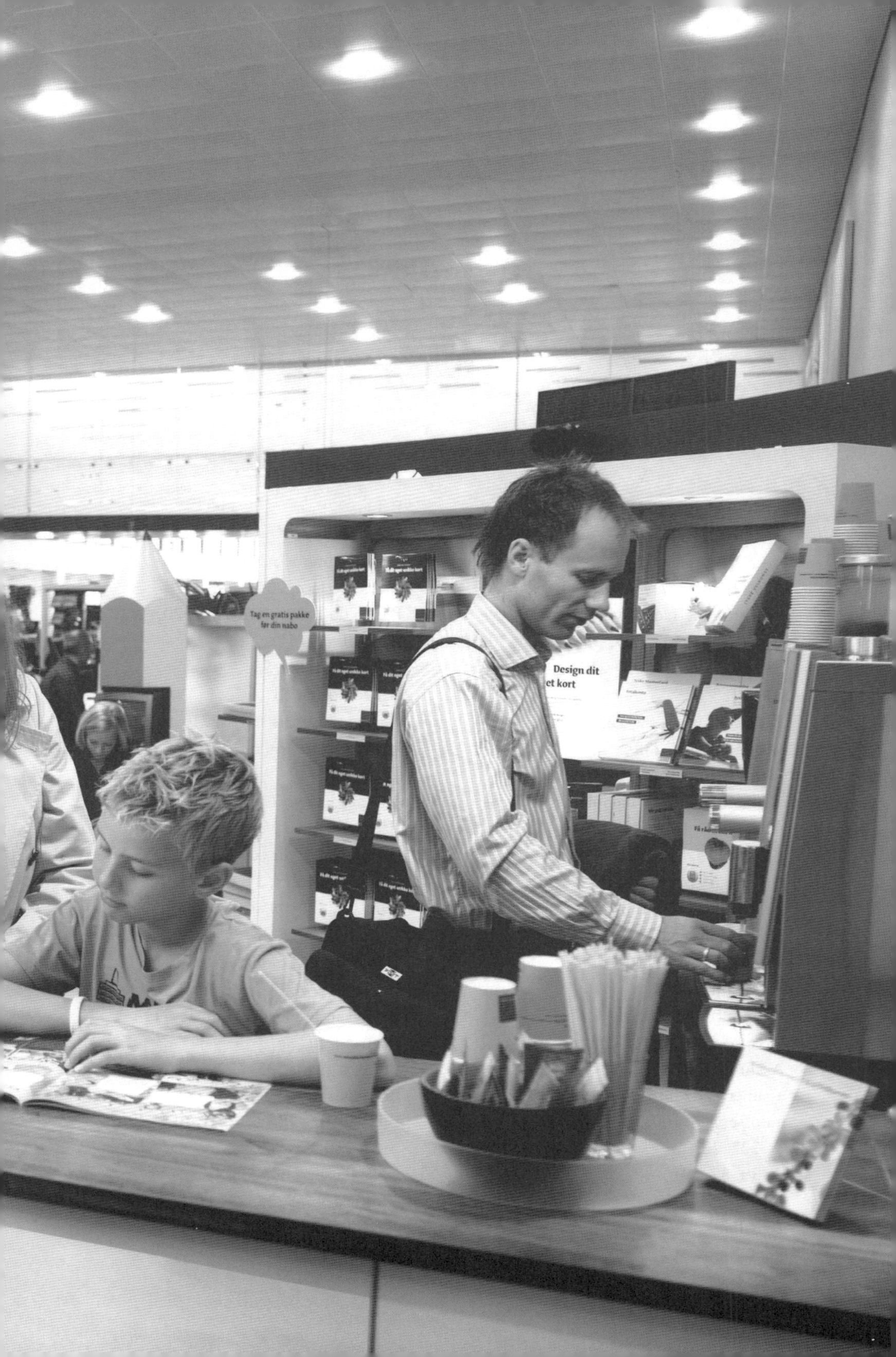
Tag en gratis pakke
før din nabo
Design dit
et kort

Índice

ABN AMRO, 120, 123
Achmea, 93
Admiral Group, 104
Aeon Bank, 227
afluentes/abastados, 86, 119
agências, 91, 105, 109, , 118, 119, 130, 145, 166, 169, 200, 210-212
Alex, 153
Alfonso Zapata, 82, 221
Alfredo Flores, 238
Alícia Foundation, 199
alinhamento dos stakeholders, 249
Allianz, 83, 161, 168, 228
Allstate, 53, 55, 207, 220
American Express, 151, 164, 229
Andrei Litvinov, 168
Andrés Albo Márquez, 124
Andrew Clayton, 161, 168
Ann Minch, 143
ANZ, 88, 211
Arianna Huffington, 211
Asahi Life, 87
assimetria de informações, 247, 252
autosserviço, 100, 107-109, 112, 113, 122, 222, 223
Aviva, 83, 191
AXA, 187, 233
Axis Bank, 186

Baidu, 228
Banamex, 124
"bancassurance", 218
Banco Azteca, 200
Banco do Brasil, 141, 207, 220
Banco Itaú, 141
Banco Mundial, 25, 200
Banco Sofisa, 63
bancos cantonais suíços, 210
Bank of America, 63, 72, 89, 118, 143, 150, 158, 189
Bank of Korea, 17
Bank of Tokyo Mitsubishi, 233
Banque Populaire du Maroc, 215
Barclays Wealth, 33, 64, 117, 127
Barclays, 87, 108
Barry Schwartz, 9, 75
Bay of Islands Dollar, 205
BBVA, 89, 96, 97, 113, 160, 225, 263
Beate van Dongen Crombags, 114
Beatriz Lara, 96
Bernard Arps, 205
Berry Marttin, 234
Bill Pal, 105-106
Bing, 150
BNP Paribas, 64, 208
bonificações, 8, 27, 79, 92, 125, 175, 176, 199

Brand New Day, 188, 210
BRD, 226, 227
Bundle, 153
Buzz Insurance, 215

Caixa Catalunya, 189, 199, 212
Caja Navarra, 151
"Cajas" espanholas, 211
caminho de compra, 146, 156
caminho para o futuro, 249
Carlos Casanovas Dosrius, 130
centralidade/foco no cliente, 257-258
Chaabi Bank, 215
Charles Schwab, 125
Chase, 190
CheBanca!, 63, 91, 100, 211, 222, 223, 227, 246
Chiemgauer, 205, 206
cidadania corporativa, 194
Citigroup, 72, 124, 153
ClearXchange, 72
Co-operative Bank, 193
cocriação, 121, 142, 165, 179, 215, 216
"Código dos Banqueiros", 182
Comissão De Larosière, 32
Comissão Maas, 32
compartilhamento de melhores práticas, 10
confiança interna nas organizações, 36, 37, 39, 51, 265
confiança, 24, 25, 31, 33, 34, 35, 50, 51, 125, 192
Consumer Financial Protection Agency, 187
criação de espaços para que os consumidores vivenciem a experiência da marca, 166
crowd funding, 120
Cyworld, 138, 139

Danske Bank Group, 131
David Villaseca, 160
desempenho no ponto de contato, 34
Deutsche Bank, 223, 238, 239
dimensão humana, 213, 218, 228
DKV, 229

Donjoy, 151
Dosoung Choi, 17
Doug Brown, 88

e-Bank, 228
E*TRADE, 106
EasyMoney, 247
educação financeira, 115, 117, 118, 124, 125, 132, 133, 192
Egbert Deekeling, 51
Egbert van Acht, 94
El Bulli, 198
embaixadores da marca, 42, 160, 161
Enric Casi, 179
Ergo, 83
Eureko, 186
excelência em serviços, 43, 44, 112, 168, 253
Expedia, 156, 158, 166, 167

Fábio Barbosa, xiii
Facebook, 136-139, 145, 147-151, 153, 157, 162, 165, 166, 215
falsos verdes, 194
falta de transparência, 65, 247, 248, 262, 265
Farmers, 78, 87, 231
Fatburgr.com, 61
Felix Tenniglo, 93
Ferran Adrià, 198
Fidor Community Banking, 216
finanças comportamentais, 127
finanças para os muçulmanos, 215
Financial Services Authority, 65
First Direct, 56, 57, 115, 164, 170, 171
First National Bank South Africa, 194
Ford Motor Company, 140, 146, 148
Francesc Prior Sanz, 200
Frank Pedersen, 223
Frankfurt School of Finance and Management, 112
funcionários/colaboradores, 36-39, 42, 180, 191, 194, 212, 222, 227, 257
Fundamo, 73

G-Cash, 200
Garanti Bank, 121
Gaston Bottazzini, 240
Geração Y, 102-103, 146, 179
gestão do valor do cliente, 108-109
GMAC, 27
Google Wallet, 72, 73
Google, 48, 62, 136, 140, 147, 164, 205
Greg B. Davies, 127
Group of Thirty, 32
Groupe Société Générale, 226
Grupo Falabella, 240
Grupo Santander, 83, 179, 218
Guillaume Van der Stighelen, 83

Heartware, 269
Henriëtte Prast, 117
Herberth Samsom, 93
Hiek van der Scheer, 108
HSBC, 6, 170, 222, 227, 230
ICA Banken, 227
ICICI, 237
IESE Business School, 200
Ignacio Villoch Bayod, 225
ING Direct, 63, 82, 166, 221, 246
ING Group, 48, 82, 105, 166
inovação, 16-17, 96, 121, 198, 216, 219
INSEAD, 56
InShared, 93, 186
Insurance Australia Group, 215
Irina Chichmeli, 168
Isis, 73

Jaap Winter, 9
Jacki Johnson, 215
Jakob Nielsen, 148
James Galbraith, 30
Jan Lodewijk Roebroek, 64, 208
Jan Willem Dreteler, 143
Javier Santomá, 200
Jean Claude Larreche, 56
Jibun Bank, 233
Johnson Marques de Souza, 193
Jonathan Marshall, 168, 169

José Manuel Campa, 183
juramento, 182
Jyske Bank, 223, 231,

Kalo Bagijn, 188
Kaua'i, 205

La Caixa, 130, 131
Layar, 71
Lewes Pound, 205, 206
liderança, 42, 45, 196-197, 264-265
Life Financial Group, 168
Lisa Cochrane, 53
Lloyds Banking Group, 168, 169
London Business School, 236
Louisa Scadden, 104
Luis Badrinas, 32

M-Pesa, 200
Mads Helleberg Dorff Christiansen, 131
Malcolm Gladwell, 159
MANGO, 179
Mapfre, 193
MapleStory, 166
marca, 82-85, 129, 153
Marinde van Leeuwen-Fontein, 215, 216
Mark Cliffe, 48
marketing, 259
Marks & Spencer Money, 26
Martha's Vineyard Greenback, 205
Mastercard, 123
Maton Sonnemans, 121
Mats Carduner, 140
Mediobanca, 211
megainfluenciadores, 148, 159
Merrill Lynch, 52, 64
Metro Bank, 210
Michael Jordaan, 194
Michael Useem, 196
microcrédito, 192, 200
microsseguros, 192, 193
Mikael Andersson, 156, 158, 167
Mike Keller, 78, 87

Mint, 88, 106, 153
Mitsui Sumitomo Kirameki Life, 90
Mixi, 149
mobile banking, 104, 105, 200, 232, 233
modelo de negócio, 63, 79, 82, 94, 108, 200, 228, 234, 240, 248, 249
moedas comunitárias, 205
momentos da verdade, 42, 188, 237
Moneyauction, 151
Moneyville, 131, 132
Moody's, 18
Munich Re, 83

Naama Gat, 226
NAB, 211
Nadra Bank, 211
Nanzan University, 16
Naoya Takezawa, 16
Natalie Cowen, 170
National Australia Bank, 185
Navigo, 73
Nirmalya Kumar, 236
Nouriel Roubini, 52
novos entrantes, 151, 246
NPS (Net Promoter Score), 161, 168, 169, 216, 228

O paradoxo da escolha, 75
O2 Money, 26, 246
Onna-onna, 152
"open source branding", 153
Orkut, 138, 139, 147
Oscar Puig, 212

Pablo Cardona, 25
parcerias, 219, 220
Paul Krugman, 52
PayPal, 71, 72, 151, 246
"peer-to-peer", 52, 106, 151, 153, 246
Peter Blom, 92
Peter Rebrin, 218
Philips, 62, 68, 94, 123, 219
Pinnacle Life, 90
Pocket Agent, 233

portfólio de produtos, 84, 185
Postbank, 225
Ppdai, 151
programa, 131-133
Progressive, 158, 161, 165, 228
proposição de valor, 91, 93
Prosper, 151, 153
Prudential, 117, 218
Public Bank of Hong Kong, 125
publicidade, 112, 148, 149, 160, 162, 166, 176, 225, 252

Q110, 223, 238, 239
QQ, 166
Quicken, 88
Qzone, 139, 147

Rabobank, 210, 224, 234
Rakuten Bank, 228, 233
Ray Davis, 44, 91
Real Simple, 62
regionalismo, 204
Revolution Money, 151
Richard Hill, 267
Robert Merton, 30
Robert Shiller, 52
Robert Wiest, 39
Rodrigo Vieira da Cunha, 138, 142
Roland, 205
Ronald Pont, 230
"roof tiling", 184
Royal Bank of Scotland, 105

Sainsbury's Bank, 26
Sberbank, 109, 125
segmentação, 121, 160, 214, 241
ShopSavvy, 70, 149
ShoreBank of the Pacific, 193
sigilo bancário, 181
sistema Microsoft Surface™, 240
Slow Food, 205
Smart Money, 200
Smava, 151
Smile Bank, 192

SNS Reaal, 143, 164
Sony Life, 231
Sorin-Mihai Popa, 226
Springboard, 88
Square, 72
Standard Chartered Bank, 37
State Bank of India, 237
State Farm, 233
Stephen M. R. Covey, 49
Steve Knack, 25
Strand, 88
subsídios cruzados, 187
Swiss Re, 39

T. Rowe Price, 125
Tapiola, Grupo, 221
Tesco, 26, 30, 204, 210
Tilman Hengevoss, 228, 237
TR Ramachandran, 191
"trackers", 64
transcendência de propósitos, 196
Treat Customers Fairly initiative, 65
Triodos Bank, 92, 193
TripAdvisor, 156, 162, 166, 167
Trish Dorsey, 116, 207
Turner Review, 32, 33
"twinsumers", 70
Twitter, 72, 137, 138, 139, 140, 143, 144, 145, 148, 150, 157, 158, 162, 164, 229

UBS, 179
Umpqua Bank, 44, 91, 166, 183, 224
United Mizrahi Tefahot Bank, 226

United Overseas Bank, 218
USAA, 153

Vernon L. Smith, 30
Vicente Tardío, 43
Virgin Money, 247
Visa, 73, 121, 165

Wainwright Bank, 193
Walter Capellmann, 128
Warren Buffet, 57
Wei He, 25
Wells Fargo, 144, 166
Wesabe, 88, 153
West Bank, 153
Western Union, 151
Westpac, 211
"Wiki branding", 153
Wikipedia, 139, 153
William Dudley, 30
Willy Linssen, 269
WIR - *Wirtschaftsring*, 206
Wizzit, 200

Xavier Bernal, 113
Xero Personal, 88
Xoom, 151

YouTube, 140, 141, 143, 148, 160, 162

Zopa, 151
Zurich Financial Services, 85, 218, 223, 228, 237, 238

Cartão Resposta

0501200048-7/2003-DR/RJ
Elsevier Editora Ltda

CORREIOS

ELSEVIER

SAC | 0800 026 53 40
ELSEVIER | sac@elsevier.com.br

CARTÃO RESPOSTA

Não é necessário selar

O SELO SERÁ PAGO POR
Elsevier Editora Ltda

20299-999 - Rio de Janeiro - RJ

---

nosso trabalho para atendê-lo(la) melhor e aos outros leitores.
Por favor, preencha o formulário abaixo e envie pelos correios ou acesse www.elsevier.com.br/cartaoresposta. Agradecemos sua colaboração.

Seu nome: _____

Sexo: ☐ Feminino ☐ Masculino   CPF: _____

Endereço: _____

E-mail: _____

Curso ou Profissão: _____

Ano/Período em que estuda: _____

Livro adquirido e autor: _____

Como conheceu o livro?

☐ Mala direta
☐ Recomendação de amigo
☐ Recomendação de professor
☐ Site (qual?) _____
☐ Evento (qual?) _____
☐ E-mail da Campus/Elsevier
☐ Anúncio (onde?) _____
☐ Resenha em jornal, revista ou blog
☐ Outros (quais?) _____

Onde costuma comprar livros?

☐ Internet. Quais sites? _____
☐ Livrarias ☐ Feiras e eventos ☐ Mala direta

☐ Quero receber informações e ofertas especiais sobre livros da Campus/Elsevier e Parceiros.

Siga-nos no twitter @CampusElsevier

Qual(is) o(s) conteúdo(s) de seu interesse?

Concursos
- [ ] Administração Pública e Orçamento
- [ ] Arquivologia
- [ ] Atualidades
- [ ] Ciências Exatas
- [ ] Contabilidade
- [ ] Direito e Legislação
- [ ] Economia
- [ ] Educação Física
- [ ] Engenharia
- [ ] Física
- [ ] Gestão de Pessoas
- [ ] Informática
- [ ] Língua Portuguesa
- [ ] Línguas Estrangeiras
- [ ] Saúde
- [ ] Sistema Financeiro e Bancário
- [ ] Técnicas de Estudo e Motivação
- [ ] Todas as Áreas
- [ ] Outros (quais?)

Educação & Referência
- [ ] Comportamento
- [ ] Desenvolvimento Sustentável
- [ ] Dicionários e Enciclopédias
- [ ] Divulgação Científica
- [ ] Educação Familiar
- [ ] Finanças Pessoais
- [ ] Idiomas
- [ ] Interesse Geral
- [ ] Motivação
- [ ] Qualidade de Vida
- [ ] Sociedade e Política

Jurídicos
- [ ] Direito e Processo do Trabalho/Previdenciário
- [ ] Direito Processual Civil
- [ ] Direito e Processo Penal
- [ ] Direito Administrativo
- [ ] Direito Constitucional
- [ ] Direito Civil
- [ ] Direito Empresarial
- [ ] Direito Econômico e Concorrencial
- [ ] Direito do Consumidor
- [ ] Linguagem Jurídica/Argumentação/Monografia
- [ ] Direito Ambiental
- [ ] Filosofia e Teoria do Direito/Ética
- [ ] Direito Internacional
- [ ] História e Introdução ao Direito
- [ ] Sociologia Jurídica
- [ ] Todas as Áreas

Media Technology
- [ ] Animação e Computação Gráfica
- [ ] Áudio
- [ ] Filme e Vídeo
- [ ] Fotografia
- [ ] Jogos
- [ ] Multimídia e Web

Negócios
- [ ] Administração/Gestão Empresarial
- [ ] Biografias
- [ ] Carreira e Liderança Empresariais
- [ ] E-business
- [ ] Estratégia
- [ ] Light Business
- [ ] Marketing/Vendas
- [ ] RH/Gestão de Pessoas
- [ ] Tecnologia

Universitários
- [ ] Administração
- [ ] Ciências Políticas
- [ ] Computação
- [ ] Comunicação
- [ ] Economia
- [ ] Engenharia
- [ ] Estatística
- [ ] Finanças
- [ ] Física
- [ ] História
- [ ] Psicologia
- [ ] Relações Internacionais
- [ ] Turismo

Áreas da Saúde
- [ ]

Outras áreas (quais?): _____

Tem algum comentário sobre este livro que deseja compartilhar conosco? _____